世界遗产相关文件选编

北京大学世界遗产研究中心　编

北 京 大 学 出 版 社

北　京

内容简介

世界遗产是全人类最珍贵的财富，至今全球已有754项（含中国29项）被列入《世界遗产名录》。中国是世界遗产资源最丰富的国家之一，今后，还将有许多价值很高的遗产申请加入《世界遗产名录》；而对已被列入《世界遗产名录》的遗产，必须严格保护和合理地利用。为了做好遗产的鉴定、申报、保护和利用工作，北京大学世界遗产研究中心精心选编了与遗产相关的国际性“公约”、“宪章”、“宣言”、“指南”、“纲要”等文献资料，供有关管理、研究、教学、媒体的工作者和关心世界遗产和国家遗产的广大读者参考。本书内容的选择均结合该中心多年来教学、科研规划实践的需要，希望本书能对所有致力于世界遗产研究的同仁们有所帮助。

图书在版编目(CIP)数据

世界遗产相关文件选编/北京大学世界遗产研究中心编.—北京：北京大学出版社，2004.6

ISBN 7-301-07128-0

Ⅰ.世…　Ⅱ.北…　Ⅲ.联合国教科文组织-文化遗产-管理-文件-汇编　Ⅳ.K917

中国版本图书馆CIP数据核字(2004)第024257号

书　　名：世界遗产相关文件选编
著作责任者：北京大学世界遗产研究中心　编
责 任 编 辑：郑昌德
标 准 书 号：ISBN 7-301-07128-0/K·0336
出 版 发 行：北京大学出版社
地　　址：北京市海淀区中关村北京大学校内　100871
网　　址：http://cbs.pku.edu.cn　电子信箱：zpup@pup.pku.edu.cn
电　　话：邮购部62752015　发行部62750672　编辑部62752021
排 版 者：北京军峰公司
印 刷 者：三河市新世纪印刷厂
经 销 者：新华书店
650mm×980mm　16开本　26.25印张　443千字
2004年6月第1版　2004年6月第1次印刷
定　　价：37.00元

目 录

编者前言

联合国教科文组织于1972年11月16日通过《保护世界文化和自然遗产公约》。《公约》要求签约国政府"竭尽全力"做好遗产的"鉴定、保护、保存、传播,并传之后代"的工作,同时保护好国家遗产。世界遗产是全人类最珍贵的财富,却又面临种种威胁,因而保护、利用好世界遗产,同样是全人类的共同使命。这已引起世界各国政府和人民的高度重视。至2003年7月,全球已有754项遗产被列入《世界遗产名录》,其中我国有29项。

世界遗产包括文化遗产、自然遗产及自然文化遗产。世界遗产科技含量很高,涉及许多学科,如历史、考古、民族、宗教、艺术、文化、建筑、园林、风景、美学、地质、地理、生物、生态、动物、植物等历史文化和自然科学。因此,做好遗产的鉴定、申报、保护和利用,就需要政府领导和组织相关学科的专家协同研究,广大群众积极参与,不断深化,使其可持续发展。

人类在保护利用遗产的实践中,不断总结经验,提高技术水平和完善法制,尤其是近一二十年来,保护遗产的科技与法制发展迅速。有鉴于此,北京大学世界遗产研究中心精心选编了与遗产相关的国际性"公约"、"宪章"、"宣言"、"指南"、"纲要"等文献资料,汇集成册,供有关管理、研究、教学、媒体及关心世界遗产和国家遗产的广大读者参考。

我国是世界遗产资源最丰富的国家之一,根据世界遗产的定义和标准,还有许多价值很高的遗产应列入《世界遗产名录》。当前,举国上下都十分关注世界遗产的申报、保护和利用,这是很自然的。因为世界遗产、国家遗产既是古代文明的见证,又是现代国家政治和精神文明的象征。作为有着五千年文明的中华民族,我们应当继往开来,与时俱进,充分发扬保护利用遗产的优良传统,借鉴世界各国先进的科学技术与法则,提高我国遗产保护利用水平,为国争光,为人类做贡献。这就是编辑本书的主要目的。

本书的许多文献,选自各类遗产的专业性文集或刊物,并得到有关机构和专家的积极支持。中国联合国教科文组织、建设部、国家文物局的有关翻译成果是必不可少的。中国文物学会理事长、文物保护专家、北大世界遗产研究中心顾问罗哲文先生特为本书撰写了《中国的世界遗产》一文;中国地质博物馆潘江研究员提供了地球历史保护国际宣言的有关资料,中国地质学会陈安泽研究员提供了地质公园的有关资料，中国教科文组织全国委员会前驻巴黎代表邱训源先生在百忙之中为本书翻译了《法国遗产局简介》，胡德坤先生提供了1999年之前的《世界遗产名录》。张成渝博士补充翻译了2000年以来《新增世界遗产项目》和《濒危世界遗产名录》，宋峰博士、杨子明硕士等翻译了《世界遗产以及与世界遗产公约实施有关的术语词典》，沈文权博士参与了前期部分资料的收集工作，谨致谢忱。

本书由北京大学世界遗产研究中心主任谢凝高教授主持编选，张成渝博士负责全部书稿资料的收集和整理。本书的出版得到北京大学出版社的大力支持，特别是责任编辑郑昌德同志认真负责的精神和工作态度，在此一并致谢。

本书是对世界遗产相关国际文件的选编，主要根据北京大学世界遗产研究中心近些年来教学、科研、遗产地考察、评价、申报及其保护利用规划的实践，同时也考虑到中国当前世界遗产申报和研究的现状进行组稿。由于水平所限，所选内容定有不少疏漏之处。我们期待着广大读者多方面的批评与建议，并将在今后的工作和系列丛书的选编中不断加以完善。

编 者

2004年2月于北京大学世界遗产研究中心

第一部分
综　　述

保护世界文化和自然遗产公约[①]

（联合国教科文组织大会第十七届会议于1972年11月16日在巴黎通过）

联合国教育、科学及文化组织大会于1972年10月17日至11月21日在巴黎举行的第十七届会议，

注意到文化遗产和自然遗产越来越受到破坏的威胁，一方面因年久腐变所致，同时变化中的社会和经济条件使情况恶化，造成更加难以对付的损害或破坏现象，

考虑到任何文化或自然遗产的坏变或丢失都有使全世界遗产枯竭的有害影响，

考虑到国家一级保护这类遗产的工作往往不很完善，原因在于这项工作需要大量手段而列为保护对象的财产的所在国却不具备充足的经济、科学和技术力量，

回顾本组织《组织法》规定，本组织将通过保存和维护世界遗产和建议有关国家订立必要的国际公约来维护、增进和传播知识，

考虑到现有关于文化和自然遗产的国际公约、建议和决议表明，保护不论属于哪国人民的这类罕见且无法替代的财产，对全世界人民都很重要，

考虑到部分文化或自然遗产具有突出的重要性，因而需作为全人类世界遗产的一部分加以保护，

考虑到鉴于威胁这类遗产的新危险的规模和严重性，整个国际社会有责任通过提供集体性援助来参与保护具有突出的普遍价值的文化和自然遗产；这种援助尽管不能代替有关国家采取的行动，但将成为它的有效补充，

考虑到为此有必要通过采用公约形式的新规定，以便为集体保护具有突出的普遍价值的文化和自然遗产建立一个根据现代科学方法制定的永久性的有效制度，

在大会第十六届会议上曾决定应就此问题制定一项国际公约，

---

① 本文根据《中国缔结和签署的国际环境条约集》（国家环境保护总局政策法规司编，学苑出版社1999年7月版，第304~308页）和《国际保护文化遗产法律文件选编》（国家文物局法制处，紫禁城出版社1993年8月版第74~87页）两书有关文章选编。

于1972年11月16日通过本公约。

Ⅰ．文化和自然遗产的定义

第1条 在本公约中，以下各项为“文化遗产”：

文物：从历史、艺术或科学角度看具有突出的普遍价值的建筑物、碑雕和碑画、具有考古性质成分或结构、铭文、窟洞以及联合体；

建筑群：从历史、艺术或科学角度看在建筑式样、分布均匀或与环境景色结合方面具有突出的普遍价值的单立或连接的建筑群；

遗址：从历史、审美、人种学或人类学角度看具有突出的普遍价值的人类工程或自然与人联合工程以及考古地址等地方。

第2条 在本公约中，以下各项为“自然遗产”：

从审美或科学角度看具有突出的普遍价值的由物质和生物结构或这类结构群组成的自然面貌；

从科学或保护角度看具有突出的普遍价值的地质和自然地理结构以及明确划为受威胁的动物和植物生境区；

从科学、保护或自然美角度看具有突出的普遍价值的天然名胜或明确划分的自然区域。

第3条 本公约缔约国均可自行确定和划分上面第**1**条和第**2**条中提及的、本国领土内的文化和自然财产。

Ⅱ．文化和自然遗产的国家保护和国际保护

第4条 本公约缔约国均承认，保证第1条和第2条中提及的、本国领土内的文化和自然遗产的确定、保护、保存、展出和遗传后代，主要是有关国家的责任。该国将为此目的竭尽全力，最大限度地利用本国资源，必要时利用所能获得的国际援助和合作，特别是财政、艺术、科学及技术方面的援助和合作。

第5条 为保证为保护、保存和展出本国领土内的文化和自然遗产采取积极有效的措施，本公约各缔约国应视本国具体情况尽力做到以下几点：

1. 通过一项旨在使文化和自然遗产在社会生活中起一定作用并把遗产保护工作纳入全面规划计划的总政策；

2. 如本国内尚未建立负责文化和自然遗产的保护、保存和展出的机构，则建立一个或几个此类机构，配备适当的工作人员和为履行其职能所需的手段；

3. 发展科学和技术研究，并制定出能够抵抗威胁本国文化或自然遗产的危险的实际方法；

4. 采取为确定、保护、保存、展出和恢复这类遗产所需的适当的法律、科学、技术、行政和财政措施；

5. 促进建立或发展有关保护、保存和展出文化和自然遗产的国家或地区培训中心，并鼓励这方面的科学研究。

第 6 条

1. 本公约缔约国，在充分尊重第 1 条和第 2 条中提及的文化和自然遗产的所在国的主权，并不使国家立法规定的财产权受到损害的同时，承认这类遗产是世界遗产的一部分，因此，整个国际社会有责任合作予以保护。

2. 缔约国根据本公约的规定，应有关国家的要求帮助该国确定、保护、保存和展出第 11 条第 2 段和第 4 段中提及的文化和自然遗产。

3. 本公约各缔约国不得故意采取任何可能直接或间接损害本公约其他缔约国领土内的、第 1 条和第 2 条中提及的文化和自然遗产的措施。

第 7 条 在本公约中，世界文化和自然遗产的国际保护应被理解为建立一个旨在支持本公约缔约国保存和确定这类遗产的努力的国际合作和援助系统。

Ⅲ. 保护世界文化和自然遗产政府间委员会

第 8 条

1. 在联合国教育、科学及文化组织内，要建立一个保护具有突出的普遍价值的文化和自然遗产政府间委员会，称为“世界遗产委员会”。委员会由联合国教育、科学及文化组织大会常会期间召集的本公约缔约国大会选出的 15 个缔约国组成。委员会成员国的数目将在至少 40 个缔约国实施本公约之后的大会常会之日起增至 21 个。

2. 委员会委员的选举需保证均衡地代表世界的不同地区和不同文化。

3. 国际文物保护与修复研究中心（罗马中心）的一名代表、国际古迹遗址理事会的一名代表以及国际自然及自然资源保护联盟的一名代表可以咨询者身份出席委员会的会议，此外，应联合国教育、科学及文化组织大会常会期间举行大会的本公约缔约国提出的要求，其他具有类似目标的政府间或非政府组织的代表亦可以咨询者身份出席委员会的会议。

第 9 条

1. 世界遗产委员会成员国的任期自当选之应届大会常会结束时起至

应届大会后第三次常会闭幕时止。

2. 但是,第一次选举时指定的委员中,有三分之一的委员的任期应于当选之应届大会后第一次常会闭幕时截止;同时指定的委员中,另有三分之一的委员的任期应于当选之应届大会后第二次常会闭幕时截止。这些委员由联合国教育、科学及文化组织大会主席在第一次选举后抽签决定。

3. 委员会成员国应选派在文化或自然遗产方面有资历的人员担任代表。

第 10 条

1. 世界遗产委员会应通过其议事规则。

2. 委员会可随时邀请公共或私立组织或个人参加其会议,以就具体问题进行磋商。

3. 委员会可设立它认为为履行其职能所需的咨询机构。

第 11 条

1. 本公约各缔约国应尽力向世界遗产委员会递交一份关于本国领土内适于列入本条第 2 段所述《世界遗产名录》的、组成文化和自然遗产的财产的清单。这份清单不应当看做是齐全的,它应包括有关财产的所在地及其意义的文献资料。

2. 根据缔约国按照第 1 段规定递交的清单,委员会应制定、更新和出版一份《世界遗产名录》,其中所列的均为本公约第 1 条和第 2 条确定的文化遗产和自然遗产的组成部分,也是委员会按照自己制定的标准认为是具有突出的普遍价值的财产。一份最新名录应至少每两年分发一次。

3. 把一项财产列入《世界遗产名录》需征得有关国家同意。当几个国家对某一领土的主权或管辖权均提出要求时,将该领土内的一项财产列入《名录》不得损害争端各方的权利。

4. 委员会应在必要时制定、更新和出版一份《处于危险的世界遗产名录》,其中所列财产均为载于《世界遗产名录》之中、需要采取重大活动加以保护并为根据本公约要求给予援助的财产。《处于危险的世界遗产名录》应载有这类活动的费用概算,并只可包括文化和自然遗产中受到下述严重的特殊危险威胁的财产,这些危险是:蜕变加剧、大规模公共或私人工程、城市或旅游业迅速发展计划造成的消失威胁;土地的使用变动或易主造成的破坏;未知原因造成的重大变化;随意摈弃;武装冲突的爆发或威胁;灾害和灾变;严重火灾、地震、山崩;火山爆发;水位变动、洪水和海啸等。委员会在紧急需要时可随时在《处于危险的世界遗产名录》中增列新条目并立即予以发表。

5. 委员会应确定属于文化或自然遗产的财产可被列入本条第2段和第4段中提及的名录所依据的标准。

6. 委员会在拒绝一项要求列入本条第2段和第4段中提及的名录之一的申请之前,应与有关文化或自然财产所在缔约国磋商。

7. 委员会经与有关国家商定,应协调和鼓励为拟订本条第2段和第4段中提及的名录所需进行的研究。

第12条 未被列入第**11**条第**2**段和第**4**段提及的两个名录的属于文化或自然遗产的财产,决非意味着在列入这些名录的目的之外的其他领域不具有突出的普遍价值。

第13条

1. 世界遗产委员会应接收并研究本公约缔约国就已经列入或可能适于列入第11条第2段和第4段中提及的名录的本国领土内成为文化或自然遗产的财产要求国际援助而递交的申请。这种申请的目的可能是保证这类财产得到保护、保存、展出或恢复。

2. 本条第1段中提的国际援助申请还可能涉及鉴定哪些财产属于第1条和第2条确定的文化或自然遗产,当初步调查表明此项调查值得进行下去。

3. 委员会应就对这些申请所需采取的行动做出决定,必要时应确定其援助的性质和程度,并授权以它的名义与有关政府做出必要的安排。

4. 委员会应制定其活动的优先顺序并在进行这项工作时应考虑到需予保护的财产对世界文化和自然遗产各具的重要性、对最能代表一种自然环境或世界各国人民的才华和历史的财产给予国际援助的必要性、所需开展工作的迫切性、拥有受到威胁的财产的国家现有的资源、特别是这些国家利用本国资源保护这类财产的能力大小。

5. 委员会应制定、更新和发表已给予国际援助的财产目录。

6. 委员会应就本公约第15条下设立的基金的资金使用问题做出决定。委员会应设法增加这类资金,并为此目的采取一切有益的措施。

7. 委员会应与拥有与本公约目标相似的目标的国际和国家级政府组织和非政府组织合作。委员会为实施其计划和项目,可约请这类组织,特别是国际文物保护与修复研究中心(罗马中心)、国际古迹遗址理事会和国际自然及自然资源保护联盟并可约请公共和私立机构与个人。

8. 委员会的决定应经出席及参加表决的委员的三分之二多数通过。委员会委员的多数构成法定人数。

第 14 条

1. 世界遗产委员会应由联合国教育、科学及文化组织总干事任命组成的一个秘书处协助工作。

2. 联合国教育、科学及文化组织总干事应尽可能充分利用国际文物保护与修复研究中心(罗马中心)、国际古迹遗址理事会和国际自然及自然资源保护联盟在各自职权范围内提供的服务,以为委员会准备文件资料,制定委员会会议议程,并负责执行委员会的决定。

Ⅳ. 保护世界文化和自然遗产基金

第 15 条

1. 现设立一项保护有突出的普遍价值的世界文化和自然遗产基金,称为“世界遗产基金”。

2. 根据联合国家教育、科学及文化组织《财务条例》的规定,此项基金应构成一项信托基金。

3. 基金的资金来源应包括:

(1) 本公约缔约国义务捐款和自愿捐款;

(2) 下列方面可能提供的捐款、赠款或遗赠:

(a) 其他国家;

(b) 联合国教育、科学及文化组织、联合国系统的其他组织(特别是联合国开发计划署)或其他政府间组织;

(c) 公共或私立机构或个人;

(3) 基金款项所得利息;

(4) 募捐的资金和为本基金组织的活动的所得收入;

(5) 世界遗产委员会拟订的基金条例所认可的所有其他资金。

4. 对基金的捐款和向委员会提供的其他形式的援助只能用于委员会限定的目的。委员会可接受仅用于某个计划或项目的捐款,但以委员会业已决定实施该计划或项目为条件。对基金的捐款不得带有政治条件。

第 16 条

1. 在不影响任何自愿补充捐款的情况下,本公约缔约国每两年定期向世界遗产基金纳款,本公约缔约国大会应在联合国教育、科学及文化组织大会届会期间开会确定适用于所有缔约国的一个统一的纳款额百分比。缔约国大会关于此问题的决定,需由未作本条第 2 段中所述声明的、出席及参加表决的缔约国的多数通过。本公约缔国的义务纳款在任何情况下都不得超过对联合国教育、科学及文化组织正常预算纳款的百分之一。

2. 然而,本公约第31条或第32条中提及的国家均可在交存批准书、接受书或加入书时声明不受本条第1段规定的约束。

3. 已作本条第2段中所述声明的本公约缔约国可随时通过通知联合国教育、科学及文化组织总干事收回所作声明。然而,收回声明之举在紧接的一届本公约缔约国大会之日以前不得影响该国的义务纳款。

4. 为使委员会得以有效规划其活动,已作本条第2段中所述声明的本公约缔约国应至少每两年定期纳款,纳款不得少于它们如受本条第1段规定约束所需交纳的款额。

5. 凡拖延交付当年和前一日历年的义务纳款或自愿捐款的本公约缔约国不能当选为世界遗产委员会成员,但此项规定不适用于第一次选举。属于上述情况但已当选委员会成员的缔约国的任期应在本公约第8条第1段规定的选举之时截止。

第17条 本公约缔约国应考虑或鼓励设立旨在为保护本公约第1条和第2条中所确定的文化和自然遗产募捐的国家、公共及私立基金会或协会。

第18条 本公约缔约国应对在联合国教育、科学及文化组织赞助下为世界遗产基金所组织的国际募款运动给予援助。它们应为第15条第3段中提及的机构为此目的所进行的募款活动提供便利。

Ⅴ. 国际援助的条件和安排

第19条 凡公约缔约国均可要求对本国领土内组成具有突出的普遍价值的文化或自然遗产之财产给予国际援助。它在递交申请时还应按照第21条规定所拥有的有助于委员会做出决定的文件资料。

第20条 除第13条第2段、第22条第3分段和第23条所述情况外,本公约规定提供的国际援助仅限于世界遗产委员会业已决定或可能决定列入第11条第2段和第4段中所述名录的文化和自然遗产的财产。

第21条

1. 世界遗产委员会应制定对向它提交的国际援助申请的审议程序,并应确定申请应包括的内容,即打算开展的活动、必要的工程、工程的预计费用和紧急程度以及申请国的资源不能满足所有开支的原因所在。这类申请须尽可能附有专家报告。

2. 对因遭受灾难或自然灾害而提出的申请,由于可能需要开展紧急工作,委员会应立即给予优先审议,委员会应掌握一笔应急储备金。

3. 委员会在做出决定之前,应进行它认为必要的研究和磋商。

第 22 条 世界遗产委员会提供的援助可采取下述形式:

1. 研究在保护、保存、展出和恢复本公约第 11 条第 2 段和第 4 段所确定的文化和自然遗产方面所产生的艺术、科学和技术性问题;

2. 提供专家、技术人员和熟练工人,以保证正确地进行已批准的工作;

3. 在各级培训文化和自然遗产的鉴定、保护、保存、展出和恢复方面的工作人员和专家;

4. 提供有关国家不具备或无法获得的设备;

5. 提供可长期偿还的低息或无息贷款;

6. 在例外和特殊情况下提供无偿补助金。

第 23 条 世界遗产委员会还可向培训文化和自然遗产的鉴定、保护、保存、展出和恢复方面的各级工作人员和专家的国家或地区中心提供国际援助。

第 24 条 在提供大规模的国际援助之前,应先进行周密的科学、经济和技术研究。这些研究应考虑采用保护、保存、展出和恢复自然和文化遗产方面最先进的技术,并应与本公约的目标相一致。这些研究还应探讨合理利用有关国家现有资源的手段。

第 25 条 原则上,国际社会只担负必要工程的部分费用。除非本国资源不许可,受益于国际援助的国家承担的费用应构成用于各项计划或项目的资金的主要份额。

第 26 条 世界遗产委员会和受援国应在它们签订的协定中确定享有根据本公约规定提供的国际援助的计划或项目的实施条件。应由接受这类国际援助的国家负责按照协定制定的条件对如此卫护的财产继续加以保护、保存和展出。

Ⅵ. 教育计划

第 27 条

1. 本公约缔约国应通过一切适当手段,特别是教育和宣传计划,努力增强本国人民对本公约第 1 条和第 2 条中所确定的文化和自然遗产的赞赏和尊重。

2. 缔约国应使公众广泛了解对这类遗产造成威胁的危险和根据本公约进行的活动。

第 28 条 接受根据本公约提供的国际援助的缔约国应采取适当措施，使人们了解接受援助的财产的重要性和国际援助所发挥的作用。

Ⅶ. 报 告

第 29 条

1. 本公约缔约国在按照联合国教育、科学及文化组织大会确定的日期和方式向该组织大会递交的报告中，应提供有关它们为实行本公约所通过的法律和行政规定和采取的其他行动的情况，并详述在这方面获得的经验。

2. 应提请世界遗产委员会注意这些报告。

3. 委员会应在联合国教育、科学及文化组织大会的每届常会上递交一份关于其活动的报告。

Ⅷ. 最后条款

第 30 条 本公约以阿拉伯、英文、法文、俄文和西班牙文拟订，五种文本同一作准。

第 31 条

1. 本公约应由联合国教育、科学及文化组织会员国根据各自的宪法程序予以批准或接受。

2. 批准书或接受书应交存联合国教育、科学及文化组织总干事。

第 32 条

1. 所有非联合国教育、科学及文化组织会员的国家，经该组织大会邀请均可加入本公约。

2. 向联合国教育、科学及文化组织总干事交存一份加入书后，加入方才有效。

第 33 条 本公约需在第二十份批准书、接受书或加入书交存之日的三个月之后生效，但这仅涉及在该日或之前交存各自批准书、接受书或加入书的国家。就任何其他国家而言，本公约应在这些国家交存其批准书、接受书或加入书的三个月之后生效。

第 34 条 下述规定需应用于拥有联邦制或非单一立宪制的本公约缔约国：

1. 关于在联邦或中央立法机构的法律管辖下实施的本公约规定，联邦或中央政府的义务应与非联邦国家的缔约国的义务相同；

2. 关于在无须按照联邦立宪制采取立法措施的联邦各个国家、地区、省或州法律管辖下实施的本公约规定，联邦政府应将这些规定连同其关于予以通过的建议一并通告各个国家、地区、省或州的主管当局。

第 35 条

1. 本公约缔约国均可通告废除本公约。

2. 废约通告应以一份书面文件交存联合国教育、科学及文化组织的总干事。

3. 公约的废除应在接到废约的通告书一年后生效。废约在生效日之前不得影响退约国承担的财政义务。

第 36 条 联合国教育、科学及文化组织总干事应将第 31 条和第 32 条规定交存的所有批准书、接受书或加入书和第 35 条规定的废约等事通告本组织会员国、第 32 条中提及的非本组织会员的国家以及联合国。

第 37 条

1. 本公约可由联合国教育、科学及文化组织的大会修订。但任何修订只对将成为修订的公约缔约国具有约束力。

2. 如大会通过一项全部或部分修订本公约的新公约，除非新公约另有规定，本公约应从新的修订公约生效之日起停止批准、接受或加入。

第 38 条 按照《联合国宪章》第 102 条，本公约需应联合国教育、科学及文化组织总干事的要求在联合国秘书处登记。

1972 年 11 月 23 日订于巴黎，两个正式文本均有大会第十七届会议主席和联合国教育、科学及文化组织总干事的签字，由联合国教育、科学及文化组织存档，并将验明无误之副本发送第 31 条和第 32 条述之所有国家以及联合国。

前文系联合国教育、科学及文化组织大会在巴黎举行的，于 1972 年 11 月 21 日宣布闭幕的第十七届会议通过的《公约》正式文本。

1972 年 11 月 23 日签字，以昭信守。

大会主席 总干事
萩 原徹 勒内·马厄

实施世界遗产公约的操作指南[①]

（联合国教育、科学和文化组织保护世界文化和自然遗产政府间委员会）

目　　录

---

① 本文根据中国联合国教科文组织全国委员会联合国教科文组织驻北京办事处 2004 年 4 月颁布的文稿编选。

绪 言

1. 文化遗产和自然遗产不仅对每个国家，而且对整个人类来说都是无价之宝，无可取代。这些无价之宝的毁坏和消失使世界人民的遗产受到损失。那些遗产的一部分因其独特的特征而被认为极具价值，应受到特别保护，避免受到不断的破坏。

2. 在这种危急情况下，为采取补救措施，尽可能的保证准确地鉴定、保护、维护和展示这些世界上无可替代的遗产，1972 年联合国教科文组织成员国通过了《保护世界文化和自然遗产的公约》（以下简称为“公约”）。本《公约》对各国的遗产保护计划是一个补充，并提出建立“世界遗产委员会”和“世界遗产基金”。委员会和基金均于 1976 年开展工作。

3. 世界遗产委员会（以下简称“委员会”）具有四项基本功能：

ⅰ. 在缔约国提名的基础上，具有突出意义和普遍价值的文化与自然遗产将受到《公约》的保护，并将其列入《世界遗产名录》；

ⅱ. 与缔约国联络,监督其列入《世界遗产名录》的遗产地的保护状况;

ⅲ. 在紧急需要的情况下决定将已列入《世界遗产名录》的遗产列入《濒危世界遗产名录》(仅限那些需要进行大规模保护行动的遗产地和按照《公约》要求提出援助的遗产地);

ⅳ. 决定世界遗产基金的资源以何种方法及在何种条件下最有效地帮助缔约国,以使其保护好那些杰出和举世公认的遗产。

4. 制定《操作规程》,其目的是使缔约国了解《公约》中指导遗产委员会设立《世界遗产名录》和《濒危世界遗产名录》工作,以及通过世界遗产基金提供国际援助的原则。这些规程提供了监督以及其他问题的细则,主要涉及《公约》实施的程序问题。

5. 委员会深知其决定应尽量基于客观、科学的考虑,其任何举措均应完全、负责地得以执行。委员会认为客观、审慎的决定取决于:

· 精心制定的标准;

· 全面的细则;

· 资深专家的评估和使用评估专家。

操作指南的制定是以以下内容为目的。

Ⅰ.《世界遗产名录》的设立

A. 总则

6. 委员会同意以下总则将指导世界遗产名录的设立工作:

ⅰ.《公约》对那些被认为具有突出意义和普遍价值的文化和自然遗产[①] 提供保护。但并非保护所有具有突出利益性、重要性或价值的遗产,而是只保护从国际角度看最具有突出意义的遗产。《公约》的第一、二条定义了具有突出普遍价值的文化和自然遗产。委员会通过两套标准来阐述这些定义:一套用于文化遗产,另一套用于自然遗产。委员会通过的真实性和完整性的标准和条件在以下第 24 段和第 44 段中详细说明。

ⅱ. 将遗产列入《世界遗产名录》的标准系经过精心斟酌而成,以使委员会在评估遗产的固有价值时能够完全自主行事,不受其他想法干扰(包括是否需要技术合作的支持)。

---

① 《公约》第 1 条和第 2 条中规定的“文化遗产”和“自然遗产”在以下第 23 段和第 43 段再次提及。

ⅲ. 尽量使列入名录的文化遗产和自然遗产的数量合理地平衡。

ⅳ. 文化和自然遗产是根据逐步的过程列入《世界遗产名录》的，名录中遗产的总数或任何一国连续提出的遗产总数没有正式的限制。

ⅴ. 遗产地的冠名应暂缓进行，直到申报政府出具承诺证明为止。证明可以是相关的立法、人员配置、资金注入和管理计划等形式，如下文中关于文化遗产的第24段(b)(ii)以及自然遗产的第44段(b)(vi)中所述。

ⅵ. 当一处遗产受到毁坏而失去了被列入《世界遗产名录》时所具有的特征，应被列入《濒危世界遗产名录》，随后可能根据有关规则将其从名录中删除。该规则在以下第46段至第54段中详细说明。

ⅶ. 考虑到在处理现在收到的大量文化遗产提名时有些困难，委员会请缔约国考虑一下它们的文化遗产是否已在名录中得到良好体现。如果是，请它们自觉放慢提交提名的速度。这样有助于使名录更具普遍代表性。根据同一原则，委员会呼吁那些文化遗产尚未在名录中得到充分体现的缔约国，可以在筹备文化遗产的提名时寻求委员会的帮助。

B. 有关缔约国就遗产名录提名的说明

7. 委员会要求每个缔约国提交一份在未来5至10年内申请列入《世界遗产名录》的遗产的预备清单。该预备清单包括每个国家领土内符合列入《世界遗产名录》中的文化和自然遗产的"目录"(参见《公约》第11条)。这些预备清单的目的在于使委员会最大可能的评估每一个将列入名录的具有突出意义和普遍价值的遗产。委员会希望尚未提交预备清单的缔约国尽早提交。委员会提醒缔约国，如不提交文化遗产预备清单，该国的遗产提名将不予考虑。

8. 为便于工作，委员会要求缔约国以标准格式提交预备清单(见附件1)，其中包括具有以下标题的信息：

· 遗产名称；

· 遗产地理位置；

· 遗产简介；

· 根据下文中第24段和44段所设的有关真实性和完整性的标准和条件对该遗产的"突出普遍价值"进行阐述，并与相关国家境内、境外的类似遗产作比较。

自然遗产应根据生物地理省份分组，文化遗产应根据文化年代或区域分组。如果可能的话，也应注明列入的遗产申报的顺序。

9.《公约》规定的基本原则是:被提名的遗产必须具有突出意义的普遍价值,被提名的遗产需经谨慎挑选。委员会用来评估遗产真实和完整性的标准和条件在下文的第24段和第44段加以说明。在所述的地理—文化区域中,希望缔约国对预备清单与文化遗产提名的协调性进行比较评估。如为此组织会议,可向世界遗产基金寻求支持。

10. 每项提名阐述应具有说服力,以适当的表格(见下文第64段)提交,并提供所有说明被提名的遗产确实具有"突出普遍价值"的信息。每项提名应附上所有必要的文件,包括适当的幻灯片,地图及其他材料。就文化遗产而言,请缔约国在提名表上附上在世界文学著作(如诸如普通或专业百科全书之类的参考书,艺术或建筑史,航海或探险记录,科学报告,指南手册等)中的简要参考分析和详细书目。就新发现的遗产而言,获得国际认可的证明材料具有同样的帮助作用。

11. 缔约国在应提供的提名表中的"法律资料"一栏中,除了具有对被提名的遗产进行保护的法律内容外,还应说明这些法律是如何操作的。这种分析方法优于仅仅列举或编写法律条文。

12. 当提名地属于某一最具代表性类别的文化遗产时,提名国应按第7段中有关预备清单的要求,提供一份该遗产与其他类似遗产的比较评估报告。

13. 在某些情况下,缔约国在提交申报表之前有必要向秘书处和专门非政府组织咨询。委员会提醒缔约国在准备全面、充分的申报时,可以要求世界遗产基金提供帮助。

14. 当地群众参与申报过程是十分重要的,这样可以使他们感觉到与国家一起保护原址的责任。

15. 在将遗产列入名录的提名中,请缔约国注意《世界遗产名录》中的文化遗产和自然遗产之间数量的合理平衡。

16. 当一个符合委员会所采纳的标准的文化和/或者自然财产延至国境以外,我们鼓励涉及的有关国家进行联合提名。

17. 当一个提名的文化或自然遗产需要受到保护时,应在其周围设立"缓冲区"和提供必要的保护。缓冲区可以定义为一个在遗产周围的地区,其用途受到限制,以提供一个附加的保护层;形成缓冲区的地区需经过技术研究个案处理。缓冲区的规模、性质和授权用途的细节,以及精确描绘其范围的地图应一并附在有关遗产申报的文件中。

18. 为符合《公约》精神,缔约国在申报时应尽量结合提名遗产的文化和自然特点说明其突出意义的普遍价值。

19．缔约国可在一次提名中涉及一系列处于不同地理位置的文化或自然遗产，并说明其相关性，因为它们属于：

ⅰ．相同的历史—文化组或

ⅱ．在地理区域特征内的相同类型的遗产

ⅲ．相同地质形态构成，相同生物地理省份或相同生态系统类型并说明其为一个具有突出普遍价值的系列遗产，不能将其分割开。

20．当第19段定义的一系列文化或自然财产涉及一个以上的缔约国时，根据《公约》规定，涉及的缔约国尽量联合提交一份提名。

21．缔约国应对每一个被提名的自然遗产制定管理计划，对每个被提名的文化遗产制定保护计划。当要求技术合作时，应提供所有这些计划的信息。

22．当一个遗产的原有质量受到人为的威胁，但仍符合第24段和第44段中的真实和完整性的标准和条件时，应与申报文件一起提交一份略述需要采取的修复措施的行动计划。如提名国提出的修复措施未在由该国建议的时间内实施，委员会将根据委员会通过的细则考虑不将该遗产列入名录。

C. 列入《世界遗产名录》中的文化遗产的标准

23．世界遗产名录中文化遗产的各项标准是相同的，应参照《公约》第1条中规定的定义，现将该定义抄录如下：

"纪念碑：在历史、艺术或科学方面具有突出普遍价值的建筑物，纪念性雕塑品或油画，具有考古价值的文物或结构，碑文，洞穴及图形组合；

建筑群：其建筑、类型或地理位置在历史、艺术或科学方面具有突出普遍价值的单个或结合的建筑物；

遗址：在历史学、美学、人种学或人类学方面具有突出普遍价值的人类作品或自然与人的共同作品，以及包括古迹的地区。"

24．如上所定义的纪念碑、建筑群或遗址，在被提名列入《世界遗产名录》时，委员会将在认定其符合以下一条或多条标准并检验其真实性后，根据《公约》承认其具有突出普遍价值。每个被提名的遗产应：

a.

ⅰ．代表一项人类创造智慧的杰作；或

ⅱ．展示在一段时间内或一个世界文化时期内在建筑或技术、纪念性艺术、城镇规划或景观设计中的一项人类价值的重要转变；或

ⅲ. 反映一项独有或至少特别的现存或已消失的文化传统或文明;或

ⅳ. 是描绘出人类历史上(一个)重大时期的建筑物、建筑风格、科技组合或景观的范例;或

ⅴ. 是代表了一种(或多种)文化,特别是在其面临不可逆转的变迁时的传统人类居住或使用土地的突出范例;或

ⅵ. 直接或明显地与具有突出普遍重要意义的事件、生活传统、信仰、文学艺术作品相关(委员会认为本条标准只适用于在特殊情况下承认列入《名录》,并与其他文化或自然财产标准联合使用);

b.

ⅰ. 符合对设计、材料、工艺或布局以及文化景观的特性及构成的真实性检测(委员会强调只能接受基于对原址进行完全、细致记录而无臆想情况下的重建)。

ⅱ. 具有足够的法律和/或者传统保护及管理机制,以保证被提名的文化遗产或文化景观得以保存。具备国家级、省级或市级的立法保障和/或者完善的书面或传统保护,以及足够的管理和/或者计划管理机制是十分重要的,正如以下段落中明确指出的,应在提名表中加以清楚地阐述。同时希望能保证有效实施这些法律和/或者书面和/或者传统保护以及这些管理机制。此外,为保持文化遗址的完整,特别是那些对众多游客开放的遗址,涉及的有关国家应提供适当的管理办法,其中包括财产的管理、保存和公众开放度。

25. 可能变成移动遗产的不动遗产提名不予考虑。

26. 对于市内建筑群,委员会通过了关于将其列入《世界遗产名录》的以下规范。

27. 符合列入《世界遗产名录》条件的市内建筑群分为三种,分别为:

ⅰ. 已无人居住但其过去考古迹象仍保持不变的城镇;它们符合真实性的标准,其保存状态相对易于控制;

ⅱ. 仍有人居住,在性质上因受到社会经济和文化改变的影响而有所发展的历史性城镇,其真实性变得难以评估,保护政策也问题重重;

ⅲ. 与上述种类相似的 20 世纪新兴城市;其原有城市组织可明显辨认,其真实性不可否认,但其未来因其不可控制的发展而难以预料。

28. 评估已无人居住的城镇遗址除了与评估考古遗址时遇到的困难相同外没有特殊的困难:要求具有独特性或代表性的标准使得对建筑群的选择着眼于纯粹的风格、纪念意义的汇集,有时也着眼于重要的历史干系。将

市内考古遗址列为一个完整的单位，这一点十分重要。多个纪念碑或一小组建筑物不足以说明一个已经消失的城市具有的多样且复杂的功能；该城市的残址应尽可能与其自然环境一并保存。

29. 对有人居住的历史城镇而言，困难重重，主要因为其城市构成十分脆弱（很多都是在工业时期到来之后遭到破坏），其周围环境迅速城市化。为达到列入要求，城镇必须在建筑价值上得到公众认可，而不应仅考虑其过去对文化阶层可能发挥过的作用或其作为列入《世界遗产名录》文化遗产标准（ⅵ）规定的历史标志的价值（参见上述第24段）。为达到列入名录的条件，空间组织、结构、材料、样式以及可能的话，建筑群的功能应从本质上反映了促成遗产提名的文明或文明的延续。可以分成四类：

ⅰ. 保留完好的，反映某个文化时期典型特征的城镇遗址，且该遗址在较大程度上未受到后来发展的影响。在此，将被列入的遗产包括整个城镇和应受到保护的周边环境；

ⅱ. 按照其特色已有所发展并保存完好的城镇，有时处于特殊的自然环境、空间格局或典型表明其历史延续阶段的建筑中。在此，明确定义的历史部分比当代环境更具优先权；

ⅲ. “历史中心”包括古老的城镇加上现在的现代城市。在此，有必要明确财产在历史纵深上的精确界限，并适当界定其周边环境；

ⅳ. 部分、地区或单独的单位，甚至保存下来的残址，附带证明了一座消失的历史城镇的特点。在此情况下，保存下来的地区和建筑物应能够对以前的整体进行充分证明。

30. 历史中心和历史地区只有在包括大量具有纪念意义的古代建筑物、能直接显示一座含有特别价值的城镇的特点时，才能被列入名录。不鼓励对各自代表城市结构已无迹可寻的城镇的几个单独的、互不相关的建筑物进行提名。

31. 然而，应当提名那些占有有限空间，但对城镇规划历史有重大影响的遗产。在此情况下，提名时应明确要列入的是具有纪念性的组群，该城镇只作为遗产所处地提及。同样，如果一座具有明显普遍重要性的建筑物位于恶劣的环境中或不具代表性的城市环境中，当然在列入名录时就不应特别提及该城镇。

32. 20世纪的新兴城镇的质量十分难于评定。历史本身就会说明哪座城镇会成为当代城镇规划的典范。除非有特殊情况，对有关这些城镇的文件审查工作将暂缓进行。

33. 在当前条件下,列入《世界遗产名录》的优先权应给予正处在有发展势头的中小型城市地区,而不是给大都会城市,因为它们不能提供充分完整的信息和记录,而后者正是将其作为一个整体列入名录的重要基础。

34. 鉴于一个城镇被列入《世界遗产名录》会给其未来造成影响,所以应作个案考虑。列入名录表示已实施法律和行政措施对建筑群及其环境进行保护。提高有关群众的意识十分重要,没有他们的积极参与,任何保护计划都是不切实际的。

35. 委员会就将文化景观列入《世界遗产名录》进一步采纳以下规范。

36. 文化景观即《公约》第一条中规定的“自然与人类的共同结晶”。它们能够说明人类社会在其自身制约下、在自然环境提供的条件下以及在内外社会经济文化力量的推动下发生的进化及时间的变迁。在选择时,必须同时以其突出的普遍价值和明确的地理文化区域内具有代表性为基础,使其能反映该区域本色的、独特的文化内涵。

37. “文化景观”的说法包括各种人类与自然环境互动的情况。

38. 文化景观通常反映的是能持续使用土地的特殊手段,其所处的自然环境的特性及局限性,以及它与自然之间特殊的精神联系。对文化景观加以保护有利于以先进的手段实现持续使用土地,保持或提高该地的自然价值。在世界许多地区,不断以传统方式使用土地,可以保护生物的多样性。所以保护传统文化景观有助于保存生物的多样性。

39. 文化景观主要分成三类,分别是:

ⅰ. 最易于辨别的,即由人类在国际上设计并创造、具有明确规划的景观。包括通常(但不总是)与宗教或其他纪念性和整体性建筑相关的、具有美学意义的花园或广场景观。

ⅱ. 第二类是有机发展出来的景观。最初形成于社会、文化,行政以及/或者宗教要求,并为与其自然环境相适应而发展成当前的形式。这种景观反映了其形式的演变过程及构成的特点,并分成两小类:

(1) 残留(或化石)类景观是进化过程在古代某时突然或经过一段时间达到终点时留下的。其重要且不寻常的特征仍可以物质的形式体现出来。

(2) 连续类景观在近代社会仍保持积极的社会作用,并与传统生活方式密切相关,其发展进程仍在持续。同时,它展示了其随时间而进化的重要物证。

ⅲ. 最后一类是结合类文化景观。如将其列入《世界遗产名录》,该类文化景观需具备通过某些物质遗产所展现的强烈的宗教、艺术或文化影响,而该文化景观中的物质遗产本身的意义则具其次,或已不复存在。

40. 一处文化景观是否能被列入《世界遗产名录》,要看其是否具备功能性和通俗性。其取样一定要从实质上充分代表其所反映的整体文化景观。不应排斥那些代表对文化起到重要作用的交通运输网络的直而长的线性区域。

41. 在上述第24段(b)(ⅱ)中提出的,用于保存和管理的总体标准同样适用于文化景观。景观所代表的所有价值,不论是文化价值还是自然价值,都应受到重视。提名的准备工作应在得到当地社区同意的情况下与他们协同进行。

42. 包括在《世界遗产名录》中的"文化景观"的分类,是基于上述第24段中提出的标准得出的。不排除会将那些符合文化和自然标准的、意义重大的景点不断被列入名录的可能。在此情况下,其突出的普遍重要性必须符合上述两类标准。

D. 列入《世界遗产名录》中的自然遗产的标准

43. 按照《公约》第2条,以下被认为是"自然遗产":

"由物理和生物群或群组构成、在美学或科学上具有突出普遍价值的自然物;

地质及地形群和构成在科学和保存方面具有突出普遍价值的濒危动、植物物种栖息地的、疆域清晰的区域;

在科学、保存或天然美景方面具有突出普遍价值的自然景点或疆域清晰的自然区域。"

44. 如上所定义的自然遗产在被提名列入《世界遗产名录》时,将被认为具有突出普遍价值,符合《公约》宗旨,但必须符合以下一条或多条标准,并满足以下提出的完整性条件。提名景点应当:

a.

ⅰ. 是代表地球历史重要阶段,包括生命记录、地形演变过程中所进行的重要地质过程或具有地貌或地形特征的突出范例;或者

ⅱ. 是代表进化过程中所进行的重要生态和生物过程、陆地、淡水、沿海及海内生态系统以及植物和动物种群发展的突出范例;或者

ⅲ. 具有最显著的自然现象或具有特殊的天然美景,在美学方面有重要意义;或者

ⅳ. 包括有在保护生物多样性方面具有最重要意义的栖息地,其中应

生活着在科学和保存方面具有突出普遍价值的濒危物种。

b.还应满足以下完整性条件:

ⅰ.第44段(a)(ⅰ)中描述的景点应包括其自然关系中所有或大部分重要的相关独立元素;例如,“冰河时代”地区应包括雪地、冰川本身及切割痕迹、沉积物及滞留物(如条痕、冰碛、植物演替的原始阶段等);就火山而言,历次喷发的各种典型遗址应完整保留。

ⅱ.第44段(a)(ⅱ)中描述的景点应具有足够的规模,并包含必要的成分,以展示其所具备的、对于长期保存生态系统和生物多样性而言十分重要的过程;例如:一个热带雨林区应该包括一定数量的不同海拔高度区,地形和土壤的变化,植被系统和天然再生植被;同样,一座珊瑚礁应该包括诸如海草、红树或附近其他影响珊瑚礁的营养和沉积的生态系统。

ⅲ.第44段(a)(ⅲ)中描述的景点应具有突出的美学价值,并包括对维持景点美景至关重要的区域;例如,价值取决于一挂瀑布的景点,应该包括相邻的集水区和下游区,它们整体上构成了景点美丽的风景。

ⅳ.第44段(a)(ⅳ)中描述的景点应包括代表该生物地区最大限度的多样性特点的动植物的栖息地及其生态系统;例如,一片热带草原应包括一整群随之演变的草食动物和植物;一个岛屿生态系统应包括当地生物的栖息地;包括广泛物种的景点应当有足够大的栖息处,能使这些种物的一部分能生存下来;对于包括有迁徙物种的地区,应当保护好当地的季节性食物、巢地和迁徙路线,如《具有国际意义的湿地,特别是作为水禽栖息地的湿地公约》(拉姆萨公约),就是为保护沼泽中的迁徙物种,其他多边或双边协议也如此。

ⅴ.第44段(a)中描述的景点应具备管理计划。当景点被提名纳入世界遗产委员会考虑范围时尚不具备管理计划时,有关国家应说明计划何时拟出以及如何发动所需的资源来筹备和落实该计划。有关国家还应提供在计划完成前指导景点管理的其他文件(如操作计划)。

ⅵ.第44(a)中描述的景点应具有充分的长期立法、监管、制度或传统上的保护措施。景点的疆域应满足作为将其提名列入《世界遗产名录》基础的栖息、物种、进程或现象的空间要求。疆域应包括与具有突出普遍价值的地区紧邻的足够地区,以保证景点的遗产价值不受人类侵犯以及提名以外地区资源利用的直接干扰。提名景点的疆域可以与一个或更多现存的或推荐的保护区相同,如国家公园或生物圈。当现存的或推荐的保护区可能包括多个管理区域,且只有其中的几个区域满足第44段(a)中描述的标准;而其他区域尽管可能不满足第44段(a)中提出的标准时，其他区域对于提名景点的完整性管理也十分重要；例如，对生物圈而言，可能只有核心地区符合完整性的标准和条件，但其他区域，如缓冲和过渡区，对于保护生物圈的完整也是十分重要的。

ⅶ. 第44段(a)中描述的景点应当是在保护生物多样性方面最具重要性的景点。根据新的全球《生物多样性公约》，生物多样性是指生活在陆地、海水及其他水生态系统中和生态结构中的有机生物的多样性，这些生物是其中的一部分，同时还包括物种之内、物种之间和生态系统中的多样性。只有这些最具生物多样性的景点才符合第44段(a)中的标准(ⅳ)。

45. 从原则上看，一个景点只要符合四条完整性标准中的一条以及相关条件，就可以被列入《世界遗产名录》。然而，多数景点都符合两条或更多标准。有关国家可以查阅提名档案、国际自然与自然资源保护联盟评估情况以及委员会的最终推荐结果，把这些信息作为发现和提名其领土内景点的指导。

E. 从《世界遗产名录》中删除遗产的程序

46. 委员会在以下情况下用以下程序将遗产从《世界遗产名录》中删除：

a. 当遗产已恶化到失去了列入《世界遗产名录》时所具有的特征时；

b. 当一处世界遗产景点的固有质量在提名时已受到人类行为的威胁，而有关国家本应采取的必要矫正措施未在建议的时间内实施时。

47. 当《世界遗产名录》中列入的遗产受到严重破坏、或当必要的矫正措施未在建议的时间内实施时，景点所在的有关国家应通知委员会秘书处。

48. 当秘书处从除有关国家之外的来源收到此类信息时，将尽快向有关国家核实信息的来源和内容，并要求其做出评论。

49. 秘书处将要求资深咨询组织(ICOMOS①，IUCN② 或 ICCROM③)就收到的信息作进一步评论。

50. 收到的信息将与有关国家和咨询组织的意见一起提交主席团。主

① ICOMOS:“国际古迹遗址理事会”或“国际纪念物及景点委员会”或“纪念性建筑和遗址的国际委员会”。

② IUCN:“国际自然及自然资源保护联盟”或“自然及自然资源保护的国际联盟”或“世界自然保护联盟”，负责自然遗产的保护。

③ ICCROM:“罗马国际文物保护与修复中心”或“文化资产的保存和修复国际研究中心”或“罗马中心”。

席团可采取以下步骤中的一项：

a. 可以决定遗产在未被严重损坏的情况下不采取进一步行动；

b. 当主席团认为遗产已受到严重损坏、但没达到不可修复的程度时，可以向委员会建议遗产保留在名录中，并提供有关国家在合理的时间采取必要措施修复遗产的证明。主席团还可建议世界遗产基金向遗产的修复工作提供技术合作，如果有关国家没有要求这种技术援助的话，可以向有关国家提出建议；

c. 当遗产明显受到损坏，已失去决定其列入名录的特征，且不可挽回，主席团可向委员会建议将遗产从名录中删除；在向委员会提出此类建议之前，秘书处将把主席团的建议知会有关国家；有关国家对主席团建议的任何评论将与主席团的建议一起交由委员会权衡；

d. 当信息不足以使委员会采取上述(a),(b)或者(c)步骤时，主席团可以向委员会建议授权秘书处来采取必要的定夺行动，使其在与有关国家的商议同时，决定遗产的当前状况、面临的危险和充分修复遗产的可行性，并向主席团通报其行动结果；此步骤可以包括派遣查证组或向专家进行咨询。在需要采取紧急行动的情况下，主席团可自己授权世界遗产基金筹措用于所需的紧急援助的资金。

51. 委员会将审查主席团的建议及所有获得的信息，并做出决定。根据《公约》的第 13 条(8)，任何此类决定均应由出席成员的三分之二投票做出。委员会在做出删除决定之前应与有关国家就此事进行磋商。

52. 委员会的决定应知会有关国家，委员会应立即就此发出公告。

53. 如果委员会的决定使《世界遗产名录》有所改动，该改动应在下次出版的更新的名录中反映出来。

54. 在采纳上述程序时，委员会特别注意应采取一切可能手段防止将财产从名录中删除，并准备向有关国家提供尽可能的技术合作。此外，委员会希望缔约国注意《公约》第 4 条的规定，即：

“本《公约》缔约国承认鉴定、保护、保存、介绍和向后辈们移交第 1 条和第 2 条规定的、位于其领土内的文化和自然遗产的义务，主要由有关国家承担……”

55. 委员会就此建议缔约国应与委员会要求进行监督汇报的顾问机构，就其对列入《世界遗产名录》中的遗产保护所做的工作的进展情况进行合作。

56. 世界遗产委员会请《保护世界文化和自然遗产公约》的缔约国通过

联合国教科文组织秘书处向委员会表达其在受《公约》保护的地区承担或授权进行大型修复活动、以及可能影响到该遗产的世界遗产价值的新建筑活动意向。应在做出任何难以逆转的决定前尽快发出通告(例如,在草拟某个项目的文件之前),以使委员会能协助寻找适当的解决方案,保证景点的世界遗产价值得到全面保存。

F. 对申报进行评估和审查的细则

57. 对缔约国提名的单个景点是否满足真实性/完整性的标准与条件的评估工作由国际纪念物及景点委员会(ICOMOS)和世界自然保护联盟(IUCN)进行,其中 ICOMOS 负责文化遗产,IUCN 负责自然遗产。当将文化遗产提名列入“文化景观”类时,有关评估应与世界自然保护联盟(IUCN)商议进行。

ICOMOS 和 IUCN 将把评估报告提交给世界遗产委员会主席团。①

ICOMOS 和 IUCN 在考虑了主席团的决定以及从提名国得到的其他信息后,向世界遗产委员会提交最终评估报告。

世界遗产委员会大会报告将包括其决定、提名景点所符合的标准、对申请理由的评判和委员会提出的任何建议。

58.《世界遗产名录》应尽量代表所有符合《公约》规定的、委员会通过的具有突出普遍价值要求、文化和自然真实性或完整性标准和条件的文化和自然遗产(见上文第 24 至 44 段)。

59. 每个文化遗产,包括其保存状态,应分别评估,即,它应与有关国家领土内外同类型同时期的其他遗产进行比较。

60. 每个自然景点应分别评估,即,它应与有关国家领土内外、属同一生物地理省份或迁移方式的同类型的景点进行比较。

61. 此外,ICOMOS 和 IUCN 应特别注意与评估和审查相关的以下几点:

a. 上述两个非政府组织在进行评估时应尽量严格;

b. 应在每个提名提出时全面说明 ICOMOS 和 IUCN 进行专业评估的方式;

c. 要求 ICOMOS 对属于同类型的文化遗产进行比较评估;

d. 要求 IUCN 在向委员会进行陈述时,对主席团推荐的每一个遗产就其完整性和未来管理做出评论或建议;

---

① 2003 年,所有评估报告将提交给 2003 年 6 月/7 月举行的世界遗产委员会第 27 届会议。

e. 有关非政府组织最好在对列入名录进行个案审查之前进行的初步讨论时提供推荐列入《世界遗产名录》财产的幻灯片。

62. 缔约国的代表,不论是否为委员会成员国,都不应为该国遗产提名列入《名录》进行游说,而只能针对审查时提出的询问做应答。

63. 某个遗产列入《世界遗产名录》时所符合的标准、证明遗产有资格列入名录且在未来管理中反映出来的特征摘要将由委员会在其报告和出版物中说明。

G. 提名的格式和内容

64. 提交文化和自然财产提名均使用由委员会批准的相同表格。尽管所有财产各具特点,有关国家最好还是就以下内容提供信息和文件:

(1) 遗产概况

a. 国家(国别,如不是公约缔约国家的话)

b. 州,省或地区

c. 遗产名称

d. 地图上的精确位置以及最新的地理坐标

e. 展示建议提名地区的边界及所有缓冲地带的地图和/或者平面图

f. 建议提名景点和建议缓冲地带(如有的话)的面积(公顷)

(2) 提名理由

a. 重要性报告

b. 可能的比较分析(包括类似景点的保存状况)

c. 真实性/完整性

d. 提名参照的标准(在这些标准下进行提名的理由)

(3) 描述

a. 遗产描述

b. 历史和发展

c. 景点最近文献记载的形式和日期

d. 保存情况现状

e. 有关遗产推广和宣布的政策和计划

(4) 管理

a. 所有权

b. 法律地位

c. 保护性措施和实施方法

d. 管理机构

e. 管理执行级别(如现场、地区)及联系人地址

f. 就有关财产达成共识的计划(如,地区、当地计划,保存计划,旅游开发计划)

g. 资金来源和级别

h. 保存措施的专家和培训来源以及管理方法

i. 游客设施及统计数字

j. 景点管理计划和目标说明(副本附后)

k. 人员级别(专业,技术,维修)

(5) 影响景点的因素

a. 发展压力(如腐蚀,改造,农业,采矿)

b. 环境压力(如污染,气候变化)

c. 自然灾害及应对情况(地震,洪水,火灾等)

d. 游客/旅游的压力

e. 景点和缓冲地带居民人数

f. 其他

(6) 监督

a. 衡量保存状况的主要指标

b. 用于监督遗产的行政安排

c. 前一起监督检查的结果

(7) 文档

a. 照片,幻灯片,电影/录像(如果有的话)

b. 景点管理计划及与景点有关的其他计划摘要的副本

c. 参考书目

d. 资料、记录和档案存放的地址

(8) 代表缔约国签名

委员会在其第二十次会议上的声明中通过采纳上述申报表格。这些说明均与上述内容有关并将作为申报表格的附件递交缔约国,以指导那些申报的遗产列入《世界遗产名录》。

H. 提名审批的程序和时间表

65. 以下提出的年度计划已确定用于《世界遗产名录》提名的接收和处理。应强调的是提名列入《世界遗产名录》的程序是随时进行的。列入名录

的提名可以在1年的任何时间提出。每年的2月1日前提交的提名将在下一年获得考虑。每年的2月1日以后提交的提名将在第三年获得考虑。尽管对某些国家会造成不便,委员会还是决定规定提交提名的最后期限,以保证所有有效文件都能在委员会局和委员会会议召开前不超过六周的时间内递交到委员会局和委员会的成员国手上。这样也能保证委员会在每年12月召开的会议中了解下一年的会议中将审查提名的数量和性质。

第一年

2月1日

秘书处将在此截止日期前受到的申报,提交委员会在下一年中予以审议。

2月1日至3月1日

秘书处:

1. 登记每个提名,全面核实其内容和所附文件。对于资料不全的提名,秘书处应立即要求有关国家提供缺失的信息[①]。

2. 如资料齐全,将提名转交适当的顾问机构(ICOMOS,IUCN或两者),这些机构将:

立即检查每项提名,确定哪些案件需要更多信息,并与秘书处合作采取必要步骤获得补充资料;

第一年至第二年

6月至2月

咨询机构根据委员会采纳的标准对每项提名进行专业评估,并将这些评估分成以下三类转达给秘书处:

a. 建议列入名录且无保留意见的遗产;

b. 建议不列入名录的遗产;

c. 建议列入或暂缓列入名录的遗产。

2月份

秘书处对咨询机构的评估进行审核并保证委员会在委员会会议召开前六周收到有关文件。[②]

---

① 世界遗产委员会第24届会议(凯恩斯,2000)决定申报“必须在新规定的到期时间,即2月1日前全部收到(……),委员会同意本条作为会议周期变更的一部分。”

② 2003年,所有提名应当在于2003年6月/7月举行的世界遗产委员会第27届会议上接受审查。

4月

委员会局审查[①]提名,并按以下四类情况向主席团提出建议:

a. 建议立即列入名录的遗产;

b. 建议不列入名录的遗产;

c. 退回给提名国,要求其提供更多信息或文件并再次提交给主席团的遗产;

d. 应暂缓审查,需要进一步评估或研究的遗产。

4月至5月

主席团的报告尽快由秘书处传达给委员会成员国以及所有缔约国。秘书处努力从有关国家处获得所要求的上述(c)类遗产的信息,并将该信息转达给 ICOMOS,IUCN 和委员会成员国。如未能在10月1日前获得所要求的信息,委员会将不会在同年举行的常会中审查该申报。如(c)类提名所缺少的信息非属事实陈述类信息,则该类提名主席团将不予以审查。委员会不会在当年审查归入(d)类的提名。

6月

委员会审查在主席团推荐、缔约国提供的补充信息以及 ICOMOS 和 IUCN 的评估基础上的提名。其对申报遗产的决定分成以下四类:

a. 决定列入《世界遗产名录》的遗产;

b. 决定不列入《名录》的遗产;

c. 暂缓考虑的遗产;

d. 退回并要求提供更多信息的遗产;

7月

秘书处将包括世界遗产委员会所有决定的委员会6月会议的报告传达给所有本缔约国家。

66. 当一个有关国家希望对某个已列入《世界遗产名录》的遗产进行扩充提名时,应按上述第64段条所规定不申报新遗产的程序办理并提交有关申报文件。此款不适用于在以下限度内对遗产进行的简单修复工作:在此情况下,关于这些限度之内的修复请求直接递交主席团,主席团将特别审查相关地图和平面图。主席团可以批准修复,或认为该变化已实际构成了对原遗址范围的扩大,此时则将使用申报新提名遗产的程序。

① 2003年,所有提名应当在于2003年6月/7月举行的世界遗产委员会第27届会议上接受审查。

67. 当主席团在向权威国际非政府组织咨询后认为遗产无疑符合列入《世界遗产名录》标准,且因自然或人为灾害而受到损坏时,这种提名将按紧急情况处理,而不受正常审查程序规定的截止日期的限制。

Ⅱ. 监督和定期报告制度

A. 监督制度

68. 本监督制度,是指由世界遗产中心、教科文组织的其他部门以及其他顾问机构向主席团及委员会就那些处于受到威胁的遗产的状况进行报告的制度。为此,各缔约国将通过世界遗产中心向委员会就有关遗产的保护状况发生不寻常变化以及修复工作有可能对遗产保护状况产生的影响的具体报告。如同在第 48 至 56 条中所列示的那样,在考虑从世界遗产名录上删除某个遗产时所采用的工作程序中,也是用此项报告制度。同样,如第 86 至 93 条所列示的那样,在考虑某个遗产是否列入《濒危世界遗产名录》中和对已列入该名录的遗产的管理,也是用此监督报告制度。

B. 定期报告

69. 第 11 届《世界遗产公约》缔约国大会和第 29 届联合国教科文组织大会审议了《世界遗产公约》第 29 条提及的定期报告事宜。大会通过以下决议:

请《保护世界文化和自然遗产公约》的缔约国遵照《公约》第 29 条的规定,通过世界遗产委员会秘书处、联合国教科文组织世界遗产中心,报告其在执行《公约》时所采纳的立法和行政规定以及采取的其他行动,包括对其领土内的世界遗产财产进行的保护活动;

以及要求世界遗产委员会确定就《世界遗产公约》的执行情况、世界遗产的保护情况所进行的定期报告的周期、形式、性质和范围做出具体规定,并根据国家主权原则对报告进行审查和反馈;

70. 委员会在于 1998 年 12 月举行的第 22 届会议上决定了定期报告的周期、报告的处理和审查以及定期报告的形式。

71. 定期报告的目标在于:

评定缔约国执行《世界遗产公约》的情况,评定列入《世界遗产名录》的遗产所具有的世界遗产价值随时间流逝仍得以保持:

世界遗产:改进景点管理,实施先进的规划,减少紧急事件和特别干预的数量以及采取预防性措施以减少遗产保护成本。

缔约国:改进世界遗产政策,进行先进的规划,改进遗产管理和预防性保护。

地区:进行区域性合作,实行区域性世界遗产政策和针对区域特殊需要举办活动。

委员会/秘书处:更好地了解国家和地区遗产的条件和景点的需要。改进政策和决策。

72. 缔约国的主要责任是为执行《公约》而制定适当的规定,采取适当的行动,将实行现场监督作为景点日常保护和管理中不可分割的一部分。缔约国应与具有管理权限的景点管理者或机构密切合作。具有管理权限的景点管理者或机构有必要每年记录遗产的状况。

73. 请缔约国每六年一次,通过世界遗产中心向世界遗产委员会提交关于《世界遗产公约》执行情况的定期报告,其中包括位于其领土内的世界遗产的保护状况。就此目的,缔约国可以要求秘书处或顾问机构提供专家建议。秘书处也可根据与缔约国的协议提供专家建议。

74. 为推动委员会及其秘书处的工作,更大程度地实现世界遗产工作的区域化和分散化,委员会决定分区域审查这些报告。世界遗产中心将按区域把国别报告汇总。此时将动用所有来自顾问机构、缔约国、专业机构的专家以及地区内的专家。

75. 委员会将在会议召开之前决定哪些地区需向委员会提交定期报告,并将委员会的决定立即通知有关国家,以使他们有充足的时间准备保护状况报告。

76. 秘书处将采取必要措施收集和管理世界遗产信息,尽量充分利用顾问机构和其他机构的信息/记录服务。

C. 定期报告的格式及内容

77. 委员会在其于 1998 年 12 月召开的第 21 届会议上通过了定期报告的格式。该形式包括两个部分:

第一部分包括缔约国就执行《世界遗产公约》有关条款的情况报告,包括具有文化和/或自然价值的遗产的认定;文化和自然遗产的保护、保存和介绍;国际合作与筹资,以及教育、信息收集和意识的培养。

第二部分是指位于有关国家领土之内的某个世界遗产的保护状况。

其主要目的在于评估列入《世界遗产名录》中世界遗产的价值是否随时

间流逝仍得到保留。

此外,要求有关国家就管理、影响遗产的因素和监督事宜提供最新信息。

78. 尽管所有遗产均有其特殊的特点,但仍希望有关国家提供以下信息和资料:

第Ⅰ部分:缔约国对《世界遗产公约》的执行情况

Ⅰ.1. 绪言

a. 有关缔约国家

b. 批准或接受《公约》的年份

c. 负责起草报告的组织或实体

d. 报告日期

e. 有关缔约国的签字

Ⅰ.2. 文化或自然遗产的认定

a. 全国名录清单

b. 名录草案

c. 提名

Ⅰ.3. 文化和自然遗产的保护、保存与介绍

a. 总体政策

b. 保护、保存和介绍的服务情况

c. 科学性和技术性调研

d. 认定、保护、保存、介绍和修复的措施

e. 培训

Ⅰ.4. 国际合作与筹资

Ⅰ.5. 教育、信息和意识的培养

Ⅰ.6. 结论和建议采取的行动

a. 主要结论

b. 建议未来采取的行动

c. 负责实施的机构

d. 实施的期限

e. 对国际援助的需求

第Ⅱ部分:每个世界遗产的保存情况

Ⅱ.1. 绪言

a. 缔约国家

b. 世界遗产的名称

c. 精确地理位置

d. 列入《世界遗产名录》的日期

e. 负责起草报告的组织或实体

f. 报告日期

g. 代表有国家的签字

Ⅱ.2. 重要性说明

Ⅱ.3. 真实性/完整性说明

Ⅱ.4. 管理

Ⅱ.5. 影响财产的因素

Ⅱ.6. 监督

Ⅱ.7. 结论和建议采取的行动

a. 关于遗产的世界遗产价值的主要结论(见上述第Ⅱ.2. 款和第Ⅱ.3. 款)

b. M关于影响遗产的管理和因素的主要结论(见上述第Ⅱ.4. 款和第Ⅱ.5. 款)

c. 建议采取的行动

d. 负责实施的机构

e. 实施的期限

f. 对国际援助的需求

79. 委员会在其第22届会议上决定将《说明》作为定期汇报的格式。这些《说明》与上述每条标题相关,并作为定期汇报格式的附件提供给有关国家,以指导有关人士起草报告。

Ⅲ. 设立濒危世界遗产名录

A. 将遗产列入《濒危世界遗产名录》中的指南

80. 按照《公约》第11条第4段,委员会将把满足以下要求的财产列入《濒危世界遗产名录》:

ⅰ. 考虑中的遗产列在《世界遗产名录》中;

ⅱ. 遗产受到严重或特殊的危险的威胁;

ⅲ. 有必要对财产进行大型维护;

ⅳ. 要求对遗产提供《公约》规定的援助;委员会认为在某种情况下最

有效的援助就是它所关心的信息，包括将一处景点列入《濒危世界遗产名录》所发出的信息，该项援助要求可以由任何委员会委员或由秘书处提出。

B. 将遗产列入《濒危世界遗产名录》中的标准

81. 当委员会发现如《公约》第1条和第2条定义的世界遗产的状况满足以下两种情况中的至少一个标准时，可将其列入《濒危世界遗产名录》：

82. 就文化遗产而言：

ⅰ. 确知危险——遗产面临特殊的且证明正在临近的危险，如：

a. 材料受到严重毁坏；

b. 结构或装饰特点受到严重毁坏；

c. 建筑或城市规划的一致性受到严重破坏；

d. 城市或乡村空间，或自然环境受到严重破坏；

e. 史实性受到严重损失；

f. 文化重要性受到严重损失。

ⅱ. 潜在危险——遗产面临有害于其固有特征的威胁，如：

a. 遗产的修复或法律地位削减了其受保护的程度；

b. 缺少维护性政策；

c. 区域规划项目带来的威胁性结果；

d. 城镇规划带来的威胁性结果；

e. 武装冲突的爆发或威胁；

f. 地质、气候或其他环境因素的逐渐改变。

83. 就自然遗产而言

ⅰ. 确知危险——遗产面临特殊且正在临近的危险，如：

a. 设立遗产以保护的濒危物种或其他具有突出普遍价值的物种数量因疾病等自然因素或践踏等人为因素而急剧减少。

b. 财产的自然美景或科学价值因人类居住、修建淹没财产重要部分的水库、包括使用杀虫剂和肥料的工业或农业开发活动、大型公共劳动、采矿、污染、砍伐和木柴收集等而受到严重破坏。

c. 人类在边界或上游活动而对财产的完整性构成威胁。

ⅱ. 潜在危险——财产面临有害于其固有特征的威胁。这些威胁如：

a. 对该区域进行的合法的保护性修复工作；

b. 在遗产区域内或位于对遗产有威胁作用的区域中进行有计划的置业或开发；

c. 武装冲突的爆发或威胁；

d. 管理计划不适当或未得到充分实施。

84. 此外,人类有责任通过行动改善对遗产整体性产生威胁的因素。就文化遗产而言,自然和人为因素都具有威胁性,而就自然遗产而言,多数威胁是人为的,只有极少数来自自然的因素(如流行疾病)才会威胁到遗产的整体性。在一些情况下,威胁遗产整体性的因素可以通过行政或法律方法改善,比如取消大型公共项目或加强其法律地位。

85. 在考虑将一个文化或自然遗产列入《濒危世界遗产名录》时,将谨记以下几点:

a. 对世界遗产产生影响的决定由有关政府经权衡所有因素后做出。世界遗产委员会如能在遗产受到威胁前提出建议,则该建议可具有决定作用。

b. 特别就确知危险而言,遗产在本身和文化意义上受到的损害应按照其影响来判定,并应做个案分析。

c. 对遗产的潜在危险而言,应该考虑到:

应该按照遗产所在地的一般社会经济框架进展来判定威胁;

某些威胁及其对文化或自然遗产的影响常常难于判定,如武装冲突的威胁;

有些威胁并非一时之举,但仍可以预见到,如人口的增长。

d. 最后,委员会在进行评估时应考虑到任何对文化或自然遗产产生影响的不可知的或不可预料的原因。

C. 将遗产列入《濒危世界遗产名录》中的规则

86. 在考虑将一个遗产列入《濒危世界遗产名录》时,委员会应尽可能与缔约国协商制定并采纳改善性措施的方案。

87. 为制定上一段所述的方案,委员会应尽可能与缔约国合作,要求秘书处确定财产的当前状况,遗产受到的威胁和采取改善性措施的可行性。委员会可进一步决定是否派由来自 IUCN,ICOMOS,ICCROM 或其他组织的专家组成的小组前往对遗产进行考察,评估威胁的性质和程度并就采取何种措施提出建议。

88. 秘书处将得到的信息与缔约国和咨询组织的意见一起提交委员会。

89. 委员会应对得到的信息进行审查,并就将遗产列入《濒危世界遗产名录》事宜做出决定。任何决定都应按多数原则做出,即由三分之二的出席并参加投票的委员会成员做出。委员会将就采取的改善性措施方案做出规定。该方案将反馈给有关国家,促其立即实施。

90. 委员会应按照《公约》第11.4条将委员会决定通知有关国家,并立即发布决定通告。

91. 委员会应从世界遗产基金中拨出数目可观的专款,用于资助列入《濒危世界遗产名录》的世界遗产财产所提供必要援助。

92. 委员会应定期检查《濒危世界遗产名录》中的遗产的情况。如委员会认为必要,该检查应包括检查程序和派出专家小组。

93. 以这些定期检查为基础,委员会应与有关国家协商决定是否:

ⅰ. 需要采取其他保护遗产的措施;

ⅱ. 在遗产不再受到威胁的情况下将其从《濒危世界遗产名录》中删除;

ⅲ. 在遗产已经损坏到决定其列入《世界遗产名录》中的特征已消失殆尽时,按照上述第46段至第56段将其从《濒危世界遗产名录》和《世界遗产名录》中删除。

Ⅳ. 国际援助

A. 世界遗产基金项下不同形式的援助

(ⅰ) 预备性援助

94. 缔约国将援助用于:

a. 准备列入《世界遗产名录》的文化和/或自然遗产的临时名单;

b. 协调同一地理文化区域内的名单草案组织会议;

c. 就将文化和自然遗产提名列入《世界遗产名录》进行准备;以及

d. 就要求技术合作,包括要求组织进行培训等进行准备。

该类型的援助被称为"预备性援助"。它的形式可以是顾问服务,设备,或在个别情况下的资金支持。每项预备性援助的预算上限固定在3万美元。主席有权批准2万美元的预备性援助金额要求,主席团有权批准3万美元的申请。

95. 预备性援助申请应转交秘书处,秘书处将其转送主席,而主席将决定给予的援助金额。申请表格(见WHC/5)可在秘书处领取。

(ⅱ) 紧急性援助

96. 缔约国可就对已列入或将列入《世界遗产名录》的文化或自然遗产

所进行的工作提出紧急性援助,这些遗产应正受到突然、意外情况(如陆地突然下沉,严重火灾或爆炸,洪水)的损害,或因这些情况带来的严重损害而受到重大威胁。紧急性援助不包括由逐步过程(如腐烂,污染,侵蚀等)引起的损害或毁坏。该援助可用于以下目的:

a.按《规程》的第65段准备将遗产紧急列入《世界遗产名录》;

b.就已列入或提名列入《世界遗产名录》的遗产的保护提出紧急计划;

c.就已列入或提名列入《世界遗产名录》的遗产的保护采取紧急措施。

97.申请紧急援助可在填好WHC/5表格后随时向秘书处提出。世界遗产中心应在与有关咨询机构协商后将该申请送交主席,主席有权批准5万美元的紧急申请,主席团有权批准7.5万美元的紧急申请。

(ⅲ)培训

98.缔约国可就从事文化和自然遗产的认定、保护、维护、介绍和复原的专业人才的培训提出要求。培训必须与《世界遗产公约》[①] 的实施有关。

99.根据《公约》第23条,应优先考虑当地或地区级别的小组培训,特别是国家或地区进行的培训。个人培训只限于短期进修和经验交流。

100.国家或地区级的专业人才培训应包括以下内容:

a.培训课程的细节(提供的课程,辅导级别,授课人员,学员人数及国别,日期、地点和培训时间等),如有必要应加上每位学员对相应的世界遗产地所负的责任;如资金不能满足所有要求,应对遗产的管理和维护人员给予优先;

b.申请援助种类(培训成本经费,专业授课人员的提供,用于培训的设备、书籍和教材的提供);

c.申请援助的费用,包括培训费,每日津贴,教材经费,赴培训中心的往返旅行费用等;

d.其他费用:国内费用,接收或预计的多边或双边费用;

e.为改进培训课程,接受培训的国家或组织应在课程结束就培训结果提交深入报告。报告应转交给有关的顾问机构审查并就额外拨款提出意见。

101.个人参加培训课程的申请要提交联合国教科文组织所采用的标准《申请奖学金》表格,该表格可从成员国各国联合国教科文组织全国委员会、联合国教科文组织地区办事处和联合国发展计划署地区办事处及秘书

① 全名为《保护世界文化和自然遗产公约》,下同。

处获取。每项申请都应附带一份有关国家实施《世界遗产公约》的学习计划,并承诺就培训和实施成果提交最终技术报告。

102. 所有进行培训活动的援助申请应转交秘书处,秘书处将确定材料是否齐备,并将这些申请与成本估算结果一起转送主席审批。主席可批准金额达 2 万美元的申请。金额超过此限的申请按第 104 至 108 段中所述的技术合作要求审批程序办理。

(ⅳ) 技术合作

103. 缔约国可就列入《世界遗产名录》遗产的保护项目工作提出技术合作要求。该援助可以《世界遗产公约》第 22 段中所述的方式进行。

104. 为使世界遗产基金有限的资源物尽其用,考虑到将有越来越多的文化遗址得到援助,委员会在认识到列入《世界遗产名录》遗产地考古物品的重要性的同时,决定不接受用于保护活动建设古迹博物馆设施的要求。

105. 申请获得技术合作须提供以下信息:

a. 遗产详情

· 列入《世界遗产名录》的日期;

· 遗产说明和遗产所面临的危险;

· 遗产的法律地位;

b. 详细要求

· 要做的工作的科学和技术信息;

· 所要求的设施的详细说明(特别是性能,型号,电压等),所要求的人员(专家或工人)等;

· 如有必要,列出项目的"培训"环节;

· 项目启动的时间表;

c. 活动成本

· 国内支付;

· 按《公约》要求;

· 收到或期望得到的其他多边或双边资金,注明每笔资金将如何使用;

d. 负责该项目的国内机构和项目管理的详情

e. 本着将维护世界遗产景点的情况监督与国际援助的相结合的愿望,委员会已设定一项要求,即在提交技术合作要求时应一并提交一份有关遗产或景点的维护情况报告。

106. 如有必要,秘书处将要求缔约国提供更多信息。秘书处也可向有关组织(ICOMOS,IUCN,ICCROM)寻求专家建议。

107. 主席团将对会议中提出的要求进行考虑并随后向委员会提出建议。秘书处将把主席团的建议转达给委员会所有成员国。

108. 如建议得到肯定,秘书处将在委员会批准该项目后立即着手进行所有必要的技术援助实施的准备工作。

109. 在委员会会议上,委员会将参照主席团提出的建议,对每项技术合作、紧急援助和超出主席与主席团批准权额度的培训要求做出决议。缔约国的代表,不论是否为委员会成员,均不许对该国所提出的援助要求的批准情况予以置评,只许在回答问题时提供一些信息。委员会决议将转交给有关国家,批准项目的实施由中心执行。

110. 以上议程不适用于成本未超过3万美元的项目。对后者将使用以下的简化程序。

a. 对不超过2万美元的要求,秘书处在审查档案并接到ICCROM,ICOMOS或IUCN建议后,将把申请与其他相关材料一起直接转交主席。在不超过年度援助预算总额20%的基础上,主席有权决定每年从世界遗产基金中拨出用于资助该项目的额度的款项,其中包括技术援助和培训(但不包括紧急援助和准备性援助,因其已有单独规定)。主席无权批准其本国提出的申请。

b. 主席团有权批准金额最多为3万美元的要求。如申请为主席团成员国提出的,主席团则只能向委员会提出建议。

(Ⅴ) 用于教育、信息和宣传活动的援助

111. (a) 地区和国际级:

参照《公约》第27条,委员会同意支持具有以下效果的计划、活动及召开会议:

· 有助于在某地区的国家中培养对《公约》的兴趣;

· 有助于加深与实施《公约》相关活动的认识,以使更多人积极参与;

· 交流经验;

· 鼓励开展教育、信息和扩展计划及项目的联合活动,尤其是能让青年人参与维护世界遗产的活动。

(b) 国家级:

委员会认为只有当有关《公约》的全国性推广活动满足以下条件时,才予以考虑有关要求:

·为更好了解《公约》(尤其是年轻人)而特别组织的会议,或按照《公约》第17条为建立全国性世界遗产组织而召开的会议;

·为普遍推广《公约》(特别是在年轻人中),而不是为推广某一景点所进行的教育和信息资料准备工作。

世界遗产基金将有选择性地向国家级的教育、信息和推广计划及活动提供资金,且只能为小额资金,最高限额为5000美元。但如项目具有特殊意义,也可批准超过上述限额的要求:需要有主席的同意能批准的最高额度为1万美元。

B. 向世界遗产委员会和世界遗产委员会主席团申请国际援助的最后期限

112. 除紧急援助外,所有由主席团审查的国际援助申请应于2月1日以前提交,以便主席团会议给予考虑。大额申请(即超过3万美元的申请)将与主席团的建议一起转交给世界遗产委员会决策。

C. 国际援助拨款优先顺序

113. 在承认《公约》条款永远有效且不违背其内容的前提下,委员会同意按照《公约》规定对申请提供援助的遗产的下述活动提供援助:

· 用于挽救已列入或提名列入《世界遗产名录》的遗产(见上文第96段)的紧急措施;

· 用于起草列入《世界遗产名录》临时名单的文化和自然遗产以及提名列入申请援助名单的申请技术合作的准备性援助;

· 可能具有多重效应("种子基金")的项目,因为它们:

· 激发对保护活动的普遍兴趣;

· 有益于促进科学研究;

· 有益于专门人员的培训;

· 带动其他来源的资金。

114. 委员会还认为以下因素是其批准《公约》给予援助的决定性因素:

ⅰ. 开展的工作和采取的保护措施的紧急程度;

ⅱ. 受援国保护和维护遗产的立法、行政和财政承诺;

ⅲ. 项目成本;

ⅳ. 在科学研究和开发高效低成本保护技术方面的意义和示范价值;

ⅴ. 用于本地专家和大众培训的教育价值;

ⅵ. 具有文化和生态益处,以及

ⅶ. 社会和经济效益。

115. 《世界遗产名录》中所列的遗产均被视为具有同等价值。因此,以上提出的标准不涉及遗产的相对价值。用于保护文化遗产项目的拨款与用于保护自然遗产项目的拨款将保持平衡。

116. 对紧急援助,如秘书处认为必要,将请有关咨询机构(IUCN,ICOMOS,和/或者 ICCROM)提供培训和技术合作,请其做出专业审评,其建议将提交主席团和委员会审议。

D. 与接受国际援助的国家签署协议

117. 当准予向有关国家提供大型技术合作后,委员会与有关国家将签署协议,其中包括:

a. 所准予的技术合作的范围和性质;

b. 政府的义务,包括提交中期和最终财政与技术报告。如秘书处认为有必要,报告应交给有关的咨询机构(IUCN,ICOMOS,ICCROM)审查,报告摘要递交委员会。

c. 政府向委员会和/或联合国教科文组织、向划拨给项目的物品、基金和资产以及与项目有关的代表委员会和/或联合教科文组织的官员及其他人员提供便利、特权和豁免权。

118. 标准协议的正文将与联合国教科文组织的规定一致。

119. 委员会决定授权主席代表签署该协议。在特殊情况下或因有实际必要,主席可将签署权授予他所指定的一位秘书处人员。

E. 项目实施

120. 为保证有效实施世界遗产基金项下准予的技术合作项目,委员会建议该项目在有关国家的执行应由一单独机构负责,不论其性质是否为国家级、地区级、公有或私有。

F. 批准国际援助的条件

121.《世界遗产公约》第 19 至 26 段中规定了国际援助的条件与种类。为与世界遗产委员会在《公约》第 16 条中规定的合格性条件相符,委员会在其第十三届会议(1989 年)上决定,未向世界遗产基金缴纳捐款的国家在第二年将不准予接受国际援助,但此款不适用于规范中所规定的紧急援助和培训。委员会做此决定意在强调缔约国应在《公约》第 16 条规定的期限内缴纳所有捐款。

Ⅴ. 世界遗产基金

122. 委员会决定,向世界遗产基金缴纳的用于任何列入《世界遗产名录》的遗产的国际援助活动及其他联合国教科文组织项目的捐款应依照《公约》第五部分予以接受并用作国际援助用途,并用于开展与之相符的活动或项目。

123. 鼓励缔约国通过世界遗产基金对任一列入《名录》的遗产开展的国际援助活动或其他联合国教科文组织项目的捐款。

124. 基金的财政政策由 WHC/7 号文件规定。

125. 秘书处应以《联合国教科文组织接受私人捐赠的内部管理规则》作为参照依据。

Ⅵ.《公约》实施中的文化与自然遗产比例的平衡

126. 为加强实施《公约》中文化与自然遗产的平衡,委员会已建议采取以下措施:

a. 优先准予缔约国准备性援助:

ⅰ. 设立在其领土内、适合列入《世界遗产名录》的文化和自然遗产预备名单;

ⅱ. 筹备申报《世界遗产名录》中未列出的遗产种类。

b.《公约》缔约国应向秘书处提供主要负责文化和自然遗产事务的政府组织名称和地址,以便秘书处能将所有正式文件传达到位。

c.《公约》缔约国应定期召集全国负责自然和文化遗产事务的人员召开联席会议,以使他们能共商实施《公约》的问题。此条不适用于文化和自然遗产事务均由单一组织处理的国家。

d.《公约》缔约国应按照《公约》第 9 条第 3 段选出在自然和文化遗产方面有专长的代表。委员会成员国应事先向秘书处通报其代表的姓名和职位。

e. 委员会深切关注主席团中的自然和文化领域专业人数之间的平衡,并尽力在以后的选举中保证:

ⅰ. 席位由同一领域(不论是文化还是自然领域)的专业人士占据时间不得连续超过两年;

ⅱ. 出席主席团会议时,至少有两名处理“文化”和两名处理“自然”的专家,以保证《世界遗产名录》提名审查的平衡性和可信性。

f. 按照《公约》第10.2条以及《议事规则》第7条规定，委员会应随时邀请公众或个人机构以观察员身份列席其会议，以增加其专业性。在挑选这些观察员时应考虑到自然和文化遗产间的平衡。

Ⅶ. 其他事项

A. 对世界遗产的徽志、名称、标志的使用及对世界遗产的描述

127. 委员会在其第二届会议上采纳了由米盖尔·奥利夫先生设计的徽志。该徽志标志着文化与自然遗产间的相互依赖：中间的方形是人造物，圆形象征自然，两者密切相联。徽志呈圆形，如同世界，同时又象征保护。委员会决定由设计者提议的徽志（见附2）可根据用途、技术要求和艺术考虑以任何颜色或大小使用。徽志应一直与“World Heritage. Patrimoine Mondial”连用。“Patrimonio Mundial”所占位置可翻译成徽志使用国的通用语言。

128. 为保证徽志的充分合理的使用并防止使用不当，委员会在其第24届会议中采纳了《世界遗产徽志的使用指南及原则》（附件3）。它应被视为《实施世界遗产公约操作指南》不可分割的一部分。

B. 委员会议事规则

129. 委员会的《议事细则》系由委员会在其第一届会议上通过，并在第三届会议上得到修改。该文件可在WHC/1号文件中找到。

C. 世界遗产委员会会议

130. 世界遗产委员会常会通常在每年六月召开。

131. 如《公约》第10.3条的规定，按照《议事细则》第20至21条规定，委员会在召开常会期间应组建分委员会，审查提交给他们的工作，并向全会做出报告和就其采取的行动提出建议。

D. 世界遗产委员会主席团会议

132. 主席团通常在每年四月召开会议。如有必要，新选的主席团应在委员会常会期间举行会议。

E. 发展中国家专家的参与

133. 为保证委员会公平代表不同的地理和文化区域，委员会决定在其

预算中拨出一部分金额,用以支付参加其会议和其主席团会议的发展中国家成员国代表的费用,但人员只限于文化或自然遗产保护方面的专家。

134. 参加主席团和委员会会议的申请必须在会议召开前至少四周交至秘书处。这些申请将由委员会本着减少成员国压力的考虑酌情处理,基本上每国只考虑一名代表。在任何情况下,基金都不会支付同一国家两个以上代表的费用。在支付同一国家的两名代表费用的情况中,他们必须分别是自然遗产和文化遗产方面的专家。

F.《世界遗产名录》的公布

135.《世界遗产名录》和《濒危世界遗产名录》每年都将公布最新版本。

136. 遗产将被列入《世界遗产名录》的国家名称将在《名录》中以以下标题出现:

"已按照《公约》要求提交遗产申报的缔约国"。

G. 在国家范围内进一步提高公众对根据本公约发起的有关活动的认识

137. 有关国家应促进成立有关保护文化和自然景点的组织,支持其活动。

138. 请有关国家注意《公约》第17条和27条,建立全国、公共和私人基金或组织,以吸引用于保护世界遗产的捐助,建立教育和信息组织以增加人民对该遗产的欣赏和尊重程度。

H. 与其他公约和建议案的相关性

139. 世界遗产委员会承认与其他国际保护手段密切协调合作将促进共同利益。这些手段包括1949年《日内瓦公约》、1954年《海牙公约》、1970年《联合国教科文组织公约》、《拉姆萨湿地公约》、《面临灭绝威胁的野生动植物物种国际公约》、其他地区性公约和今后以保护为目的的公约。委员会将邀请与公约相关的政府间机构代表以观察员身份参加其会议。同样,秘书处将在收到邀请后指派代表以观察员身份参加其他政府间机构的会议。秘书处将通过世界遗产中心来保证在委员会和其他与保护文化和自然遗产有关的公约机构、项目和国际组织间进行适当的协调与信息共享。

关于实施《世界遗产公约》的定期报告和报告格式[①]

根据1972年教科文组织大会通过的《保护世界文化和自然遗产公约》第29条,《公约》缔约国在按照联合国教育、科学及文化组织大会确定的日期和方式向该组织大会递交的报告中,应提供有关它们为实行本《公约》所通过的法律和行政规定和所采取的其他行动的情况,并详述在这方面获得的经验。

1997年举行的教科文组织第二十九届大会请《保护世界文化和自然遗产公约》缔约国根据《公约》第29条,通过世界遗产委员会及其秘书处和教科文组织世界遗产中心向大会提交报告,说明它们为实施《公约》所通过的法律和行政规定以及所采取的其他行动,包括位于其领土的世界遗产财产的保护状况。

教科文组织还请世界遗产委员会确定关于实施《世界遗产公约》和世界遗产财产的保护状况的定期报告的周期、形式、性质和范围,并根据国家主权原则对这些报告做出响应。

世界遗产委员会在其1998年第二十二届会议上请缔约国利用所附的定期报告格式和解释性说明,每隔六年提交一份定期报告。

委员会还决定根据所附的解释性说明引言部分第(二)(c)段的时间表,按区域审议缔约国的定期报告。为了便利定期报告的编写和审议,委员会要求秘书处会同各咨询机构,利用本区域内的缔约国、主管机构和现有的专门知识,制定定期报告程序的区域性策略。

秘书处将就制定与实施区域性策略及时与缔约国磋商。

欲了解详细情况,请按下列地址联系:

教科文组织世界遗产中心

7,place de Fontenoy

75352 Paris 07 SP

France

为了便于资料的管理,要求缔约国以英文和法文采用电子文件和印刷形式提交报告。

---

① 本文选自联合国教科文组织世界遗产中心文件,1999年。

实施《世界遗产公约》定期报告的格式

内容摘要

第一节 缔约国实施《世界遗产公约》的情况

一、1. 引 言

a. 缔约国

b. 批准或接受《公约》的年份

c. 主管起草报告的组织或实体

d. 报告日期

e. 代表缔约国签字

一、2. 文化和自然遗产财产的确定

a. 国家财产目录

b. 暂定清单

c. 提名

一、3. 文化和自然遗产的保护、保存和展出

a. 制定总政策

b. 保护、保存和展出服务机构的状况

c. 科学和技术研究

d. 确定、保护、保存、展出和恢复措施

e. 培训

一、4. 国际合作与资金筹措

一、5. 教育、资料和意识培养

一、6. 结论和建议采取的行动

a. 主要结论

b. 建议未来采取的行动

c. 负责的执行机构

d. 执行的时间框架

e. 国际援助需求

第二节 具体世界遗产财产的保护状况

二、1. **引 言**

a. 缔约国

b. 世界遗产财产的名称

c. 四舍五入到秒的地理坐标值

d. 列入《世界遗产名录》的日期

e. 主管起草报告的组织或实体

f. 报告日期

g. 代表缔约国签字

二、2. **关于重要性的阐述**

二、3. **关于真实性/完整性的阐述**

二、4. **管理**

二、5. **影响财产的因素**

二、6. **监测**

二、7. **结论摘要和建议采取的行动**

a. 关于该财产的世界遗产价值状况的主要结论(见本文第二、2 和二、3 项)

b. 关于管理和影响财产的因素的主要结论(见本文第二、2 和二、3 项)

c. 建议未来采取的行动

d. 负责的执行机构

e. 执行的时间框架

f. 国际援助需求

实施《世界遗产公约》定期报告的解释性说明

引 言

(一) 这些解释性说明旨在为编写定期报告提供指导。它们与征询资料的标题有关。定期报告应根据每个标题提供资料,报告应由主管官员代表缔约国签字。这些说明,特别是提及定期报告第二节的说明,应与世界遗产委员会第二十届会议通过的关于列入《世界遗产名录》的财产提名表的解释性说明一起提供,供有关人士阅读。提名表及其解释性说明可从教科文组织世界遗产中心(文件编号:WHC-97/WS/6,由教科文组织世界遗产因特网主页提供,网址:http://www.unesco.org/.whc/)获取。

背　景

(二) 1997年教科文组织第二十九届大会,请《保护世界文化和自然遗产公约》缔约国根据《公约》第29条,通过世界遗产委员会及其秘书处和教科文组织世界遗产中心向大会提交报告,说明它们为实施《公约》所通过的法律和行政规定以及所采取的其他行动,包括位于其领土的世界遗产财产的保护状况。

要求世界遗产委员会确定关于实施《世界遗产公约》和世界遗产财产的保护状况的定期报告的周期、形式、性质和范围,并根据国家主权原则对这些报告做出响应。

要求世界遗产委员会在其根据《公约》第29.3条提交大会的报告中纳入关于缔约国适用《公约》的结果。

(三) 世界遗产委员会在其1998年第二十二届会议上通过了本文件所载的格式及解释性说明,并决定:

(a) 请《世界遗产公约》缔约国根据《世界遗产公约》第29条及缔约国第十一届大会和教科文组织第二十九届大会的决定,提交定期报告,说明它们为实施《公约》所通过的法律和行政规定以及所采取的其他行动,包括位于其领土的世界遗产财产的保护状况。

(b) 请缔约国利用世界遗产委员会第二十二届会议通过的定期报告的格式,每六年提交一份定期报告。

(c) 表示希望按区域审议缔约国的定期报告。其中包括根据下表审议列入《世界遗产名录》的财产的保护状况。

区域	审议直到并包括下列年份列入的财产	委员会进行审议的年份
阿拉伯国家	1992	2000
非洲	1993	2001
亚洲和太平洋	1994	2002
拉丁美洲和加勒比海	1995	2003
欧洲和北美洲	1996/1997	2004/2005

(d) 要求秘书处会同各咨询机构,利用本区域内的缔约国、主管机构和现

有的专门知识,根据上述(c)项确定的时间表,制定定期报告程序的区域性策略。这些策略应反映出各区域的具体特性,并应促进缔约国之间的协调和同步化,特别是在跨国界财产方面。

定期报告的目的

(四) 实施《世界遗产公约》的定期报告打算达到四项主要目的:

1. 评估缔约国实施《世界遗产公约》的情况;

2. 评估列入《世界遗产名录》的世界遗产财产是否正在长期保存其价值;

3. 提供有关世界遗产财产的最新资料,记录该财产的不断变化的情况及保护状况;

4. 为各缔约国之间就《公约》的执行及世界遗产保护情况开展地区性合作以及交流信息和经验提供一种机制。

定期报告格式

(五) 缔约国定期报告的格式包括两节内容:

第一节涉及缔约国为实施《公约》所通过的法律和行政规定以及所采取的其他行动,并详述在这方面获得的经验。该节尤其关心《公约》特定条款规定的一般义务和承诺。

第二节涉及位于有关缔约国领土的具体世界遗产财产的保护状况。每一世界遗产财产均应填写这部分内容。

一般要求

(六) 资料应尽量准确和具体。在能够做到时,应使资料量化,并应提供详尽的参考资料。

(七) 资料应简明,特别应避免冗长地叙述遗址的历史和已发生的事件,尤其是这些资料能够从随手可得的出版物来源中找到时。

(八) 发表的观点应当用提及观点所依据的理由,以及证明观点的可核实事实来支持。

(九) 定期报告应采用 A4 纸(210mm × 297mm)打印,附最大尺寸为 A3 纸(297mm × 420mm)的地图和平面图。也鼓励缔约国提交采用电子文档制作的定期报告全文。

有关缔约国定期报告格式内容的详细说明

第一节 缔约国实施《世界遗产公约》的情况

（一、一）《保护世界文化和自然遗产公约》由联合国教育、科学及文化组织大会第十七届会议于1972年11月6日通过。根据《世界遗产公约》组建的世界遗产委员会制定了《执行世界遗产公约实施准则》，该《准则》指导委员会编制《世界遗产名录》及《处于危险的世界遗产名录》，提供国际援助以及解决有关执行《公约》的其他问题。

（一、二）在批准或接受《世界遗产公约》时，缔约国承认其负有保证《公约（第1条和第2条）》规定的文化及自然遗产的确定、保护、保存、展出和遗传后代的责任（第4条）。这些措施在《公约》的若干条款，如第5、6、11、16、17、18、27及第28条做了更详细的规定。

（一、三）在定期报告的第一节中，要求缔约国应“提供有关它们为实行本《公约》所通过的法律和行政规定和采取的其他行动的情况，并详述在这方面获得的经验”（《世界遗产公约》第29.1条）。

（一、四）要求缔约国按下列标题提供资料：

一、1. 引 言

a. 缔约国

b. 批准或接受《公约》的年份

c. 主管起草报告的组织或实体

d. 报告的日期

e. 代表缔约国签字

一、2. 文化和自然遗产财产的确定

本项特别涉及《公约》关于文化和自然遗产的确定及提名列入《世界遗产名录》的财产的第3、4及第11条。

a. 国家财产目录

国家的重要文化和自然遗产财产目录是确定可能的世界遗产财产的依据。应指出哪些机构负责编制和更新这些国家财产目录，地方及国家一级是否编制了财产目录、清单和（或）登记册，如果已经编制，达到了什么程度。

b. 暂定清单

《公约》第11条提及由缔约国提交适于列入《世界遗产名录》的财产目录。

请提供临时暂定清单的提交日期,或自提交之日起所作的任何修正的日期。另外也鼓励缔约国说明暂定清单的编制和修正过程,例如,是否向特定机构分配了确定和描述世界遗产财产的责任,地方当局和当地人士是否参与了清单的编制？如果是,请提供详尽的说明。

c．提名

列出已提名列入《世界遗产名录》的财产清单。鼓励缔约国就拟订这些提名的过程、与地方当局和人士进行的协作和合作、在该过程中碰到的障碍和困难以及所取得的益处和得到的教训进行分析。

一、3．文化和自然遗产的保护、保存和展出

本项目特别涉及《公约》第4条和第5条,其中,缔约国承认自己负有保证世界文化和自然遗产的确定、保护、保存、展出和遗传后代的责任,并保证为此目的采取积极有效的措施。《公约》第5条规定的措施如下：

a．制定总政策

提供有关通过了旨在使文化和自然遗产在社会生活中起一定作用的政策的资料。提供有关缔约国或主管当局怎样采取措施把世界遗产财产的保护纳入全面规划计划的资料。应指明需要改进以及缔约国正在努力改进的领域。

b．保护、保存和展出服务机构的状况

提供有关在缔约国领土内组建的任何服务机构,或如适用的话,自上次提交定期报告以后有很大改进的任何服务机构的资料。尤其应注意旨在保护、保存和展出文化和自然遗产的服务机构,并说明配备的适当工作人员及履行其职能的工作手段。应指明需要进行改进以及缔约国正在努力改进的领域。

c．科学和技术研究

列出自上次提交定期报告以来实施或完成的有益于世界遗产财产的重大科学和技术研究项目。应指明需要进行改进以及缔约国正在努力改进的领域。

应根据第二节二、4项报告具体的科学研究或研究项目。

d．确定、保护、保存、展出和恢复措施

说明缔约国或主管当局为确定、保护、保存、展出和恢复文化和自然遗产所采取的适当法律和行政措施。尤其应注意有关该区域的游客管理和开发的措施。也鼓励缔约国根据获得的经验说明是否有必要进行政策和(或)法律改革。同样具有现实意义的是要指出,缔约国签署或批准了其他哪些保护文化或自然遗产的国际公约,如果已经签署或批准这些公约,在其国家政策或国家规划中怎样协调和结合,使之适用于不同的法律文书。

说明缔约国或缔约国内的有关机构为确定、保护、保存、展出和恢复文化和自然遗产而采取的重要科学技术措施。

说明缔约国或有关主管机构为确定、保护、保存、展出和恢复文化和自然遗产而采取的重要财务措施。

有关展出遗产的资料可以指出版物、因特网网页、电影、邮票、明信片及书籍等。

应指明需要进行改进以及缔约国正在努力改进的领域。

e. 培训

提供资料,说明缔约国为培养专业能力而实施的培训和教育战略,并说明保护、保存、展出文化和自然遗产领域的国家或地区培训和教育中心的建立和发展情况,以及现有大学和现行教育体系开展这种培训的程度。

说明缔约国为鼓励将科学研究作为培训和教育活动的后盾所采取的措施。

应指明需要进行改进以及缔约国正在努力改进的领域。

一、4. 国际合作与资金筹措

本项内容特别涉及《公约》第 4、第 6、第 17 及第 18 条。

提供有关与其他缔约国就确定、保护及保存位于其领土的世界遗产进行合作的资料。

同时说明为避免位于其他缔约国领土的世界遗产遭到直接或间接破坏而采取的措施。

是否已经成立了国家、公共和私人基金或协会,负责为保护世界遗产筹措资金和捐款?缔约国在这方面是否给予了援助?

一、5. 教育、资料和意识培养

本项内容特别涉及《公约》关于教育计划的第 27 条和第 28 条。

说明缔约国为提高决策人士、财产所有人及普通公众对保护和保存文化和自然遗产的认识而采取的措施。

提供资料,说明为加强公众对遗产的赞赏和尊重,让他们广泛了解存在对这些遗产造成威胁的危险,以及根据《公约》开展的工作而实施或计划实施的(初等、中等及高等)教育和新闻传播计划。缔约国是否参与了教科文组织的青年人参与世界遗产的保存和宣传活动特别项目?

应根据下文的第二、4 项提供说明针对遗址的具体活动和计划的资料。

一、6. 结论和建议采取的行动

应汇总本报告第一节各项的主要结论,并列表加以说明,还应同时附上建议采取的行动,负责采取行动的机构及采取行动的时间表。

a. 主要结论

b. 建议未来采取的行动

c. 负责的执行机构

d. 执行的时间框架

e. 国际援助需求

也鼓励缔约国在其第一次定期报告中分析它们批准《公约》的过程、动机、该过程中遇到的障碍和困难,以及取得的益处和得到的教训。

第二节 具体世界遗产财产的保护状况

(二、一) 教科文组织第二十九届大会关于实施《世界遗产公约》第29条的决定中,请缔约国提交关于实施《世界遗产公约》,包括位于其领土的世界遗产财产的保护状况的报告。

(二、二) 关于各项世界遗产财产的主要文件是缔约国提交的提名材料汇编,及世界遗产委员会关于将该财产列入《世界遗产名录》的决定。

(二、三) 定期保护状况报告的编制工作应包括负责该财产日常管理的人员的参与。对于跨国界财产,建议主管机构联合或密切合作编制其保护状况报告。编制保护状况定期报告时可采纳秘书处和(或)咨询机构的专家建议,如果有关缔约国希望这样做的话。

(二、四) 第一次定期报告应更新原始提名材料汇编提供的资料。随后的报告将重点放在前一份报告提交后出现的任何可能的更改。

定期报告的这一节因而应遵循提名材料汇编的格式。

(二、五) 列入《处于危险的世界遗产名录》的财产的状况由世界遗产委员会定期审议,一般来说每年审议一次。这种审议的主要重点是导致将该财产列入《处于危险的世界遗产名录》的具体因素和原因。仍然有必要编制有关这些财产的保护状况的全面定期报告。

(二、六) 本节应对每项世界遗产财产做出描述。请缔约国根据下列标题提供资料:

二、1. 引　言

a. 缔约国

b. 世界遗产财产的名称

c. 四舍五入到秒的地理坐标值

d. 列入《世界遗产名录》的日期

e. 主管起草报告的组织或实体

f. 报告日期

g. 代表缔约国签字

二、2. 关于重要性的阐述

在将某项财产列入《世界遗产名录》时，世界遗产委员会通过决定列入的标准说明其世界遗产价值。请说明由缔约国提供的列入理由，以及委员会将该财产列入《世界遗产名录》所依据的标准。

缔约国是否认为关于重要性的阐述充分体现了该财产的世界遗产价值，或者是否有必要重新提交？譬如，可以审议这一点，以确认世界自然遗产财产是否具有文化价值，反之亦然。这样做也许很有必要，其原因有两个：一是世界遗产委员会对标准作了实质性修改，二是更好地确定或认识到该财产具有突出的普遍价值。

可能要审议的另一个问题是，世界遗产财产的划界及其缓冲区（如适用的话）能否充分保证保护和保存划定范围内体现的世界遗产价值。根据这种审议，可考虑修改或延长边界。

如果关于重要性的阐述没有提出或不完整，缔约国在第一次定期报告中务必进行这种阐述。关于重要性的阐述应反映委员会将该财产列入《世界遗产名录》所依据的标准。这种阐述还应解决的问题有：该财产的重要性是什么？使该财产具有突出价值的原因是什么？是什么显示该财产的具体价值？遗址及其周围环境有什么关系？等等。关于重要性的阐述将由有关咨询机构审议，如适当的话，将送交世界遗产委员会批准。

二、3. 关于真实性、完整性的阐述

在本项下，有必要审议是否正在保持将该财产列入《世界遗产名录》所依据的价值及上述第二、2 项关于重要性的阐述所体现的价值。

这种审议还包括关于该财产的真实性/完整性问题。将该财产列入《世界遗产名录》时，对该财产的真实性/完整性做出了何种评估？目前，该财产的真实性、完整性如何？

请注意，必须在第二、6 项下依据衡量财产保护状况的主要指标详尽分析该财产的状况。

二、4. 管　理

在本项下，必须报告国家、省或市级制定的保护性法律和（或）合同或传统保护以及对有关财产的管理和（或）规划控制的执行情况和有效性，并报告为保护在第二、2 项关于重要性的阐述中描述的价值而预见在今后采取的行动。

缔约国还应对照将该财产列入《世界遗产名录》时的情况或上次定期报告的内容,报告所有权、法律地位和(或)合同或传统保护措施、管理安排及管理计划的重大变化。在这种情况下,要求缔约国提交的定期报告中附带所有相关文献资料,特别是法律文书、管理计划和(或)管理和维护该财产的(年度)工作计划。也应提供对该财产直接负责的机构或人员的全名和详细地址。

缔约国也可提供对管理该财产的现有以及需要的人力和财政资源的分析资料,并提供有关管理人员的培训需求的分析资料。

也请缔约国提供资料,说明与该财产直接有关的科学研究、研究项目、教育、信息传播和意识培养活动,并说明向居民、游客及公众有效宣传该财产的遗产价值达到了什么样的程度。特别可能提出的问题是:遗址是否有标明该财产属于世界遗产财产的牌匾?学校是否制定了遗产保护教育计划?是否举办了专场活动和展览?游客能够使用哪些设施、游客中心、遗址博物馆、宣传材料、旅游指南和情况介绍材料?世界遗产名称在这些计划和活动中起到了什么作用?

此外,如果可能的话,请缔约国每年提供统计资料,说明收入、游客数量、工作人员的情况,如适当的话,说明其他事项。

依据对该财产管理的审议结果,缔约国也许想考虑是否有必要对该财产保护的法律和行政规定作重大修改。

二、5. 影响财产的因素

请说明该财产因特殊问题和风险受到威胁的程度。可根据本项内容审议的因素是列在提名表内的哪些因素,如发展的压力、环境的压力、自然灾害、游客、旅游压力及居民人数。

鉴于预先规划和做好应对风险准备的重要性,请提供有关资料,说明能够让缔约国消除威胁或可能危及其文化或自然遗产的危险的工作方法。需要考虑的问题和风险可包括地震、洪灾、滑坡、震动、工业污染、肆意破坏文物财产行为、盗窃、抢劫、财产实际形状的改变、采矿、砍伐森林、偷猎、土地改作他用、农业、道路建设、建筑活动及旅游。应说明需要改进及缔约国正在努力改进的领域。

本项应提供最新资料,说明可能影响或威胁财产的所有因素。另外还应将这些威胁与为消除威胁而采取的措施联系起来。

另外还应分析这些因素对该财产造成的影响是增大还是减小，并分析为消除这些影响已经采取或今后打算采取哪些有效措施。

二、6. 监测

定期报告第二、3项全面评估了该财产的世界遗产价值的保存，本项依据衡量保护状况的主要指标详细分析财产的状况。

如果将该财产列入《世界遗产名录》时没有确定指标，则应在第一次定期报告中完成这项工作。可以利用拟订定期报告的机会评估以前确定的指标的有效性并在必要时修改指标。

应提供有关各项主要指标的最新资料。应注意保证资料尽可能地准确可靠。譬如，在当年的同一时间使用同样的设备和方法进行观察。

如果有合作伙伴的话，指出参与监测的合作伙伴，说明缔约国在改进监测系统方面预见到或认为可取的改进之处。

在特定情况下，世界遗产委员会和（或）其主席团可能已经检查了该财产的保护状况，并且可能在将该财产列入《世界遗产名录》时或列入后向缔约国提出了建议。在这种情况下，要求缔约国报告根据主席团或委员会的评论或建议采取的行动。

二、7. 结论摘要和建议采取的行动

应汇总根据保护状况报告的各项得出的主要结论，特别是该财产的世界遗产价值是否得到了保存，并应列表说明如下内容：

a. 关于该财产的世界遗产价值状况的主要结论（见本文第二、2及第二、3项）

b. 关于管理和影响财产的因素的主要结论（见本文第二、4及第二、5项）

c. 建议未来采取的行动

d. 负责的执行机构

e. 执行的时间框架

f. 国际援助需求

也请缔约国介绍自己获得的经验，因为这些经验可能对其他人解决类似问题有用。请提供可为此进行联系的机构或专家的名称。

关于申报《世界遗产名录》的提名格式[①]

根据联合国教科文组织1972年大会通过的《保护世界文化和自然遗产公约》条款，保护世界文化和自然遗产国际委员会，简称"世界遗产委员会"，将制定《世界遗产名录》，即一份关于在公约中明确定义构成文化和自然遗产的一部分以及根据标准"具有突出普遍价值"的遗产名录。这些标准均在"实施世界遗产公约的操作指南"[②]中提到。

世界遗产委员会在1996年第二十届会议上通过了公约的附属格式及关于世界文化和自然遗产名录的提名格式的备注。其目的是为愿意向世界遗产委员会递交属于他们境内的遗产提名案的国家组织提供指导。

虽然所有的遗产都各有特色，但我们仍鼓励各组织按照格式中所列出的项目，提供信息文献。值得一提的是，世界遗产委员会将保留所有与提名案同时递交上来的能起作用的文献资料（如地图、平面图、图片材料等）。

只有在7月1日前秘书处收到的提名案才能在次年被世界遗产委员会认可，委员会的裁决将提醒各国家组织不要将不包括在文化遗产试行名录中的遗产当作文化遗产。

提名案必须用英文或法文提交，由各国联合国教科文组织国家委员会和/或常委代表团正式签署后，一式三份，如期送至：

联合国教科文组织世界遗产中心
7, place de Fontenoy
75352　巴黎　07　SP
法国

一、关于《世界遗产名录》提名的申报格式

1. 确切位置

a. 国家（若名称不同加上组织名称）

b. 州、省或地区

---

① 本文选自联合国教科文组织世界遗产中心文件1999年。

② 以下简称《实施操作指南》。

c. 遗产名称

d. 地图上的准确位置和地理坐标、数字精确到秒

e. 关于提名地区及缓冲区边界的地图和/或平面图

f. 提名地区面积(公顷)及缓冲区地区面积(公顷)

2. 申请列入名录的理由

a. 概述本地区突出之处

b. 可能的比较性分析(包括对同类遗产的保护)

c. 真实/全面的证据

d. 提名申报的根据准则(即在这些原则基础上进行申报)

3. 状况陈述

a. 遗产的描述

b. 历史与发展

c. 最新有关遗产记录的类型和日期

d. 目前对本地区保护状况的陈述

e. 有关遗产的目前及今后的政策与计划

4. 管理

a. 所有权

b. 合法地位

c. 保护措施及执行方式

d. 管理机构

e. 管理措施(如地区性的关于遗产方面的)贯彻的程度,及达到具体目标的有关负责人的姓名与地址

f. 有关遗产已批准的计划(如:地区性的、当地计划、保护计划、旅游发展计划)

g. 资金来源与级别

h. 保护措施和管理技术的专业知识及培训来源

i. 游客便利设施及统计

j. 遗产管理计划及目标的陈述(副本附于后)

k. 员工水平(专业人员、技术人员、维修人员)

5. 影响遗产的因素

a. 发展的压力(如:侵占土地、适应性、农业、矿业)

b. 环境的压力(如污染、气候变化)

c. 自然灾害和战备状态(地震、洪水、火灾等)

d. 游客/旅游业压力

e. 遗产所在地及周边地居民数量

f. 其他

6. 监测

a. 测量保护地区的主要指示器

b. 管理部门对遗产监测的安排

c. 以前报告的执行结果

7. 文献资料

a. 照片、幻灯片,必要时使用电影或录像

b. 遗产管理计划的复印件及其他有关计划的摘录

c. 文献目录

d. 资料目录、记录及档案出处

8. 组织代表署名

二、关于世界遗产名录提名的申报备注

简 介

(Ⅰ) 本备注的目的是为申报世界遗产名录提名提供指导。这些遗产与备注的每部分都有关。在每个小标题下都可找到有关信息。提名的申报材料中必须提供每部分所要求的资料。这些材料都需由代表国家组织的负责官员签名。

(Ⅱ) 申报材料要围绕以下两个主要目标:

一是以一种能使理由突出的方式叙述遗产,并使人确信它符合申报标准,依靠这些标准使遗产评估得以实现。

二是要提供关于遗产的基本数据,为了记录下环境的不断变化和财产的保护状况,这些数据都是要不断修正的,并记录至目前为止。

(Ⅲ) 不管与其他遗产有何巨大不同点,第一至第七部分标题下的每一类信息都必须提供。

总体要求

(Ⅳ) 所提供信息要尽可能的精确、具体。那些能被证明并具有充分指导作用的信息才是合格的。

(Ⅴ) 文献资料必须简洁,要避免那些特别长的关于遗产的历史性叙述

及事件，特别是当它们能轻易在现代的出版物中查找到的。

（Ⅵ）材料应选用A4号纸（210mm×297mm），地图和平面图最大用A3号纸（297mm×420mm）。鼓励国家组织用软磁盘递交申报材料全文。

1. 确切位置

a. 国家（若名称不同加上组织名称）

b. 州、省或地区

c. 遗产名称

d. 地图上的准确位置和地理坐标、数字精确到秒

e. 关于提名地区及相邻边界的地图和/或平面图

f. 提名地区面积（公顷）及相邻地区面积（公顷）

1.1 本部分的目的是提供遗产被准确确定的基本数据。在过去遗产是印在一张不够精确的地图上，而那意味着，有时分不清哪些属于世界遗产范围，那样会引起相当大的问题。

1.2 材料中除了1.a～1.d这些基本事项外，本部分最重要的因素即是有关遗产提名的地图和平面图，无论如何，至少这两项是有可能需要的，且两者都必须以专业地图绘制标准来准备。一张显示遗产的自然环境或人造环境，图的比例需在1:20 000至1:100 000之间。另一张需视遗产的范围大小而选择适当的比例。这另一张必须清楚地显示提名地区的边界和任何存在的或计划存在的相邻地带。它同时还需显示在文献中提到的所有具有自然特征，独特的纪念碑式建筑物。不论在这一张，或是那附带的一张中，都需有地区边界或遗产所在地一些特别的合法保护的记录。

1.3 为考虑到计划中的相邻地区，必须记住，为了履行《世界遗产公约》的义务，应保护遗产不受改变用途的威胁。这些改变只能发生在遗产边界之外。外来的发展会损害它的生存环境或它的内、外观。工业发展会因污染空气或水威胁到遗产。新道路的建设，旅游胜地或机场都会给遗产带来超负荷的游客，危及其存在。

从某方面说国家的计划政策或已存在的保护法规能提供的力量需要用来保护遗产的生存环境，正如保护遗产本身一样。另一方面确定一个能提供特别控制的缓冲地带将是非常有利的。这个地带包括遗产的贴近环境和重要的内、外观，在已存在保护地带的地区就不必印上缓冲区，这些地区都应在遗产的地图上明显地表示出来。

2. 申请列入名录的理由

a. 概述本地区突出之处

b. 可能的比较性分析(包括对同类遗产的保护)

c. 真实/全面的证据

d. 提名申报的根据准则(即在这些原则基础上进行申报)

2.1 这是整个提名材料中至关重要的部分。它应对委员会阐明为什么本遗产被认为是“具有突出普遍价值”。材料中这整个部分都应细致地围绕《实施操作指南》第24至第44段里提出的标准陈述。它不能详细说明有关遗产及其管理的材料,这些应在后文说明,而此处应具体集中在遗产代表、象征了什么。

2.2 关于特别突出之处(a)的陈述应使人明白遗产体现了何种价值。它也许是一种特殊的建筑或人类住区的独一无二的残留,也许是一种特别精美或早期繁荣的残遗物,它也许是一种已绝迹了的文化生活方式,或生态系统的见证,它也许是包括了一种恐怖的地方性物种毁灭、罕见的生态系统。

2.3 可能的比较性的分析(b)是将遗产与类似的遗产联系起来,说明为什么它比其他的遗产更有资格进入世界遗产名录(或者,如果它们印出来了,它有什么特征使它有别于其他遗产)。这也许是因为此遗产本身更有价值或拥有更多的特色、物种或居住群。这也许是因为此遗产受到更强大的、更好的保护或有更完整的遗迹,或者它在后来的发展中受到的侵害更少些。这就是在同类遗产中关于保护状况的叙述要求。

2.4 这一部分应阐明此遗产符合《实施操作指南》中24(b)(ⅰ)或44(b)(ⅰ)~(ⅱ)中要求的真实性/全面的证据的标准,那些条款极具体地说明了标准,作为文化遗产的它还必须记录下是否执行了《奈良公约》[①]〔1995〕(附件)中规定的用传统文化中的材料和方式来修复它。作为自然遗产,它必须记录下任何外来物种对于动物群或植物群的侵入及任何损害了遗产完整性的人类活动。

2.5 第二部分(d)当然是本部分的高潮,将特别的遗产与一条或多条各自独立的标准联系起来并毫不含糊地说出为什么它符合标准。国家组织若有可能,也应提供关于此遗产与类似遗产的比较性的解释。

3. 状况陈述

a. 遗产的描述

b. 历史与发展

① 《奈良公约》指1994年11月在日本召开的世界遗产公约真实性原则奈良会议发布的文件。

c. 近代有关遗产记录的类型与日期

d. 目前对本地区保护状况的陈述

e. 有关遗产的目前及今后的政策与计划

3.1　这部分应以关于遗产的提名日期时的状况的陈述3(a)开头。它应指出所有此遗产的独特之处。作为文化遗产,此处应包括所有建筑或建筑群的描述及其风格,建造日期和建筑材料。它也应包括关于花园、庭院或其周围环境的描述。作为历史性的城镇或地区,并不需要描述每幢建筑,但要叙述一些重要的公共建筑物,并要给出本地区的规划或布局,它的街道模式等。作为自然遗产,所作的叙述需与重要的自然属性、居民、物种和其他重大生态特征及发展有关。在可行时必须提供物种种类表。存在的对地方性物种分类的威胁必须重点提出,关于自然资源的探索的发展和方法必须描述。作为文化景观,必须提供以上提到过的所有事项的描述。

3.2　在本部分(b)条款下,所要找的内容就是关于遗产是如何发展到当前的形式和条件的叙述及它所经历过的重大变化。这必须包括一些关于纪念碑、建筑物式建筑群的建筑方面的陈述,从遗产完全完成之日起,经历过的主要变化,毁坏或重建都需说明。就文化遗产和自然景观方面而言,陈述包括历史上的重大事件或文字记载前对遗产有影响的演变过程及它与人类的相互影响。它还要包括例如出现了捕猎、渔业和农业之后的发展和变化,或由气候变化带来的变化,如洪水、地震或其他自然原因,作为文化风景,本地区人类活动历史的各个方面都要包括进去。

3.3　由于《世界遗产名录》所提名遗产在大小和类型上的巨大不同,该给出的关于他们的描述和历史的说明字数就不可能限定。但目标就是,用最简洁的话语叙述关于遗产的最重要的事实。这些事实是必须对《实施操作指南》第24至第44段的关于遗产标准有辅助作用并给出材料依据的,对描述和历史说明之间的平衡将根据申请标准而变化。例如,一项根据24a(ⅰ)提出的文化遗产,即一项独特的艺术建筑,就无需说太多的历史和发展。

3.4　3(c)的要求是对于遗产近代的记录或资料目录中所给出的形式和日期,应直截了当的叙述。只有已经许可的记录才可在材料中叙述。

3.5　关于目前对遗产保护状况的陈述3(d)应该尽可能地与前文叙述的记录保持一致。除提供关于遗产保护的叙述的总体概述外,在可能时,材料要给出统计数字或经验性的信息。例如,在一个历史性的小镇或地区,建筑物的某些部分需要或多或少的维修,或者是在建筑物或纪念碑上,需要一项不定规模和时间的维修。作为自然遗产,有关物种倾向或生态系统完整性的数据就必须提供。这是非常重要的,因为在将来的几年中,为了遗产周围条件的变化进行追溯比较,这些材料就将用到。

3.6 3(e)参看《公约》文件4和文件5中的有关未来一代文化和自然遗产的产生和转变的条款。鼓励国家组织提供提名遗产当前和今后的政策与计划的信息。

4. 管 理

a. 所有权

b. 合法地位

c. 保护措施及执行方式

d. 管理机构

e. 管理措施(如地区性的关于遗产方面的)贯彻的程度,及达到具体目标的有关负责人的姓名与地址

f. 有关遗产已批准的计划(如地区性的、当地计划、保护计划、旅游发展计划)

g. 资金来源与级别

h. 保护措施和管理技术的专业知识及培训来源

i. 游客便利措施及统计

j. 遗产管理计划及目标的陈述(副本附于后)

k. 员工水平(专业人员、技术人员、维修人员)

4.1 材料的这一部分是为了提供依照世界遗产公约要求,生动的描述保护遗产的措施和管理安排。它应是与合法地位的政策及保护措施和日常部门有关。

4.2 材料的4(a)~(c)部分应给出财产的合法地位。除了提供合法拥有者的姓名、住址4(a)和财产状况4(b)外,还应简单叙述对财产的法律措施和所提供的保护或以任何传统方式在日常生活中保护它。所引用的合法文书必须给出名称和日期。除此之外,材料还需说明这些措施如何在实际中实施,并说明各种可能发生的或已发生的不履行行为应负的责任。例如,它要指出谁是保证提名遗产安全负责人,是否是由传统的和/或法定的执行机构执行,及为了达到这个目的,是否有足够的财力。

写出所有的法律保护措施是不必要的,但其中主要的条款需简单概述,作为一项巨大的自然遗产或历史性的城镇,也许需要多个合法所有者,基于此,有必要列出一项主要地区——或遗产——拥有机构和任何一个代表其

他拥有者的主体。

4.3 4(d)和4(e)部分是要确定对管理遗产负有法律责任的管理机构和对遗产日常管理及其维修费用有关的负有实责的个人。

4.4 在4(f)中列出的已通过的计划必须是已被政府部门或对遗产的发展、保护、使用和参观有直接影响的其他代理机构所采纳的。所有有关的条文规定都必须在申报材料中简要提到或附上其摘要或全文。

4.5 4(g)和4(h)部分应是体现关于遗产的基金、技术和培训。有关财政、专业知识和培训的信息应是与以前的遗产保护陈述内容有关的,对这三方面,都必须做出恰当的评估,或从另一方面说,提出一些可行的措施,特别是要明确差距和不足之处,及一些需要提供帮助的地区。

4.6 除提供一些关于几年来游客数量和类型的有效统计数和评估外,4(i)部分还可叙述一些对游客有帮助的设施,例如:

(1) 由广告宣传、导游、杂志、海报或出版物登出的介绍说明等。

(2) 遗产博物馆、旅游和翻译中心

(3) 短途旅行全套设施

(4) 餐馆或便餐设施

(5) 商店

(6) 停车场

(7) 盥洗室

(8) 搜寻和救援

4.7 材料4(j)部分应提供关于遗产管理计划最简要的细节,这部分可附在全文之后。若计划中有提供员工水平详情,则材料4(k)部分可省略,若计划还提供了相当部分的其他信息,则提到这些内容的其他部分也可省略(如关于财政和培训的部分)。

5. 影响遗产的因素

a. 发展的压力(如侵占土地、适应性、农业、矿业)

b. 环境的压力(如污染、气候变化)

c. 自然灾害和战备状态(地震、洪水、火灾等)

d. 游客、旅游业压力

e. 遗产所在地区及周边地居民数量

f. 其他

5.1 材料的这部分应提供所有可能影响或威胁到财产的因素,它还应与所采取对付这些威胁的措施有关,不论这些措施是否由4(c)部分所提到的保护机构提供。很显然,并非所有在本部分提到的因素都对所有遗产起作用,他们只是对国家组织,确定那些有关于特殊遗产的因素起指导帮助作用。

5.2　5(a)部分提到发展压力。所提供的信息是关于毁坏或重建的压力,调整现存建筑物的用途将损害真实性或完整性,居民的重新定居或破坏是紧接着农业、林业和畜牧业的侵占土地而来,或仅仅是由于旅游管理或其他用途,不恰当的或无限制的自然资源开采,由矿业引起的危害,外来物种的引进都可能破坏自然生态进程的发展,在遗产所在地或附近形成一个新的人口中心,也会破坏遗产的生存环境。

5.3　环境压力5(b)对所有类型的遗产都有影响。空气污染严重影响了石头建筑物和纪念碑,正如它能影响生物群和植物群,沙漠化会导致沙蚀和风蚀。在材料的这一部分中,应明确指出当前对遗产有威胁的压力,或在未来可能形成的压力,而少谈在过去历史上的压力。

5.4　5(c)部分指明那些当前可预见到的对遗产的威胁和那些已实行的对突发事件的防御计划措施,不论它们是具体的保护措施还是整体的保护培训(提到对纪念碑和建筑物的具体保护措施,注重建筑的完整性是很重要的)。

5.5　完成5(d)部分的要求是要指明遗产能否吸收当前的或可能的游客量而无任何不利影响,即它的最大容量。还须明确对于参观旅游者的管理步骤。被认为是游客可能带来的压力有:

(1) 对石头、树林、草地或其他地表的消耗性破坏。

(2) 由热度和湿度增长引起的破坏。

(3) 由居民生活或其他生物的侵扰所引起的破坏。

(4) 传统文化的崩溃、生活方式的改变引起的破坏。

5.6　第5部分应包括对提名遗产及相邻地区生物数量的最可靠统计或估计,对他们可能采取的会影响遗产的行动的估计和本部分上文中未提及的任何一种对遗产发展有潜在影响或威胁的行动的估计。

6. 监　测

a. 测量保护地区的主要指示器

b. 管理部门对遗产监测的安排

c. 以前报告的执行结果

6.1　材料的这一部分是要提供关于保护遗产的陈述的具体证据,此证据应是能定期复查,以便能得到一个关于它发展趋势的明确指正。

6.2 6(a)部分着重说明保护遗产的措施,它们要能代表遗产的一个重要方面,并尽可能与遗产的特别之处的报告联系紧密,在有可能的地方,它们要从多方展示,在没有可能的地方,它们是能重复再现的那类说明,如在同一地点的多次摄影,较好地陈述。如下例:

(1) 物种的数量,自然遗产的基本类型数。

(2) 一个历史性城镇或地区需要较大范围维修部分所占的比例。

(3) 在主要保护计划完成之前的年代数目的估计。

(4) 在一座特别的建筑物内活动的稳定性或程度,或关于这个建筑物的几个要素。

(Ⅴ) 对遗产侵害行为的增长率或降低率。

6.3 6(b)部分应明确指出对遗产的监测有一个常规系统,能负责记录遗产状况至少每年一次。

6.4 6(c)部分应简述以前关于遗产保护的情况报道,并提供给出版物的摘要和目录。

7. 文献资料

a. 照片、幻灯片,必要时使用电影或录像

b. 遗产管理计划的复印件及其他有关计划的摘录

c. 文献目录

d. 资料目录、记录及档案出处。

7.1 资料的这一部分是对于完成整个提名申报所用文献的一览表。

7(a) 必须要有充足的照片、幻灯片,可能时用电影、录像形式提供一份关于遗产的美好的总体写照,可包括一幅或多幅,空中鸟瞰图片,幻灯片尽可能采用35mm格式,这份材料必须经正式签署授权之后,免费送往联合国教科文组织,它享有不被排斥的合法版权,以便根据授权书所附条款播放和使用。

7(b) 应提供遗产管理计划的复印件和其他有关计划的摘要,此外,在有必要简述时,还要提供与遗产相关的法律条文。

7(c) 参考书目应包括所有的主要参考目录出版物,并按国际标准列出清单。

7(d) 应提供资料目录和遗产记录的出处。

8. 代表国家组织的署名

材料应包括能代表国家组织的授权官员的署名。

关于在国家一级保护文化和自然遗产的建议[1]

(联合国教育、科学及文化组织大会第十七届会议于1972年11月16日在巴黎通过)

联合国教育、科学及文化组织大会于1972年10月17日至11月21日在巴黎举行第十七届会议。

考虑到在一个生活条件加速变化的社会里,就人类平衡和发展而言至关重要的是为人类保存一个合适的生活环境,以便人类在此环境中与自然及其前辈留下的文明痕迹保持联系。为此,应该使文化和自然遗产在社会生活中发挥积极的作用,并把当代成就、昔日价值和自然之美纳入一个整体政策;

考虑到这种与社会和经济生活的结合必定是地区发展和国家各级规划的一个基本方面;

考虑到我们这个时代特有的新现象所带来的异常严重的危险正威胁着文化和自然遗产,而这些遗产构成了人类遗产的一个基本特征,以及丰富和协调发展当代与未来文明的一种源泉;

考虑到每一项文化和自然遗产都是独一无二的,任何一项文化和自然遗产的消失都构成绝对的损失,并造成该遗产的不可逆转的枯竭;

考虑到在其领土上有文化和自然遗产组成部分的任何一个国家,有责任保护这一部分人类遗产并确保将它传给后代;

考虑到研究、认识及保护世界各国的文化遗产和自然遗产有利于人民之间的相互理解;

考虑到文化和自然遗产构成一个和谐的整体,其组成部分是不可分割的;

考虑到经共同考虑和制定的保护文化和自然遗产的政策可能使成员国之间继续产生相互影响,并对联合国教育、科学及文化组织在这一领域的活动产生决定性的影响;

考虑到大会已经通过了保护文化和自然遗产的国际文件,如:《关于适

---

① 本文选自《国际保护文化遗产法律文件汇编》,国家文物局法制处编,紫禁城出版社1993年8月版,第88~99页。

用于考古发掘的国际原则的建议》(1956)、《关于保护景观和遗址的风貌与特征的建议》(1962)以及《关于保护受到公共或私人工程危害的文化财产的建议》(1968);

希望补充并扩大这类建议中所规定的标准和原则的适用范围;

收到有关保护文化遗产和自然遗产的建议,该问题作为第二十三项议案列入本届会议议程;

第十六届会议上决定:该问题应向成员国建议的形式制定为国际规章;于 1972 年 11 月 16 日,通过本建议。

一、文化和自然遗产的定义

1. 为本建议之目的,以下各项应被视为“文化遗产”:

古迹:建筑物、不朽的雕刻和绘画作品,包括穴居和题记以及在考古、历史、艺术或科学方面具有特殊价值的组成部分或结构;

建筑群:因其建筑、谐调或在风景中的位置而具有特殊历史、艺术或科学价值的单独或相连建筑群;

遗址:因风景秀丽或在考古、历史、人种或人类学方面的重要性而具有特殊价值的地形区,该地形区是人类与自然的共同产物。

2. 为本建议之目的,以下各项应被视为“自然遗产”:

在美学或科学方面具有特殊价值的、由物理和生物结构(群)所组成的自然风貌;

在科学或保护方面具有特殊价值的,或正面临威胁的构成动物和植物物种的栖息地或产地的地理和地文结构,以及准确划定的区域;

在科学、保护或自然风貌方面,或在其与人类和自然的共同产物的关系方面具有特殊价值的自然遗址或准确划定的自然地区。

二、国家政策

3. 各国应根据其司法和立法需要,尽可能制定、发展并应用一项其主要目的应在于协调和利用一切可能得到的科学、技术、文化和其他资源的政策,以确保有效地保护、保存和展示文化和自然遗产。

三、总　则

4. 文化遗产和自然遗产代表着财富。凡领土上有这些遗产的国家都有责任对其国民和整个国际社会保护、保存和展示这些遗产；成员国应采取履行该义务所需的相应行动。

5. 文化和自然遗产应被视为一个同种性质的整体，它不仅由具有巨大内在价值的作品组成，而且还包括随着时间流逝而具有文化或自然价值的较为一般的物品。

6. 任何一件作品和物品按一般原则都不应与其环境相分离。

7. 由于保护、保存和展示文化和自然遗产的最终目的是为了人类的发展，因此，各成员国应尽可能以不再把文化和自然遗产视为国家发展的障碍，而应视为决定因素这样一种方法来指导该领域的工作。

8. 应将保护、保存并有效地展示文化和自然遗产视为地区发展计划以及国家、地区和地方总体规划的重要方面之一。

9. 应制定一项保存文化和自然遗产并在社会生活中给其一席之地的积极政策。各成员国应安排公共和私人的一切有关部门采取行动，以制定并应用此政策。有关文化和自然遗产的预防和矫正措施应通过其他方面得到补充，其意图旨在使该遗产的每一组成部分都按照其文化或自然特性而发挥作用，从而成为现在和未来国家社会、经济、科学和文化生活的一部分。保护文化和自然遗产的行动应利用保护、保存和展示文化遗产或自然遗产所涉及的各个研究领域所取得的科学和技术进步。

10. 公共当局应尽可能为保护和展示文化和自然遗产提供日益增长的财政资源。

11. 将要采取的保护和保存措施，应与该地区的公众联系起来，并呼吁他们提出建议或给予帮助——特别是在对待和监督文化和自然遗产方面。也可以考虑从私人部门得到财政支持的可能性。

四、行政组织

12. 尽管由于行政组织的多样性使得各成员国无法采取一个统一的组织形式，然而还是应该遵循某些共同的标准。

专门的公共行政部门

13. 各成员国应根据各国的适当条件，在其尚无此类组织的领土上设立一个或多个专门的公共行政部门，负责有效地执行以下各项职能：

(1) 制定和实施各种旨在保护、保存和展示本国文化和自然遗产并使其成为社会生活的一个积极因素的措施，并且先编纂一份文化和自然遗产的清单，建立相关的档案资料服务机构；

(2) 培训并招聘所需的科学、技术和行政人员，由其负责文化和自然遗产的鉴定、保护、保存和其他综合计划，并指导其实施；

(3) 组织各学科专家的紧密合作，研究文化和自然遗产的保护技术问题；

(4) 利用或建立实验室，研究有关文化和自然遗产保护方面所涉及的各学科问题；

(5) 确保遗产所有人或承租人进行必要的维修，并保持建筑物的最佳艺术和技术状况。

咨询机构

14. 专门的行政部门应与负责在准备文化和自然遗产有关措施方面提供咨询的专家机构合作。这类机构应包括专家、主要保护学会的代表以及有关行政部门的代表。

各机构间的合作

15. 从事保护、保存和展示文化和自然遗产的专门的行政部门应与其他公共行政部门一起在平等的基础上开展工作，特别是那些负责地区发展规划、主要公共工程、环境及经济和社会规划的部门。涉及文化和自然遗产的旅游发展计划的制定应审慎进行，以便不影响该遗产的内在特征和重要性，并应采取步骤在有关部门间建立适当的联系。

16. 凡涉及大型项目时，应组织专门的行政部门之间的、各种层次的不断合作并作好适当的协调安排，以便采取顾及有关各方利益的一致决定。从研究之初就应制定合作计划的规定，并确定解决冲突的机制。

中央、联邦、地区和地方机构的权限

17. 考虑到保护、保存和展示文化和自然文化遗产所涉及的问题难以处理这一事实，有时需要专门知识，有时涉及艰难的抉择，并且也考虑到该领域不能得到足够的专业人员，因此，应根据各成员国的适当情况，在审慎平衡的基础上划分中央或联邦以及地区或地方当局之间有关制定和执行一般保护措施的一切职责。

五、保护措施

18. 各成员国应尽可能采取一切必要的科学、技术、行政、法律和财政措施,确保其领土上的文化和自然遗产得到保护。这些措施应根据各成员国的立法和组织而定。

科学和技术措施

19. 各成员国应经常对其文化和自然遗产进行精心维护,以避免因其退化而不得不进行的耗资巨大的项目。为此,各成员国应通过定期检查对其遗产的各部分经常进行监督。它们还应该依据现有科学、技术和财政手段精心制定能逐渐包括所有文化和自然遗产的保护和展示的计划项目。

20. 任何所需进行的工作应根据其重要性,都事先并同时进行彻底的研究。这种研究应同各有关领域的专家一起进行,或由有关领域的专家单独进行。

21. 各成员国应寻找有效的办法,对受到极为严重危险威胁的文化和自然遗产的组成部分给予更多的保护。此办法应考虑所涉及的且相互关联的科学、技术和艺术问题并能制定出适用的治理对策。

22. 另外在适当情况下,这些文化和自然遗产的组成部分应恢复其原有用途或赋予新的和更加恰当的用途,只要其文化价值并没有因此而受到贬损。

23. 对文化遗产所进行的任何工程都应旨在保护其传统原貌,并保护它免遭可能破坏它与周围环境之间总体或色彩关系的重建或改建。

24. 古迹与其周围环境之间由时间和人类所建立起来的和谐极为重要,通常不应受到干扰和毁坏,不应允许通过破坏其周围环境而孤立该古迹;也不应试图将古迹迁移,除非作为处理问题的一个例外方法,并证明这么做的理由是出于紧迫的考虑。

25. 各成员国应采取措施,保护文化和自然遗产免受标志现代文明的技术进步可能带来的有害影响。这些措施应旨在对付由机器和车辆所引起的震动和震颤的影响。还应采取措施防止污染和自然灾害和灾难,并对文化和自然遗产所受到的损坏进行修缮。

26. 由于建筑群的修复情况并非到处千篇一律,因此各成员国应在适当情况下进行社会科学调查,以便准确地确定有关建筑群所在的社区有何社会需要和文化需要。任何修复工程都应特别注意使人类能在已修复的环境中工作、发展并取得成就。

27. 各成员国应对各项自然遗产,如公园、野生物、难民区或娱乐区或其他类似保护区进行地质和生态研究，以正确评估其科学价值，确定观众使用带来的影响，并观察各种相互关系，避免对遗产造成严重损害，并为动物和植物的管理提供足够的背景资料。

28. 各成员国应在运输、通讯、视听技术、数据自动处理和其他先进技术以及文化、娱乐发展趋势方面做到齐头并进，以便为科学研究和适合于各地而又不破坏自然资源的公共娱乐提供尽可能好的设备和服务。

行政措施

29. 各成员国应尽快制定出其文化和自然遗产的保护清单，其中包括那些虽不是至关重要但却与其环境不可分割并构成其特征的项目。

30. 通过对文化和自然遗产的这种勘查所获得的信息资料应以适当的形式予以收集，并定期更新。

31. 为了确保在各级规划中都能有效地确认文化和自然遗产，各成员国应准备涉及有关文化和自然财产的地图和尽可能详尽的资料。

32. 各成员国应考虑为不再用作原来用途的历史建筑群寻找合适的用途。

33. 应该为保护、保存、展示和修复具有历史和艺术价值的建筑群制定计划。它应包括边缘保护地带、规定土地使用条件并说明需要保护的建筑物及其保护条件。该计划应纳入有关地区的城镇和乡村整体规划的政策。

34. 修复计划应说明历史建筑物将作何用途以及修复地区与城市周围发展之间有何联系。在考虑指定一个修复区时，应同该地区的地方当局及居民代表进行磋商。

35. 任何可能导致改变保护区建筑物现状的工程需由城镇和乡村规划部门在听取负责文化和自然遗产保护的专门行政部门的意见并予以批准后方可进行。

36. 如果出于居住者生活的需要，并且只有在不会极大地改变古代寓所真实特性的条件下，才应允许对建筑群的内部进行改动以及安装现代化设施。

37. 各成员国应根据其自然遗产的清单，制定短期和长期计划以形成一套符合本国需要的保护系统。

38. 各成员国应就符合土地有效使用的国家保护政策提供咨询服务以指导民间组织及土地所有者。

39. 各成员国应为恢复因工业而遭废弃或人类活动而遭破坏的自然区域制定政策和计划。

法律措施

40. 文化和自然遗产的组成部分，应根据其本身的重要性，由与各国的权限和法律程序相一致的立法或法规单独地或集体地予以保护。

41. 通过制定新规定应对保护措施作必要的补充,以促进文化和自然遗产的保护,并有利于展示其组成部分。为此,保护措施的实施,应适用于拥有文化和自然遗产组成部分的个人或公共当局。

42. 未经专门行政部门批准,一律不准兴建新建筑物,也不准对位于保护区或附近的财产予以拆除、改造、修改或砍伐其树木。

43. 允许工业发展或公共和私人工程的规划之立法应考虑现有的有关保护的立法。负责保护文化和自然遗产的有关当局可以采取步骤,通过以下方法加快必要的保护工程,即或者向遗产所有者提供财政援助,或者代理所有者并行使其权力使工程竣工。有关当局有可能获得所有者通常原本应付的那部分费用的补偿。

44. 在出于保护财产之需要的情况下,可根据国内立法的规定赋予公共当局征用受保护的建筑物或自然遗址的权力。

45. 各成员国应制定法规,控制招贴画、霓虹灯和其他各类广告、商业招牌、野营、电线杆、高塔、电线或电话线、电视天线、各种交通运输停车场、路标和街头设施等,总之,与装备或占据文化和自然遗产某一组成部分有关的一切事宜。

46. 无论所有权是否变更,为保护文化和自然遗产的任何组成部分所采取的措施应继续有效。如果一个受保护的建筑物或自然遗址被出售,应告诉买者它在被保护之列。

47. 对蓄意破坏、损害或毁坏被保护的古迹、建筑物群或遗址,或具有考古、历史或艺术价值的遗产的人,应根据各国宪法、法律和权限予以惩罚或行政处罚。此外,对非法挖掘设备应予以没收。

48. 对其他任何破坏保护、保存和展示受保护的文化或自然遗产组成部分的行为负有责任者应给予惩罚和行政处罚。它应包括根据已有的科技标准将受影响的遗址修复至原状的规定。

财政措施

49. 中央和地方当局应根据构成文化和自然遗产组成部分的被保护财产的重要性,尽可能在预算中拨出一定比例的资金,以便维护、保护和展示其所拥有的被保护财产,并从财产上资助对公共或私人所有的其他被保护财产所进行的类似工程。

50. 因保护、保存和展示私人所有的文化和自然遗产所造成的开支应尽可能地由所有者或使用者负担。

51. 此类开支的减税或赠款或优惠贷款可以提供给被保护财产的私人所有者，条件是他们根据所同意的标准进行保护、保存、展示和修复其财产的工程。

52. 如有必要，应考虑向文化和自然遗产保护区所有者赔偿因保护计划而可能遭致的损失。

53. 在适当情况下，给予私人所有者的财政优惠应取决于他们是否遵守为公共利益而规定的某些条件，如：允许人们进入公园、花园和遗址，游览部分或全部自然遗址及古迹和建筑群，允许拍照等。

54. 在公共部门的预算中，应为保护受大规模公共或私人工程的危害的文化和自然遗产划拨专项资金。

55. 为了增加可能得到的财政资源，各成员国可以设立一个或多个"文化和自然遗产基金会"，它们如同合法设立的公共机构一样，有权接受私人馈赠、捐赠和遗赠，特别是来自工业和商业公司的捐款。

56. 对那些征集、修复或维护文化和自然遗产的特定组成部分的馈赠、捐赠或遗赠者应给予税务减让。

57. 为了有利于自然和文化遗产修复工程的进行，各成员国可以做出特别安排，特别是通过为更新和修复工程贷款的方式；各成员国也可以制定必要的法规，以避免由于不动产的投机而带来的物价上涨。

58. 为了避免因修缮给不得不搬出建筑物或建筑群的贫困居民带来的艰辛，可以考虑给予租金上涨的补偿，以使他们能够保留住宅。这种补偿应该是暂时性的，并应根据有关人员的收入而定，以使他们能够偿付由于进行工程而造成的不断增加的费用。

59. 各成员国可以为有利于文化和自然遗产各项工程的融资提供便利，即通过建立由公共机构和私人信贷部门支持的"信贷基金"，负责向所有者提供低息长期贷款。

六、教育和文化运动

60. 大学、各级教育机构及永久性教育机构应就艺术史、建筑、环境和城镇规划定期组织讲课、讲座、讨论会等。

61. 各成员国应开展教育运动以唤起公众对文化和自然遗产的广泛兴趣和尊重，还应继续努力以告知公众为保护文化和自然遗产现在正在做些什么，以及可做些什么，并谆谆教诲他们理解和尊重其所含价值。为此，应动用一切所需之信息媒介。

62. 在不忽视文化和自然遗产的巨大经济和社会价值的情况下,应采取措施促进和增强该遗产的明显的文化和教育价值以服务于保护、保存和展示该遗产的基本目的。

63. 为文化和自然遗产组成部分所做的一切努力,都应考虑其代表一种环境,一种与人类及其地位相适应的建筑或城镇设计形式而自身蕴藏的内在的文化价值和教育价值。

64. 应建立志愿者机构以鼓励国家和地方当局充分利用其保护权力并向它们提供帮助及必要时替它们筹措资金。这些机构应该同地方历史学会、友好促进会、地方发展委员会以及旅游机构等保持联系,还可以组织其成员参观和游览文化和自然遗产的不同项目。

65. 为了说明已列入计划、正在进行的文化和自然遗产组成部分的修复工程,可设立信息中心、博物馆或举办展览。

七、国际合作

66. 各成员国应就文化和自然遗产的保护、保存和展示进行合作,在必要情况下,从政府间和非政府间的国际组织寻求援助。这种多边或双边合作应认真予以协调,并采取以下形式的措施:

(1) 交流信息及交换科技出版物;

(2) 组织专题讨论会或工作小组;

(3) 提供学习和旅游奖学金,提供科技行政人员与设备;

(4) 通过让年轻研究人员和技术人员参加建筑项目、考古发掘和自然遗址的保护提供国外科技培训的便利;

(5) 在一些成员国之间就保护、发掘、修复和修缮工程的大型项目进行协作,以推广所取得的经验。

以上乃联合国教育、科学及文化组织大会在巴黎举行的、于1972年11月21日宣布闭幕的第十七届会议正式通过的建议之作准文本。

我们已于1972年11月23日签字,以昭信守。

大会主席　　　　总干事
萩　原彻　　　　勒内·马厄

全球世界遗产名录[①]

(一)全球世界遗产名录(至1999年)

亚　洲　ASIA

亚美尼亚　ARMENIA

哈格帕特修道院　(Monastery of Haghpat)

孟加拉　BANGLADESH

巴合尔哈特的清真寺城堡遗址　(Historic Mosque City of Bagerhat)

帕哈尔普尔的佛教寺院遗址　(Ruins of the Buddhist Vihara at Paharpur)

三达班的红树林　(Sundarbans Mangrove Forest)

柬埔寨　CAMBODIA

吴哥(Angkor)

中国　CHINA

长　城　(The Great Wall)

泰　山　(Mount Taishan)

故　宫　(Imperial Palace of the Ming and Qing Dynasties)

莫高窟　(Mogao Caves)

秦始皇兵马俑　(The Mausoleum of the First Qin Emperor)

周口店北京猿人遗址　(Peking Man Site at Zhoukoudian)

黄　山　(Mount Huangshan)

---

① 全球《世界遗产名录》第一部分(至1999年)据胡德坤,《世界遗产》,南宁:广西人民出版社,2002。第二部分新增世界遗产项目(2000年至2003年),张成渝据《世界地名录》(北京、上海:中国大百科全书出版社:1984)翻译,其中,2000年至2001年部分遗产项目参考李军,《世界文化与自然遗产》(彩图版),长春:北方妇女儿童出版社,2002。此外,2000年至2003年的遗产扩展项目,此部分也一并列出。

特别说明:第二部分是根据联合国教科文组织网站对国家的排序而翻译,因而体例与第一部分不同。

武陵源 （Wulingyuan Scenic and Historic Interest Area）

九寨沟 （Jiuzhaigou Valley Scenic and Historic Interest Area）

黄 龙 （Huanglong Scenic and Historic Interest Area）

承德避暑山庄 （The Mountain Resort in Chengde City）

布达拉宫 （Potala Palace in Lhasa）

曲阜孔庙、孔林、孔府 （Temple of Confucius, the Cemetery of Confucius, and the Kong Family Mansion in Qufu）

武当山 （The Ancient Building Complex in the Wudang Mountains）

庐 山 （Lushan National Park）

峨眉山和乐山大佛 （Mt. Emei Scenic Area, including Leshan Giant Buddha Scenic Area）

平遥古城 （Ancient City of PingYao）

苏州古典园林 （Classical Gardens of Suzhou）

丽江古城 （Old Town of Lijiang）

颐和园 （Summer Palace in Beijing）

天 坛 （Temple of Heaven, Beijing）

武夷山 （Mount Wuyi）

大足石刻 （Dazu Shike）

塞浦路斯 CYPRUS

帕福斯古迹区 （Paphos）

特罗多斯地区的彩绘教堂 （The Painted Churches in the Troodos Region）

乔伊诺柯伊歇的新石器时代居民点 （The Neolithic Settlement of Choirokhoitia）

格鲁吉亚 GEORGIA

姆茨赫塔古城的宗教建筑 （The Historical Church Ensemble of Mtskheta）

巴葛拉特大教堂和格拉特修道院 （Bagrati Cathedral and Gelati Monastery）

上斯瓦涅季 （Upper Svaneti）

印度 INDIA

阿旃陀石窟 （Ajanta Caves）

埃洛拉石窟 （Ellora Caves）

阿格拉古堡 （Agra Fort）

泰姬陵 （Taj Mahal）

科纳拉克太阳神庙 (Sun Temple of Konarak)
默哈巴利布勒姆遗址 (Group of Monuments at Mahabalipuram)
卡齐兰加国家公园 (Kaziranga National Park)
马纳斯动物保护区 (Manas Wildlife Sanctuary)
凯奥拉德奥国家公园 (Keoladeo National Park)
果阿教堂和修道院 (Churches and Convents of Goa)
卡杰拉霍古迹 (Group of Monuments at Khajuraho)
汉皮古迹 (Group of Monuments at Hampi)
法塔赫布尔·西格里 (Fatehpur Sikri)
帕德达卡尔遗址 (Group of Monuments at Pattadakal)
象岛石窟 (Elephanta Caves)
坦贾武尔的博里赫迪希瓦拉神庙 (Brihadisvara Temple at Thanjavur)
孙德尔本斯国家公园 (Sundarbans National Park)
南达戴维国家公园 (Nanda Devi National Park)
桑奇大塔 (Buddhist Monastery at Sanchi)
胡马雍陵 (Humayun's Tomb in Delhi)
库特布高塔及附近古迹 (Qutab Minar and Associated Monuments in Delhi)
大吉岭—喜马拉雅铁路 (Darjeeling—Himalayan Railway)

印度尼西亚 INDONESIA

科莫多国家公园 (Komodo National Park)
乌戎库隆国家公园 (Ujung Kulon National Park)
婆罗浮屠塔 (Borobudur Temple Compound)
普兰巴南寺庙群 (Prambanan Temple Compound)
桑吉兰早期人类化石点 (Sangiran Early Man Site)
洛伦茨国家公园 (Lorentz National Park)

伊朗 IRAN

波斯波利斯 (Persepolis)
乔加·赞比尔 (Tchogha Zanbil)
伊斯法罕皇家广场 (Meidan Emam, Esfahan)

伊拉克 IRAQ

哈特尔 (Hatra)

日本 JAPAN

白神山地 (Shirakami Sanchi)

屋久岛 （Yakushima）
姬路城 （Himeji-jo）
法隆寺地区佛教纪念馆 （Buddhist Monuments in the Horyu-ji Area）
古京都历史文化遗迹 （Historic Monuments of Ancient Kyoto）
白川乡和五谷山历史村落 （Historic Villages of Shirakawa-go and Gokayama）
广岛和平纪念公园 （Hiroshima Peace Memorial）
严岛神社 （Itsukushima Shinto Shrine）
古奈良的历史遗迹 （Historic Monuments of Ancient Nara）
日光市的圣坛与寺院 （Shrines and Temples of Nikko）

耶路撒冷 JERUSALEM

耶路撒冷旧城及其城墙 （The Old City of Jerusalem and Its Walls）

约旦 JORDAN

佩特拉 （Petra）
欧木拉宫 （Quseir Amra）

老挝 LAOS

琅勃拉邦 （Luang Prabang）

黎巴嫩 LEBANON

安贾尔 （Anjar）
巴勒贝克 （Baalbek）
比布鲁斯 （Byblos）
提尔城 （Tyre）
圣谷 （The Holy Valley）

尼泊尔 NEPAL

加德满都谷地 （Kathmandu Valley）
萨加玛塔国家公园 （Sagarmatha National Park）
奇特万皇家国家公园 （Royal Chitwan National Park）
卢姆比尼——佛主的诞生地 （Lumbini, the Birthplace of the Lord Buddha）

阿曼 OMAN

巴赫莱城堡 （Bahla Fort）
巴特、库姆和艾因遗址 （Archaeological Sites of Bat, Al-Khutm and Al-Ayn）
阿拉伯羚羊保护区 （Arabian Oryx Sanctuary）

巴基斯坦 PAKISTAN

摩亨佐达罗城遗址 （Archaeological Ruins at Moenjodaro）

塔克特·依·巴依佛教遗址和萨尔·依·巴赫洛古城遗址 （Buddhist Ruins at Takht-i-Bahi and Neighboring City Remains at Sahr-i-Bahlol）

塔克西拉考古遗址 （Archaeological Site of Taxila）

拉合尔古堡和沙利马尔花园 （Fort and Shalamar Gardens at Lahore）

塔塔城的历史建筑 （Historic Monuments of Thatta）

罗塔斯要塞 （Rohtas Fort）

菲律宾 PHILIPPINES

图巴塔哈群礁海洋公园 （Tubbataha Reef Marine Park）

菲律宾的巴洛克式教堂 （Baroque Churches of the Philippines）

菲律宾科迪勒拉山脉的水稻梯田 （Rice Terraces of the Philippines Cordilleras）

维甘历史名城 （The Historic Town of Vigan）

普林塞萨地下河国家公园 （Puerto-Princesa Subterranean River National Park）

韩国 REPUBLIC OF KOREA

佛国寺和石窟庵 （Sokkuram Grotto including the Pulguksa Temple）

海印寺 （Temple of Haeinsa Changgyong P'ango）

清迈国家神社 （Chongmyo Shrine）

昌德宫 （The Changdokkung Palace Complex）

华松古堡 （Hwasong Fortress）

斯里兰卡 SRILANKA

阿努拉达普拉古城 （Sacred City of Anuradhapura）

波隆纳鲁瓦古城 （Ancient City of Polonnaruva）

锡吉里耶古城 （Ancient City of Sigiriya）

辛哈拉加森林保护区 （Sinharaja Forest Reserve）

康提古城 （Sacred City of Kandy）

加勒老城及其城堡 （Old Town of Galle and its Fortifications）

丹布拉佛窟 （Golden Temple of Dambulla）

叙利亚 SYRIAN ARAB REPUBLIC

大马士革旧城 （Ancient City of Damascus）

帕尔米拉 （Site of Palmyra）

布斯拉古城 （Ancient City of Bosra）

阿勒颇古城 （Ancient City of Aleppo）

泰国 THAILAND

童一艾一纳雷松野生生物保护区 （Thung Yai-Huai Kha Khaeng Wildlife Sanctuary）

素可泰及邻近历史城镇 （Historic Town of Sukhothai and Associated Historic Towns）

阿瑜陀耶及邻近历史城镇 （Historic City of Ayutthaya and Associated Historic Towns）

班清遗址 （Ban Chiang Archaeological Site）

土耳其 TURKEY

伊斯坦布尔历史区 （Historic Areas of Istanbul）

卡雷迈谷地和卡帕多西亚石窟区 （Goreme Valley and the Rock Sites of Cappadocia）

迪夫里伊大清真寺和医院 （Great Mosque and Hospital of Divrigi）

哈图萨斯城 （Hattusha）

内姆鲁特达格遗址 （Nemrut Dag）

汉瑟斯和莱顿遗址 （Xanthos-Letoon）

希拉波利斯 （Hierapolis-Pamukkale）

萨夫兰博卢 （The City of Safranbolu）

考古胜地——特洛伊 （"Archaeological Site of Troy）

土库曼斯坦 TURKMENISTAN

国家历史文化公园"古木鹿" （State Historical and Cultural Park "Ancient Mev"）

乌兹别克斯坦 UZBEKISTAN

伊契扬·卡拉 （Itchan Kala）

布哈拉历史中心 （Historic Centre of Bukhara）

越南 VIET NAM

顺化古都 （The Complex of Hue Monuments）

下龙湾 （Ha-Long Bay）

会安古镇 （Hoi An Ancient Town）

迈森神殿 （My Son Sanctuary）

也门 YEMEN

希巴姆老城 （Old Walled City of Shibam）

萨那老城 （Old City of San'a）

扎比德古城 （Historic Town of Zabid）

欧 洲 EUROPE

阿尔巴尼亚 ALBANIA

布特林特 （Butrint）

奥地利 AUSTRIA

萨尔茨堡市历史中心区 （Historic Centre of the City of Salzburg）

舍恩布龙宫殿和园林 （Palace and Gardens of Schonbrunn）

萨尔茨卡默古特地区的哈尔施塔特—达赫施泰因文化景观 （Hallstatt-Dachstein Cultural Landscape of Salzkammergut）

塞梅宁铁路 （Semmering Railway）

格拉茨城的历史中心区 （City of Graz-Historic Centre）

白俄罗斯/波兰 BELARUS/POLAND

比亚沃维耶扎（别洛韦什）国家森林公园 （Belovezhskaya Pushcha/Bialowieza National Forest Park）

比利时 BELGIUM

不发愿女修道院 （Flemish Beguinages）

比利时中央运河上的四部升降机 （The Four Lifts on the Canal du Centre and their Environs in Belgium）

布鲁塞尔大广场 （La Grande Place）

佛兰德尔和瓦隆尼亚地区的钟楼 （The Belfries of Flanders and Wallonia）

保加利亚 BULGARIA

博雅纳教堂 （Boyana Church）

马达腊骑士浮雕 （Madara Rider）

伊万诺沃岩洞教堂群 （Rock-hewn Churches of lvanovo）

卡赞利克的色雷斯人古墓 （Thracian Tomb of Kazanlak）

内塞巴尔古城 （Ancient City of Nessebar）

斯雷巴尔纳自然保护区 （Srebarna Nature Reserve）

皮林国家公园 （Pirin National Park）

里拉修道院 （Rila Monastery）

斯维士达里色雷斯人墓 （Thracian Tomb of Sveshtari）

克罗地亚 CROATIA

杜布罗夫尼克老城 （Old City of Dubrovnik）

斯普利特历史中心和戴克里先夏宫 （Historic Complex of Split with the Palace of Diocletian）

普里特维采湖群国家公园 （Plitvice Lakes National Park）

波雷奇历史中心的尤弗拉西苏斯大教堂建筑群 （Episcopal Complex of the Euphrasian Basilica in the Historic Centre of Porec）

历史古城特洛吉尔 （Historic City of Trogir）

捷克 CZECH REPUBLIC

布拉格历史中心 （Historic Centre of Prague）

克鲁姆罗夫历史中心 （Historic Centre of Cesky Krumlov）

泰尔契历史中心 （Historic Centre of Telc）

泽列纳—霍拉的内波穆克圣约翰朝圣教堂 （Pilgrimage Church of St. John of Nipomuk at Zelena Hora）

库特拉—霍拉历史城镇中心 （Historic Town Centre of Kutna Hora）

列德里斯—瓦尔提斯文化景点 （Cultural Landscape of Lednice—Valtice）

霍拉肖维采古老村落 （Historic Village Reserve at Holaovice）

克罗麦里兹花园和城堡 （Gardens and Castle at Kromeriz）

利托米什尔城堡 （Litomyšl Castle）

丹麦 DENMARK

耶林坟墩、石碑和教堂 （Jelling Mounds, Runic Stones and Church）

罗斯基勒大教堂 （Roskilde Cathedral）

爱沙尼亚 ESTONIA

塔林历史中心 （Historic Centre of Tallinn）

芬兰 FINLAND

古劳马 （Old Rauma）

芬兰堡 （Fortress of Suomenlinna）

佩泰耶韦西老教堂 （Petajavisi Old Church）

韦尔拉磨木和纸板厂 （Verla Groundwood and Board Mill）

萨摩拉敦玛基铜器时代的墓葬遗址 （The Bronze Age Burial Site of Sammallahdenmaki）

法国 FRANCE

沙特尔大教堂 （Chartres Cathedral）

韦泽尔峡谷洞窟群 （Decorated Grottoes of the Vézére Valley）

圣米歇尔山及其海湾 （Mont-St. Michel and its Bay）

凡尔赛宫及其园林 （Palace and Garden of Versailles）

韦泽莱教堂及其山丘 （Church and Hill of Vézelay）

亚眠大教堂 （Amiens Cathedral）

尚博尔城堡和庄园 （Château and Estate of Chambord）

丰特莱西多会修道院 （Cistercian Abbey of Fontenay）

枫丹白露宫及其园林 （Palace and Garden of Fontainebleau）

阿尔勒城的古罗马和罗曼式建筑 （Roman and Romanesque Monuments of Arles）

奥朗日古罗马剧院和凯旋门 （Roman Theatre and the Triumphal Arch of Orange）

阿尔克—塞南王家盐场 （The Royal Saltworks of Arc-et-Senans）

南锡斯坦尼斯拉斯广场、卡里耶尔广场和阿里昂斯广场 （Place Stanislas, Place de la Carrière and Place d'Alliance in Nancy）

加尔当普河畔圣萨文教堂 （Church of Saint-Savin Sur Gartempe）

科西嘉的吉罗拉塔湾、波尔图湾和斯康多拉自然保护区 （Cape Girolata, Cape Porto and Scandola Nature Reserve in Corsica）

加尔桥 （Pont du Gard）

斯特拉斯堡——大岛 （Strasbourg, Grande Ile）

巴黎塞纳河畔 （Banks of the Seine River in Paris）

兰斯圣母大教堂、前圣雷米修道院与T形宫殿 （Cathedral of Notre-Dame, Former Abbey of Saint-Remi and Palace of Tau in Reims）

布尔日大教堂 （Bourges Cathedral）

阿维尼翁历史中心区 （Historic Centre of Avignon）

南方运河 （Le Canal du Midi）

卡尔卡松的历史城防要塞 （Historic Fortified City of Carcassonne）

比利牛斯山脉的帕尔迪山峰 （Pyrenees-Mount Perdu）

法国的圣地亚哥·德·孔普斯特拉朝圣之路 （Routes of Santiago de Compostela in France）

里昂旧城历史遗址 （Historic Site of Lyon）

圣-埃米里荣镇 （Jurisdiction of Saint-Emilion）

德国 GERMANY

亚琛大教堂 （Aachen Cathedral）

施佩耶尔大教堂 （Speyer Cathedral）

维尔茨堡宫 （Würzburg Residence）

威斯朝圣教堂 （Pilgrimage Church of Wies）

布吕尔的奥古斯都堡宫和“猎鹰谐趣园”宫 （The Castles of Augustusburg and Falkenlust at Brühl）

希尔德斯海姆的圣玛利亚大教堂和圣米夏埃尔教堂 （St. Mary's Cathedral and St. Michael's Church at Hildesheim）

特里尔的古罗马建筑、大教堂和圣玛利亚教堂 （Roman Monuments, Cathedral and Liebfrauen-Church in Trier）

汉萨同盟之城吕贝克 （Hanseatic City of lübeck）

波茨坦和柏林的宫殿与园林 （Palaces and Gardens of Potsdam and Berlin）

罗尔施修道院和古大教堂 （Abbey and Altenmünster of Lorsch）

拉莫斯堡矿山和戈斯拉尔古城 （Mines of Rammelsberg and the Historic Town of Goslar）

班贝格古城 （Historic Town of Bamberg）

毛尔布隆修道院 （Maulbronn Monastery Complex）

奎德林堡修道院教堂、城堡和旧城 （The Collegiate Church, Castle and Old Town of Quedlinburg）

富尔克林根冶炼厂 （Völklingen Ironworks）

梅塞尔坑化石遗址 （Messel Pit Fossil Site）

包豪斯学校及其魏玛和德绍的旧址 （The Bauhaus and its Sites in Weimar and Dessau）

科隆大教堂 （Cologne Cathedral）

艾斯莱本和维滕贝格的马丁·路德纪念地 （Luther Memorials in Eisleben and Wittenberg）

古典之城魏玛 （Classical Weimar）

瓦特堡城堡 （Wartburg Castle）

博物馆岛 （Museumsinsel（Museum Island））

希腊 GREECE

巴塞市的伊壁鸠鲁阿波罗神庙 （Temple of Apollo Epicurius at Bassae）

德尔菲遗址 (Archaeological Site of Delphi)

雅典卫城 (The Acropolis of Athens)

阿索斯山 (Mount Athos)

曼代奥拉 (Meteora)

塞萨洛尼基基督教和拜占庭古迹 (Paleochristian and Byzantine Monuments of Thessalonika)

埃皮道拉斯遗址 (Archaeological Site of Epidaurus)

罗得岛中世纪古城 (Medieval City of Rhodes)

奥林匹亚遗址 (Archaeological Site of Olympia)

米斯特厄斯 (Mystras)

泽洛斯 (Delos)

德菲尼、丘奥斯尼墨尼和荷修斯卢卡斯修道院 (Monasteries of Daphni, Nea Moni of Chios and Hossios Luckas)

萨摩斯岛上的毕达哥利翁和海拉瑞安遗存 (Pythagoreion and Heraion of Samos)

维吉拉遗址 (Archaeological Site of Vergina)

迈锡尼和蒂林斯遗址 (The Archaeological Sites of Mycenae and Tiryns)

帕特摩丝岛历史中心(克纳城)及“神学家”圣约翰修道院和《启示录》岩洞遗址 (The Historic Centre(Chorá) with the Monastery of Saint John“the Theologian”and the Cave of the Apocalypse on the Island of Pátmos)

梵蒂冈 HOLY SEE

梵蒂冈城 (Vatican City)

匈牙利 HUNGARY

布达佩斯多瑙河两岸及布达城堡区 (Budapest, including the Banks of the Danube with the District of Buda Castle)

霍洛克民俗村 (Holloko)

潘诺恩哈尔姆千年修道院 (Millenary Benedictine Abbey of Pannonhalma)

霍尔托巴吉国家公园 (Hortobágy National Park)

匈牙利/斯洛伐克 HUNGARY/SLOVAK REPUBLIC

阿格泰列克洞穴和斯洛伐克喀斯特 (Caves of Aggtelek and Slovak Karst)

爱尔兰 IRELAND

弯曲的博因考古遗址群 (Archaeological Ensemble of the Bend of the Boyne)

斯凯利格·迈克尔岛 (Skellig Michael)

意大利 ITALY

瓦尔卡莫尼卡岩画 (Rock Drawings in Valcamonica near Brescia)

圣玛利亚感恩教堂及多明我会女修道院建筑群和莱昂纳多·达·芬奇的《最后的晚餐》 (The Church and Dominican Convent of Santa Maria Delle Grazie with"The Last Supper"by Leonardo da Vinci)

佛罗伦萨历史中心 (Historic Centre of Florence)

威尼斯及其礁湖 (Venice and its Lagoon)

比萨中央教堂广场 (Piazza del Duomo of Pisa)

圣吉米尼亚诺历史中心 (Historic Centre of San Gimignano)

马泰拉的石窟民居 (Matera and the Park)

维琴察城和威尼托的帕拉第奥别墅 (City of Vicenza and the Palladian Villas of the Veneto)

锡耶纳历史中心 (Historic Centre of Siena)

那不勒斯历史中心 (Historic Centre of Naples)

意大利文艺复兴时期的城市:费拉拉 (Ferrara:Renaissance City of Italy)

阿达的克里斯匹 (Crespi d'Adda)

阿尔塔穆拉大教堂和蒙特堡 (Cathedral del Altamura and Castel del Monte)

阿尔贝罗贝洛的特胡里城 (Trulli of Alberobello)

拉韦纳早期基督教名胜 (Early Christian Monuments and Mosaics of Ravenna)

皮恩扎历史中心 (Historic Centre of Pienza)

卡塞塔地区的18世纪皇宫建筑群及其周围环境 (The 18th Century Royal Palace at Caserta and Its Surroundings)

萨沃伊皇室的宅院 (Residences of the Royal House of Savoy)

伯杜瓦植物园 (Botanical Garden (Orto Botanico) of Padua)

摩德纳大教堂、市民塔和大广场 (Cathedral, Torre Civica and Piazza Grande, Modena)

庞贝、埃尔科拉诺和托雷安农齐亚塔古迹区 (Archaeological Areas of Pompei, Ercolano and Torre Annunziata)

卡萨尔的罗马别墅 (Villa Romana del Casale)

巴鲁米尼的努拉格 (Su Nuraxi di Barumini)

韦内雷港、五村镇以及沿海群岛 （Portovenere, Cinque Terre and the Islands）

阿马尔菲的海滨地区 （The Costiera Amalfitana）

阿克里真托考古区 （Archaeological Area of Agrigento）

奇伦托和迪亚诺河谷国家公园 （Cilento and Vallo di Diano National Park）

乌尔比诺史迹中心 （Historic Centre of Urbino）

阿奎拉古迹区及长方形主教教堂 （Archaeological Area and the Patriarchal Basilica of Aquileia）

亚得里亚那别墅 （Villa Adriana（Tivoli））

意大利/梵蒂冈 ITALY/HOLY SEE

罗马历史中心 （Historic Centre of Rome）

拉脱维亚 LATVIA

里加历史中心 （Historic Centre of Riga）

立陶宛 LITHUANIA

维尔纽斯历史中心 （Historic Centre of Vilnius）

卢森堡 LUXEMBOURG

卢森堡市的旧城区及城防工事 （The City of Luxembourg: Its Old Quarters and Fortifications）

马耳他 MALTA

瓦莱塔城 （The City of Valletta）

巨石庙群 （Megalithic Temples）

哈尔·萨夫列尼地宫 （Hal Saflieni Hypogeum）

荷兰 NETHERLANDS

斯霍克兰及其周边地区 （Schokland and Its Surroundings）

阿姆斯特丹防线 （The Defence Line of Amsterdam）

金德代克的风车网 （Mill Network at Kinderdijk-Elshout）

威廉斯塔德内城、港口古迹区 （Historic Area of Willemstad Inner City, and Harbour Curacao）

迪·弗·伍德蒸汽抽水站 （D.F.Wouda Steam Pumping Station）

碧姆斯特·德洛马克里基围垦地 （Droogmakerij de Beemster（The Beemster Polder））

挪威 NORWAY

卑尔根市的布吕根区 （Bryggen in Bergen）

奥尔内斯木板教堂 （The Stave Church at Urnes）

勒罗斯村 （Roros Mining Town）

阿尔塔岩画 （The Rock Carvings in Alta）

波兰 POLAND

克拉科夫历史中心 （Historic Centre of Cracow）

维耶利奇卡盐矿 （Wieliczka Salt Mine）

奥斯维辛集中营 （Auschwitz Concentration Camp）

华沙历史中心 （Historic Centre of Warsaw）

扎莫斯克老城 （Old City of Zamosc）

中世纪城镇托伦 （Medieval Town of Torun）

马尔博尔克的条顿城堡 （Castle of the Teutonic Order in Malbork）

卡尔瓦里亚—泽布尔齐豆斯卡风格独特的建筑群、园林景观群及朝圣公园 （Kalwaria Zebrzydowska: the Mannerist Architectural and Park Landscape Complex and Pilgrimage Park）

葡萄牙 PORTUGAL

亚速尔群岛英雄港中心区 （Central Zone of Angra do Heroismo in the Azores）

哲罗姆派修道院和贝伦塔 （Monastery of the Hieronymites and Tower of Belem）

巴塔利亚修道院 （Monastery of Batalha）

托马尔的克赖斯特女修道院 （Christ Convent of Tomar）

埃武拉历史中心 （Historic Centre of Evora）

阿尔科巴萨隐修院 （Monastery of Alcobaca）

辛特拉文化景观 （Cultural Landscape of Sintra）

波尔图历史中心 （Historic Centre of Oporto）

科阿峡谷史前岩石艺术遗址 （Prehistoric Rock-Art Sites in the Coa Valley）

马德拉群岛的森林 （The Laurisilva of Madeira）

罗马尼亚 ROMANIA

多瑙河三角洲 （Danube Delta）

别尔坦和它的防卫教堂 （Biertan and Its Fortified Church）

胡雷兹君主修道院 （Monastery of Horezu）

摩尔多瓦教堂 （Churches of Moldavia）

锡吉索瓦拉历史中心 （Historic Centre of Sighisoara）

奥拉斯蒂耶山区达契亚城堡 (The Dacian Fortresses of the Orastie Mountains)

马拉穆雷斯木质教堂 (Wooden Churches of Maramures)

俄罗斯联邦 RUSSIAN FEDERATION

圣彼得堡历史中心和有关遗址群 (Historic Centre of St. Petersburg and Related Groups of Monuments)

基日乡村教堂 (Khizi Pogost)

克里姆林宫和红场 (Kremlin and the Red Square)

诺夫哥罗德的历史遗址群 (Historic Monuments of Novogorod and Surroundings)

索洛维茨基群岛的历史遗址群 (Cultural and Historic Ensemble of the Solovetsky Islands)

弗拉基米尔和苏兹达利的白石建筑纪念物 (The White Stone Monuments of Vladimir and Suzdal)

谢尔吉圣三位一体修道院 (Architectural Ensemble of the Trinity-Sergius Lavra in Sergiev Posad)

科罗缅斯克庄园 (The Manor of Kolomenskoye)

科米原始森林 (Virgin Forests of Komi)

堪察加火山群 (Volcanoes of Kamchatka)

贝加尔湖 (Lake Baikal)

金山(阿尔泰山) (Golden Mountains of Altai)

西高加索 (Western Caucasus)

斯洛伐克 SLOVAK REPUBLIC

班斯卡·什佳夫里察古城 (The Historic Town of Banska Stiavnica)

维尔科利尼克的民俗建筑 (Vlkolinec Reservation of Folk Architecture)

斯皮斯城堡及其文化遗迹 (Spissky Hrad and the Cultural Monuments in Its Environs)

斯洛文尼亚 SLOVENIA

斯科契扬溶洞 (Skocjan Caves)

西班牙 SPAIN

科尔多瓦清真寺 (Mosque de Cordoba)

阿尔罕布拉宫和赫内拉利费 (Alhambra Generalife and Albayzin Granada)

布尔戈斯大教堂 (Burgos Cathedral)

埃尔·埃斯科里亚尔修道院 （Monastery of Escorial in Madrid）

巴塞罗那的高迪作品 （Gaudi's Work in Barcelona）

阿尔塔米拉洞窟 （Altamira Cave）

塞戈维亚旧城及其大渡槽 （Old Town of Segovia and Its Aqueduct）

阿斯图利亚斯前罗马式教堂 （The Pre-Romanesque Churches of Asturias）

圣地亚哥·德·孔波斯特拉古城 （Santiago de Compostela（Old Town））

阿维拉旧城及城外教堂 （Old Town of Avila with Its Extra Muros Churches）

特鲁埃尔的穆德哈尔式建筑 （Mudejar Architecture of Teruel）

托莱多古城 （Historic City of Toledo）

加拉霍艾国家公园 （Garajonay National Park）

卡塞雷斯古城 （Old Town of Caceres）

塞维利亚大教堂、阿尔卡萨尔及西印度群岛档案馆 （Cathedral, the Alcazar and Archivo de Indias in Seville）

萨拉曼卡古城 （Old City of Salamanca）

波布莱特修道院 （Poblet Monastery）

梅里达考古群 （Archaeological Ensemble of Mérida）

瓜达罗普圣玛利亚王家修道院 （Royal Monastery of Santa Maria de Guadalupe）

冈波斯特拉的圣地亚哥之路 （The Route of Santiago de Compostela）

多南那国家公园 （Donana National Park）

昆卡古城 （Historic Town of Cuenca）

瓦伦西亚丝绸交易所和海上领事馆 （"La Lonja de La Seda" of Valencia）

比利牛斯—珀杜山 （Pyrenees-Mount Perdu）

拉斯梅德拉斯 （Las Medulas）

巴塞罗那的帕劳音乐厅及圣保罗医院 （The Palau de La Musica Catalana and the Hospital de Sant Pauin Barcelona）

圣米兰的尤索和苏索修道院 （Yuso and Suso Monasteries of San Millan）

埃纳雷斯堡的大学及历史区域 （University and Historic Precinct of Alcala de Henares）

伊比利亚半岛上地中海盆地的壁画艺术 （Rock-Art of the Mediterranean Basin on the Iberian Peninsula）

伊维萨岛——多样化生物与文化之岛 （Ibiza, Biodiversity and Culture）

拉古纳·圣克利斯瓦尔古城 （San Cristóbal de La Laguna）

瑞典 SWEDEN

德罗特宁霍尔摩王室领地 （Royal Domain of Drottningholm）

比尔卡和霍夫加登 （Birka and Hovgarden）

恩格尔斯堡铁矿工场 （Engelsberg Lronworks）

塔努姆岩画 （The Rock Carvings in Tanum）

斯科斯累格加登公墓 （Skogskyrkogarden）

汉萨同盟城市维斯比 （Hanseatic Town of Visby）

瑞典拉普人居住区 （The Lapponian Area）

格默尔斯达德教堂村 （Church Town of Gammelstad）

卡尔斯克鲁纳军港 （Naval Port of Karlskrona）

瑞士 SWITZERLAND

圣加伦修道院 （Convent of St.Gall）

圣约翰修道院 （Convent of St.John）

伯尔尼老城 （Old City of Berne）

乌克兰 UKRAINE

圣索菲亚大教堂和佩切尔隐修院 （St. Sophia Cathedral and Lavra of Kiev-Pechersk）

里沃夫历史中心 （Historic Centre of L'viv）

英国 UNITED KINGDOM

贾恩茨考斯韦与考斯韦海岸 （The Giant's Causeway and Causeway Coast）

达勒姆堡和大教堂 （Durham Castle and Cathedral）

铁桥峡 （Ironbridge Gorge）

斯托雷利皇家公园及其方廷斯修道院遗址 （Studley Royal Park, including the Ruins of Fountains Abbey）

巨石阵、埃夫伯里及相关遗址 （Stonehenge, Avebury and Associated Sites）

圭内斯爱德华一世时期的城堡与城墙 （The Castles and Town Walls of King Edward in Gwynedd）

圣基尔达岛 （St.Kilda Island）

布莱尼姆宫 （Blenheim Palace）

巴斯城 （City of Bath）

哈德良墙 （Hadrian's Wall）

威斯敏斯特宫、威斯敏斯特大教堂和圣玛格丽特教堂 （Westminster Palace, Westminster Abbey and St. Margaret's Church）

亨德森岛 （Henderson Island）

伦敦塔 （The Tower of London）

坎特伯雷大教堂、圣奥古斯丁修道院与圣·马丁教堂 （Canterbury Cathedral, Saint Augustine's Abbey and Saint Martin's Church）

爱丁堡新老城 （Old and New Towns of Edinburgh）

戈夫岛野生生物保护区 （Gough Island Wildlife Reserve）

格林尼治海滨 （Maritime Greenwich）

新石器时代奥克尼的中心遗址 （The Heart of Neolithic Orkney）

马其顿 YUGOSLAV REPUBLIC OF MACEDONIA

奥赫里德文化历史群及其自然湖 （Ohrid Region, including Its Cultural and Historic Aspects and Its Natural Environment）

南斯拉夫 YUGOSLAVIA

科托尔自然文化历史区 （Natural and Culturo-Historic Region of Kotor）

斯塔里拉斯和索波查尼修道院 （Stari Ras and Sopocani Monastery）

杜米托尔国家公园 （Durmitor National Park）

斯图德尼察修道院 （Studenica Monastery）

非 洲 AFRICA

阿尔及利亚 ALGERIA

贝尼·哈玛德的卡拉阿城 （Al Qal'a of Beni Hammad）

阿杰尔的塔西利 （Tassili n'Ajjer）

姆扎卜山谷 （M'zab Valley）

杰米拉 （Djemila）

蒂巴扎 （Tipasa）

廷加德 （Timgad）

阿尔及尔的卡斯巴哈 （Kasbah of Alger）

贝宁 BENIN

阿波美王宫 （Royal Palaces of Abomey）

喀麦隆 CAMEROON

德贾动物保护区 （Dja Faunal Reserve）

中非共和国 CENTRAL AFRICAN REPUBLIC

马诺沃-贡达-圣佛罗里斯国家公园 （Manovo-Gounda-St. Floris National Park）

科特迪瓦 COTE D'IVOIRE

塔伊国家公园 （Tai National Park）

科莫埃国家公园 （Comoé National Park）

刚果 D.R.CONGO

维龙加国家公园 （Virunga National Park）

加兰巴国家公园 （Garamba National Park）

卡胡兹—别加国家公园 （Kahuzi-Biega National Park）

萨龙加国家公园 （Salonga National Park）

俄卡皮动物自然保护区 （Okapi Faunal Reserve）

埃及 EGYPT

阿布米那遗址 （Archaeological Site Abu Mena）

底比斯古城及其墓地 （Ancient Thebes and its Necropolis）

伊斯兰开罗 （Islamic Cairo）

孟斐斯和从吉萨到代赫舒尔的墓地——金字塔群 （Memphis and its Necropolis lis-the Pyramid Fields from Giza to Dahshur）

阿布辛拜勒至菲莱的努比亚遗址 （Nubian Monuments from Abu Simbel to Philae）

埃塞俄比亚 ETHIOPIA

拉利贝拉石凿教堂 （Rock-hewn Churches of Lalibela）

塞米恩国家公园 （Simien National Park）

贡德尔地区的法西尔·格赫比 （Fasil Ghebbi of Gonder Region）

阿克苏姆考古遗址 （Aksum Archaeological Site）

阿瓦什低谷 （Lower Valley of Awash）

奥莫低谷 （Lower Valley of Omo）

蒂亚 （Tiya）

加纳 GHANA

加纳的古堡与要塞 （Castles and Forts of Ghana）

阿散蒂传统建筑 （Ashanti Traditional Buildings）

几内亚/科特迪瓦 GUINEA/COTE D'IVOIRE

宁巴山自然保护区 （Mount Nimba Nature Reserve）

肯尼亚　KENYA

锡比洛伊—中央岛国家公园 （Sibiloi/Central Island National Park）

肯尼亚山国家公园和天然林地 （Mount Kenya National Park and its Natural Forest）

利比亚　LIBYAN ARAB JAMAHIRIYA

大利卜蒂斯遗址 （Archaeological Site of Leptis Magna）

萨布拉塔遗址 （Archaeological Site of Sabratha）

昔兰尼遗址 （Archaeological Site of Cyrene）

达德拉尔特·阿卡库斯石窟 （Rock-art Caves of Tadrart Acacus）

加达梅斯老城 （Old Town of Ghadames）

马达加斯加　MADAGASCAR

青贝马拉哈自然保护区 （Tsingy Bemaraha Nature Reserve）

马拉维　MALAWI

马拉维湖国家公园 （Malawi Lake National Park）

马里　MALI

杰内古城 （Old Town of Dienné）

廷巴克图 （Timbuktu）

邦贾加拉悬崖 （Cliffs of Bandiagara）

毛里塔尼亚　MAURITANIA

邦克达·阿让国家公园 （Bancd'Arguin National Park）

瓦丹、欣盖提、提希特和瓦拉塔古镇 （The Ancient Ksour of Ouadane, Chinguetti, Tichitti and Oualata）

摩洛哥　MOROCCO

非斯城 （Medina of Fez）

马拉喀什城 （Medina of Marrakech）

阿伊·本·哈杜堡垒村 （Ksar of Ait-Ben-Haddou）

梅克内斯古城 （Historic City of Meknes）

瓦鲁比利斯遗址 （Archaeological Site of Volubilis）

蒂头万城 （Medina of Tetouan 或 Formerly Known as Titawin）

莫桑比克　MOZAMBIQUE

莫桑比克岛 （Island of Mozambique）

尼日尔　NIGER

阿德尔和泰内雷自然保护区 （Air and Ténéré Natural Reserves）

“W”国家公园 （“W” National Park）

尼日利亚 NIGERIA

苏库尔文化景区 （Sukur Cultural Landscape）

塞内加尔 SENEGAL

戈雷岛 （Island of Gorée）

觉乌德基国家鸟类保护区 （Djoudj National Birds Sanctuary）

尼奥科罗—科巴国家公园 （Niokolo-koba National Park）

塞舌尔 SEYCHELLES

阿尔达布拉大环礁岛 （Aldabra Atoll）

五月谷地自然保护区 （Vallee de Mai Nature Reserve）

南 非 SOUTH AFRICA

大圣露西娅湿地公园 （Greater St. Lucia Wetland Park）

罗本岛 （Robben Island）

斯特克方丹、斯瓦特克兰斯、克罗姆德拉伊的原始人类化石遗址 （The Fossil Hominid Sites of Sterkfontein, Swartkrans, Kromdraai, and Environs）

突尼斯 TUNISIA

杰姆竞技场 （Amphitheater of El Djem）

迦太基遗址 （Carthage Site）

突尼斯城 （Medina of Tunis）

伊其克乌尔国家公园 （Ichkeul National Park）

喀尔寇阿内布匿城及其陵园 （Punic Town of Kerkuane and its Necropolis）

苏塞城 （Medina of Sousse）

凯鲁万城 （Medina of Kairouan）

沙格 （Thugga）

乌干达 UGANDA

布温迪难以进入的国家公园 （Bwindi Impenetrable National Park）

鲁文佐里山国家公园 （Rwenzori Mountains National Park）

坦桑尼亚 UNITED REPUBLIC OF TANZANIA

恩戈罗恩戈罗保护区 （Ngorongoro Conservation Area）

基卢瓦·基西瓦尼遗址和松加·姆纳拉遗址 （Ruins of Kilwa Kisiwani and Ruins of Songa Mnara）

塞伦盖蒂国家公园 （Serengeti National Park）

塞卢斯狩猎保护区 （Selous Game Reserve）

乞力马扎罗山国家公园 （Kilimanjaro Mountains National Park）

赞比亚/津巴布韦 ZAMBIA/ZIMBABWE

莫西奥图尼亚/维多利亚瀑布 （Mosi-oa-Tunya/Victoria Falls）

津巴布韦 ZIMBABWE

马拉波尔斯国家公园及萨比、切俄雷旅行区 （Mala Pools National Park, Sapi and Chewore Safari Areas）

大津巴布韦遗址 （Great Zimbabwe National Monument）

卡米遗址 （Khami Ruins）

大洋洲 OCEANIA

澳大利亚 AUSTRALIA

大堡礁 （The Great Barrier Reef）

卡卡杜国家公园 （Kakadu National Park）

韦兰德拉湖区 （Willandra Lakes Region）

塔斯马尼亚岛荒野 （The Tasmanian Wilderness）

洛德豪诸岛 （Lord Howe Island Group）

乌卢鲁国家公园 （Uluru-Kata Tjuta National Park）

中东部热带雨林保护区 （Central Eastern Tropical Rainforest Reserves）

昆士兰的热带雨林 （Wet Tropics of Queensland）

沙克湾 （Shark Bay）

弗雷泽岛 （Fraser Island）

澳大利亚哺乳动物化石遗址（里弗斯雷/纳拉科特） （Australian Mammal Fossil Sites）

（Riversleigh/Naracoorte）

赫德岛和麦克唐纳群岛 （Heard Island and McDonald Islands）

麦夸里岛 （Macquarie Island）

新西兰 NEW ZEALAND

特瓦希波纳姆—新西兰西南部 （Te Wahipounamu-South West New Zealand）

汤加雷诺国家公园 （Tongariro National Park）

新西兰次南极群岛 （New Zealand Sub-Antarctic Islands）

所罗门群岛 SOLOMON ISLANDS

东伦内尔岛 （East Rennell Island）

北美洲 NORTH AMERICA

伯利兹 BELIZE

伯利兹堤礁保护系统 （Belize Barrier-Reef Reserve System）

加拿大 CANADA

安斯梅多遗址 （L' Anse aux Meadows National Historic Park）

纳汉尼国家公园 （Nahanni National Park）

恐龙公园 （Dinosaur Provincial Park）

安东尼岛 （Anthony Island）

北美野牛"死亡之涧" （Head-Smashed-In Buffalo Jump Complex）

伍德布法罗国家公园 （Wood Buffalo National Park）

加拿大落基山脉诸公园 （Canadian Rocky Mountain Parks）

魁北克老城区 （Historic Area of Quebec）

格罗斯莫讷国家公园 （Gros Morne National Park）

伦恩堡老镇 （Old Town of Lunenburg）

米瓜夏公园 （Miguasha Park）

加拿大/美国 CANADA/UNITED STATES OF AMERICA

克卢恩国家公园、朗格尔—圣伊莱亚斯国家公园及其保护区和冰川湾国家公园 （Kluane National Park/Wrangell St. Elias National Park and its Reserve Area/Glacier Bay National Park）

沃特顿冰川国际和平公园 （Waterton Glacier International Peace Park）

哥斯达黎加 COSTA RICA

瓜那卡斯特 （Area de Conservation Guanacaste）

哥斯达黎加/巴拿马 COSTA RICA/PANAMA

塔拉曼卡山脉及阿米斯塔德生物圈保留地 （Talamanca Range and La Amistad Biosphere Reserve）

科库斯岛国家公园 （Cocos Island National Park）

古巴 CUBA

哈瓦那古城及其防御工事 （Old City of Havana and Its Fortifications）

特立尼达和洛斯因赫尼奥斯山谷 （Trinidad and the Valley de los Ingenios）

古巴圣地亚哥的圣·佩德罗—德拉罗卡堡 (San Pedro de la Roca Castle, Santiago de Cuba)

沃讷尔斯河谷 (Viñales Valley)

德塞姆巴科·德尔·格兰玛国家公园 (Desembarco del Granma National Park)

多米尼克国 DOMINICA

莫尔纳·特鲁瓦斯皮通斯国家公园 (Morne Trois Pitons National Park)

多米尼加共和国 DOMINICAN

圣多明各殖民城 (Colonial City of Santo Domingo)

萨尔瓦多 EL SALVADOR

霍亚·德塞伦考古遗址 (Joya de Ceren Archaeological Site)

危地马拉 GUATEMALA

旧危地马拉城 (Antigua Guatemala)

蒂卡尔国家公园 (Tikal National Park)

基里瓜考古公园及遗址 (Archaeological Park and Ruins of Quirigua)

海地 HAITI

国家历史公园:古城堡、逍遥宫、拉米埃斯 (National Historic Park: Citadel, Sans Souci Palace, Ramiers)

洪都拉斯 HONDURAS

科潘玛雅遗址 (Maya Site of Copan)

雷奥普拉塔诺生物圈保护区 (Rio Platano Biosphere Reserve)

墨西哥 MEXICO

墨西哥城中心老城区及霍奇米尔科区 (Historic Centre of Mexico City and Xochimilco)

帕伦克古城及国家公园 (Pre-Hispanic City and National Park of Palenque)

特奥蒂瓦坎古城 (Pre-Hispanic City of Teotihuacán)

瓦哈卡古城和蒙特阿尔班考古区 (Pre-Hispanic City of Oaxaca and the Archaeological Site of Monte Alban)

普埃布拉历史中心 (Historic Centre of Puebla)

先卡安生物圈保护区 (Biosphere Reserve of Sian Ka'an)

瓜纳华托古城及其周围银矿 (Historic Town of Guanajuato and Adjacent Silver Mines)

奇琴伊察古城遗址 (Pre-Hispanic City of Chichen-Itza)
莫雷利亚历史中心 (Historic Centre of Morelia)
埃尔塔津古城 (Pre-Hispanic City of El Tajin)
圣弗朗西斯科山脉岩画 (Rock Paintings of the Sierra de San Francisco)
埃尔比斯开诺鲸鱼禁渔区 (Whale Sanctuary of El Vizcaino)
萨卡特卡斯历史中心 (Historic Centre of Zacatecas)
波皮卡特佩特火山坡上最早的16世纪修道院 (The Earliest 16th Century Monasteries on the Slopes of Popocatepetl)
乌斯马尔古镇 (Pre-Hispanic Town of Uxmal)
克雷塔罗历史遗迹区 (The Historic Monumental Zone of Queretaro)
瓜达拉哈拉的卡瓦尼亚斯救济院 (Hospicio Cabanas of Guadalajara)
特拉科塔尔潘的历史纪念区 (The Historic Monumental Zone of Tlacotalpan)
大卡萨斯的帕魁姆考古带 (Archaeological Zone of Paquim of Casas Grande)
坎佩切的要塞古城 (Historic Fortified Town of Campeche)
索契卡尔科考古遗迹区 (The Archaeological Monuments Zone of Xochicalco)

巴拿马 PANAMA

加勒比海边的波托韦洛城和圣洛伦索筑城 (Fortifications of Portobelo and San Lorenzo on the Caribbean Side)
达连国家公园 (Darien National Park)
巴拿马历史区与萨隆—玻利瓦尔 (Historic District of Panama with Salon Bolivar)

美国 UNITED STATES OF AMERICA

弗德台地国家公园 (Mesa Verde National Park)
黄石国家公园 (Yellowstone National Park)
大沼泽地国家公园 (Everglades National Park)
大峡谷国家公园 (Grand Canyon National Park)
独立厅 (Independence Hall)
红杉国家公园 (Redwood National Park)
大钟乳石洞穴国家公园 (Mammoth Cave National Park)
奥林匹克公园 (Olympic National Park)
卡俄基亚土墩群历史遗址 (Cahokia Mounds State Historic Site)

大烟雾山国家公园 （Great Smoky Mountains National Park）

波多黎各的圣胡安国家历史纪念地和拉福塔莱萨要塞 （San Juan National Historic Site and La Fortaleza Fortress de Puerto Rico）

自由女神像 （The Statue of Liberty）

约塞米蒂国家公园 （Yosemite National Park）

夏洛茨维尔的蒙蒂塞洛和弗吉尼亚大学 （Monticello of Charlottesville and the University of Virginia）

查科文化国家历史公园 （Chaco Culture National Historic Park）

夏威夷火山国家公园 （Hawaii Volcanoes National Park）

陶斯印第安村 （Pueblo de Taos）

卡尔斯巴德洞窟区国家公园 （Carlsbad Caverns National Park）

南美洲 SOUTH AMERICA

阿根廷 ARGENTINA

冰川国家公园 （Los Glaciares National Park）

里约·嫔图纳斯——手印壁画石窟 （The Cueva de las Manos, Rio Pinturas）

瓦尔德斯半岛 （Peninsula Valdes）

阿根廷/巴西 ARGENTINA/BRAZIL

伊瓜苏国家公园 （Iguazu National Park）

瓜拉尼耶稣会传教区 （Jesuit Missions of the Guaranis）

玻利维亚 BOLIVIA

波托西城 （City of Potosi）

奇基托斯耶稣传道会 （Jesuit Missions of the Chiquitos）

苏克雷历史城 （Historic City of Sucre）

爱尔福厄特—德—塞姆帕特 （El Fuerte de Samaipata）

巴西 BRAZIL

欧罗·普雷托城 （Historic Town of Ouro Preto）

历史名城奥林达 （Historic Town of Olinda）

巴伊亚州历史名城萨尔瓦多 （Historic Centre of Salvador de Bahia）

孔贡哈斯的仁慈耶稣圣殿 （Sanctuary of Bom Jesus Congonhas）

巴西利亚 （Brasilia）

卡皮瓦拉山国家公园 （Serra da Capivara National Park）

圣·路易斯历史中心 （Historic Centre of São Luis）

迪亚曼蒂纳镇的历史中心 （Historic Centre of the Town of Diamantina）

探索海岸的大西洋森林资源 （Discovery Coast Atlantic Forest Reserves）

大西洋森林地带东南部资源 （Atlantic Forest Southeast Reserves）

智利 CHILE

拉帕·努伊国家公园 （Rapa Nui National Park）

哥伦比亚 COLOMBIA

卡塔赫纳港口、城堡和古迹群 （Port. Fortresses and Group of Monuments in Cartagena）

洛斯·卡蒂奥斯国家公园 （Los Katios National Park）

圣克鲁斯·德·蒙波斯历史中心 （Historic Centre of Santa Cruz de Mompox）

铁拉德特国家考古公园 （National Archaeological Park of Tierradentro）

圣奥古斯丁考古公园 （San Augustin Archaeological Park）

厄瓜多尔 ECUADOR

加拉帕戈斯群岛 （Galapagos National Park, including the Galapagos Islands）

基多城 （City of Quito）

桑盖国家公园 （Sangay National Park）

洛斯里奥斯—德—昆卡的圣塔安娜历史中心 （Historic Centre of Santa Ana de los Rios de Cuenca）

巴拉圭 PARAGUAY

塔瓦兰格的耶稣和巴拉那的桑蒂西莫—特立尼达耶稣会传教区 （Jesus de Tavarangue and Jesuit Missions of La Santisima Trinidad de Parana）

秘鲁 PERU

库斯科城 （City of Cuzco）

马丘·比丘历史圣地 （Historic Sanctuary of Machu Picchu）

查文考古遗址 （Archaeological Site of Chavin）

瓦斯卡兰国家公园 （Huascaran National Park）

马努国家公园 （Manu National Park）

昌昌考古地 （Chan Chan Archaeological Zone）

里约·阿比塞奥国家公园 （Rio Abiseo National Park）

利马历史中心 （Historic Centre of Lima）

纳斯卡高地和朱马那草原的神秘图案 （The Lines and Geoglypths of Nasca and Pampas de Jumana）

圣克里斯托弗—尼维斯岛 SAINT CHRISTOPHER AND NEVIS

硫磺山城堡国家公园 （Brimstone Hill Fortress National Park）

乌拉圭 URUGUAY

萨克拉曼多移民镇的历史区 （The Historic Quarter of the City of Colonia del Sacramento）

委内瑞拉 VENEZUELA

科罗 （Coro）

卡奈依马国家公园 （Canaima National Park）

（二）新增世界遗产项目（2000年至2003年）

AFGHANISTAN 阿富汗

2002 Minaret and Archaeological Remains of Jam 米纳雷特和贾姆考古遗迹

2003 Cultural Landscape and Archaeological Remains of the Bamiyan Valley 巴米扬谷地文化景观及考古遗址

ARGENTINA 阿根廷

2000 The Jesuit Block and the Jesuit Estancias of Cordoba 凯多巴的耶稣会街区和庄园

2000 Ischigualasto – Talampaya Natural Parks 伊斯奇瓜拉斯托和塔兰巴亚自然公园

2003 Quebrada de Humahuaca 克夫拉达－德－乌马瓦卡

ARMENIA 亚美尼亚

1996,2000 Monasteries of Haghpat and Sanahin 哈格帕特和萨纳因修道院

2000 Monastery of Geghard and the Upper Azat Valley 吉哈德修道院和上游阿扎特河谷

2000 Cathedral and Churches of Echmiatsin and the Archaeological Site of Zvartnots 埃奇米阿津大教堂与兹瓦尔特诺茨考古遗址

AUSTRALIA 澳大利亚

2000 Greater Blue Mountains Area 大蓝山地区

2003 Purnululu National Park 普尔努鲁鲁国家公园

AUSTRIA 奥地利

2000 Wachau Cultural Landscape 瓦绍文化景观

2001 Historic Centre of Vienna 维也纳历史中心

AUSTRIA AND HUNGARY　奥地利和匈牙利

2001 Cultural Landscape of Fertö/Neusiedlersee　佛特纽西德尔西文化景观

AZERBAIJAN　阿塞拜疆

2000 Walled City of Baku with the Shirvanshah's Palace and Maiden Tower 具有希尔凡沙宫殿和少女塔的巴库围城

BELARUS　白俄罗斯

2000 Mir Castle Complex　米尔城堡体系

BELGIUM　比利时

2000 Historic Centre of Brugge　布吕赫历史中心

2000 Major Town Houses of the Architect Victor Horta(Brussels)　建筑师维克多·霍塔设计的布鲁塞尔城中的主要住宅

2000 Neolithic Flint Mines at Spiennes(Mons)　斯皮耶讷(蒙斯)的新石器时期燧石矿

2000 Notre – Dame Cathedral in Tournai　图尔奈的圣母大教堂

BOLIVIA　玻利维亚

2000 Noel Kempff Mercado National Park　诺尔·坎普夫·墨尔加多国家公园

2000 Tiwanaku:Spiritual and Political Centre of the Tiwanaku Culture　蒂瓦纳库:蒂瓦纳库文化的精神和政治中心

BOTSWANA　博茨瓦纳

2001 Tsodilo　措迪洛

BRAZIL　巴西

2000 Pantanal Conservation Area　潘塔奈尔保护区

2000,2003 Central Amazon Conservation Complex　亚马逊中部综合保护区

2001 Cerrado Protected Areas:Chapada dos Veadeiros and Emas National Parks　塞拉多保护区:查帕达·多斯·维阿迪里奥斯和埃玛斯国家公园

2001 Brazilian Atlantic Islands:Fernando de Noronha and Atol das Rocas Reserves　巴西大西洋群岛:费尔纳多·迪·努荣达和阿托尔·达斯·罗卡斯保护区

2001 Historic Centre of the Town of Goiás　戈亚斯城历史中心

CHILE　智利

2000 Churches of Chiloé　奇洛埃教堂

2003 Historic Quarter of the Seaport City of Valparaiso　海港城市瓦尔帕莱索的历史地区

CHINA 中国

1994,2000,2001 Historic Ensemble of the Potala Palace, Lhasa 拉萨布达拉宫建筑群

1997,2000 Classical Gardens of Suzhou 苏州古典园林

2000 Mount Qincheng and the Dujiangyan Irrigation System 青城山-都江堰水利工程

2000 Ancient Villages in Southern Anhui – Xidi and Hongcun 皖南西递和宏村古村落

2000 Longmen Grottoes 龙门石窟

2000,2003 Imperial Tombs of the Ming and Qing Dynasties 明清皇家陵寝

2001 Yungang Grottoes 云冈石窟

2003 Three Parallel Rivers of Yunnan Protected Areas 云南三江并流地区

COSTA RICA 哥斯达黎加

1997,2000 Cocos Island National Park 科库斯岛国家公园

CROATIA 克罗地亚

1979,2002 Plitvice Lakes National Park 普利特维采湖国家公园

2000 Cathedral of St.James in Šibenik 希贝尼克的圣詹姆斯教堂

CUBA 古巴

2000 Archaeological Landscape of the First Coffee Plantations in the Southeast of Cuba 古巴东南部第一座咖啡种植园考古景观

2001 Alejandro de Humboldt National Park 阿里杰罗德胡波尔德国家公园

CYPRUS 塞浦路斯

1985,2001 Painted Churches in the Troodos Region 特罗多斯地区的彩绘教堂

CZECH REPUBLIC 捷克共和国

2000 Holy Trinity Column in Olomouc 奥洛穆萨的三位一体圣柱

2001 Tugendhat Villa in Brno 布尔诺的图根哈特镇

2003 The Jewish Quarter and St Procopius' Basilica in Trebic 特雷比科的犹太人居住区和圣普罗科皮乌斯巴西利卡

DENMARK 丹麦

2000 Kronborg Castle 科隆伯格城堡

ECUADOR 厄瓜多尔

1978,2001 Galápagos Islands 加拉帕戈斯群岛

EGYPT　埃及

2002 Saint Catherine Area　圣凯瑟琳地区

FRANCE　法国

2000 The Loire Valley between Sully – sur – Loire and Chalonnes　卢瓦尔河畔叙利和沙洛讷之间的卢瓦尔谷地

2001 Provins, Town of Medieval Fairs　普罗维恩斯中世纪展览会城镇

GAMBIA　冈比亚

2003 James Island and Related Sites　詹姆斯岛及相关遗址

GERMANY　德国

2000 Garden Kingdom of Dessau – Wörlitz　德绍 – 沃尔利茨皇家园林

2000 Monastic Island of Reichenau　莱谢瑙岛的修道院

2001 Zollverein Coal Mine Industrial Complex in Essen　埃森的商业同盟煤矿工业体系

2002 Upper Middle Rhine Valley　中上游莱茵河谷

2002 Historic Centres of Stralsund and Wismar　施特拉尔松德和维斯马历史中心

HUNGARY　匈牙利

2000 Early Christian Necropolis of Pécs (Sopianae)　佩奇早期基督徒墓地(索皮阿内)

1987, 2002 Budapest, including the Banks of the Danube and the Buda Castle Quarter　布达佩斯多瑙河两岸及布达城堡区

2002 Tokaj Wine Region Historic Cultural Landscape　托考伊葡萄酒地区文化景观

HUNGARY AND SLOVAKIA　匈牙利和斯洛伐克

1995, 2000 Caves of Aggtelek and Slovak Karst　阿格泰列克和斯洛伐克喀斯特溶洞

INDIA　印度

2002 Mahabodhi Temple Complex at Bodh Gaya　博德格雅的马哈布迪寺院体系

2003 Rock Shelters of Bhimbetka　皮姆比特卡的岩石庇护所

IRAN　伊朗

2003 Takht – e Soleyman　塔赫特苏莱曼

IRAQ 伊拉克

2003 Ashur(Qal'at Sherqat) 亚述(盖拉特－谢尔盖特)

ISRAEL 以色列

2001 Masada National Park 马萨达国家公园

2001 Old City of Acre 阿卡老城

2003 The White City of Tel－Aviv－The Modern Movement 特拉维夫白色之城——现代运动

ITALY 意大利

2000 Isole Eolie(Aeolian Islands) 埃奥里亚诸岛

2000 Assisi, the Basilica of San Francesco and Other Franciscan Sites 亚西西，圣弗兰西斯科会堂及其他遗址

2000 City of Verona 维罗纳市

2001 Villa d'Este, Tivoli 蒂沃利的埃斯特别墅

2002 Late Baroque Towns of the Val di Noto(South－eastern Sicily) 巴尔迪诺托的晚巴洛克城镇(东南西西里)

2003 Sacri Monti of Piedmont and Lombardy 皮德蒙特和伦巴第的圣山

JAPAN 日本

2000 Gusuku Sites and Related Properties of the Kingdom of Ryukyu 琉球王国的居苏库遗址及其相关遗产

KAZAKSTAN 哈萨克斯坦

2003 The Mausoleum of Khoja Ahmed Yasawi 霍贾-艾哈迈德-亚萨维的陵墓

KENYA 肯尼亚

1997, 2001 Lake Turkana National Parks 图尔卡纳湖国家公园

2001 Lamu Old Town 拉木老城

LAO PEOPLE'S DEMOCRATIC REPUBLIC 老挝人民民主共和国

2001 Vat Phou and Associated Ancient Settlements within the Champasak Cultural Landscape 瓦特山和占巴塞文化景观中的相关古代村落

LITHUANIA/RUSSIAN FEDERATION 立陶宛和俄罗斯联邦

2000 Curonian Spit 库尔罗尼安-斯比特

MADAGASCAR 马达加斯加

2001 The Royal Hill of Ambohimanga 阿波希曼加王室山

MALAYSIA 马来西亚

2000 Gunung Mulu National Park 贡努穆鲁国家公园

2000 Kinabalu Park　基纳巴卢公园

MEXICO　墨西哥

2002 Ancient Maya City of Calakmul, Campeche　坎佩切,卡拉科穆尔的古玛雅城

2003 Franciscan Missions in the Sierra Gorda of Queretaro　克雷塔罗的西耶那戈达的德佛朗西斯卡传教所

MONGOLIA　蒙古

2003 Uvs Nuur Basin　乌布苏努尔盆地

MOROCCO　摩洛哥

2001 Medina of Essaouira(formerly Mogador)　索维拉(前摩加多尔)的梅迪奈

NETHERLANDS　荷兰

2000 Rietveld Schröderhuis(Rietveld Schröder House)　里特瓦尔德 施勒德尔的房子

NICARAGUA　尼加拉瓜

2000 Ruins of León Viejo　莱昂别霍文化遗迹

OMAN　阿曼

2000 The Frankincense Trail　弗兰金森斯余迹

PERU　秘鲁

2000 Historical Centre of the City of Arequipa　阿雷基帕城历史中心

POLAND　波兰

2001 Churches of Peace in Jawor and Swidnica　扎沃尔和斯维德卡和平教堂

2003 Wooden Churches of Southern Little Poland　小波兰南部的木制教堂

PORTUGAL　葡萄牙

2001 Alto Douro Wine Region　阿尔托都罗葡萄酒地区

2001 Historic Centre of Guimaraes　圭马莱斯历史中心

REPUBLIC OF KOREA　韩国

2000 Gochang, Hwasun, and Ganghwa Dolmen Sites　高敞、和顺、江华的史前石墓遗址

2000 Gyeongju Historic Areas　庆州历史地区

RUSSIAN FEDERATION　俄罗斯联邦

1996,2001 Volcanoes of Kamchatka　堪察加火山群

2000 Ensemble of the Ferapontov Monastery　费拉劳托夫的修道院群

2000 Historic and Architectural Complex of the Kazan Kremlin 喀山-克里姆林的历史与农业融合区

2001 Central Sikhote - Alin 中部斯科特阿林

2003 Citadel, Ancient City and Fortress Buildings of Derbent 锡塔德尔,杰尔宾特的古城和城堡建筑

SENEGAL 塞舌尔

2000 Island of Saint - Louis 圣路易斯岛

SLOVAKIA 斯洛伐克

2000 Bardejov Town Conservation Reserve 巴尔代约夫保护区

SOUTH AFRICA 南非

2000 Ukhahlamba/Drakensberg Park 乌哈拉姆巴/德拉肯斯贝赫公园

2003 Mapungubwe Cultural Landscape 马蓬古布韦文化景观

SPAIN 西班牙

1986,2001 Mudejar Architecture of Aragon 阿拉贡的穆德哈尔式建筑

2000 Archaeological Ensemble of Tárraco 塔拉科考古学建筑群

2000 Palmeral of Elche 埃尔切的棕榈林

2000 Roman Walls of Lugo 卢戈罗马墙

2000 Catalan Romanesque Churches of the Vall de Boí 巴尔德博伊的加泰隆人罗马式教堂

2000 Archaeological Site of Atapuerca 阿塔普埃卡考古遗址

2001 Aranjuez Cultural Landscape 阿兰约兹文化景观

2003 Renaissance Monumental Ensembles of Ubeda and Baeza 乌韦达和巴埃萨的文艺复兴纪念性建筑群

SUDAN 苏丹

2003 Gebel Barkal and the Sites of the Napatan Region 博尔戈尔山纳巴丹地区的遗址

SURINAME 苏里南

2000 Central Suriname Nature Reserve 苏里南中部自然保护区

2002 Historic Inner City of Paramaribo 帕拉马里博历史时期的内城

SWEDEN 瑞典

2000 The High Coast 波的尼亚的海岸及群岛

2000 Agricultural Landscape of Southern Öland 南部厄兰岛农业景观

2001 Mining Area of the Great Copper Mountain in Falun 法伦的大铜山矿区

SWITZERLAND 瑞士

2000 Three Castles, Defensive Wall and Ramparts of the Market - town of Bellinzone 贝林松集镇的三座要塞、防御墙和守备物

2001 Jungfrau - Aletsch - Bietschhorn 约恩富奥 - 阿莱奇 - 比奇峰

2003 Monte San Giorgio 圣焦尔焦山

UGANDA 乌干达

2001 Tombs of Buganda Kings at Kasubi 卡苏比的布干达国王陵墓

UNITED KINGDOM 英国

2000 Historic Town of St George and Related Fortifications, Bermuda 百慕大的圣乔治历史城镇及其相关要塞

2000 Blaenavon Industrial Landscape 布雷纳冯工业景观

2001 Dorset and East Devon Coast 多塞特和东德文海岸

2001 Derwent Valley Mills 德文特河谷磨坊

2001 New Lanark 拉纳克新城

2001 Saltaire 索尔泰尔小镇

2003 Royal Botanic Gardens, Kew 基尤的皇家植物园林

UNITED REPUBLIC OF TANZANIA 坦桑尼亚共和国

2000 Stone Town of Zanzibar 桑给巴尔的石头城

UZBEKISTAN 乌兹别克斯坦

2000 Historic Centre of Shakhrisyabz 沙克里希亚别兹历史中心

2001 Samarkand - Crossroads of Cultures 撒马尔罕——文化的交汇点

VENEZUELA 委内瑞拉

2000 Ciudad Universitaria de Caracas 加拉加斯的修达德大学

VIET NAM 越南

1994, 2000 Ha Long Bay 下龙湾

2003 Phong Nha - Ke Bang National Park 丰芽 - 格邦国家公园

ZIMBABWE 津巴布韦

2003 Matobo Hills 马托博山

濒危世界遗产名录[1]

AFGHANISTAN 阿富汗

Cultural Landscape and Archaeological Remains of the Bamiyan Valley　巴米扬谷地文化景观及考古遗迹

Minaret and Archaeological Remains of Jam　米纳雷特和贾姆考古遗迹

ALBANIA 阿尔巴尼亚　Butrint　布特林特

ALGERIA 阿尔及利亚　Tipasa　蒂巴扎

AZERBAIJAN 阿塞拜疆

Walled City of Baku with the Shirvanshah's Palace and Maiden Tower　具有希尔凡沙宫殿和少女塔的巴库围城

BENIN 贝宁　Royal Palaces of Abomey　阿波美王宫

CAMBODIA 柬埔寨　Angkor　吴哥

CENTRAL AFRICAN REPUBLIC 中非共和国

Manovo－Gounda-St.Floris National Park　马诺沃－贡达－圣佛罗里斯国家公园

COTE D'IVOIRE 科特迪瓦

Comoé National Park　科莫埃国家公园

COTE D'IVOIRE/GUINEA 科特迪瓦和几内亚

Mount Nimba Nature Reserve　宁巴山自然保护区

DEMOCRATIC REPUBLIC OF THE CONGO 刚果民主共和国

Virunga National Park　维龙加国家公园

Garamba National Park　加兰巴国家公园

Kahuzi－Biega National Park　卡胡兹－别加国家公园

Okapi Wildlife Reserve　俄卡皮动物自然保护区

Salonga National Park　萨龙加国家公园

ECUADOR 厄瓜多尔　Sangay National Park　桑盖国家公园

EGYPT 埃及　Archaeological Site Abu Mena　阿布米那遗址

ETHIOPIA 埃塞俄比亚

---

① 截至 2003 年共 35 项。

Simien National Park　塞米恩国家公园

HONDURAS 洪都拉斯

Rio Platano Biosphere Reserve　雷奥普拉塔诺生物圈保护区

INDIA 印度

Manas Wildlife Sanctuary　马纳斯野生动物保护区

Group of Monuments at Hampi　汉皮古迹

IRAQ 伊拉克

Ashur(Qal'at Sherqat)　亚述(盖拉特-谢尔盖特)

JERUSALEM(Site Proposed by Jordan) 耶路撒冷(由约旦提出)

Old City of Jerusalem & its Walls 耶路撒冷旧城及其城墙

MALI 马里　Timbuktu　廷巴克图

NEPAL 尼泊尔　Kathmandu Valley　加德满都谷地

NIGER 尼日尔

Air & Ténéré Natural Reserves　阿伊尔和泰内雷自然保护区

OMAN 阿曼　Bahla Fort　巴赫莱城堡

PAKISTAN 巴基斯坦

Fort and Shalamar Gardens in Lahore　拉合尔古堡和沙里马尔花园

PERU 秘鲁

Chan Chan Archaeological Zone　昌昌考古地

PHILIPPINES 菲律宾

Rice Terraces of the Philippine Cordilleras　科迪勒拉山脉的水稻梯田

SENEGAL 塞内加尔

Djoudj National Bird Sanctuary　觉乌德基国家鸟类保护区

TUNISIA 突尼斯

Ichkeul National Park　伊其克乌尔国家公园

UGANDA 乌干达

Rwenzori Mountains National Park　鲁文佐里山国家公园

UNITED STATES 美国

Everglades National Park　大沼泽地国家公园

YEMEN 也门

Historic Town of Zabid　扎比德古城

Simien National Park 塞米恩国家公园

HONDURAS 洪都拉斯

Río Plátano Biosphere Reserve [illegible]

INDIA 印度

Manas Wildlife Sanctuary 马纳斯野生动物保护区

Group of Monuments at Hampi [illegible]

IRAQ 伊拉克

Ashur (Qal'at Sherqat) [illegible]

JERUSALEM Site Proposed by Jordan 耶路撒冷(古城及城墙)

Old City of Jerusalem and its Walls [illegible]

[illegible]

[illegible]

[illegible]

[illegible]

[illegible]

[illegible]

Fort and Shalamar Gardens in Lahore [illegible]

PERU 秘鲁

Chan Chan Archaeological Zone [illegible]

[illegible]

[illegible]

[illegible]

[illegible]

[illegible]

[illegible]

[illegible]

[illegible]

[illegible]

[illegible]

[illegible]

第二部分
自然遗产

21世纪议程[①]（节译本）

（联合国环境与发展大会于1992年6月14日在里约热内卢通过）

引　言

《21世纪议程》是一个广泛的行动计划，供各国政府在联合国环境与发展大会上采纳通过。该议程提供了一个从现在起至21世纪的行动蓝图，它涉及与地球持续发展有关的所有领域。

《21世纪议程》的含义是，需要全人类改变他们的经济活动——根据人们关于人类活动对环境的影响的新认识的改变。

这份草拟的计划是供各国代表在联合国环境与发展大会上考虑，尚未最后定稿。对于这份文件的讨论始于1991年8月12日至9月4日的第3次筹备会议，在1992年3月2日至4月3日的纽约最后筹备会议上继续讨论。

《21世纪议程》的基本思想是，人类正处于历史的抉择关头。我们可以继续实施现行的政策，保持着国家之间的经济差距；在全世界各地增加贫困、饥饿、疾病和文盲；继续使我们赖以维持生命的地球的生态系统恶化。

不然，我们就得改变政策。改善所有人的生活水平，更好地保护和管理生态系统，争取一个更为安全、更加繁荣的未来。“任何一个国家都不可能光靠自己的力量取得成功，”联合国环境与发展大会秘书长在《21世纪议程》的序言中指出：“而联合在一起，我们就可以成功。全球携手，求得持续发展。”

土地—资源使用的统筹措施

（第10章）

土地是一种有限的资源，也是自然资源的依托。随着人类对土地和自然资源需求的日益增长，产生了竞争和冲突，从而引起土地退化。解决的办法是需要一种对土地使用的综合措施，审查各种对土地需求，以便进行最有

---

① 本文选自《迈向21世纪——联合国环境与发展大会文献汇编》，中国环境报社编译，中国环境科学出版社1992年8月版，第79、90～101页。

效益的交换。

《21世纪议程》中关于持续的土地资源的管理和使用的建议,重点在决策上。综合处理指的是环境、社会和经济问题要同时兼顾。同时还要考虑妇女在农业和农村发展中的经济作用,土著人的权利,当地社团,以及保护区和私人财产权的问题。

政府应该使用立法、条例和经济手段,鼓励土地资源的持续使用和管理,特别要关注农业用地。应该用新的土地管理办法搞一些示范工程。

有必要研究与各种土地用途相关联的影响、危险,经济成本利益分析。国民收入和生产核算中应含有土地使用的价值。

应该支持不断提高对土地资源的科学认识,优先决定土地负载量,生态系统的功能,以及土地使用和环境系统之间的相互关系。

为了促进公众高度参与决策,应该发起环境意识运动。还因加强地区合作和分享信息。

[据估算,每年需要国际来源提供5000万美元,为政府发展土地—资源综合管理给予技术支持。]

土地计划和业务部分在其他章节中加以论述。

森林的保护及合理使用

(第11章)

森林资源对于发展和全球环境保护是至关重要的。合理使用森林资源,可以创造就业机会,有助于减少贫困,还可以生产很多有价值的产品。

森林的管理不善,包括未能适当控制森林火灾,不能承受的商业性砍伐,过度放牧和空气传播污染物的有害影响,这一切又与土壤和水资源恶化,野生动物和生物多样性减少,以及全球变暖加剧等联系在一起。

为了支持和发展树木、森林和林地的多重的生态、经济、社会和文化的作用和功能,《21世纪议程》号召各国加强与林业有关的机构,提高这些部门的技术和专业上的能力,例如:

——在与林业有关的活动中,促进工会、乡村合作社、当地社团、土著居民、青年、妇女、私营部门、用户团体和非政府组织的参与。

——引导对林业的研究,包括收集关于森林覆盖、适于造林地区和生态价值等方面数据。

——支持和增加技术交流和专业培训。

其他建议包括:

——建议和扩大保护区系统。

——促进森林毗邻地区的持续管理。

——在山区、高地、荒地、退化的农田、干旱和半干旱地以及沿海地区,重新种植物和造林。

——发展营造林,以抵消对原生林的压力。

——使森林免遭污染物、开矿和开垦的破坏。

——绿化城区。

——使人们认识到森林是国家的碳贮藏库和排污口。

——加强对遗传资源和有关生物技术方面的信息。加强遗传改良工作,应用生物技术提高生产力,通过树木培育、种子技术和菌种库提高对环境压力的承受力。环境无害技术,包括生物技术,对上述所有的活动来说都是必要的。

若想森林存活和为人类继续作出贡献,需要人们密切关注树木、森林、林地的社会、经济和生态价值,其中包括森林毁坏造成的危险后果。这些价值应该列入国民经济的核算系统。

关于使用森林以反映出其价值的建议:

——促进和推广非木材的林业产品,包括药材、染料、纤维、橡胶、树脂、饲料、文具、藤器和竹器。

——促进小规模的林业企业,以支持农村发展和地方企业家。

——促进生态旅游和野生动物管理,在不破坏生态的情况下,增加农村收入和就业。

——运用规章和经济的刺激手段,创造一个吸引投资和管理的气候。

——为烧柴和能源供应发展更有效率的林业成果。

应该研究林业产品和劳务的供应和需求。需要对非木材森林产品进行科学研究。

目前迫切需要一份广泛的容量摸底结果,为的是国家可以监测森林(如果要执行《21世纪议程》的计划,这是不可缺少的条件)。政府机构应该建立和/或加强关于林业、林业资源和林业计划的国家评价和观测系统。这将要求建立新的数据系统和统计模型,遥感、地面测量和其他的技术革新。

[1993年至2000年制止毁林行动每年需经费约320亿美元,其中57亿美元来自国际基金。]

制止沙漠蔓延

(第 12 章)

沙漠影响世界 1/6 人口的生活,沙漠占全部干地的 70%——共计为 36 亿公顷——相当于地球土地总面积的 1/4。沙漠化形成的后果有:贫困、土壤肥力下降、牧场、靠降雨的农田和靠灌溉的土地的退化。

《21 世纪议程》指出,制止沙漠化的行动应优先考虑对还未退化或仅轻微退化的土地采取预防措施,然而,也不能忽视严重退化地区。

对于有沙漠化倾向和干旱的地区,需要有更好的信息和监测系统,以确定对哪个地区优先采取行动。政府应该建立和/或加强国家系统,还应测估沙漠化的经济和社会的后果。应该支持萨赫勒控制干旱内陆国家常务委员会(CILSS)等地区计划以及撒哈拉与萨赫勒气象站。

为了制止沙漠化,政府应做到:

——采取持续的土地使用政策和持续的水资源管理;

——使用环境无害的农业和畜牧业技术;

——使用抗干旱、速生的品种,加速实施造林和再造林计划;

——把关于森林、林地和自然植物的有关知识纳入研究活动。

《议程》中的建议号召在干旱和半干旱的地区消灭贫困和促进新的生活方式,在这些地区传统的生活方式是依赖于农牧业,由于干旱和人口的压力,这种生活方式常常不够充分而且无法承受。政府应该对土地资源管理采取一种权力分散的办法,建立和加强农村组织和农村银行系统。

由于土地的使用和管理相互交错在一起。所以应该把制止沙漠和旱灾的行动计划列入国家环境计划和发展计划。政府有必要加强各机构的能力,以发展和实施这些计划;这要求增加地区和国际之间的合作和支持。

[应该在世界上所有受到沙漠化影响的地区,特别在非洲,筹备和通过一份制止沙漠化的国际公约。]

在 80 年代中期,撒哈拉沙漠化地区的旱灾造成了约 300 万人死亡,加之生产力的丧失和发展资源的转移,它受到了致命的损失。旱灾前的准备工作和旱灾后的救济措施,应该包括早期的报警系统,根据天气预报临时抢种庄稼,在紧急期间的进口、贮存和运输粮食的战略。应该安排救济旱灾难民的计划。

需要民众支持与控制沙漠化和旱灾的有关的行动。议程中的建议计划号召进行环境教育、技术培训、号召支持当地社团,特别是妇女和地方组织。

[减轻沙漠化和旱灾的准备工作,每年约需经费120亿美元,其中大约70亿美元来自国际基金。]

保护高山生态系统

(第13章)

高山是一个提供水源、能源、矿产、林产品、农产品和休养娱乐重要来源,是生物多样性和濒危物种的贮藏室,是全球生态系统至关重要的组成部分。

高山生态系统十分脆弱,极易造成土壤侵蚀、滑坡、栖息地和遗传多样性的迅速减少。山区居民的广泛贫困化和人口增加导致了毁林。在边际土地耕种,过度放牧,生物量覆盖的损失,以及其他形式的环境退化的损失。

世界人口中的10%要依赖高山资源,其中将近半数的人受到高山流域地区退化的影响。

《21世纪议程》,强调提高对高山生态系统的生态和持续发展的认识。促进森林地带集水区的发展,改变与高山退化活动有联系的山区居民的传统职业。

目前对高山生态系统了解得不够。建立全球的高山数据库对实施高山生态系统持续的发展计划,是至关重要的。

国家应该刺激当地居民从事保护;形成多样性的高山经济;在物种丰富的地区建立自然保护区;确定易于侵蚀、洪涝、滑坡、地震、雪崩和其他自然保护灾害的地区,以及易于受到来自工业和城市空气污染的地区。

通过当地居民参与,促进综合发展计划,是防止生态进一步损害的关键措施。建议争取到2000年适当地使用土地,以防止土壤侵蚀,增加生物量,维持生态平衡。

应该鼓励村庄水平以上的持续的旅游、捕鱼,对环境无害的采矿、养蜂、种庄稼、种草药和香料以及其他活动,以保护当地社团和土著居民的生活环境。

对于高山灾害和洪涝的计划应包括预防措施,确定危险地区,早期报警系统,疏散计划和紧急供应。

[这一部分计划的年度经费为130亿美元,其中19亿美元来自国际渠道。]

在不毁坏土地的条件下满足农业的需求

(第14章)

到2025年时,全球人口预计达到85亿,其中83%生活在发展中国家,到2000年时,对粮食的需要量预计增长50%。农业应付这一挑战的能力现在还是未知数。《21世纪议程》重视持续农业和保护及恢复土地的生产力。

——将持续发展纳入农业政策和计划——目前普遍缺少关于农业和农村发展的连贯一致的国家政策框架,这种情况并不限于发展中国家。有必要将农业政策放在与下列多种经济因素的关系中加以考察,例如外贸、补贴和税收。应该鼓励公开贸易和消除贸易壁垒。有必要考虑人口统计的趋势和人口移动。有必要制定可保障粮食及促进适当农田技术转让(例如粮食的贮存和分布)的法律、规章和刺激手段。

——保证民众参与——妇女团体、土著人、地方社团和农民需要有机会享用土地、水源和森林资源,需要有机会享用技术、资助,以及销售、加工和分配等方面的服务。应该促进对土地投资,对投资者给予明确的所有权、权利和责任;加强农村机构;提供技术培训;将土著的知识与农田技术和发展结合。

——提高农田生产力和使农村职业多样化——农作物轮种、有机施肥,以及其他可以减少使用农业化学品的技术都应发展。拟议中的改进基础设施,包括:金融网、小规模的农业加工单位和农村服务中心。让贫困的农村人口不要使用贫瘠土地,应该开发脱离农田的就业机会,例如家庭手工业、野生动物饲养业、渔业、轻型立足农村的制造业和旅游业。

——协调土地资源计划——不适的土地使用是致使土地退化和土地资源耗竭的主要原因。虽然有增加生产力和保护土壤及水资源的技术,但却没有广泛或系统地应用。建设号召吸收农民参与计划进程,收集和散布土地资源数据,建立国家级和地方级的农业计划群体。

——保护和修复土地——土壤侵蚀、盐碱化、水涝和土壤肥力丧失,这些情况在所有国家都日益增加。建议到2000年时,国家实施土地资源调查,详细列出土地退化的范围和严重程度。

——保存和持续使用植物遗传资源——农业用的植物遗传资源,是满足未来粮食需求的至关重要的资源。威胁正在增长,然而提高遗传多样性的工作缺少资金、人员不足,有时,基因材料库里多样性的损失如同在农田里损失的一样多,需要就地建立自然保护区和易地建立采集库与遗传物质库。应该鼓励对农业用的植物遗传资源的研究评价采用更好的办法。应该分享在植物培育和种子繁育上的研究和发展的成果。

——保存和持续使用动物遗传资源——需要更多更好的动物产品和耕畜。现存的动物品种多样性应编目造册,应该确定濒危的品种,并应该实施保护计划,包括运用遗传物质低温贮存。

——使用一体化的害虫管理和控制——过度使用化学药品去控制害虫,已经对人体健康、环境及农田预算产生了不利的作用。一体化的害虫管理——结合生物控制、寄主植物抵抗力和适当的农田活动——是未来最好的选择。应用配合适当的农药管理,包括适当的标签,农药的研究和发展是专病专药,以及用药后农药分解成无毒成分。

——使用持续的植物营养——植物耗竭土壤中的营养,造成土壤肥力丧失。为了保持土壤的生产力,该议程的建议号召推广可利用的肥料和其他植物营养来源,号召提高土壤肥力管理。

——农村地区的能转换——在发展中国家的农村地区,主要的能源是烧柴、农作物秸秆、人畜粪便、动物能和人能。为了增加生产力和形成收入,农村能源政策和技术应该促进具有成本效益的燃料和可更新的能源相结合的办法。

——评价臭氧层耗竭的影响——对地球有保护作用的臭氧层的耗竭,使危险的紫外线辐射从太阳到达地球表面。应该评价它对植物和动物的潜在不良影响。

[《21 世纪议程》中农业计划(不包括与农田有关的水计划,后者在另章讨论)年度经费为 318 亿美元,其中国际提供 51 亿美元。分类计划经费估算如下:

——农业政策:30 亿美元,其中国际提供 4.5 亿美元。

——公众参与:44 亿美元,其中国际社会提供 6.5 亿美元。

——农田生产力:100 亿美元,其中国际资助 15 亿美元。

——土地资源计划:17 亿美元,其中国际提供 2.5 亿美元。

——土地保护:50 亿美元,其中国际社会提供 8 亿美元。

——植物遗传资源:6 亿美元,其中国际资助 3 亿美元。

——动物遗传资源:2 亿美元,其中外部资助 1 亿美元。

——一体化害虫管理:19 亿美元,其中外部资助 2.85 亿美元。

——持续的植物营养:32 亿美元,其中国际提供 4.75 亿美元。

——能转移:18 亿美元,其中外部资助 2.3 亿美元。]

维持生物多样性

(第 15 章)

本章的目标和活动旨在支持生物多样性国际公约。

地球上的基本的商品和服务,依赖于基因、物种、人口和生态系统的多样性和多变性。生物资源提供了粮食、衣服、住房、药品和精神营养品。生物技术领域内最近取得的成果,立足于植物、动物和微生物的遗传材料,显示出在农业和医学上具有很大的潜力。

尽管在过去的 20 年中不断作出努力,然而全球的生物多样性损失仍在继续,这主要是因为动植物的栖息地遭到破坏,过度收获、污染和不适当地引进国外的动植物。这在目前对人类发展已构成一个严重的威胁。

《21 世纪议程》中关于保存多样性的建议号召政府做到,尽早加入联合国生物多样性公约的约束圈;促进土著人和土著社团的传统方法和知识,分享生物资源的好处,包括生物技术,特别是与发展中国家一同分享,发展国家的战略,包括保存多样性,能持续地使用生物资源,安全处理和转移生物技术,特别是转移到发展中国家。

应该着手进行国家普查,以编辑一份生物多样性的清单,要从科学和经济和角度对多样性的重要性和性能加深理解,并提出行动的重点。还应该评价保护生物多样性的经济和社会的意义和好处。全球工作网应定期进行监测、更新和报告信息。

应该对那些有可能影响生物多样性的发展规划做环境影响评价。应用经济刺激手段去鼓励保存生物多样化和生物资源的持续使用。

保存生物多样性,一是通过原地保存生态系统和栖息地,二是通过异地保存,最好不离开发展物种的那个国家。应该促进被损害的生态系统和濒危物种的恢复工作。应该鼓励在保护区的毗邻地区进行有益于持续发展的活动。

应该促进技术和科学合作,特别关注技术转让,专业培训计划,开发研究和管理设施,例如植物标本室、博物馆、基因库和实验室。

[1993 年至 2000 年保存生物多样性年需经费 35 亿美元,其中 2400 万美元用于加强国际组织,一半的经费由国际资助。]

保护海洋资源

(第 17 章)

地球表面的 70%以上是水,人类在陆上的活动对蕴藏着丰富生物资源的海洋和沿海地区构成了主要的威胁。

《21 世纪议程》强调,威胁来自沉积、污染、有害的捕鱼活动和气候改变。

许多计划有着一个共同的问题:缺少数据,缺少计划和管理,缺少国际协作和技术转让,资金不足。

沿海地区。世界上 60%的人生活在 60 公里宽的海岸线上。

捕鱼、商业、航海和旅游都经常产生,威胁持续发展的问题:化学和细菌污染;被开拓土地的沉积;栖息地的破坏;营养过剩导致过分刺激水生植物生长;还有贫穷,拥挤和不卫生的人类居留地。

经济特区可以做到国家管理自然资源的发展和保护。

应该努力去建立清单,去规划和管理沿海资源,包括居民住地、基础设施、人类发展、教育、生物多样性和经济活动。需要地区合作以协调计划。

[1993 年至 2000 年期间估计需要 850 亿美元去完成沿海地区管理;发展中国家将提供这笔资金中的 500 亿美元。]

海洋环境受到了污水、农用化学品、人造有机物、垃圾、塑料、放射性物质和碳氢化合物的破坏,污染的 70%来自陆上污染,并通过大气和江河进入海洋。许多废物具有毒性并进入了食物链。海洋污染的 10%来自船只及其倾入海中的垃圾。

《21 世纪议程》中建议强调问题的预防。改进沿海地区的管理将会减少海洋的污染。“蒙特利尔保护海洋环境免遭陆地污染源危害的纲领”应该予以坚决实施。

为了控制海运造成的污染,要进一步监督和遵守的有关海运的条约和协议。还要制定更严格的减少意外事故的国际性法规。应该设立海上泄漏事故反应中心和一个全球海洋污染的数据库。港口需收集船上垃圾、油和化学废料的设备。

[陆上污染控制的直接费用可以由使用者承担。改善这一领域的国际合作,每年需要新增 2000 万美元的费用。在 1993 年至 2000 年期间,控制海上污染的港口设施、监测、泄油反应材料,每年需要 1.74 亿美元。]

公海的生物资源。无节制的捕捞、过度的投资、过于庞大的船队、更换旗帜(以逃避控制)、不加选择的捕鱼工具、不可靠的数据资料、国与国之间缺乏合作,等等,造成许多问题。[往返于国家和国际水域的鱼类的捕鱼权有待解决。]

海洋物种应该恢复和保持在可持续的水平。应当使用可选择的捕鱼工具,尽可能减少浪费。有必要监督执行“联合国海洋法公约”等现行条约,改进对船只挂旗的监督。应当禁止使用炸药和毒药等捕鱼手段,控制大规模的拖网捕捞。

[此项目于1993年至2000年期间每年需要1200万美元的资金;这不包括改进收集有关海洋生物的生活周期、回游规律,以及人类捕鱼和自然原因对鱼类造成的影响等信息数据库所需的费用。]

每年捕捞的8000万吨至9000万吨鱼类和贝壳类的95%来自国家管辖之下的海洋资源,是许多国家的蛋白质的重要来源。年捕鱼量在过去40年里增长了5倍。

国家的渔业现在面临过度的捕捞、外国船队的入侵、生态系统恶化、过于庞大的船队、过度的投资、不加选择的渔具、大规模捕捞与地方捕捞之间的矛盾等问题的困扰。

珊瑚礁和沿海栖息地,如红树林和港湾,是丰产的地区,现在却受到许多方面的威胁。

建立专门的经济区,是保护和维持海洋资源,从而实现社会、经济和发展的长远目标的一种手段。应该让当地土著居民参与规划的过程。

还提议恢复濒于绝迹鱼类,推广选择性的渔具,保护生态系统。需要改善沿海水域资源的报表、管理和开发,尤其通过小型项目实行这一目标。必须减少渔业中的浪费,改进尚未充分利用的鱼种的质量及其使用。

[在1993年至2000年期间改革沿海渔业结构的计划,每年将花费60亿美元。]

海洋环境容易受气候和大气变化,包括臭氧层减少的影响。要广泛收集有关海平面上升的紫外线辐射的增加所产生的影响的情报。

《21世纪议程》提议,把计量、收集和数据管理的技术标准化,以便在国际间交流有关气候变化对沿海和海洋资源的影响的研究和信息。

海洋资源项目的实施不可缺少区域间和国际间的合作。联合国机构以及其他机构应该做出更多的努力。

[在1993年至2000年期间,所有层次上的国际合作需要每年新增4900

万美元的资金。]

小岛屿的持续发展由于其地域较小、资源有限、地理位置的分散闭塞、生态的脆弱性而变得复杂化了。全球性气候变暖和海平面上升,将使小岛屿更易受风暴的袭击,并有可能导致其地域部分或全部丧失。

发达国家应该帮助小岛屿编制其资产报表对其文化、生物和经济资源可持续发展进行规划。必须考虑可能发生的气候变化和海平面上升造成的后果。

应该建立开发和交流科学信息中心、并提出适合小岛屿情况的技术。

[1993年至2000年期间,技术交流和规划项目每年预计需要1.4亿美元的资金。有关海洋和沿海资源的项目费用(已经指明的费用)每年大约854亿美元。]

保护和管理淡水资源

(第18章)

安全的淡水是维持地球上生命的基本要素。随着经济活动的增加,对水的需求量也在增加。大约70%至80%的淡水用于灌溉,不到20%用于工业,6%用于家庭。淡水(或淡水的缺乏)越来越限制了农业生产、工业化和城市化。

与水相关的疾病仍然是一个重大的健康问题。特别在发展中国家,80%的疾病和1/3的死亡率与受过污染的水有关系。

水是一种有限的资源。砍伐森林、采矿、非持续农业、城市化、过度抽吸蓄水层、水道被用作污水沟、酸雨、化肥、农药、淤积和引发干旱气候等因素,导致了水质量和供应的恶化。

为了保证优质水的充足供应,以维持人类活动、消灭疾病、保护地球生态系统的水文、生物和化学的功能,不可缺少资源的规划和管理。

江河流域必须予以管理,以保护淡水资源。这需要政府之间的合作。

应该对淡水资源进行评价和保护,制定淡水的使用、质量保护和改善的国家目标。同时要展开与此有关的科研、情报收集、模型设计和信息的传播活动。对淡水供应与发展之间的关系应当进行明确的模型设计,以便为规划提供条件。

应当制定排污的标准,实行“污染者付款”的原则。

需要更多更好的废水处理设施。应当对可能影响供水的大型发展项目进行环境影响评估;应该合理使用农药和硝酸化肥;应该把经过净化的废水用于农业、工业、水产养殖业及其他部门;应该增加生物技术的开发和运用。

应该保护蓄水层免遭有毒物质的侵害,避免过度抽吸而导致咸水侵蚀。垃圾坑埋的设计和管理需要改善。农业用地、水生物栖息地和生态环境应该予以恢复,湿地应该受到保护。应该进一步扩大水质监测项目。

有必要对国家和国际法的法规、人类发展、人员培训和资金筹集进行改变。发展廉价的并能为社区所承受的服务是至关重要的。

要改善卫生教育,大幅度减少与水有关的疾病,到2000年之前着手灭除麦地那龙线虫和盘尾丝虫病。

城市的淡水供应。到2005年,世界人口的大约60%(约50亿人口)将居住在城市。

《21世纪议程》要求,保证每人每天40升安全的淡水;制定城市和工业污水排放标准;以环境无害方式收集、再利用或处理75%的城市固体废料。

在农村地区,持续性粮食生产用水和其他用水之间必须取得平衡。必须发展节水技术和管理技能,以满足所有方面的需求——从畜牧业、水产业到人类消耗。必须使新的灌溉方案结合各个方面,形成平衡。

全球气候变化可能对淡水供应产生巨大影响。盐水的侵蚀可能影响蓄水层和沿海低地。有必要对这种影响进行研究,研究偶发事件的应急计划。

[这些项目的总费用预计为544亿美元,其中约一半来自国际资金来源。]

生物多样性公约[①]

序　言

（1992年6月5日订于里约热内卢）

缔约国意识到生物多样性的内在价值和生物多样性及其组成部分的生态、遗传、社会、经济、科学、教育、文化、娱乐和美学价值；还意识到生物多样性对进化和保持生物圈的生命维持系统的重要性。

确认生物多样性的保护是全人类的共同关切事项，重申各国对它自己的生物资源拥有主权权利，也重申各国有责任保护它自己的生物多样性，并以可持续的方式使用它自己的生物资源。关切一些人类活动正在导致生物多样性的严重减少。

意识到普遍缺乏关于生物多样性的资料和知识，亟须开发科学、技术和机构能力，从而提供基本理解，据以策划与执行适当措施。

注意到预测、预防和从根源上消除导致生物多样性严重减少或丧失的原因，至为重要；并注意到生物多样性遭受严重减少或损失的威胁时，不应以缺乏充分的科学定论为理由，而推迟采取旨在避免或尽量减轻此种威胁的措施；注意到保护生物多样性的基本要求，是就地保护生态系统和自然环境，维持恢复物种在其自然环境中有生存力的群体；并注意到移地措施，最好在原产国内实行，也可发挥重要作用。

认识到许多体现传统生活方式的土著和地方社区同生物资源有着密切和传统的依存关系，应公平分享从利用与保护生物资源及持久使用其组成部分有关的传统知识、创新和做法而产生的惠益；并认识到妇女在保护和持久使用生物多样性中发挥着极其重要的作用，并确认妇女必须充分参与保护生物多样性的各级政策的制定和执行。

强调为了生物多样性的保护及其组成部分的持久使用，促进国家、政府间组织和非政府部门之间的国际、区域和全球性合作的重要性和必要性。

---

① 本文选自《中国缔结和签署的国际环境条约集》，第96～106页，国家环境保护总局政策法规司编，学苑出版社1999年7月版。

承认提供新的和额外的资金和适当取得有关的技术,可对全世界处理生物多样性丧失问题的能力产生重大影响,进一步承认有必要订立特别规定,以满足发展中国家的需要,包括提供新的和额外的资金和适当取得有关的技术,注意到最不发达国家和小岛屿国家这方面的特殊情况,承认有必要大量投资以保护生物多样性,而且这些投资可望产生广泛的环境、经济和社会惠益。

认识到经济和社会发展以及根除贫困是发展中国家第一和压倒一切的优先事务。

意识到保护和持久使用生物多样性对满足世界日益增加的人口的粮食、健康和其他需求至为重要,而为此目的取得和分享遗传资源和遗传技术是必不可少的。

注意到保护和持久使用生物多样性终必增强国家间的友好关系,并有助于实现人类和平。

期望加强和补充现有保护生物多样性和持久使用其组成部分的各项国际安排;并决心为今世后代的利益,保护和持久使用生物多样性。

兹协议如下:

第1条　目　标

本公约的目标是按照本公约有关条款从事保护生物多样性、持久使用其组成部分以及公平合理分享由利用遗传资源而产生的惠益;实现手段包括遗传资源的适当取得及有关技术的适当转让,但需顾及对这些资源和技术的一切权利,以及提供适当资金。

第2条　用　语

为本公约的目的:“生物多样性”是指所有来源的形形色色生物体,这些来源除其他外包括陆地、海洋和其他水生生态系统及其所构成的生态综合体;这包括物种内部、物种之间和生态系统的多样性。

“生物资源”是指对人类具有实际或潜在用途或价值的遗传资源、生物体或其部分、生物群体或生态系统中任何其他生物组成部分。

“生物技术”是指使用生物系统、生物体或其衍生物的任何技术应用,以制作或改变产品或过程以供特定用途。

“遗传资源的原产国”是指拥有处于原产境地的遗传资源的国家。

“提供遗传资源的国家”是指供应遗传资源的国家,此种遗传资源可能是取自原地来源，包括野生物种和驯化物种的群体，或取自移地保护来源，不论是否原产于该国。

“驯化或培殖物种”是指人类为满足自身需要而影响了其演化进程的物种。

“生态系统”是指植物、动物和微生物群落和它们的无生命环境作为一个生态单位交互作用形成的一个动态复合体。

“移地保护”是指将生物多样性的组成部分移到它们的自然环境之外进行保护。

“遗传材料”是指来自植物、动物、微生物或其他来源的任何含有遗传功能单位的材料。

“遗传资源”是指具有实际或潜在价值的遗传材料。

“生境”是指生物体或生物群体自然分布的地方或地点。

“原地条件”是指遗传资源生存于生态系统和自然生境之内的条件；对于驯化或培殖的物种而言，其环境是指它们在其中发展出其明显特性的环境。

“就地保护”是指保护生态系统和自然生境以及维持和恢复物种在其自然环境中有生存力的群体；对于驯化和培殖物种而言，其环境是指它们在其中发展出其明显特性的环境。

“保护区”是指一个划定地理界限、为达到特定保护目标而指定实行管制和管理的地区。

“区域经济一体化组织”是指由某一区域的一些主权国家组成，其成员国已将处理本公约范围内的事务的权力托付给他并已按照其内部程序获得正式授权，可以签署、批准、接受、核准或加入本公约。

“持久使用”是指使用生物多样性组成部分的方式和速度不会导致生物多样性的长期衰落，从而保持其满足今世后代的需要和期望的潜力。

“技术”包括生物技术。

第3条　原　则

依照联合国宪章和国际法原则，各国具有按照其环境政策开发其资源的主权权利，同时亦负有责任，确保在他管辖或控制范围内的活动，不致对其他国家的环境或国家管辖范围以外地区的环境造成损害。

第4条 管辖范围

以不妨碍其他国家权利为限，除非本公约另有明文规定，本公约规定应按下列情形对每一缔约国适用：

(a) 生物多样性组成部分位于该国管辖范围的地区内；

(b) 在该国管辖或控制下开展的过程和活动，不论其影响发生在何处，此种过程和活动可位于该国管辖区内也可在国家管辖区外。

第5条 合 作

每一缔约国应尽可能并酌情直接与其他缔约国或酌情通过有关国际组织，为保护和持久使用生物多样性在国家管辖范围以外地区并就共同关心的其他事项进行合作。

第6条 保护和持久使用方面的一般措施

每一缔约国应按照其特殊情况和能力：

(a) 为保护和持久使用生物多样性制定国家战略、计划或方案，或为此目的变通其现有战略、计划或方案；这些战略、计划或方案除其他外，应体现本公约内载明与该缔约国有关的措施；

(b) 尽可能并酌情将生物多样性的保护和持久使用订入有关的部门或跨部门计划、方案和政策内。

第7条 查明与监测

每一缔约国应尽可能并酌情，特别是为了第8条至第10条的目的：

(a) 查明对保护或持久使用生物多样性至关重要的生物多样性组成部分，要顾及附件一所载指示性种类清单；

(b) 通过抽样调查和其他技术，监测依照以上(a)项查明的生物多样性组成部分，要特别注意那些需要采取紧急保护措施以及那些具有最大持久使用潜力的组成部分；

(c) 查明对保护和持久使用生物多样性产生或可能产生重大不利影响的过程和活动种类，并通过抽样调查和其他技术，监测其影响；

(d) 以各种方式维持并整理依照以上(a)、(b)和(c)项从事查明和监测活动所获得的数据。

第8条 就地保护

每一缔约国应尽可能并酌情：

(a) 建立保护区系统或需要采取特殊措施以保护生物多样性的地区；

(b) 于必要时，制定准则据以选定、建立和管理保护区或需要采取特殊措施以保护生物多样性的地区；

(c) 管制或管理保护区内外对保护生物多样性至关重要的生物资源，以确保这些资源得到保护和持久使用；

(d) 促进保护生态系统、自然生境和维护自然环境中有生存力的物种群体；

(e) 在保护区域的邻接地区促进无害环境的持久发展以谋增进这些地区的保护；

(f) 除其他外，通过制定和实施各项计划或其他管理战略，重建和恢复已退化的生态系统，促进受威胁物种的复原；

(g) 制定或采取办法以酌情管制、管理或控制由生物技术改变的活生物体在使用和释放时可能产生的危险，即可能对环境产生不利影响，从而影响到生物多样性的保护和持久使用，也要考虑到对人类健康的危险；

(h) 防止引进、控制或消除那些威胁到生态系统、生境或物种的外来物种；

(i) 设法提供现时的使用与生物多样性的保护及其组成部分的持久使用彼此相辅成所需的条件；

(j) 依照国家立法，尊重、保存和维持土著和地方社区体现传统生活方式而与生物多样性的保护和持久使用相关的知识、创新和做法并促进其广泛应用，由此等知识、创新和做法的拥有者认可和参与其事并鼓励公平地分享因利用此等知识、创新和做法而获得的惠益；

(k) 制定或维持必要立法和/或其他规范性规章，以保护受威胁物种和群体；

(l) 在依照第7条确定某些过程或活动类别已对生物多样性造成重大不利影响时，对有关过程和活动类别进行管制或管理；

(m) 进行合作，就以中(a)至(l)项所概括的就地保护措施特别向发展中国家提供财务和其他支助。

第 9 条 移地保护

每一缔约国主要为辅助就地保护措施起见,应尽可能并酌情:

(a) 最好在生物多样性组成部分的原产国采取措施移地保护这些组成部分;

(b) 最好在遗传资源原产国建立和维持移地保护及研究植物、动物和微生物的设施;

(c) 采取措施以恢复和复兴受威胁物种并在适当情况下将这些物种重新引进其自然生境中;

(d) 对于为移地保护目的在自然生境中收集生物资源实施管制和管理,以免威胁到生态系统和当地的物种群体,除非根据以上(c)项必须采取临时性特别移地措施。

(e) 进行合作,为以上(a)至(d)项所概括的移地保护措施以及在发展中国家建立和维持移地保护设施提供财务和其他援助。

第 10 条 生物多样性组成部分的持久使用

每一缔约国尽可能并酌情:

(a) 在国家决策过程中考虑到生物资源的保护和持久使用;

(b) 采取关于使用生物资源的措施,以避免或尽量减少对生物多样性的不利影响;

(c) 保障及鼓励那些按照传统文化惯例而且符合保护或持久使用要求的生物资源习惯使用方式;

(d) 在生物多样性已减少的退化地区支助地方居民规划和实施补救行动;

(e) 鼓励其政府当局和私营部门合作制定生物资源持久使用的方法。

第 11 条 鼓励措施

每一缔约国应尽可能并酌情采取对保护和持久使用生物多样性组成部分起鼓励作用的经济和社会措施。

第 12 条 研究和培训

缔约国考虑到发展中国家的特殊需要,应:

(a) 在查明、保护和持久使用生物多样性及其组成部分的措施方面建

立和维持科技教育和培训方案,并为此种培训提供资助以满足发展中国家的特殊需要;

(b) 特别在发展中国家除其他外,按照缔约国会议根据科学、技术和工艺咨询事务附属机构的建议作出的决定,促进和鼓励有助于保护和持久使用生物多样性的研究;

(c) 按照第16、第18和第20条的规定,提倡利用生物多样性科研进展,制定生物资源的保护和持久使用方法,并在这方面进行合作。

第13条 公众教育和认识

缔约国应:

(a) 促进和鼓励对保护生物多样性的重要性及所需要的措施的理解,并通过大众传播工具进行宣传和将这些题目列入教育课程;

(b) 酌情与其他国家和国际组织合作制定关于保护和持久使用生物多样性的教育和公众认识方案。

第14条 影响评估和尽量减少不利影响

1. 每一缔约国应尽可能并酌情:

(a) 采取适当程序,要求就其可能对生物多样性产生严重不利影响的拟议项目进行环境影响评估,以期避免或尽量减轻这种影响,并酌情允许公众参加此种程序。

(b) 采取适当安排,以确保其可能对生物多样性产生严重不利影响的方案和政策的环境后果,得到适当考虑。

(c) 在互惠基础上,就其管辖或控制范围内对其他国家或国家管辖范围以外地区生物多样性可能产生严重不利影响的活动促进通报、信息交流和磋商,其办法是为此鼓励酌情订立双边、区域或多边安排。

(d) 如遇其管辖或控制下起源的危险即将或严重危及或损害其他国家管辖的地区内或国家管辖地区范围以外的生物多样性的情况,应立即将此种危险或损害通知可能受影响的国家,并采取行动预防或尽量减轻这种危险或损害;

(e) 促进做出国家紧急应变安排,以处理大自然或其他原因引起即将严重危及生物多样性的活动或事件,鼓励旨在补充这种国家努力的国际合作,并酌情在有关国家或区域经济一体化组织同意的情况下制定联合应急计划。

2. 缔约国会议应根据所作的研究，审查生物多样性所受损害的责任和补救问题，包括恢复和赔偿，除非这种责任纯属内部事务。

第15条 遗传资源的取得

1. 确认各国对其自然资源拥有的主权权利，因而可否取得遗传资源的决定权属于国家政府，并依照国家法律行使。

2. 每一缔约国应致力创造条件，便利其他缔约国取得遗传资源用于无害环境的用途，不对这种取得施加违背本公约目标的限制。

3. 为本公约的目的，本条以及第16条和第19条所指缔约国提供的遗传资源仅限于这种资源原产国的缔约国或按照本公约取得该资源的缔约国所提供的遗传资源。

4. 取得经批准后，应按照共同商定的条件并遵照本条的规定进行。

5. 遗传资源的取得须经提供这种资源的缔约国事先知情同意，除非该缔约国另有决定。

6. 每一缔约国使用其他缔约国提供的遗传资源从事开发和进行科学研究时，应力求这些缔约国充分参与，并于可能时在这些缔约国境内进行。

7. 每一缔约国应按照第16条和第19条，并于必要时利用第20和第21条设立的财务机制，酌情采取立法、行政或政策性措施，以期与提供遗传资源的缔约国公平分享研究和开发此种资源的成果以及商业和其他方面利用此种资源所获的利益。这种分享应按照共同商定的条件。

第16条 技术的取得和转让

1. 每一缔约国认识到技术包括生物技术，且缔约国之间技术的取得和转让均为实现本公约目标必不可少的要素，因此承诺遵照本条规定向其他缔约国提供和/或便利其取得并向其转让有关生物多样性保护和持久使用的技术或利用遗传资源而不对环境造成重大损害的技术。

2. 以上第1款所指技术的取得和向发展中国家转让，应按公平和最有利条件提供或给予便利，包括共同商定时，按减让和优惠条件提供或给予便利，并于必要时按照第20条和第21条设立的财务机制。此种技术属于专利上和其他知识产权的范围时，这种取得和转让所根据的条件应承认且符合知识产权的充分有效保护。本款的应用应符合以下第3款、第4款和第5款的规定。

3. 每缔约国应酌情采取立法、行政或政策措施，以期根据共同商定的条件向提供遗传资源的缔约国,特别是其中的发展中国家,提供利用这些遗传资源的技术和转让此种技术,其中包括受到专利和其他知识产权保护的技术,必要时通过第20条和第21条的规定,遵照国际法,以符合以下第4款和第5款规定的方式进行。

4. 每一缔约国应酌情采取立法、行政或政策措施,以期私营部门为第1款所指技术的取得、共同开发和转让提供便利,以惠益于发展中国家的政府机构和私营部门为第1款所指技术的取得、共同开发和转让提供便利,以惠益于发展中国家的政府机构和私营部门,并在这方面遵守以上第1款、第2款和第3款规定的义务。

5. 缔约国认识到专利和其他知识产权可能影响到本公约的实施,因而应在这方面遵照国家立法和国际法进行合作,以确保此种权利有助于而不违反本公约的目标。

第17条 信息交流

1. 缔约国应便利有关生物多样性保护和持久使用的一切公众可得信息的交流,要照顾到发展中国家的特殊需要。

2. 此种信息交流应包括交流技术、科学和社会经济研究成果,以及培训和调查方案的信息、专门知识、当地和传统知识本身及连同第16条第1款中所指的技术。可行时也应包括信息的归还。

第18条 技术和科学合作

1. 缔约国应促进生物多样性保护和持久使用领域的国际科技合作,必要时可通过适当的国际机构和国家机构来开展这种合作。

2. 每一缔约国应促进与其他缔约国尤其是发展中国家的科技合作,以执行本公约,办法之中包括制定和执行国家政策。促进此种合作时应特别注意通过人力资源开发和机构建设以发展和加强国家能力。

3. 缔约国会议应在第一次会议上确定如何设立交换机制以促进并便利科技合作。

4. 缔约国为实现本公约的目标,应按照国家立法和政策,鼓励并制定各种合作方法以开发和使用各种技术,包括当地技术和传统技术在内。为此目的,缔约国还应促进关于人员培训和专家交流的合作。

5. 缔约国应经共同协议促进设立联合研究方案和联合企业,以开发与本公约目标有关的技术。

第19条 生物技术的处理及其惠益的分配

1. 每一缔约国应酌情采取立法、行政和政策措施,让提供遗传资源用于生物技术研究的缔约国,特别是其中的发展中国家,切实参与此种研究活动;可行时,研究活动宜在这些缔约国中进行。

2. 每一缔约国应采取一切可行措施,以赞助和促进那些提供遗传资源的缔约国,特别是其中的发展中国家,在公平的基础上优先取得基于其提供资源的生物技术所产生的成果和惠益。此种取得应按共同商定的条件进行。

3. 缔约国应考虑是否需要一项议定书,规定适当程序,特别包括事先知情协议,适用于可能对生物多样性的保护和持久使用产生不利影响的由生物技术改变的任何活生物体的安全转让、处理和使用,并考虑该议定书的形式。

4. 每一个缔约国应直接或要求其管辖下提供以上第3款所指生物体的任何自然人和法人,将该缔约国在处理这种生物体方面规定的使用和安全条例的任何现有资料以及有关该生物体可能产生的不利影响的任何现有资料,提供给将要引进这些生物体的缔约国。

第20条 资 金

1. 每一缔约国承诺依其能力为那些旨在根据其国家计划、优先事项和方案实现本公约目标的活动提供财政资助和鼓励。

2. 发达国家缔约国应提供新的额外的资金,以使发展中国家缔约国能支付他们因执行那些履行本公约义务的措施而承负的、议定的全部增加费用,并使他们能享到本公约条款产生的惠益;上项费用将由个别发展中国家同第21条所指的体制机构商定,但须遵循缔约国会议所制定的政策、战略、方案重点、合格标准和增加费用指示性清单。其他缔约国,包括那些处于向市场经济过渡进程的国家,应自愿承负发达国家缔约国的义务。为本条目的,缔约国会议应在其第一次会议上确定一个发达国家缔约国和其他自愿承负发达国家缔约国义务的缔约国名单。缔约国会议应定期审查这个名单并于必要时加以修改。另将鼓励其他国家和来源以自愿方式做出捐款。履行这些承诺时,应考虑到资金提供必须充分、可预测和及时,且名单内缴款缔约国之间共同承担义务也极为重要。

3. 发达国家缔约也可通过双边、区域和其他多边渠道提供与执行本公约有关的资金,而发展中国家缔约国则可利用该资金。

4. 发展中国家缔约国有效地履行其根据公约作出的承诺的程度将取决于发达国家缔约国有效地履行其根据公约就财政资源和技术转让作出的承诺,并将充分顾及经济和社会发展以及消除贫困是发展中国家缔约国的首要优先事项这一事实。

5. 各缔约国在其就筹资和技术转让采取行动时应充分考虑到最不发达国家的具体需要和特殊情况。

6. 缔约国还应考虑到发展中国家缔约国、特别是小岛屿国家中由于对生物多样性的依赖、生物多样性的分布和地点而产生的特殊情况。

7. 发展中国家——包括环境方面最脆弱、例如境内有干旱和半干旱地带、沿海和山岳地区的国家——的特殊情况也应予以考虑。

第21条 财务机制

1. 为本公约的目的,应有一机制在赠与或减让条件的基础上向发展中国家缔约国提供资金,本条中说明其主要内容。该机制应为本公约目的而在缔约国会议权力下履行职责,遵循会议的指导并向其负责。该机制的业务应由缔约国会议第一次会议或将决定采用的一个体制机构开展。为本公约的目的,缔约国会议应确定有关此项资源获取和利用的政策、战略、方案重点和资格标准。捐款额应按照缔约国会议定期决定所需的数额,考虑到第20条所指资金流动量充分、及时且可以预测的需要和列入第20条第2款所指名单的缴款缔约国共同承担义务的重要性。发达国家缔约国和其他国家及来源也可提供自愿捐款。该机制应在民主和透明的管理体制内开展业务。

2. 依据本公约目标,缔约国会议应在其第一次会议上确定政策、战略和方案重点,以及详细的资格标准和准则,用于资金的获取和利用,包括对此种利用的定期监测和评价。缔约国会议应在同受托负责财务机制运行的体制机构协商后,就实行以上第1款的安排做出决定。

3. 缔约国会议应在本公约生效后不迟于2年内,其后在定期基础上,审查依照本条规定设立的财务机制的功效,包括以上第2款所指的标准和准则。根据这种审查,会议应于必要时采取适当行动,以增进该机制的功效。

4. 缔约国应审议如何加强现有的金融机构,以便为生物多样性的保护和持久使用提供资金。

第22条 与其他国际公约的关系

1. 本公约的规定不得影响任何缔约国在任何现有国际协定下的权利和义务,除非行使这些权利和义务将严重破坏或威胁生物多样性。

2. 缔约国在海洋环境方面实施本公约不得抵触各国在海洋法下的权利和义务。

第23条 缔约国会议

1. 特此设立缔约国会议。缔约国会议第一次会议应由联合国环境规划署执行主任于本公约生效后1年内召开。其后,缔约国会议的常会应依照第一次会议所规定的时间定期举行。

2. 缔约国会议可于其认为必要的其他时间举行非常会议;如经任何缔约国书面请求,由秘书处将该项请求转致各缔约国后6个月内至少有1/3缔约国表示支持时,亦可举行非常会议。

3. 缔约国会议应以协商一致方式商定和通过他本身的和他可能设立的任何附属机构的议事规则和关于秘书处经费的财务细则。缔约国会议应在每次常会通过到下届常会为止的财政期间的预算。

4. 缔约国会议应不断审查本公约实施情形,为此应:

(a) 就按照第26条规定递送的资料规定递送格式及间隔时间,并审议此种资料以及任何附属机构提交的报告;

(b) 审查按照第25条提供的关于生物多样性的科学、技术和工艺咨询意见;

(c) 视需要按照第28条审议并通过议定书;

(d) 视需要按照第29条和第30条审议并通过对本公约及其附件的修正;

(e) 审议对任何议定书及其任何附件的修正,如做出修正决定,则建议有关议定书缔约国予以通过;

(f) 视需要按照第30条审议并通过本公约的增补附件;

(g) 视实施本公约的需要,设立附属机构,特别是提供科技咨询意见的机构;

(h) 通过秘书处,与处理本公约所涉事项的各公约的执行机构进行接触,以期与他们建立适当的合作形式;

(i) 参酌实施本公约取得的经验,审议并采取为实现本公约的目的可能需要的任何其他行动。

5. 联合国、其他专门机构和国际原子能机构以及任何非本公约缔约国的国家,均可派观察员出席缔约国会议。任何其他组织或机构,无论是政府性质或非政府性质,只要在与保护和持久使用生物多样性有关领域具有资格,并通过秘书处愿意以观察员身份出席缔约国会议,都可被接纳参加会议,除非有至少1/3的出席缔约国表示反对。观察员的接纳与参加应遵照缔约国会议通过的议事规则处理。

第24条 秘书处

1. 特此设立秘书处,其职责如下:

(a) 为第23条规定的缔约国会议做出安排并提供服务;

(b) 执行任何议定书可能指派给它的职责;

(c) 编制关于他根据本公约执行职责情况的报告,并提交缔约国会议;

(d) 与其他有关国际机构取得协调,特别是订出各种必要的行政和合同安排,以便有效地执行其职责;

(e) 执行缔约国会议可能规定的其他职责。

2. 缔约国会议应在其第一次常会上从那些已经表示愿意执行本公约规定的秘书处职责的现有合格国际组织之中指定其一组织为秘书处。

第25条 科学、技术和工艺咨询事务附属机构

1. 特此设立一个提供科学、技术和工艺咨询意见的附属机构,以向缔约国会议、并酌情向他的其他附属机构及时提供有关执行本公约的咨询意见。该机构应开放供所有缔约国参加,并应为多学科性。它应由有关专门知识领域内卓有专长的政府代表组成。它应定期向缔约国会议报告其各个方面的工作。

2. 这个机构应在缔约国会议的权力下,按照会议所定的准则并应其要求:

(a) 提供关于生物多样性状况的科学和技术评估意见;

(b) 编制有关按照本公约条款所采取各类措施的功效的科学和技术的评估报告;

(c) 查明有关保护和持久使用生物多样性的创新的、有效的和当代最先进的技术和专门技能,并就促进此类技术的开发和/或转让的途径和方法提咨询的意见;

(d) 就有关保护和持久使用生物多样性的科学方案以及研究和开发方面的国际合作提供咨询意见;

(e) 回答缔约国会议及其附属机构可能向其提出的有关科学、技术、工艺和方法的问题。

3. 这个机构的职责、权限、组织和业务可由缔约国会议进一步订立。

第 26 条 报 告

每一缔约国应按缔约国会议决定的间隔时间,向缔约国会议提交关于该国为执行本公约条款已采取的措施以及这些措施在实现本公约目标方面的功效的报告。

第 27 条 争端的解决

1. 缔约国之间在就公约的解释或适用方面发生争端时,有关的缔约国应通过谈判方式寻求解决。

2. 如果有关缔约国无法以谈判方式达成协议,他们可以联合要求第三方进行斡旋或要求第三方出面调停。

3. 在批准、接受、核准或加入本公约时或其后的任何时候,一个国家或区域经济一体化组织可书面向保管者声明,对按照以上第 1 或第 2 款未能解决的争端,他接受下列 1 种或 2 种争端解决办法作为强制性办法:

(a) 按照附件二第一部分规定的程序进行仲裁;

(b) 将争端提交国际法院。

4. 如果争端各方未按照以上第 3 款规定接受同一或任何程序,则这项争端应按照附件二第二部分规定提交调解,除非缔约国另有协议。

5. 本条规定应适用于任何议定书,除非该议定书另有规定。

第 28 条 议定书的通过

1. 缔约国应合作拟订并通过本公约的议定书。

2. 议定书应由本公约缔约国会议举行会议通过。

3. 任何拟议议定书的案文应由秘书处至少在举行上述会议以前 6 个月递交各缔约国。

第 29 条 公约或议定书的修正

1. 任何缔约国均可就本公约提出修正案。议定书的任何缔约国可就该议定书提出修正案。

2. 本公约的修正案应由缔约国会议举行会议通过。对任何议定书的修正案应在该议定书缔约国的会议上通过。就本公约或任何议定书提出的修正案,除非该议定书另有规定,应由秘书处至少在举行拟议通过该修正案的会议以前6个月递交公约或有关议定书缔约国。秘书处也应将拟议的修正案递交本公约的签署国供其参考。

3. 缔约国应尽力以协商一致的方式就本公约或任何议定书的任何拟议修正案达成协议,如果尽了一切努力仍无法以协商一致方式达成协议,则作为最后办法,应以出席并参加表决的有关文书的缔约国2/3多数票通过修正案;通过的修正案应由保管者送交所有缔约国批准、接受或核准。

4. 对修正案的批准、接受和核准,应以书面通知保管者。依照以上第3款通过的修正案,应于至少2/3公约缔约国或2/3有关议定书缔约国交存批准、接受或核准书之后90天在接受修正案的各缔约国之间生效,除非议定书内另有规定。其后,任何其他缔约国交存其对修正案的批准、接受或核准书第90天之后,修正案即对他生效。

5. 为本条的目的,“出席并参加表决的缔约国”是指在场投赞成票或反对票的缔约国。

第30条　附件的通过和修正

1. 本公约或任何议定书的附件应成为本公约或该议定书的一个构成部分;除非另有明确规定,凡提及本公约或其议定书时,亦包括其任何附件在内。这种附件应以程序、科学、技术和行政事项为限。

2. 任何议定书就其附件可能另有规定者除外,本公约的增补附件或任何议定书的附件的提出、通过和生效,应适用下列程序:

(a) 本公约或任何议定书的附件应依照第29条规定的程序提出和通过;

(b) 任何缔约国如果不能接受本公约的某一增补附件或他作为缔约国的任何议定书的某一附件,应于保管者就其通过发出通知之日起1年内将此情况书面通知保管者。保管者应于接到任何此种通知后立即通知所有缔约国。一缔约国可于任何时间撤销以前的反对声明,有关附件即按以下(c)项规定对他生效;

(c) 在保管者就附件通过发出通知之日起满1年后,该附件应对未曾依照以上(b)项发出通知的本公约或任何有关议定书的所有缔约国生效。

3. 本公约附件或任何议定书附件的修正案的提出、通过和生效,应遵照本公约附件或议定书附件的提出、通过和生效所适用的同一程序。

4. 如一个增补附件或对某一附件的修正案涉及对本公约或对任何议定书的修正,则该增补附件或修正案须于本公约或有关议定书的修正生效以后方能生效。

第31条 表决权

1. 除以下第2款之规定外,本公约或任何议定书的每一缔约国应有1票表决权。

2. 区域经济一体化组织对属于其权限的事项行使表决权时,其票数相当于其作为本公约或有关议定书缔约的国的成员国数目。如果这些组织的成员国行使其表决权,则该组织就不应行使其表决权,反之亦然。

第32条 本公约与其议定书之间的关系

1. 一国或一区经济一体化组织不得成为议定书缔约国,除非已是或同时成为本公约缔约国。

2. 任何议定书下的决定,只应由该议定书缔约国做出。尚未批准、接受或核准一项议定书的公约缔约国,得以观察员身份参加该议定书缔约国的任何会议。

第33条 签 署

本公约应从1992年6月5日至14日在里约热内卢并从1992年6月15日至1993年6月4日在纽约联合国总部开放供各国和各区域经济一体化组织签署。

第34条 批准、接受或核准

1. 本公约和任何议定书须由各国和各区域经济一体化组织批准、接受或核准。批准、接受或核准书应交存保管者。

2. 以上第1款所指的任何组织如成为本公约或任何议定书的缔约组织,而该组织没有任何成员国是缔约国,则该缔约组织应受公约或议定书规定的一切义务的约束。如这种组织的一个或多个成员国是本公约或有关议定书的缔约国,则该组织及其成员国应就履行其公约或议定书义务的各自责任做出决定。在这种情况下,该组织和成员国不应同时有权行使本公约或有关议定书规定的权利。

3. 以上第 1 款所指组织应在其批准、接受或核准书中声明其对本公约或有关议定书所涉事项的权限。这些组织也应将其权限的任何有关变化通知保管者。

第 35 条 加 入

1. 本公约及任何议定书应自公约或有关议定书签署截止日期起开放供各国和各区域经济一体化组织加入。加入书应交存保管者。

2. 以上第 1 款所指组织应在其加入书中声明其对本公约或有关议定书所涉事项的权限。这些组织也应将其权限的任何有关变化通知保管者。

3. 第 34 条第 2 款的规定应适用于加入本公约或任何议定书的区域经济一体化组织。

第 36 条 生 效

1. 本公约应于第 30 份批准、接受、核准或加入书交存之日以后第 90 天生效。

2. 任何议定书应于该议定书订明份数的批准、接受、核准或加入书交存之日以后第 90 天生效。

3. 对于在第 30 份批准、接受、核准或加入书交存后批准、接受、核准本公约或加入本公约的每一缔约国,本公约应于该缔约国的批准、接受、核准或加入书交存之日以后第 90 天生效。

4. 任何议定书,除非其中另有规定,对于在核议定书依照以上第 2 款规定生效后批准、接受、核准该议定书或加入该议定书的缔约国,应于该缔约国的批准、接受、核准或加入书交存之日以后第 90 天生效,或于本公约对该缔约国生效之日生效,以两者中较后日期为准。

5. 为以上第 1 和第 2 款的目的,区域经济一体化组织交存的任何文书不得在该组织成员国所交存文书以外另行计算。

第 37 条 保 留

不得对本公约做出任何保留。

第 38 条 退 出

1. 在本公约对一缔约国生效之日起 2 年之后的任何时间,该缔约国得向保管者提出书面通知,退出本公约。

2. 这种退出应在保管者接到退出通知之日起1年后生效,或在退出通知中指明的一个较后日期生效。

3. 任何缔约国一旦退出本公约,即应被视为也已退出他加入的任何议定书。

第39条 临时财务安排

在本公约生效之后至缔约国会议第一次会议期间,或至缔约国会议决定根据第21条指定某个体制机构为止,联合国开发计划署、联合国环境规划署和国际复兴开发银行合办的全球环境贷款设施若已按照第21条的要求充分改组,则应暂时为第21条所指的体制机构。

第40条 秘书处临时安排

在本公约生效之后至缔约国会议第一次会议期间,联合国环境规划署执行主任提供秘书处应暂时为第24条第2款所指的秘书处。

第41条 保管者

联合国秘书长应负起本公约及任何议定书的保管者的职责。

第42条 作准文本

本公约原本应交存于联合国秘书长,其阿拉伯文、中文、英文、法文、俄文和西班牙文本均为作准文本。

为此,下列签名代表,经正式授权,在本公约上签字,以昭信守。

附件一

查明和监测

1. 生态系统和生境:内有高度多样性、大量地方特有物种或受威胁物种或原野;为移栖物种所需;具有社会、经济、文化或科学重要性,或具有代表性、独特或涉及关键进化过程或其他生物进程;

2. 以下物种和群体:受到威胁;驯化或培殖物种的野生亲系;具有医药、农业或其他经济价值;具有社会、科学或文化重要性;或对生物多样性保

护和持久使用的研究具有重要性,如指标物种;

3. 经述明的具有社会、科学或经济重要性的基因组和基因。

附件二

第一部分 仲裁

第1条 提出要求一方应通知秘书处,当事各方应依照本公约第30条将争端提交仲裁。通知应说明仲裁的主题事项,并特别列入在解释或适用上发生争端的本公约或议定书条款。如果当事各方在法庭庭长指定之前没有就争端的主题事项达成一致意见,则仲裁法庭应裁定主题事项。秘书处应将收到的上述资料递送本公约或有关议定书的所有缔约国。

第2条

1. 对于涉及2个当事方的争端,仲裁法庭应由仲裁员3人组成。争端每一方应指派仲裁员1人,被指派的2位仲裁员应共同协议指定第3位仲裁员,并由他担任法庭庭长。后者不应是争端任何一方的国民,且不得为争端任何一方境内的通常居民,也不得为争端任何一方所雇用,亦不曾以任何其他身份涉及该案件。

2. 对于涉及2个以上当事方的争端,利害关系相同的当事方应通过协议共同指派一位仲裁员。

3. 任何空缺都应按早先指派时规定的方式填补。

第3条

1. 如在指派第2位仲裁员后2个月内仍未指定仲裁法庭庭长,联合国秘书长经任何一方请求,应在其后的2个月内指定法庭庭长。

2. 如争端一方在接到要求后2个月内没有指派1位仲裁员,另一方可通知联合国秘书长,后者应在其后的2个月内指定1位仲裁员。

第4条 仲裁法庭应按照本公约、任何有关议定书和国际法的规定做出裁决。

第5条 除非争端各方另有协议,仲裁法庭应制定自己的议事规则。

第6条 仲裁法庭可应当事一方的请求建议必要的临时保护措施。

第7条 争端各方应便利仲裁法庭的工作,尤应以一切可用的方法:(a)向法庭提供一切有关文件,资料和便利;(b)必要时使法庭得以传唤证人或专家作证并接受其证据。

第8条 当事各方和仲裁员都有义务保护其在仲裁法庭诉讼期间秘密接受的资料的机密性。

第9条 除非仲裁法庭因案情特殊而另有决定,法庭的开支应由争端各方平均分担。法庭应保存1份所有开支的记录,并向争端各方提送1份开支决算表。

第10条 任何缔约国在争端的主题事项方面有法律性质的利害关系,可能因该案件的裁决受到影响,经法庭同意得参加仲裁程序。

第11条 法庭得就争端的主题事项直接引起的反诉听取陈述并做出裁决。

第12条 仲裁法庭关于程序问题和实质问题的裁决都应以其成员的多数票做出。

第13条 争端一方不到案或不辩护其主张时,他方可请求仲裁法庭继续进行仲裁程序并做出裁决。一方缺席或不辩护其主张不应妨碍仲裁程序的进行。仲裁法庭在做出裁决之前,必须查明该要求在事实上和法律上都确有根据。

第14条 除非法庭认为必须延长期限,法庭应在组成后5个月内做出裁决,延长的期限不得超过5个月。

第15条 仲裁法庭的裁决应以对争端的主题事项为限,并应叙明所根据的理由。裁决书应载明参与裁决的仲裁员姓名以及做出裁决的日期。任何仲裁员都可以在裁决书上附加个别意见或异议。

第16条 裁决对于争端各方具有拘束力。裁决不得上诉,除非争端各方事前议定某种上诉程序。

第17条 争端各方如对裁决的解释或执行方式有任何争执,任何一方都可以提请做出该裁决的仲裁法庭做出决定。

第二部分 调 解

第1条 应争端一方的请求,应设立调解委员会。除非当事方另有协议,委员会应由5位成员组成,每一方指定2位成员,主席则由这些成员共同选定。

第2条 对于涉及2个以上当事方的争端,利害关系相同的当事方应通过协议共同指派其调解委员会成员。如果2个或2个以上当事方持有个别的利害关系或对他们是否利害关系相同持有分歧意见,则应分别指派其成员。

第3条 如果在请求设立调解委员会后2个月内当事方未指派任何成

员,联合国秘书长按照提出请求的当事方的请求,应在其后2个月内指定这些成员。

第4条 如在调解委员会最后一位成员指派以后2个月内尚未选定委员会主席,联合国秘书长经一方请求,应在其后2个月内指定一位主席。

第5条 调解委员会应按其成员多数票做出决定。除非争端各方另有协议,他应制定其程序。他应提出解决争端的建议,而当事方应予认真考虑。

第6条 对于调解委员会是否拥有权限的意见分歧,应由委员会做出决定。

生物圈保护区塞维利亚纲要[①]

（1995 年 6 月 12 日至 16 日经人与生物圈计划国际协调理事会第十三届会议批准）

生物圈保护区:前二十年

生物圈保护区的产生是为了解决当今世界存在的最重大的问题之一：怎样把保护生物多样性和生物资源及其持续利用结合起来。要使一个生物圈保护区发挥效率,自然科学和社会科学工作者、保护和开发团体、管理当局和地方社区应在这一如此复杂的问题上通力合作。

生物圈保护区的概念于 1974 年由联合国教科文组织(UNESCO)人与生物圈计划(MAB)的一个工作小组提出。1976 年开始建立生物圈保护区网络,1995 年 3 月已拥有分布在 82 个国家的 324 个保护区。该网络是为实现人与生物圈计划目标的一个关键性组成部分:在保护生物多样性,促进经济发展以及保存有关的文化价值这几种有时会出现冲突的必要性之间的持久平衡。生物圈保护区是检测、改进、示范和实施这一目标的场所。

1983年,UNESCO 和联合国环境计划署(UNEP)同联合国粮农组织(FAO)和国际自然保护联盟(IUCN)合作,在明斯克(白俄罗斯)联合举办了第一届国际生物圈保护区大会。这届大会的成果是于 1984 年提出了“生物圈行动计划”,这项计划已经 UNESCO 大会和 UNEP 理事会正式批准。尽管该行动计划的大部分内容如今依然有效,但生物圈保护区的背景情况已发生了巨大变化,联合国环境与发展会议(UNCED)进程,特别是《生物多样性公约》均说明了这一点。1992 年 6 月在里约热内卢召开的“地球高峰会议”上签署的这项公约已于 1993 年 12 月开始生效,并已得到 100 多个国家的批准。这一公约的主要目标是保护生物多样性,持续利用其生物资源和公正平等地分享因开发利用遗传资源得到的益处。生物圈保护区有利于这种综合方法,因此应为该公约的实施作出贡献。

在明斯克大会后十余年间,有关对整个受保护地区的思考和对生物圈保护区的思考已朝着同一方向发展。尤其是保护生物多样性和地方社区发

---

① 本文选自《人与生物圈通讯》2001 年特刊,中国人与生物圈国家委员会秘书处编。

展需求之间的联系——生物圈保护区概念的基本内容,今天已被视为成功地管理大多数国家公园、自然保护区和其他受保护地区的一个关键因素。在1992年2月在委内瑞拉加拉加斯召开的第四届世界国家公园和保护区大会上,保护区的规划和管理人员接受了许多观点(地方社区的参与,保护与发展之间的联系,国际合作的重要性),这些观点均是生物圈保护区的基本特征。这届大会还批准了一项有利于生物圈保护区的决议。

对生物圈保护区的管理方面也提出了重大改革。制定了可使所有合作者参与决策和解决争执过程的新方法,并对需要采用区域性研究给予更多的关注。还发展了生物圈保护区的新形式,诸如"组合"保护区和跨国界保护区等。由于合作者之间的密切合作,许多生物圈保护区已发生巨大变化,从强调保护走上加强保护和发展之间统筹规划的道路。在技术进步推动下形成的新的国际网络,包括具有更多功能的计算机和Internet信息网络都大大促进了各国生物圈保护区之间的交流与合作。

正是在这一背景下,UNESCO人与生物圈计划国际协调理事会执行局于1991年建立了生物圈保护区咨询委员会。该委员会认为,现在是评估1984年行动计划的效率,分析其实施情况以及在即将进入21世纪之际重新审议、修改和制定一项有关生物圈保护区战略的时候了。

为适应这项目标和根据大会决议27C/23,UNESCO应西班牙当局的邀请,于1995年3月20日至25日在塞维利亚(西班牙)召开了国际生物圈保护区会议。来自102个国家的约400名专家及15个国家和地区性组织参加了这次会议。在这次会议上,对1984年行动计划的实施情况进行了评估,展望21世纪生物圈保护区的作用(这点已反映在"展望"一节中),并拟订了《世界生物圈保护区网络章程框架草案》和《生物圈保护区塞维利亚纲要》。MAB计划国际协调理事会第十三届会议(1995年6月12日至16日)完全赞同《生物圈保护区塞维利亚纲要》。

生物圈保护区的概念

生物圈保护区是"在联合国教科文组织(UNESCO)人与生物圈计划(MAB)下,得到国际上承认的陆地生态系统和沿海/海洋生态系统的综合地带"(《世界生物圈保护区网络章程框架》)。保护区由国家政府提出,每个保护区在纳入世界网络之前,应符合最起码的标准和具有最起码的条件。生物圈保护区之目的是履行三项相辅相成的功能:保护功能,保护遗传资源、物种、生态系统和景观;发展功能,促进可持续的经济和人类的发展;后勤支持功能,支持和鼓励结合地区、国家和世界性保护与持续发展活动,开展有关研究、监测、环境教育和培训活动。

具体说来,每个生物圈保护区应包括三个部分:一个或几个核心区,核心区是根据明确的保护目的,受到严格保护的或极少受到人为干扰的生态系统。该区只能从事没有什么干扰的研究和其他影响较小的活动(例如教育);一个具有明确边界的缓冲带,这一地带通常环绕或与核心区毗邻,可用于开展与生态实践相应的合作活动,包括环境教育、娱乐、生态旅游和应用与基础研究;一个灵活的过渡区(或合作区域),这个区域可包括各种农业活动,居民区和其他开发活动,在这一区域中,当地社区、管理部门、科学家、非政府组织、文化团体、企业和其他合作者可为管理和持续开发该地区的资源通力合作。虽然这三个地带起初被构想为一系列同心圆,但为适应当地的条件和需要,最后则是按多种不同的形式建立的。事实上,生物圈保护区概念的一个强大功能就在于其在实施时可根据各种不同的情况所表现出来的灵活性和创造性。

一些国家为建立生物圈保护区颁布了专门法规。许多国家的核心区和缓冲带(全部或部分)被指定为受国家法律保护的地区。许多生物圈保护区既属于受保护地区的其他系统(如国家公园和自然保护区),同时也属于其他国际网络(世界遗产地或拉姆萨公约地)。

所有权的归属情况也各有不同。在生物圈保护区中,大多数的核心区属公共土地,但它也可属私人或一些非政府组织所有;多数的缓冲带属于个人或社区;一般说来,过渡区也是这种情况。

塞维利亚对 21 世纪的展望

当我们即将跨入 21 世纪的时候,世界的未来是怎样的呢?目前人口增长趋势及其在地理上的分布,经济的全球化和市场经济在农村地区的影响,文化特色的淡化,对能源和资源日益增长的需求,信息渠道的集中以及在技术革新上所存在的不平等现象,这一切均迫使我们以现实主义态度考虑将来环境与发展的前景。

联合国环境与发展会议表明了要逐步走向持续发展的意愿,这一持续发展包括保护环境和更多的社会公正,其中还包括对农村社区及其技能的尊重。《21 世纪议程》、《生物多样性公约》、《气候变化框架公约》、《防治荒漠化公约》,以及其他多边协定都显示了国际上未来的发展方向。

然而,全球社会需要环境与发展会议上提出的各种思想的实际模式,以便共同促进保护与持续发展。这些模式只有建立在良好的科学基础之上,并充分考虑各种社会、文化、精神和经济的需求才能付诸实施。

生物圈保护区提供了这种模式。生物圈保护区不是一个个在越来越严重受到人类活动影响之世界中的小岛,它们将成为人与自然重新和睦相处的场所,它们可有助于为未来数代人提供各种信息,还可为如何克服因部门分隔所造成的困难提供范例。总之,生物圈保护区绝不单纯是一些受保护的区域。

因此,生物圈保护区即将充当新的角色。它们不仅将成为有助于生活在保护区或居住在其周围的居民同自然界平衡发展的一种手段,而且还将为整个社会的需求作出贡献,同时指明一条通向更持久未来的道路。这就是我们在展望未来 21 世纪的生物圈保护区所持的主要观点。

1995 年 3 月 20 日至 25 日,UNESCO 在塞维利亚(西班牙)召开的国际生物圈保护区大会上完成了两项议程:

评估过去在实施创新的生物圈保护区概念中的经验;

确定未来应怎样重视保护、开发和后勤支持这三项功能。

塞维利亚会议的结论认为,尽管在实施生物圈保护区概念中遇到了各种困难和限制,但整个计划仍富有新意,并取得了一些成绩。这三项功能在未来是完全可行的。会议通过讨论,确认以下十项基本方针构成《塞维利亚纲要》的基础:

1. 加强生物圈保护区对实施有助于保护和持续发展之各项国际协定,特别是《生物多样性公约》和其他有关气候变化、荒漠化和森林方面的协定的贡献。

2. 从那些未受影响的广阔地区到城镇地区,建立环境、经济和文化情况迥然不同的生物圈保护区。至于沿海和海洋地带,运用生物圈保护区概念的潜力和需要尤为广阔。

3. 加强作为世界生物圈保护区网络之组成部分的新的地区、地区间和专题性生物圈保护区网络。

4. 应加强生物圈保护区的科学研究、监测、培训和教育工作,以更好地为促进保护和合理利用这些地域的自然资源提供自然科学和社会科学的依据。在那些生物圈保护区缺乏人力和财源的国家尤其需要加强这方面的工作,这些国家应得到优先关注。

5. 确保所有生物圈保护区为保护、持续发展和科学知识普及作出贡献。

6. 扩大过渡区域,将一些较广阔的地带包括进去,以便对生态系统进行管理和利用生物圈保护区来探索和示范持续发展方法。为此,必须更进一步关注过渡区域。

7. 充分考虑生物圈保护区中人的因素。为此,必须加强文化多样性和生物多样性之间的联系。传统知识和遗传资源应得到保护,它们在持续发展中的作用应得到承认和重视。

8. 加强每个生物圈保护区的管理,使之与地方社区和整个社会之间形成一种“协约”。管理应更加开放、不断提高和适应新的变化,这样将有助于生物圈保护区及其地方居民更好地应付外界各种政治、经济和社会压力。

9. 地方和网络一级的生物圈保护区应团结所有有关团体和部门并建立合作关系,交流和分享有关信息。

10. 投资未来,为了子孙后代,制定长期的科学知识普及、宣传和教育计划,利用生物圈保护区来加深我们对人类和自然界关系的认识。

总之,生物圈保护区应通过依靠正确的科学基础和文化价值的持续管理方法,为保护和维护自然和文化价值作出贡献。这样,按《塞维利亚纲要》运作的世界生物圈保护区网络将有助于将全世界各族人民更加紧密地团结在一起。

纲　　要

下述纲要旨在为生物圈保护区功能的有效发挥提出建议,为世界生物圈保护区网络的良好运行创造条件。本纲要不再重复《生物多样性公约》和《21世纪议程》中的一般原则,而是试图确定生物圈保护区在树立一种协调保护与发展关系的新观念中可发挥的特定作用。因此,本纲要仅侧重于少数重点。

本纲要提出了每项建议在哪一级(国际、国家和保护区一级)的效果最大。不过,鉴于国家和地方管理情况多种多样,建议的行动层次仅视作参考,应根据实际情况进行调整。特别需指出的是,所谓“国家”一级这里实际上包括高于保护区本身这一级的各级政府(省、州、国家等)。在一些国家,全国性或地方上的非政府组织也能很合适地代表这一级。同样,“国际”一级也经常包括一些地区性和地区间的活动。

本纲要还包括“实施指标”,即一份有助于所有负责人随时掌握和评估本纲要实施情况的检查清单。拟订这些指标所采用的标准如下:可行性(是否容易获得各种有关资料?)、简明性(数据是否一目了然?)和实用性(有关资料对保护区管理人员、国家委员会和/或整个网络是否有用?)。这些“实施指标”的作用之一是建立成功实施机制的数据库,在所有网络成员之间交流这些信息。

重大目标Ⅰ:利用生物圈保护区保护自然和文化多样性

目标Ⅰ.1:通过世界生物圈保护区网络扩大自然和文化多样性的覆盖面

对国际一级的建议:

1. 将生物圈保护区作为实施《生物多样性公约》之目标的手段促进其发展。

2. 促进采用一种充分考虑脆弱性分析的生物—地理分类方法的综合途径,以便建立一个包括社会生态因素的系统。

对国家一级的建议:

3. 拟订一项国家生物地理情况分析报告,以此特别作为评估世界生物圈保护区网络之覆盖面的基础。

4. 在这项分析报告的基础上并考虑到现有的保护区,根据需求建立、加强或扩展生物圈保护区,其中应对零星的生境、受到威胁的生态系统,以及那些脆弱和易受破坏的自然与文化环境给予特别关注。

目标Ⅰ.2:将生物圈保护区纳入保护规划

对国际一级的建议:

1. 鼓励建立跨国界的生物圈保护区,以此作为保护生物、生态系统和遗传资源的手段。

对国家一级的建议:

2. 按照《生物多样性公约》第6条的规定,将生物圈保护区纳入生物多样性保护和持续利用的纲要,以及有关保护区的规划和国家生物多样性保护纲要与行动计划。

3. 可能的情况下，在那些有关《生物多样性公约》和其他多边公约范围内发起并得到资助的计划中纳入有助于加强和发展生物圈保护区的项目。

4. 借助一些可加强保护生物多样性的绿色走廊和其他方法，建立生物圈保护区之间及其与其他保护区的联系，并确保这些联系得到长久保持。

5. 利用生物圈保护区就地保护遗传资源，其中包括那些与栽培和驯化物种有亲缘关系的野生物种。考虑将保护区作为恢复和回归自然的场所加以利用，并确保同外界的保护和利用计划保持必要的联系。

重大目标Ⅱ：利用生物圈保护区作为土地管理和可持续发展途径的样板

目标Ⅱ.1：确保得到当地居民的支持和参与

对国际一级的建议：

1. 为生物圈保护区管理方面存在的关键性问题，包括解决争端、提供地方优惠及合作者参与制定决策和承担管理责任等制定指导方针。

对国家一级的建议：

2. 将生物圈保护区纳入《21世纪议程》和《生物多样性公约》各项持续利用目标的实施计划中。

3. 建立、加强或扩展生物圈保护区，将一些实践传统生活方式和土著利用生物多样性的地区（包括圣地），和/或居民与环境之间的相互作用十分危险的地区（例如城市周围地区，受到破坏的农村地区，沿海地带，淡水及湿地）包括进去。

4. 通过能促进缓冲带和过渡区持续发展的适当的技术转让并结合传统知识，确定和鼓励与保护目标一致的活动。

对保护区一级的建议：

5. 调查各类合作者的利益，充分吸收这些不同的社会各方参与有关生物圈保护区的管理与利用方面的规划和决策过程。

6. 确定导致环境恶化的因素和不能持续利用生物资源的状况，并采取相应的措施。

7. 评估保护区的天然产品及其服务功能，为当地居民提供环境上合理、经济上可持续的收入机会。

8. 制定有关保护和持续利用自然资源的鼓励性措施，并在生物圈保护区内活动受限制或被禁止的情况下，为当地居民创造替代性的生计来源。

9. 通过分享门票收入、销售天然产品或手工产品、运用当地的建筑技术和使用当地劳动力以及发展持续性活动(诸如农业、林业等)，确保同各方合作者公平分享开发自然资源所获得的利益。

目标Ⅱ.2：确保生物圈保护区不同区域之间的和谐一致及相互作用

对国家一级的建议：

1. 确保每个生物圈保护区拥有一项有效管理政策或计划，以及一个负责落实的权力机构或机制。

2. 提供鉴别生物圈保护区保护与持续利用这两种功能之间不协调的方法，并采取必要措施维持这些功能之间的平衡。

对保护区一级的建议：

3. 发展和建立有助于管理、协调及统筹管理生物圈保护区各项计划与活动的体制。

4. 建立一个有经济和社会多方合作者参与并能代表所有各方利益(例如农业、森林、狩猎和采集、供水和供能、渔业、旅游业、娱乐、研究)的地方性咨询框架。

目标Ⅱ.3：将生物圈保护区纳入地区规划

对国家一级的建议：

1. 将生物圈保护区纳入地区发展政策及土地利用规划项目。

2. 鼓励邻近保护区的大型土地开发部门采取有助于土地持续开发的措施。

对保护区一级的建议：

3. 组织论坛和建立示范场地，以研究本地区的社会—经济和环境问题，以及持续利用本地区的重要生物资源。

重大目标Ⅲ：利用生物圈保护区开展研究、监测、教育和培训

目标Ⅲ.1：提高对人与生物圈之间相互作用的认识

对国际一级的建议：

1. 利用世界生物圈保护区网络开展有关环境和社会—经济方面的比较性研究，其中包括那些预计要开展数十年的长期研究。

2. 利用世界生物圈保护区网络开展如生物多样性、荒漠化、水循环、人种生物学和全球变化等问题的国际研究计划。

3. 利用世界生物圈保护区网络开展同南半球、东亚和拉丁美洲地区和地区间一级的国际合作研究计划。

4. 鼓励在生物圈保护区采用富有创新的多学科研究手段，其中包括建立一些综合社会、经济和生态信息的灵活的模式系统。

5. 建立有关生物圈保护区研究手段与方法的交流中心。

6. 鼓励世界生物圈保护区网络与其他研究和教育网络之间的相互交流，为生物圈保护区与大学和其他高等教育及研究机构合作，在私立部门和公立部门以及在非政府和政府一级进行的研究项目提供方便。

对国家一级的建议：

7. 将生物圈保护区纳入国家和地区科学研究计划，并确保这些活动同国家和地区的保护与持续发展政策的联系。

对保护区一级的建议：

8. 利用生物圈保护区开展基础和应用研究，特别是开展以当地问题为中心的项目，综合自然科学和社会科学的跨学科项目，以及涉及退化生态系统的恢复、水土保持和持续利用自然资源的项目。

9. 建立数据管理系统，以便在生物圈保护区的管理中合理利用已取得的研究和监测成果。

目标Ⅲ.2：促进监测活动

对国际一级的建议：

1. 利用世界生物圈保护区网络，将国际、地区、国家和地方一级的生物

圈保护区作为对有关陆地和海洋观察系统、全球变化、生物多样性和森林健康等问题进行长期监测的国际计划的优先场所。

2. 鼓励采用有关描述动植物区系资料的标准化议定书,以便交换、存取和利用在生物圈保护区中获得的科学信息。

对国家一级的建议:

3. 鼓励生物圈保护区参与国家生态环境与环境监测计划,建立生物圈保护区和其他用于长期监测的场所和网络之间的联系。

对保护区一级的建议:

4. 本着科学和为有效管理保护区提供依据的目的,利用生物圈保护区进行动植物编目,收集生态和社会—经济方面的数据,进行气象和水文观测,研究污染影响等。

5. 利用保护区作为制定、测试评估和监测生物多样性、持续性及其居民生活质量的方法和方案的试验区。

6. 利用保护区为在缓冲带和过渡区内进行的各种生产活动制定可持续性指标(包括生态、经济、社会和体制方面)。

7. 建立数据管理系统,以便于在生物圈保护区的管理中合理利用已取得的研究和监测成果。

目标Ⅲ.3: 促进教育,提高公众意识及公众参与

对国际一级的建议:

1. 加强生物圈保护区之间的经验和信息交流,促进自愿人员和当地社区参与生物圈保护区的各项活动。

2. 促进通讯系统的发展,以传播有关生物圈保护区的信息及其实地经验。

对国家一级的建议:

3. 在教学计划和教科书以及传播媒介中列入有关生物圈保护区资源的保护和持续利用方面的信息。

4. 鼓励生物圈保护区参与国际网络和计划,以促进有关提高公众意识和教育方面更广泛的交流。

对保护区一级的建议:

5. 鼓励当地社区居民、学生和其他合作者参与在生物圈保护区内部开展的教育和培训计划以及研究和监测活动。

6. 为参观者编写有关保护区在保护持续利用和生物多样性方面的重要性、保护区的社会文化内容及其开展的娱乐活动和教育计划以及保护区资源方面的宣传材料。

7. 促进在保护区内建立生态教育中心，提供有助于对学生和其他有关团体进行教育的设施。

目标Ⅲ.4：促进对专家和管理人员的培训

对国际一级的建议：

1. 利用世界生物圈保护区网络，支持和鼓励各种国际培训机会和计划。

2. 确定有代表性的生物圈保护区作为地区培训中心。

对国家一级的建议：

3. 确定21世纪生物圈保护区管理人员的培训需求，并针对有关在生物圈保护区内如何设计和开展资源编目和监测计划，如何分析和研究社会—文化条件、如何解决争端和如何共同管理生态系统或自然景观资源等问题制定典型培训计划。

对保护区一级的建议：

4. 利用保护区开展现场培训和举办国家、地区和地方研讨会。

5. 鼓励对当地居民和其他合作者进行适当的培训，以使他们能够充分参与有关生物圈保护区的资源编目、长期监测和研究等活动。

6. 鼓励针对当地社区和其他地方机构参与者（如决策人员、当地政府领导和生产部门、技术转让和社区发展规划官员）开展的培训计划，以使他们能充分参与生物圈保护区的规划、管理和监测工作。

重大目标Ⅳ：生物圈保护区概念的实施

目标Ⅳ.1：生物圈保护区的综合功能

对国际一级的建议：

1. 确定和宣传运转良好的生物圈保护区（视作样板或典范），他们的经验将有助于国家、地区和国际一级的其他保护区学习。

2. 定期评估生物圈保护区纲要和国家行动计划，并提出指导意见和建议。

3. 为生物圈保护区管理人员组织研讨和其他形式的信息交流。

4. 编制和传播有关如何实施生物圈保护区管理规划或政策的宣传材料。

5. 制定有关生物圈保护区管理问题的指导方针,包括如何保证地方参与的方法,不同管理方案的实例研究以及解决争执的技术等。

对国家一级的建议:

6. 确保每个生物圈保护区拥有一项有效的管理政策或计划,以及一个负责落实的权力机构或实施机制。

7. 鼓励私有部门在生物圈保护区内适当的地带和周围地区创建和保留一些从环境及社会角度看均能持久的企业,以推动当地社区的发展。

8. 制定和定期评估生物圈保护区纲要和国家行动计划,这些纲要应力求达到国家其他保护措施的补充性和增加生物圈保护区的作用。

9. 为生物圈保护区管理人员组织研讨和其他形式的信息交流。

对保护区一级的建议:

10. 确定并在地图上反映生物圈保护区的不同区域,并明确各区的地位。

11. 制定、实施和监督涉及整个生物圈保护区,包括其不同地带的管理规划或政策。

12. 为保护核心区,在必要的情况下,应根据持续发展的准则,重新划定缓冲带和过渡区。

13. 确定和建立一些管理、协调和统筹生物圈保护区各项计划和活动的体制。

14. 确保当地社区参与生物圈保护区的规划和管理。

15. 鼓励私立部门在生物圈保护区和周围地区创立和保留一些从环境及社会角度看均能持久的企业。

目标Ⅳ.2: 加强世界生物圈保护区网络

对国际一级的建议:

1. 确保为实施《世界生物圈保护区网络章程框架》划拨足够的资金。

2. 按照《世界生物圈保护区网络章程框架》的规定,为每个国家定期评估其生物圈保护区提供方便并帮助各国采取促使其生物圈保护区发挥功能的措施。

3. 支持生物圈保护区咨询委员会行使职责,并充分考虑其建议和意见。

4. 促进各生物圈保护区之间的交流沟通，重视其通讯交流能力，并加强现有的和计划建立的地区性或专题性网络。

5. 同那些具有相似管理方式地区的其他网络和那些目标与生物圈保护区目标协调一致的政府和非政府国际组织建立联系及新的合作伙伴关系。

6. 推动和促进各生物圈保护区之间的结对活动并促进建立跨界保护区。

7. 通过传播信息资料、制定交流政策和突出其作为世界生物圈保护区网络成员的作用，为生物圈保护区提供更多的显示度。

8. 尽一切可能，力争将生物圈保护区纳入由双边和多边组织提供资助的项目。

9. 动员商业部门、非政府组织和基金会为生物圈保护区提供私有资金。

10. 建立收集和交换不同类型资料的标准和方法，并将其应用于整个生物圈保护区网络。

11. 利用实施指标来监测、评估和跟踪《塞维利亚纲要》的实施情况，并分析有助于达到和阻碍实现这些实施指标的因素。

对国家一级的建议：

12. 确保为实施《世界生物圈保护区网络章程框架》划拨足够的资金。

13. 在国家一级建立一个负责指导和协调生物圈保护区的机制，并充分考虑该机制的建议和意见。

14. 依据《网络章程框架》，对国家的每个生物圈保护区的现状和活动进行评估，并提供适当的资金，用以弥补不足之处。

15. 同以类似方式管理地区的其他网络和那些目标与生物圈保护区目标协调一致的政府和非政府国际组织建立联系及新的合作伙伴关系。

16. 寻求各生物圈保护区之间建立结对友好关系和建立跨界保护区的可能性。

17. 通过传播信息资料，制定交流政策和突出其作为网络成员的作用，为生物圈保护区提供更多的显示度。

18. 建议将生物圈保护区纳入国际和双边机构的资助计划，其中包括向全球环境基金会提出的建议。

19. 动员商业部门、非政府组织和基金会为生物圈保护区提供私有资金。

20. 利用实施指标来监测、评估和跟踪《塞维利亚纲要》的实施情况，并分析有助于达到和阻碍实现这些实施指标的因素。

对保护区一级的建议：

21. 通过传播信息资料，制定交流政策和突出其作为网络成员的作用，为生物圈保护区提供更多的显示度。

22. 动员商业部门、非政府国际组织和基金会为生物圈保护区提供私有资金。

23. 利用实施指标来监测、评估和跟踪《塞维利亚纲要》的实施情况，并分析有助于达到和阻碍实现这些实施指标的因素。

实施指标	参照章节
国际一级	
将生物圈保护区纳入《生物多样性公约》的实施	Ⅰ.1.1
完善生物地理系统	Ⅰ.2.2
建立新的跨界保护区	Ⅰ.2.1；Ⅳ.2.6
拟订和公布指导方针	Ⅱ.1.1；Ⅳ.1.4.5
实施比较研究计划	Ⅲ.1.1
将生物圈保护区纳入国际研究计划	Ⅲ.1.2
制定地区和地区间的研究计划	Ⅲ.1.3
发展跨学科的研究手段	Ⅲ.1.4
建立研究手段与方法的交流中心	Ⅲ.1.5
同其他研究和教育网络建立相互联系	Ⅲ.1.6
将生物圈保护区纳入国际监测计划	Ⅲ.2.1
采用数据和数据交换的标准化议定书和方法	Ⅲ.2.2；Ⅳ.2.10
建立生物圈保护区之间交流经验和信息的机制	Ⅲ.3.1
建立生物圈保护区的交流系统	Ⅲ.3.2；Ⅳ.2.4.7
制定国际培训计划	Ⅲ.4.1
确定和发展地区培训中心	Ⅲ.4.2
示范生物圈保护区的确认和宣传	Ⅳ.1.1
为拟订和定期评估生物圈保护区纲要和国家行动计划提供建议	Ⅳ.1.2
建立生物圈保护区管理人员之间的信息交流机制	Ⅳ.1.3

在国际和国家一级实施《世界生物圈保护区网络章程框架》	Ⅳ.2.1;Ⅳ.2.2
有效发挥生物圈保护区咨询委员会的作用	Ⅳ.2.3
建立或加强地区或专题性网络	Ⅳ.2.4
促进生物圈保护区与以类似方式管理的地区和组织之间的相互联系	Ⅳ.2.5
建立有助于生物圈保护区之间结对活动的机制	Ⅳ.2.6
编写宣传和推广世界生物圈保护区网络的材料	Ⅳ.2.7
制定将生物圈保护区纳入双边和多边援助项目的战略	Ⅳ.2.8
制定动员商业部门、非政府组织和基金会提供资金的战略	Ⅳ.2.9
建立通用于世界网络的数据标准和方法	Ⅳ.2.10
建立监测评估《塞维利亚纲要》在国家一级实施情况的机制	Ⅳ.2.11

国家一级

编写生物地理情况分析报告	Ⅰ.1.3
完成新的生物圈保护区或扩展现有保护区的需求分析	Ⅰ.1.4;Ⅱ.1.3
将生物圈保护区列入国家战略和实施《生物多样性公约》和其他公约	Ⅰ.2.2;Ⅰ.1.3
建立生物圈保护区之间的联系	Ⅰ.2.4
在生物圈保护区实施就地保护遗传资源的规划	Ⅰ.2.5
将生物圈保护区纳入持续发展规划	Ⅱ.1.2
建立和加强生物圈保护区,将一些拥有传统生活方式的区域和居民—环境相互作用十分强烈的区域包括进去	Ⅱ.1.3
确定和推广保护与持续利用方面的活动	Ⅱ.1.4
在所有保护区制定切实有效的管理规划或政策	Ⅱ.2.1;Ⅳ.1.6
制定鉴别保护与持续利用这两项功能之间不协调及保持这些功能之间平衡的办法	Ⅱ.2.2
将生物圈保护区纳入区域发展和土地利用规划计划	Ⅱ.3.1

鼓励邻近生物圈保护区的土地开发部门实施可持续性开发	Ⅱ.3.2;Ⅳ.1.7
将生物圈保护区纳入与保护和持续发展政策有关的国家和地区性研究计划	Ⅲ.1.7
将生物圈保护区纳入国家长期监测计划,并与其他类似的监测站和网络建立联系	Ⅲ.2.3
在学校课程中增列一些有关保护和持续利用,如在生物圈保护区实施这一原则的内容	Ⅲ.3.3
生物圈保护区参与国际教育网络和计划	Ⅲ.3.4
拟订生物圈保护区管理人员的典型培训计划	Ⅲ.4.3
建立定期评估生物圈保护区纲要和国家行动计划的机制	Ⅳ.1.8
建立生物圈保护区管理人员之间进行信息交流的机制	Ⅳ.1.9
在国家一级实施《世界生物圈保护区章程框架》	Ⅳ.2.12.14
建立国家一级咨询和协调生物圈保护区的机制	Ⅳ.2.13
发展生物圈保护区和以类似方式管理的地区之间以及与具有相同目标的组织之间的联系	Ⅳ.2.15
建立促进各生物圈保护区间结对活动的机制	Ⅳ.2.16
编写宣传和推广生物圈保护区的材料	Ⅳ.2.17
制定将生物圈保护区纳入双边和多边援助项目的战略	Ⅳ.2.18
制定动员商业部门、非政府组织和基金会提供资金的战略	Ⅳ.2.19
制定监测和评估《塞维利亚纲要》实施情况的办法	Ⅳ.2.20

保护区一级

调查各类合作者的利益	Ⅱ.1.5
识别造成环境退化和不能持续利用的各种因素	Ⅱ.1.6
调查生物圈保护区的天然产品及其服务功能	Ⅱ.1.7
制定鼓励当地居民进行保护和持续利用的奖励办法	Ⅱ.1.8
制定公平分享利益的计划方案	Ⅱ.1.9
建立管理、协调和统筹生物圈保护区各项计划和活动的机制	Ⅱ.2.3;Ⅳ.1.10.12

建立当地咨询框架	Ⅱ.2.4
建立地区示范场所	Ⅱ.3.3
实施协调研究和监测计划	Ⅲ.1.8;Ⅲ.2.4
建立多功能数据管理系统	Ⅲ.1.9;Ⅲ.2.7
利用生物圈保护区发展长期监测方法试验	Ⅲ.2.5
利用生物圈保护区制定适用于当地居民的可持续性指标	Ⅲ.2.5;Ⅱ.2.6
地方合作者参与教育、培训、研究和长期监测计划	Ⅲ.3.5;Ⅲ.4.5
为参观者编写有关生物圈保护区的宣传材料	Ⅲ.3.6
在生物圈保护区建立生态教育中心	Ⅲ.3.7
利用生物圈保护区开展现场培训活动	Ⅲ.4.4
设立地方教育和培训点	Ⅲ.4.6
生物圈保护区不同地带的确定和制图	Ⅳ.1.10
为保护核心区和促进持续发展,必要时重新确定缓冲带和过渡区	Ⅳ.1.12
当地社区参与生物圈保护区的规划和管理	Ⅳ.1.14
鼓励私立部门开创和保持从环境及社会角度均能够持久的活动	Ⅳ.1.15
编写宣传和推广生物圈保护区的材料	Ⅳ.2.21
制定动员商业部门、非政府组织和基金会提供资金的战略	Ⅳ.2.22
制定保护区一级监测和评估《塞维利亚纲要》实施情况的办法	Ⅳ.2.23

世界生物圈保护区网络章程框架[①]

（1995年6月12日至16日经人与生物圈计划国际协调理事会第十三届会议批准）

序　言

在联合国教科文组织人与生物圈(MAB)计划下发起的，申报MAB计划国际协调理事会批准建立的生物圈保护区，旨在展示和促进一种人与生物圈之间的平衡关系。这些生物圈保护区组成一个由各国自愿参加的世界网络，但每个生物圈保护区仍仅属于其所在国家的主权范围，因此只受该国国家立法的制约。

现制定的《世界生物圈保护区网络章程框架》以下简称“章程框架”，目的在于增强各个生物圈保护区的作用，加强地区和国际一级的共同认识、交流与合作。

本“章程框架”旨在促进人们广泛认可生物圈保护区，并鼓励和宣传这项工作中的突出典型。应将规定的除名程序视为这一基本积极方针的一个例外，只有在完全尊重有关国家的文化和社会经济状况的情况下经过认真审查，并与有关国家政府磋商之后方可予以采用。

本“章程框架”制定了认定、支持和宣传生物圈保护区的程序，同时考虑到不同国家和地方的实际情况不尽相同，鼓励各国根据其国家具体情况制定和实施国家生物圈保护区标准。

第1条　定　义

生物圈保护区是根据本“章程框架”，纳入教科文组织人与生物圈(MAB)计划并在国际上得到公认的陆地和沿海/海洋生态系统或兼而有之的地区。

第2条　世界生物圈保护区网络

1. 生物圈保护区组成一个世界范围的网络，称为“世界生物圈保护区网络”(以下简称网络)。

2. 网络是用以保护生物多样性和持续利用其资源的一种手段，以此为

---

① 本文选自《人与生物圈通讯》2001年特刊，中国人与生物圈国家委员会秘书处编。

实施《生物多样性公约》和其他有关公约的目标作出贡献。

3. 各个生物圈保护区依然属于其所在国家的主权管辖范围，各国在本“章程框架”下根据其国家法律采取必要的措施。

第3条 功 能

生物圈保护区具有以下三种功能，应努力成为探索和示范地区范围有关保护和持续发展之方法的最佳场所：

· 保护功能——致力于自然景观、生态系统、物种和遗传变异的保护；

· 发展功能——促进具有社会文化和生态持续性的经济与人类发展；

· 后勤支持功能——支持与地方、地区、国家和全球性保护和持续发展问题有关的示范项目、环境教育与培训、研究和监测。

第4条 标 准

建立生物圈保护区，必须符合以下一般标准：

1. 该地区应包含具有代表性的主要生物地理区域的各种生态系统，其中包括因人类介入而逐渐产生的变化。

2. 该地区应对保护生物多样性具有重大意义。

3. 该地区应具有探索和示范地区持续发展途径的可能性。

4. 该地区应具有按照第3条规定发挥生物圈保护区三大功能的适宜面积。

5. 该地区应包括实现这三大功能的必要区域，即：

· 根据生物圈保护区的保护目标，专用于长期保护而合法设立的一个或数个核心区，该区域应具有符合保护目标足够大的面积；

· 环绕或紧邻一个或数个核心区，具有明确边界的一个或数个缓冲带，在此地带只能进行符合保护目标的活动；

· 一个边缘过渡区，在该地区推行和发展可持续资源管理的方法。

6. 应组织安排适当的机构，尤其是行政当局、当地社区和民间机构涉入并参与制定和实施生物圈保护区的多项功能。

7. 此外，应做出下述几方面的规定：

· 人类在缓冲带或其他区域开展资源利用活动的管理机制；

· 生物圈保护区所在地区的管理政策或计划；

· 实施此项政策或计划的指定当局或机构；

· 研究、监测、教育和培训计划。

第5条 认定程序

1. 生物圈保护区由人与生物圈计划国际协调理事会(ICC)根据下列程序认定网络成员：

· 各国在根据第4条所确定之标准对可能的地点进行审议之后，通过本国的人与生物圈计划国家委员会，于适当时候将其提名连同有关证明材料一并提交秘书处；

· 秘书处核实提名内容及其证明文件，如提名材料不全，秘书处则请提名国提供所缺材料；

· 提名将由生物圈保护区咨询委员会审议后向国际协调理事会提出建议；

· 人与生物圈计划国际协调理事会对认定纳入网络的提名做出决定。

· 教科文组织总干事将国际协调理事会的决定通知有关国家。

2. 鼓励各国审查和改进任何现有生物圈保护区的合格性，并提出适当的扩展建议，以使其能够在网络范围内充分发挥作用。扩展建议的提交程序与上述认定新的生物圈保护区所用程序相同。

3. 在本“章程框架”通过之前已被认定的生物圈保护区，应视为已是网络的组成部分。因此本“章程框架”之规定亦适用于它们。

第6条 宣 传

1. 有关国家和当局应对申报加入生物圈保护区网络之事宜给予适当宣传，包括制作纪念徽章和散发宣传材料。

2. 对网络范围内的生物圈保护区及其目标应给予恰当和不断的宣传。

第7条 参加网络

1. 各国参加或促进全球、地区和亚地区一级网络的合作活动，包括科研与监测活动。

2. 有关当局应在考虑知识产权的情况下，提供研究成果、有关出版物和其他资料，以确保网络的正常运转和充分利用信息交流的益处。

3. 各国和有关当局应与网络其他生物圈保护区进行合作，促进环境教育与培训以及人力资源的开发。

第8条 地区和专题性分网络

各国应鼓励建立并合作管理地区和/或专题性生物圈保护区分网络，促进这些分网络范围内的信息交流、包括开展电子信息交流。

第9条 定期评估

1. 每隔十年,应根据有关当局依照第4条的标准编写并由该国国家委员会提交秘书处的报告,对各生物圈保护区的状况进行定期评估。

2. 该报告将由生物圈保护区咨询委员会审议后向国际协调理事会提出建议。

3. 国际协调理事会将审议有关国家提交的定期报告。

4. 如国际协调理事会认为该生物圈保护区的状况或管理情况是令人满意的,或者自认定或上次评估以来已有所改善,国际协调理事会将对此做出正式确认。

5. 如国际协调理事会认为该生物圈保护区不再符合第4条之标准,将建议有关国家在考虑到其国家文化和社会经济状况的情况下,采取措施以确保其符合第4条之规定,国际协调理事会向秘书处说明其应采取的行动,以协助有关国家执行该措施。

6. 如国际协调理事会认为该生物圈保护区在相当一段时期内仍不符合第4条之标准,则该生物圈保护区将不再作为网络的组成部分。

7. 教科文组织总干事将国际协调理事会的决定通知有关国家。

8. 如某一国家希望将其管辖下的一个生物圈保护区从网络上除名,它应通知秘书处。该通知应作为通报转交国际协调理事会,自此该生物圈保护区亦不再作为网络的组成部分。

第10条 秘书处

1. 教科文组织应行使网络秘书处之职责,负责网络的工作运转与宣传。秘书处应促进各个生物圈保护区之间以及专家间的相互交流与合作。教科文组织还应建立和保持一个在世界范围内均能查询的生物圈保护区信息系统,以便与其他有关活动联系起来。

2. 为加强各个生物圈保护区和网络与分网络的工作运转,教科文组织应通过双边和多边途径寻求财政资助。

3. 秘书处应对组成网络之生物圈保护区的名录及其保护目标和细则定期予以更新、出版和发行。

中国自然保护区申报世界生物圈保护区程序[①]

为进一步规范中国自然保护区申报世界生物圈保护区的工作，中国人与生物圈国家委员会秘书处已成立申报工作组，并制定了申报程序。

一、提出申请

1. 拟申报的自然保护区向各自的主管部门提出申报世界生物圈保护区的报告。

2. 中国人与生物圈国家委员会收到主管部门同意该自然保护区申报的公函后，向提出申请的保护区发放“世界生物圈保护区提名表”(中英文提名表各一套)。

二、准备申报材料

1. 申报工作组对保护区进行考察，并根据世界生物圈保护区的标准(参见《世界生物圈保护区网络章程框架》)，向秘书处建议是否同意其正式申报。

2. 可以申报的保护区，应根据申报工作组提出的建议，改进管理和工作，准备申报材料(参见提名表)，并初步填写中文提名表。为更全面地反映保护区的情况，建议在所要求的资料之外可准备：

· 保护区的光盘(英文)；

· 系列幻灯片、照片、画册；

· 保护区介绍手册；

· 其他重要出版物等。

3. 保护区将初步填写的中文提名表及相关材料，提交给申报工作组进行审查。

4. 审查通过后，由工作组组织人员，对材料进行整理、翻译，正式填写英文提名表，编制相关附件，并印刷装订成册，一式6份。

---

① 本文选自《人与生物圈通讯》2001年特刊，中国人与生物圈国家委员会秘书处编。

三、签署及提交

1. 装订好的6份提名表,应该由主管部门、地方政府及当地社区、保护区等在相应位置进行签署。

2. 将4份签署的提名表提交至中国人与生物圈国家委员会秘书处,另2份分别由主管部门和保护区留存。

3. 中国人与生物圈国家委员会签署后,由秘书处正式提交给联合国教科文组织人与生物圈计划国际秘书处。

根据规定,每年的7月底以前正式提交到联合国教科文组织人与生物圈计划国际秘书处的提名表,将在当年内进行审批。

上述申报过程中所发生的费用,包括考察、翻译、制作、印刷、邮寄等,由提出申报的自然保护区承担。

联合国教科文组织领导的人与生物圈计划[①]（MAB）

一、人与生物圈计划概况

人与生物圈（MAB）计划是联合国教科文组织（UNESCO）自1971年起在全世界范围内开展的一项大型国际科学合作项目。其目的在于通过全球性的科学研究、培训及信息交流，为生物圈自然资源的合理利用与保护提供科学依据，同时为各国的自然资源的管理培养合格的专门人才。到目前为止，全世界已有113个国家成立了人与生物圈国家委员会，协调并推动人与生物圈计划在各国的发展。人与生物圈计划所提出的14个方面的研究课题，为当前世界自然资源—环境的研究奠定了基本轮廓，开展的具体课题达到几千个之多。同时，在人与生物圈计划的倡议和组织下，在全世界范围内开始建立生物圈保护区网。它不仅在遗传种质和生态系统的保护方面起到重要作用，同时也为环境监测培训和科学研究提供了必要的场地。目前，已有66个国家的261个保护区加入了生物圈保护区网，一个遍布于世界不同地理区域的生物圈保护区的系统网络正在形成。

特别需要提出的是人与生物圈计划，在长期实践中，形成了一套独特的指导思想和研究方法。其基本特点是：用生态学的方法研究人与环境之间的相互关系；用综合的、多科学的合作来解决当前自然资源和环境方面所面临的复杂的问题。在参加的人员方面，要求既有科学技术人员，又要与当地的生产者和决策者相结合。这些观点和作法贯彻在其开发的各项活动之中，并领导了当代世界自然资源研究的新潮流。

国际人与生物圈计划有其独特管理体系。该计划的最高的权力机构是人与生物圈国际协调理事会（简称ICC），它由30个理事国的代表所组成，理事国由教科文大会选举产生，教科文大会每两年举行一次，每次大会有15个理事国要重新进行选举，理事国可以连选连任。

人与生物圈协调理事会每两年举行一次。理事会通常是在巴黎的教科

---

① 本文选自金鉴明、王礼嫱、薛达元编著，《自然保护概论》第364～370页，北京：中国环境科学出版社1991年版。

文总部举行。每个理事国只有一票表决权,但可以根据需要派代表,其人数不限制。此外教科文组织的其他非理事国也可派观察员参加理事会。联合国与自然资源合理开发利用有关的其他国际组织,如:联合国环境规划署(UNEP)、联合国粮农组织(FAO)、联合国开发署(UNDP)、世界气象组织(WMO)、世界卫生组织(WHO)以及其他许多非政府组织也派观察员参加理事会,国际科联(ICSU)和国际自然及自然资源保护联盟(IUCN),作为理事会的咨询成员出席会议。

理事会的责任在于对 MAB 计划进行指导:确定重点研究项目;对有关国家开展的科研项目提出建议;对人与生物圈成员国的国际合作进行协调;并组织开展与其他国际组织和其他非政府组织间的磋商合作事宜。

理事会在开会期间要选举一名主席和四名副主席以及一名报告员,并由他们组成执行局,执行局的任务在于听取专家组的报告;对各国提出的生物圈保护区进行讨论和审评,并为下一届理事会做好准备工作。此外,执行局还要在理事会闭会期间完成理事会决定的其他方面的工作。

为了使人与生物圈计划建立在科学基础上并不断改进,人与生物圈计划还成立一系列专家顾问小组对该计划进行设计和咨询,这些专家组在人与生物圈计划实施的初期曾发挥了重要作用,到 1981 年专家组的工作基本结束。1984 年,第八届国际协调理事会又决定成立两个专家顾问组,第一个是总体科学顾问组,其任务是对人与生物圈的科学研究工作提出全面的咨询与建议,并提出今后人与生物圈研究的中期计划。第二个是生物圈保护区科学顾问组,其任务是对生物圈保护区选定的标准、对生物圈保护区网发挥的效益以及生物圈保护区行动计划的实施提出咨询与建议,同时在保护区提交执行局讨论之前,先在此科学顾问组中进行审核。

人与生物圈计划的日常组织管理工作由设在巴黎的联合国教科文总部的秘书处负责组织执行。其主要任务是为理事会执行局会议和各种工作组以及委员会提供必要的服务,如准备会议室,同声传译,准备和分发文件和报告;根据理事会的要求对各项科研计划进行协调;与各国 MAB 计划国家委员会保持联系,同时与各有关国际机构保持密切的联系。

教科文生态司为 MAB 计划提供秘书处,近几年来秘书处共有 10 名专业工作人员和 10~12 名秘书和办事员。专业人员是由农学、人类学、林学、地理学、人类生态学、植物生态学、动物学家等方面的专家组成。大部分工作人员都有较为丰富的国际经验,并曾在不同的国家从事过野外工作。每年专业工作人员都负责 MAB 计划的一个方面的工作,同时在地域上也有所分工。UNESCO设在不同地区的办事机构中也有专职人员在那里负责人与生物圈的工作,如非洲的达喀尔、内罗毕;拉丁美洲的蒙得维的亚以及东南亚(雅加达)等都设有这样的办事机构。有些国家的人与生物圈国家委员会有时也派有专家到巴黎国际秘书处进行短期工作。MAB计划组织结构见下图。

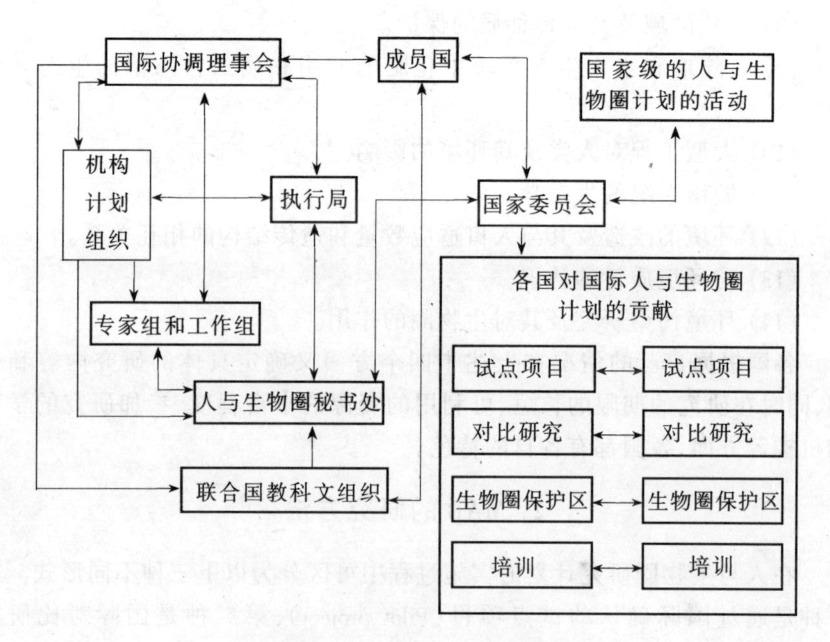

人与生物圈计划组织结构示意图

二、人与生物圈计划的研究领域

1. MAB研究项目

人与生物圈自1971年以来在以下14个领域中开展了大量的研究工作:

(1) 日益增长的人类活动对热带和亚热带森林生态系统的影响。

(2) 不同土地利用措施对温带和地中海森林景观的影响。

(3) 人类活动和土地利用措施对放牧地、热带稀树草原和草场(从温带到干旱地区)的影响。

(4) 人类活动对干旱和半干旱地区生态系统的动态变化的影响,特别强调灌溉的作用。

(5) 人类活动对湖泊、沼泽、河流、三角洲、河口和沿海地区的价值和资源的生态学影响。

(6) 人类活动对山地和冻原生态系统的影响。

(7) 岛屿与生态系统的生态学与合理利用。

(8) 自然区域及其遗传种质的保护。

(9) 在陆地和水生生态系统中化肥的使用和病虫害防治的生态学估计。

(10) 大型工程对人类及其环境的影响。

(11) 城市系统的生态学。

(12) 环境的改造及其与人口适应数量和遗传结构的相互关系。

(13) 对环境质量的认识。

(14) 环境污染研究及其对生物圈的作用。

各国根据自己的情况在上述十四个方面又确定具体的研究内容和范围,同时在研究的期限的长短、可利用的资源的丰富程度、参加研究的学科和机构等方面,各国都有各自的特色。

2. MAB 的研究方法

在人与生物圈研究计划的实施过程中可区分为以下三种不同形式。第一种是通过国际确认的试点项目(Pilot project);第二种是国际对比研究(Comparative study);第三种是各国自己开展的各种研究项目(National project)。

试点项目是人与生物圈计划国际合作的重点,列入国际人与生物圈试点的项目应该是在不同的层次上进行土地利用问题的研究,参加研究的人员包括自然科学和社会科学多种学科的专家以及计划工作者和当地的人民群众。这种多学科、多部门的综合试点项目是 MAB 对自然资源和环境科学研究方法的一个很重要的贡献。它把科学研究与不同范围地区的社会经济发展的需要结合起来并形成了所谓的 MAB 的工作方法。目前人与生物圈计划在全世界确定的试点项目共有 70 ~ 90 个。其中尤以刚果西南山地区域开发为主要内容的马由贝(Mayobe)项目、联邦德国以研究人类活动对柏格斯加登(Berchtesgaden)地区高山生态系统影响的柏格斯加登试点项目、泰国东北部的撒克拉特(Sakaerat)生物圈保护区进行的以研究热带森林的保护及城乡联系为主要目的的撒克拉特项目以及在委内瑞拉亚马逊地区研究植被的结构和动态、生长和生产力、营养元素循环、植被与小气候的相互关系等为主要研究内容的圣卡诺斯的内革罗(San Carlos de Rio Negro)等试点项目取得了较为突出的成果。

第二种方式是采用对比研究,即在不同地区进行同类课题的研究,以进行地区性的综合和国际性的科学合作,从而为生态学信息的重复性及其可比性提供科学理论和实践依据,并使生态学向预测的方向发展。

在对比研究方面较成功的例子是由联合国教科文组织人与生物圈计划与国际生物学联合会共同组织的通过生物学过程来改善热带土壤肥力以及热带稀树草原对自然和人为影响的反应的研究。在这些计划中有着较完善的总体设计,并提出了一系列需要解决的关键性的问题,这些对比研究不仅限于对现象的描述,更重要的是对这些现象给予了解释,并在参加国之间进行信息交流。

第三种类型的研究项目是由各个国家自己进行的。这部分工作由各国的人与生物圈国家委员会进行组织协调,并列为国际人与生物圈计划的组成部分。这种研究项目并不需要具备试点项目或对比项目的条件,但对各个国家来说则具有重要的作用。这些项目可以独立开展国际合作。国家级的人与生物圈项目比前两种类型的项目在数量上要多得多,但不同的国家在这方面的发展是极不平衡的,例如前苏联的人与生物圈的国家级项目接近1000个左右,而有些国家则只有几个或几十个。

3. 世界生物圈保护区网

人与生物圈计划开展的另一项重要工作是在全世界范围内建立生物圈保护区网。所谓生物圈保护区是指那些在自然保护和提供科学知识维持持续开发等方面有价值,并为联合国教科文组织所承认的陆地和海岸保护地域。生物圈保护区联合成一个世界范围的网络,具有自然保护、科学研究、监测、教育与培训,以及国际合作、信息交流等多方面的功能。

在选择和建立自然保护区时,最重要的标准包括保护区的代表性、多样性、自然性以及作为一个自然保护单位的有效性;另外还有一些次要的标准,包括该地区研究的历史、过去积累的信息、记载的情况、生态系统的调查情况、动植物区系调查和完成的研究项目等。到1986年10月份为止,全世界已有66个成员国建立了261个生物圈保护区。

4. 培训项目

人与生物圈计划自其开始之时,即对教育和培训工作给予极大的注意。随着认识的深化和条件的变化,人与生物圈计划关于教育和培训的观念也在不断发展和完善。

人与生物圈计划培训的目的是要帮助发展中国家培养资源管理方面的合格人才,并且介绍土地利用和可更新资源保护的新方法和新技术。人与生物圈计划与世界各地有关自然资源的合理利用与保护的培训班保持着密切的联系,并推荐科技和管理人员到有关培训中心去接受训练。人与生物圈计划特别强调把培训工作与科研结合起来,并利用保护区所提供的场地开展短期培训工作。该计划强调对青年的培训,并为青年科学工作者提供助学金,使他们能在高级专家的指导下参加有关研究工作。

除国家培训计划外,许多国家的人与生物圈委员会自己也举办各种类型的培训班,并通知其他国家的人与生物圈委员会,有时还能提供一定数量的资助。

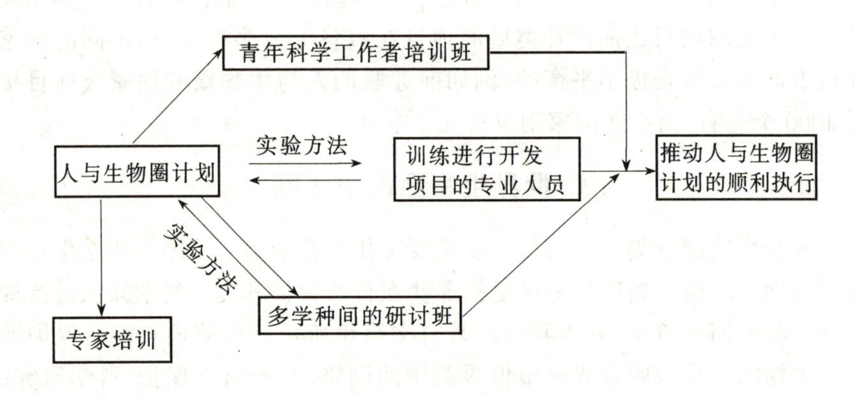

人与生物圈计划的培训工作

5. 信息交流

人与生物圈计划历来十分重视科研信息的交流,并采取多种多样的形式,以满足不同层次和不同方面读者的需求。自1971年人与生物圈计划发表第一本绿皮书《人与生物圈报告系列》以来,人与生物圈计划已发展成由10种不同的刊物和视听材料构成的信息系统。这一科学信息系统包括下列组成部分。

(1)《人与生物圈专著丛书》(MAB Book Series):丛书包括重要的研究报告和生态学的基本问题,自然资源管理,自然保护和人类生态学的现状与技术的调查,特别是对人与生物圈的综合性的生态学研究的成果给予特别的注意。

(2)《人与生物圈技术指南》(MAB Technical Notes):该系列创始于1974年,其内容侧重于传播人与生物圈的研究成果、研究方法和技术,其中也包括制图的方法和技术。本系列主要是用英文、法文出版,但有时也发表西班牙文本。

(3)《人与生物圈报告丛书》(绿皮书):该系列创始于1971年,主要是记载人与生物圈计划举办的各种会议的报告和建议,其中包括人与生物圈国际协调理事会、专家工作组、专门工作组、科学顾问小组的会议。这一丛书通常用英文、法文、西班牙文出版,有时也用阿拉伯文出版。

(4)《自然与资源》:这是联合国教科文组织自1971年起发行的一种季刊,其中包括人与生物圈计划、国际水文计划和国际地质对比计划专栏。

(5)《人与生物圈信息系统》(MAB信息系统):是一些不定期的系列刊物,它及时报道人与生物圈计划的一些最新消息,其中包括《人与生物圈计划的进展情况》(蓝皮书);《生物圈保护区》(红皮书);《人与生物圈国家委员会的组织结构》(黄皮书)以及人与生物圈文献目录。同时与法国自然历史博物馆合作建立了人与生物圈文献库。

(6)《人与生物圈通讯》(Into MAB):该通讯开始创办于1984年,每年三期,其宗旨在于迅速沟通国际人与生物圈计划与各国人与生物圈委员会之间的信息,其中包括项目的进展情况,有关会议、培训班和研讨会的通知,介绍出版的刊物,并附有简单的文摘。

(7)《人与生物圈计划文献目录》(MAB Publication Catalogue):这是用英法两种文本发表的人与生物圈计划主要著作的目录。

(8)《人与生物圈双年度报告》(MAB Biennial Report):该刊物自1986年开始发行,它以摘要的形式对MAB的工作进行综述。

(9)《人与生物圈计划介绍》:这是一本介绍人与生物圈计划的研究对象、组织和活动的小册子。

(10)其他视听材料:人与生物圈计划与有关单位合作发行了多种幻灯片,其中包括:

① 人和潮湿热带;

② 人:自然保护的关键;

③ 人在干旱地带:转变中的游牧民族等。

此外,人与生物圈与联合国教科文组织的其他单位和专业制片厂合作,通过科学纪录影片、录像带和电视节目向国际范围的广大读者传播其研究成果并把人与生物圈的综合的生态学方法应用到资源管理和自然保护中去。

三、人与生物圈计划研究工作的回顾与评价

为了进一步推动人与生物圈的研究工作,国际协调理事会第八次会议决定成立一个科学顾问组对人与生物圈过去的科研工作进行回顾与评价,以便引进新的概念、技术与方法,改进人与生物圈计划的工作,加强人与生物圈计划的科学与技术的联系。该组负责起草 1990 年以后的中期研究计划。

1. 明确成绩

专家小组对人与生物圈计划过去十五年的工作进行了评价,认为该计划自开展以来取得了较大的成绩,主要表现在:

(1) 明确生态学问题与社会科学之间的联系,从而越来越深入地了解并指出解决土地利用问题的新途径;

(2) 促进国家与国家间以及不同机构间在科学研究方面的协作;

(3) 为许多国家在自然资源与环境方面的研究工作提供了一个科学的轮廓;

(4) 在解决复杂的土地利用问题的方法方面起到了开拓者的作用。

2. 指出不足

该计划的不足之处在于:

(1) 项目的研究范围过于分散;

(2) 有些项目的科学水平还不够理想;

(3) 缺乏统一的科学标准来选择列入人与生物圈计划的项目并进行有效地评价;

(4) 人与生物圈的目标与现有的资源方面存在着很大的差距。

3. 今后发展方向

专家小组认为人与生物圈原定的 14 个题目偏重于生态学地带或自然地理单元,研究项目逐渐明确为潮湿和半潮湿热带、干旱和半干旱地带、城

市生态系统和生物圈保护区,但温带、海岸地区、山地和岛屿也应注意,这些课题无疑是具有其研究价值的。由于近来理论和方法的进步,许多国际计划现在成功地完成着过去只有人与生物圈计划承担的任务,教科文组织的财政限制要求它尽可能地把有限的资金应用到最需要的地方去;还有,最近在环境资源领域中出现了一些新的领域,人与生物圈计划应该在这方面起到主导作用;最后,人与生物圈在技术手段方面也要求进一步革新。基于上述理由,专家小组建议用原来的地理和生态系统维与以问题为主的维结合起来构成矩阵,重新考虑再建其研究结构。

这些重点的研究问题包括:

(1) 不同程度人类活动影响下生态系统的功能;

(2) 人类干预下的资源的管理与重建;

(3) 人类的投资与资源利用;

(4) 人类对环境压力的反应。

专家组对这四个方面的问题研究的意义、内容及研究的方法和技术进行了详细的论述。此外,另一个专家组对生物圈保护区的工作也作了系统的总结,并提出了今后继续开展的工作,特别是1990年后工作的建议。

综上所述可以看到,国际人与生物圈计划开展15年来取得了较大的成绩,但是也存在着不少的问题,它也在不断总结经验的基础上探索前进。从目前情况来看,人与生物圈计划将继续下去并已着手准备1990年以后的中期计划。

为了推动人与生物圈计划在我国的开展,我国于1978年成立了"中国人与生物圈国家委员会",并在中国科学院设立了秘书处。十多年来,已开展了许多工作。如组织有关研究项目加入人与生物圈计划,到1988年为止,先后列入我国人与生物圈计划的项目达17项,覆盖了国际14个研究领域中的10个;建立了7个"世界生物圈"保护区,如卧龙、梵净山、鼎湖山、武夷山、长白山、锡林格勒和博格达峰等自然保护区;组织了国内外广泛的学术交流,其中有影响的国际学术讨论会有五六次;举办了一些培训班,并输送一批中青年学者到国外培训;出版了一系列不定期刊物,其中包括《人与生物圈研究论文集》、《国际学术会议论文集》、《人与生物圈译丛》以及《人与生物圈简报》等刊物,对开展国内外交流起到了一定作用。

人与生物圈计划在我国开展以来,已经开展了许多工作,但是不论在广度和深度方面,都需要进一步努力,同时还可利用这一渠道推动国际交流,引进国外先进经验。1986年于巴黎举行的第九届国际协调理事会上,我国李文华教授被选为国际协调理事会主席和执行会主席,进一步说明了世界各国对我国的期望与要求。我们更应该利用这一大好形势,推动我国资源研究与环境科学的发展,并对人类做出较大的贡献。

生物圈保护区[①]

一、概 述

1971 年提出的人和生物圈(MAB)规划是一个世界范围内的国际科学合作规划,在生物圈的整个生物气候学和地理学范围内,从极地到热带,从岛屿、海滨到高山地区,从人口稀少的地区到人口稠密的地区,研究人和环境的关系。MAB 规划进行的研究,旨在为解决资源管理的实际问题提供所需要的情报,它还有助于填补对生态系统的结构和功能在认识上依然存在的重要空白,也有助于了解各种人为活动对环境的影响。MAB 规划的中心内容涉及研究规划的决策者和当地人民,现场培训和示范,学科的汇集,包括社会学、生态学、物理学以及与复杂的环境相关的学科。

支持 MAB 规划的国际协调理事会,在 1971 年第一届会议上决定,这个规划的研究题目之一是“保护自然区域和它所包含的基因物质”。在这个题目下,引入了生物圈保护区的概念。基于这种概念,规定了一系列的保护区,并由此构成了国际间的协调网络,能够说明自然保护的价值和它同开发的关系。它把自然保护同科学研究、环境监测、人员培训、实物示教、环境教育和地方合作结合起来,加上保护网有它自己的特点,所以说生物圈保护区的提出是一项创新。

因为生物圈保护区作为有代表性的生态区域还刚刚开始,所以国际生物圈保护区网在完成 MAB 规划时,首先把注意力集中在地理位置的选定上。

首批生物圈保护区是 1976 年指定的,以后一直稳定地增长到 1984 年。目前,全球共有 65 个国家的 243 个生物圈保护区。这期间,国际协调理事会加强了同自然保护和持续发展相关的其他国际组织的合作,特别是同世界粮农组织(FAO)、联合国环境规划署(UNEP)、国际自然与自然资源保护同盟(IUCN)的合作。这四个组织的代表,由生态保护小组召集定期会面,以协调行动。

---

① 本文选自刘双进、张康生编译,《世界自然保护》第 321 ~ 331 页,北京:中国科学技术出版社 1990 年版。

由于生物圈保护区对基因资源,特别是野生作物、森林物种和原种的保护有它们的贡献,同家畜也有密切关系,所以 FAO 有极大的兴趣。UNEP 正在普遍增加国际网络用于自然保护的投资,特别是利用可相比较的参数进行环境监测。IUCN 认为,生物圈保护区对于区域规划是有用的,在这种规划中,自然保护与持续发展直接联系在一起,这与世界保护战略是一致的。

因此,为了 FAO、UNEP、IUCN 和 UNESCO 的共同利益,在 1983 年召开了第一次生物圈保护区国际讨论会,总结过去 10 年的经验,并确定指导生物圈保护网进一步发展的基本方针。

二、生物圈保护区的特征

生物圈保护区的主要特征是:

(1) 生物圈保护区是指典型的大陆和沿海环境保护区,能支持持续发展,已被国际上承认具有自然保护价值,能提供科学知识和技能,并具有人类学保护价值的地区。

(2) 生物圈保护区联合构成世界保护网,这便于有关自然生态系统和人工生态系统的保护和管理情报的交流。

(3) 每一个生物圈保护区都包括一个世界生物地理省份内典型天然生态系统或破坏程度最小的生态系统(中心区域)的例子,还要尽可能地包括下述类型的区域:

① 特有分布和基因聚集的中心,或具有特别科学价值的独特自然环境的中心(可以是部分中心区域或整个中心区域);

② 适合于实际控制开发、评价和证明持续发展的地区;

③ 由传统的土地利用模式产生的和协景观的例子;

④ 适合于恢复到自然或接近自然条件的变态或衰退生态系统的例子。

总之,上述各种类型的区域为生物圈保护区发挥科学和管理功能奠定了基础。

(4) 每一个生物圈保护区应当大得足以作为有效的自然保护单位,并应具有该保护区长期变化测量标准的价值。

(5) 生物圈保护区应当提供生态研究、教育、示范和培训的机会。

(6) 缓冲区包括上述第 3 条中② ~ ④的任何一个地区或几个地区的组合,这些地区适合于或已用于研究。此外,缓冲区还包括大片未被开发但可用于发展合作活动的地区,这些合作活动要确保应以与上述第 3 条列举的其他保护区的保护和研究功能相一致的方式加以控制。这种复合利用区可包括各种农业活动、住宅区和其他用途,在空间和时间上还可有所变化,这样就形成了“合作区”或“影响带”。

(7) 生物圈保护区必须具有适当的长期性的法律、法规和制度上的保护,它可以与现有的或拟设置的保护区(如国家公园或研究保护地)一致起来,或是合并到这些保护区中。这是因为某些这样的保护区常常是自然景观未改变的最好实例,或是因为它们包含有适合于完成生物圈保护区各种功能的地区。

(8) 人应当被看做是生物圈保护区的组成部分。人构成最重要的景观成分,人的活动是保护区长期保护和合理利用的基础。人和他们的活动不应排斥在生物圈保护区之外,而是应当鼓励他们参加保护和管理。这样,才能确保自然保护活动有更大的社会支持。

(9) 一般,在生物圈保护区规划之后不需改变土地所有权或管理法令,为确保中心区和特别研究地的绝对保护需要改变的地区例外。

但是,上述特征对生物圈保护区概念广度的解释是不充分的。获得成功的生物圈保护区构成自然保护和开发利用协调结合的模式。这些模式提供世界自然保护战略(持续发展活动)应用的实例。

三、生物圈保护区的功能

1. 作为开放系统进行保护

人们很早就清楚,如果各种生物体和生态系统仅有的安全地带是多环境类型的保护区,那么它们就不能得到永久满意的保护。尽管如此,这还是迄今为止实际上广泛采用的惟一途径。如果基因保护在经受天然和人为的环境变化中获得成功,那么就需要一个比较开放的自然保护系统。在这个系统中,未受破坏的自然生态区域可以由协调应用的区域所环绕。生物圈保护区提供这样的条件。大概它应当被看做是典型生态景观区不太严格的保护区。在生态景观保护区内,土地利用是受控制的,控制的程度可以从完全保护到集约型持续生产变化。在某些环境条件下,生物圈保护区甚至不需接连成片,而可以彼此分离(生物圈保护区的“群集概念”)。如果需在不断变化的条件下确保自然保护,这种分级控制就为所需要的处理提供了灵活性。

因为生物圈保护区包含某一生物地理区域内特有植物区系和动物区系

的主要部分，所以它们是重要的基因物质库。这些资源正在用来开发新的医药、工业化学品、建筑材料、食品来源、昆虫控制剂，并在有助于改善人类生活的其他产品中不断找到新的应用。生物圈保护区的基因资源还可为在本地物种已经灭绝的地区重新移植这种物种提供基因物质，因而会增加区域生态系统的稳定性和多样性。生物圈保护区与其他类型的保护区相结合形成局部性的或区域性的保护网，它能保护互补的生态系统和生态多样性的各个物种。

生物圈保护区一个独特的功能是保护传统的土地利用体系，解释土生种群同环境间的协调关系。这些系统常常反映人类长期经验，可为提高现代土地利用的生产力和自养能力，改善经营管理提供有巨大价值的情报。除了为科学研究提供重要的场所外，这些地区还可帮助部分当地居民培养他们传统的自尊心，通过合理地利用科学技术，还能在以尊重其传统的前提下，为改善他们的生活方式提供基础。

2. 研究和监测功能

由于生物圈保护区安全可靠，规模较大，所保护的区域没有人类活动的严重破坏，所以可为监测生物圈物理和生态组成的变化提供理想的场所。它们的保护和科学使命使生物圈保护区成为汇集科学情报特别有吸引力的地方。科学家们可以确信，与其他大部分地区相比，在保护区内将考虑研究场地的整体性，所收集的数据将输入到科学价值正在提高的数据库。随着土地利用的变化和人类影响逐渐减少，合适监测点的可用性、生物圈保护区的科学价值将会增加。

在大部分保护区内，科学研究是第二位的功能，目的是为与保护区本身资源——管理直接相关的问题提供有用的情报。在生物圈保护区内，鼓励开展涉及自然科学和社会科学的交叉学科的研究，以提出大范围内自然区域生态系统持续保护的模式。生物圈保护区为协调研究提供场所，包括确定保护生态多样性需要的研究，评价污染对生态系统结构和功能影响的研究，评价传统的和现代的土地利用实践对生态系统工艺影响的研究，开发受破坏地区的永续生产系统的研究。

此外，国际保护网为在世界不同的地方对相类似的问题进行比较研究，为验证标准化和传送新的方法学，为协调情报管理系统的发展提供基础。

3. 教育和培训功能

生物圈保护区可作为教育和培训科学家、资源管理人员、保护区管理人员、访问人员和当地居民的重要中心场所。着重强调保护区内发展教育和培训的规划。这些规划的性质取决于生物圈保护区及其周围地区具体的条件、能力和要求。但是,下面一些活动一般都受到鼓励:

(1) 科研人员和专业人员的培训;

(2) 环境教育;

(3) 示范和推广;

(4) 对依照招工就业规定补充的当地人员进行培训。

4. 合作功能

合作不仅可起到综合其他功能的作用,而且生物圈保护区概念还蕴藏着道义上的力量。生物圈保护区的地位可为改善局部的、区域的和国际间的合作提供基础。各类保护区在管理方面的合作正在增强,但是,生物圈保护区的合作在某些方面不同于其他保护区,主要表现在:

(1) 这种合作从一开始就具体而明显地体现在生物圈保护区的概念中。与别的保护区不同,它是整个生物圈的基本部分,在培养我们后代个人的责任心方面起着关键的作用。

(2) 在局部和区域水平上的合作有广泛的基础,这会涉及不同的行业和不同观点的人。所做的努力旨在寻求处理特定的生物地理区域反映的复杂而相互关联的环境、土地利用和社会经济问题。由于这个原因,在规划和执行生物圈保护区设计思想时,所涉及的行业范围具体地包括生物圈保护区的管理人员、自然和社会科学家、资源管理者、环境和开发工作者、政府决策人和当地人民。这些人员的合作建立在需要综合地考虑该生物地理区域的自然保护与开发以及共同承认生物圈保护区价值的基础之上。通过这些合作努力,生物圈保护区周围的地区最终会得到发展,这说明在受控地带可实现合作活动和土地的协调利用。当更多的参加者在建设生物圈保护区中合作的时候,这个地区的空间尺寸就会扩大。为完成生物圈保护区的使命,合作网的发展是一个无休止的过程。

(3) 生物圈保护区还可以促进建立适当的机构,以便组织政府部门和科研单位的技术力量,为特定地区的生态系统利用和管理问题提供咨询。

(4) 所有的生物圈保护区都是国际网的一部分,这为各生物地理区内部和彼此之间的联络奠定了基础。所进行的合作包括共享技术和情报,制定协调的监测和研究规划,为共同感兴趣的问题提供加工情报。生物圈保护区特别适合承担的任务是:共同监测地区和全球污染物及其对自然生态系统和受控生态系统的影响,生态系统的联合模拟、评价和预测,可再生资源各种管理体系的比较评价。合作的内容还包括学者的交流和培训,以促进生物圈保护区的选择及其功能的开发。

四、生物圈保护区行动计划

在这个行动计划的规划大纲中,主要有三种推动力有助于生物圈保护区思想的落实,并可提高持续发展的效能,它们是:改善和扩大保护网;利用保护网增加知识;使生物圈保护区有效地显示出保护和开发的综合价值。

1. 改善和扩大保护网

行动规划的一个主要目标是改善和扩大世界生物圈保护区的面积。采取的途径是纳入以下的地区:

(1) 每个世界生物地理区域中有代表性的生态地区,包括自然状态和某种程度人为改造状态的地区;

(2) 特有物种分布和基因富集地中心;

(3) 具备生物圈保护区全部功能的地区。

2. 为保护生态系统和生物多样性提供基本知识

许多行动涉及获取和传播有用的知识,特别是:

(1) 利用生物圈保护区对选定的生物、化学和物理变量进行全球背景值监测;

(2) 进行基本生态过程的研究,这可应用于管理和“自然保护科学”;

(3) 监测管理的结果和效率;

(4) 汇集有关物种和生态系统应用的传统知识;

(5) 通过范例、出版物、其他广泛的宣传形式培训或交流工作人员和当地居民,传播所有这些知识。通过建立示范性生物圈保护区,向更多的公众说明这些作用。

3. 通过生物圈保护区将自然保护和开发更有效地联结起来

现有和新建的生物圈保护区将以各种不同的方式发挥更大的作用:

(1) 确保生物圈保护区达到标准并作为标准使用,而不像其他种类的保护区;

(2) 通过法律和管理手段或两者相结合对保护区实施有效的保护;

(3) 连结自然保护和开发的目标;

(4) 提高管理效率,监测管理标准;

(5) 把生活在生物圈保护区内和周围地区人民的传统经验引入到目前和以后的管理中;

(6) 确保受生物圈保护区影响的当地居民理解和参与保护。

虽然我们可以预期,生物圈保护区将长期建立并维持下去,但是行动计划将集中介绍 1985 ~ 1989 年这一时期的行动,这与联合国系统的中期环境规划以及几个发起组织的中期规划相一致。某些行动将由联合国组织(特别是 UNESCO、UNEP、FAO、WHO 和 WMO)和 IUCN 发起和承担。对世界自然保护战略和其他有关行动计划(如联合国防止沙漠化计划)的适当要求给予了应有的考虑。但是,大部分行动是各国自己的事情,它们将按照自己决定的次序去完成。因而,成功与否在很大程度上取决于政府的支持,包括它们的国内政策、参与国际组织的政府部门所处的地位、申请和提供的技术援助。

这个行动计划提出了一系列的建议行动,由各国政府和国际组织完成,从而可使生物圈保护区更好地发挥作用。有了相应的投资和国际支持,到 1989 年这些建议大部分实现之后会取得显著的进步。建议在 1990 年召开会议,总结所取得的成就,确定以后行动的方向。

各国政府在完成生物圈保护区的行动中都规定了自己的重点,这些行动都将对世界范围的保护网做出应有的贡献,使得各合作国都能共享它们的成果。但是,从国际的观点看,每一个生物圈保护区都应当完成最低的一组活动,包括:

(1) 植物区系和动物区系物种的基本储量以及它们目前的和传统的利用,以提供进一步开展研究、监测和情报活动的基础;

(2) 确定监测关键生态参数的程序;

(3) 编写研究史,要具体地说明已进行了什么样的研究工作,包括有关出版物的完整书目,以及其他正在进行的试验规划,特别是国内和国际间 MAB 规划所属项目的相互关系;

(4) 确定研究设施和研究规划,概括今后五年设想的研究活动;

(5) 确定适合于当地需要和条件的培训和教育计划;

(6) 制定管理计划,要具体地说明在发挥生物圈保护区功能中采取的步骤(这对现有的管理规划常常不需很大的变动)。

五、目标和行动

第一个目标:国际网

提高生物圈保护区国际网在全球生态系统保护中的作用。

尽管在过去10年间,为使政府意识到生物圈保护区的重要性,促进生物圈保护区的建立,开展了强有力的工作,但保护网仍然存在许多空白和不足。

(1) 许多重要的典型生态尚未包括进来,特别是沿海和水域地区的生态系统;

(2) 迄今只有几个生物圈保护区适用于它们想达到的全部目的;

(3) 已建立的保护区中包含很复杂的生物多样性和特性分布中心的还不多,特别是重要的经济植物和动物野生族聚集的中心更少;

(4) 生物圈保护区概念及其保护网的重要性还没有被充分认识,所以许多国家尚未做出响应。有些国家提出的地区也仅是从土地利用的好处中部分获利。

这是一个重要的目标,因为没有完整的保护网,许多其他目标就不能全部满足。因此,这方面的行动是极为重要的。当然宣传生物圈保护区的宗旨,强化保护区的功能,是永远不会完结的任务。但是,到1990年,为以后的活动打下坚实的基础应当是完全可能的。

建议采取的行动:

行动1: 为了提供在所有的生物地理区域内合理选择生物圈保护区的基础,IUCN应当会同UNEP编写和发布:

(1) 陆地上"典型生态区域"的分类;

(2) 沿海区域空隙地带和海洋环境中"典型生态区域"的分类。

行动2: 为了迅速地推进和有计划地扩大生物圈保护区网,UNESCO、UNEP、FAO和IUCN应当协调它们计划内的行动,并提出阶段规划,以识别典型生态系统与生物圈保护区功能之间的差距,并据此评价提出模拟行动。这些评价的结果应当广为发布。

行动 3：应当促进政府采取适当的行动去弥补典型生态系统同生物圈保护区功能之间的差距。为此，应鼓励它们同邻国政府进行协商与合作，以提出一个彼此相关的协调途径。政府还应当提出改进和加速生物圈保护区选择的基本情报，而且应当利用遥感的最新成就。

行动 4：为了确定主要区域，包括科学和基因多样性的一系列生物圈保护区，第一步应由 FAO 和 IUCN 对特有分布的中心和经济物种野生族聚集的中心提出全面的调查报告。示范性规划应从一个生物地理区域和几组有选择的生物体开始，在完成之后，如果适合的话，UNESCO、UNEP、FAO 和 IUCN 应当提出进一步的规划，将示范活动扩展到世界上其他地区，并扩大试验的生物体。

行动 5：为了使水上和湿地的生物圈保护区网比目前更完整、更有效，IUCN 应当组成工作组去考察与这些保护区相关的具体管理、法规和技术问题，并提出解决这些问题的方针。

行动 6：UNESCO 应立即组成生物圈保护区科学顾问委员会，以便研究确定生物圈保护区选择和管理的标准，评价建立新生物圈保护区的意见，及时地评述保护区的效能。

第二个目标：管理

改进和提高现有和新建生物圈保护区的管理水平，以适应其多功能的要求。

生物圈保护区的长期安全保护，通过法律手段、条例和管理机构来确保，这些都直接应用于生物圈保护区或它的独立管理单位和土地所有者。在许多国家，一般为国家公园、生物研究和其他保护区制定的法律和管理措施都适用于生物圈保护区。在没有这些措施的地方，应当对想要推荐为生物圈保护区的地区预先有针对性地制定相应的措施。

在中心地带和研究区域的周围，把鼓励对生物圈保护区的保护和研究功能不产生有害影响的利用和活动作为目标。这些地区的保护，可采用促进与生物圈保护区兼容制土地利用的各种法规和条例。但是，缓冲带和周围地区常常是多用途的地区，这里的兼容制利用取决于为保护生物圈保护区而自愿采取的合作。涉及法律手段、管理条例和自愿合作彼此结合的各种情况也可能存在，这取决于保护区具体的生态、社会经济、文化和专业范围。对沿海地区特殊的海洋环境，应制定特殊的措施，其相邻的沿海区域及其集水盆地也要适当保护。

建议采取的行动:

行动 7: 为确保生物圈保护区的保护和管理有适当的基础,要鼓励政府和相应的管理人员评论与生物圈保护区有关的法律措施,并进行必要的修正。

行动 8: 为了评价现有法律是否够用,并帮助制定新的法规,IUCN 应当会同 FAO 在适当的地方收集和整理有关生物圈保护区管理需要的情报,以及为保护生物圈保护区而采取的法律措施和为满足生物圈保护区的管理可以接受的管理制度等情报,FAO、IUCN和 UNESCO 应当使这种情报用于申请和编写出版相应问题的指南。

行动 9: 为提高生物圈保护区的多功能效率,应当要求 MAB 国家委员会评价现有生物圈保护区的管理,提出管理指南,采纳提高管理水平的实施措施。管理水平应与制约保护区的法律、行政、生态、文化和社会经济等条件相适应。

行动 10: 为了使生物圈保护区的管理工作提高到尽可能高的标准,FAO 和 IUCN 应当会同 UNEP 和 UNESCO 帮助生物圈保护区的管理人员对四个选定的生物圈保护区提出模拟管理计划,以概括不同的目的。选定的四个生物圈保护区应分布在不同的地区。

行动 11: UNESCO 应会同 UNEP、FAO 和 IUCN 继续向有关政府派出使者,对生物圈保护区国家体系的选择、确定、立法和管理以及各个保护区的建立和管理提出意见。生物圈保护区应当被推荐为任何国家自然保护战略的组成部分。

第三个目标:现场保护

促进生物圈保护区内主要物种和生态系统的保护。

不同物种所需的空间以及种群(包括遗传可变种群和遗传基因可充分保留的种群)的大小有很大不同,这些考虑对生物圈保护区的选择(大小、形状、内部的不均匀性)和它们的管理都是非常重要的。一般地说,保护区越小,物种越均一,就需要更多的管理。特殊的问题与许多脊椎动物,特别是与捕食性哺乳动物和捕食鸟相联系。有一些地区需要进行更多的研究,许多新的知识和经验正在这里不断地积累起来。

在相同种群场内和场外的保护部门之间,需要比现在更密切的合作和更多的情报交流。

建议采取的行动:

行动 12: 为了确保重要物种和生态系统的现场保护,应要求政府对具有重大价值或处在危险境地的物种和生态系统采取特别紧急措施。

行动 13: 为了说明现场保护重要经济物种野生族的原理和方法,应由FAO 会同 UNEP 制定示范性规划,以便在现有的或将来的生物圈保护区内示范这些物种得以保护的管理技术。

行动 14: FAO 应当会同 UNESCO 在生物圈保护区(现场保护选定的物种)和研究机构(讨论相同物种的场外保护)之间建立情报交流机构。

第四个目标:研究

促进生物圈保护区内关于保护科学和生态学的协调研究规划。

发挥生物圈保护区研究功能的作用具有头等重要的意义。根据 MAB 规划的目标,生物圈保护区为完成长期的基础和应用研究规划提供安全的保护地,从而为这些自然和受控生态系统的持续利用和长期保护提供科学基础。

由生物圈长期研究规划获得的数据,对于预测环境变化和趋势,提出对人类社会可能产生的影响模式,具有特别重要的意义。

生物圈保护区在提供国际比较研究体制方面的作用是特别重要的。这种研究包括某生物圈保护区内自然和受控生态系统之间的比较,以及具有类似生态特征或生态问题的保护网内各个生物圈保护区之间的比较。为获得较大的共同利益,在生物圈保护区网内承担的 MAB 研究可以同其他的国际研究规划联合进行。

建议采取的行动:

行动 15: 为了发掘生物圈保护区网的研究潜力,应鼓励各国政府建立双边的或多边的合作示范规划,涉及的内容包括:

(1) 基础研究和应用研究;

(2) 受控和自然生态系统的比较研究;

(3) 生态特征相似或生态问题类同的生物圈保护区的比较研究;

(4) 新技术(如遥感和模拟)在这些研究中的应用;

(5) 北一南、南一南、北一北连锁研究和教育的发展与扩大。

行动 16: UNESCO 应力图从其他研究机构调集资源支持有关政府在选定的生物圈保护区对 MAB 规划确认的重点研究课题(如热带高山和土壤的生态过程,连续性和再生,多用途植物,受损生态系统的复原等)进行研究,以便增强 MAB 规划的内聚力。

行动 17：UNESCO 应当会同 FAO、WHO 和 IUCN 提出并坚持对生物圈保护区内存在的植物和动物分类群进行登记注册，其内容应当包括生态学的基本情报，这些分类群的分布和状态，并适当注意那些农业和医学上有潜在价值的群落。此外，UNESCO 还应当会同这些机构对这些分类群利用（传统的和现代的）的情报进行系统地收集和储存，并应建立数据库和情报服务机构，汇集并传播这些情报。

行动 18：UNESCO 应当会同 UNEP 对生态多样性保护有关科学的发展进行总结，并应发表有关现代技术水平和行动建议的评述。

行动 19：UNESCO 应力图从其他研究机构调集一些设备去支持有关政府进行生物圈保护区自然保护科学的研究，重点是对保护区的确定和基因资源的管理有指导意义的研究。

行动 20：为了说明发展是怎样以地方经验为基础的，UNESCO 应当会同 UNEP 支持国家政府部门着手小规模试验计划，以证明传统利用的经验如何与现代科学研究相结合，从而对地方资源进行持续性合理利用。

行动 21：为了促进受损生态系统的复原，UNESCO 应当鼓励政府在这种系统进行现场研究，并建立相应的机构，对生物圈保护区有关成功经验的情报进行交流和宣传。

第五个目标：监测

在生物圈保护区开展监测活动是为了给科学研究和管理提供基础，更好地认识环境的变化。

许多生物圈保护区由于它们的科研目标和保护状态，对于全球生态化学循环、生态过程和人类活动对生物圈（特别是作为监测污染物背景值的那些地方）影响的长期监测具有特别重要的意义。充分而正常地发挥它们的作用，就会对全球的监测做出很大贡献，还可以为遥感和其他目的提供可靠的地面数据。因此，需要同 UNEP（GENS 规划）、WMO（世界气象规划）、FAO 和其他组织密切合作。

建议采取的行动：

行动 22：为了使生物圈保护区对国际环境监测规划做出最大的贡献，UNEP（GENS）和 UNESCO 应当鼓励政府设法使它们所属的生物圈保护区适合于全球环境监测规划。UNEP 应当与 FAO、WHO、WMO、IUCN 以及其他感兴趣的组织合作，开展以下活动：

(1) 确定投资省、易于长期监测而对全球又具有科学意义的参数，设计适当的监测程序；

(2) 提出标准的、可靠的、广泛应用而又保质保量收集和比较数据的方法；

(3) 选择适合于这项工作的生物圈保护区，促进同有关政府共同使用这些地区；

(4) 寻求生物圈保护区中不同生态系统构成(如杂乱废物、土壤、大气和水等)的非生物和生物参数监测的器材、物质、技术保证，包括环境变化的生态指标。

行动 23： 为了增加它对生物圈总体监测的贡献，WMO 应当进一步提供监测大气组成所需要的方法学和设备，并应着手收集和分析有关的数据。WMO 还应当尽可能适当地利用生物圈保护区进行大气的背景值监测和气候的长期监测。

第六个目标：区域规划

提高生物圈保护区在区域规划和发展中的作用。

强化生物圈保护区功能的农村综合发展规划是确保生物圈保护区思想取得胜利的关键措施。生物圈保护区最有价值的特点之一，是依据当地人民所处生态系统的持续管理以及这里的动植物特征和价值的知识，为综合保护和开发提供最佳途径。当这些知识适当辅以现代科学和技术时，就应当能够更好地用于生态系统的建设，并能保持它们本质的特征。这些活动都应当以对当地人民有利而为他们所接受的方式来完成。这些措施还有利于保护经济作物的早期栽培品种。这种发展途径对世界上许多正在发展的地区是特别合适的，而且，对发达国家中某些不被重视的乡村地区也有益处。

这种途径可以采取下述几种方式中的任何一种，例如：

(1) 以保存当地大量植物区系和动物区系或保护植被特征的方式，提高为当地采纳的农业系统的生产力；

(2) 在应当作为基因保护区绝对保护的中心地区周围发展对当地居民有利而为他们所接受的高生产力持续土地利用方式；

(3) 将生物圈保护区与大型开发规划联系起来，以确保这些规划项目含有适合于保护和持续利用当地生态系统的自然环境。

根据生物圈保护区的概念和含义，它对当地居民具有经济和社会效益，而且也具有示范持续发展的价值，以决定在更大的生物地理区域开展自然保护。虽然生物圈保护区具有这些固有的利益，但还需要对它们加以宣传。

生物圈保护区为证明可由自然和受控生态系统的保护获得经济效益提供了基础。

建议采取的行动：

行动 24：为了证明生物圈保护区在综合区域规划中的价值，政府应当把现有的生物圈保护区发展成为补偿发展和持续发展的模式。这些模式应当被用来证明自然保护的经济效益和社会效益。在尚未建立生物圈保护区的地方，政府应当确定这样的地区，还要为此而推荐综合自然保护（包括保护区）和乡村发展已获成功的规划，或具有这种潜力的规划。

行动 25：为了确保大型发展规划包含自然保护所需要的自然环境，世界银行和其他国际性或地区性开发投资组织应当确保，由它们投资的任何开发规划不应影响现有生物圈保护区的基本功能。这些组织应当支持作为减轻由它们投资的任何开发规划（影响主要生态系统）不利生态影响的补充手段而建立生物圈保护区，它们还应考虑支持包括有助于发挥生物圈保护区全部功能的这类生物圈保护区在内的乡村发展规划。

第七个目标：地方合作

促进当地参与生物圈保护区的管理。

为使生物圈保护区取得成功，最重要的要使当地人民能够接受。这往往是不容易的，原因是多方面的。如短期的经济目标和自然保护之间可能存有矛盾；不同地方土地利用的观点或许有所不同；地方和国家的利益可能发生分歧。重要的问题不仅是要接连不断地对话，包括接触、理解和想像，还要认真地考虑和规划。

而且，这种地方合作是不太稳定的，人口的增长，预期要求的改变，技术和通讯的改善，外界的经济压力，都会改变土地利用的方式和地方上对经营重点的认识。生物圈保护区应当能够协调这些变化，允许当地居民调整人口和经济结构，而不破坏环境。

建议采取的行动：

行动 26：为了得到居住在或邻近于生物圈保护区的人民许诺，政府应当确保鼓励这些人参与该地区的规划和管理。在可能的地方，他们应当参与科学研究、监测和保护区开展的其他各项活动。而且，政府应当鼓励建立咨询机构，这样，与当地人民的矛盾就可获得解决，他们不断变化的思想也会在保护区的管理中有所反映。

行动 27：UNESCO 应当会同有关政府制定生物圈保护区方面的小规模

试验计划，以验证当地人民成功的参与，并应传授这些方面的知识和技能。

行动 28： UNESCO 应当会同政府搜集和宣传有关成功安排咨询与合作的信息，UNESCO 应特别鼓励在不同的社会、经济和文化条件下，为发挥生物圈保护区的功能，进行研究机构与当地人民合作方式的研究。

第八个目标：环境教育和培训

促进与生物圈保护区相关的环境教育和培训，为此目的充分挖掘保护区的潜力。

生物圈保护区在环境教育以及专家和专业人员的培训方面起着重要的作用。它可向当地居民灌输保护自然区域和持续发展对他们是有利的思想。当地居民应当意识到，他们居住的地区具有更广泛的国家重要性和国际重要性。生物圈保护区在对各类人员的教育方面应比目前发挥更大的作用。

保护网还可为培训资源管理者和科研工作者提供理想的条件。由于保护网的这些特点，就有更多的机会去分享世界上其他地方可相比较的生态系统和类似条件下的工作经验，并有可能在具有共同问题或一致兴趣的两个或更多的研究机构之间，在国际培训方面发展特殊的关系。

建议采取的行动：

行动 29： UNESCO 应当支持政府强化生物圈保护区的环境教育功能，并提供适当的条件，提高当地居民和来访者的认识。

行动 30： UNESCO 应当支持政府把自然保护作为全部教育课程的一门主课，要特别强调生物圈保护区概念和网的作用，并在生物圈保护区培训生态和生命科学方面的专家以及未来生物圈保护区的管理人员。

第九个目标：情报

充分利用保护网的潜力汇集和传播保护区保护和管理的知识，通过情报和实物验证加深对生物圈保护区概念的理解。

生物圈保护区网的重要作用是汇集和传播知识，情报网的这个概念把生物圈保护区同其他保护区区分开来。应当充分地发挥生物圈保护区网情报的潜力。

重要的是，要把从生物圈保护区获取的情报以科学文献或指南和手册的形式发表出去，并为不同的读者提供有吸引力和说明力的材料。私人间的接触也是重要的。各生物圈保护区之间人员的交流，在促进管理技能和经验的交流上起着重要的作用。

建议采取的行动:

行动 31: UNESCO 应当会同 UNEP 和 IUCN 编写和提供一些小册子和视听材料,向广大读者解释生物圈保护区网的特点和功能。

行动 32: 为建立生物圈保护区情报系统,UNESCO 应当:

(1) 为收集、储存、综合、评价和传送有关生物圈保护区情报的分散系统确定合适的结构;

(2) 确定有关特种情报的各种可能用户和受益者;

(3) 建立适当的机构,确保这种情报输送到预定用户手中。

行动 33: 应当要求政府建立生物圈保护区情报系统,提供以下各种类型的情报:

(1) 与生物圈保护区概念直接相关的出版物和视听材料;

(2) 每一个生物圈保护区的地理、生态(包括物种目录)和社会特征的基本情报;

(3) 与各个生物圈保护区相关的科学文献书目;

(4) 生物圈保护区的法律和行政措施;

(5) 管理规划细则;

(6) 有关研究和监测的历史。

行动 34: UNESCO 应当利用已有的情报系统去传播与生物圈保护区相关的科学出版物和资料。

行动 35: UNESCO 应当鼓励政府开发模拟生物圈保护区,借以向国际科学团体、国家和地方领导人、政治家和决策人证明生物圈保护区对自然保护、科学和社会的作用以及国际重要性。

世界典型保护区实例[①]

一、美国阿拉斯加兰格尔—圣埃利斯国家公园保护区

1. 公园概貌

兰格尔—圣埃利斯国家公园保护区,包括兰格尔和圣埃利斯的自然地理单元以及阿拉斯加中南部山脉。它东与克卢思国家公园交界,南临阿拉斯加湾,北与蒂特林低地交界。兰格尔—圣埃利斯国家公园保护区和克卢思国家公园的总面积约为650万公顷,1979年,联合国教科文组织已将整个这一区域定为国际世界自然历史遗产保护区。

山脉、冰河和冰原是那里的主要景观。该公园内有北美一些最高的山峰(4900米以上),其中包括圣埃利斯山(5489米)。北美一些最大、最长的冰河起源于这些山峰的侧面。

该地区有十多条主要排水河系。它们都是宽阔的冰川起源河流,流动时夹带上源头冰河冲落下来的大量砂石。

在海拔较低的非永久冻土区域,生长着白云杉、纸皮桦、胶杨和欧洲山杨。以永久冻土为基础的排水性差的地带,维持着黑云杉—生草丛群落,而海拔1500米以上则多为高山植物高地,主要的野生哺乳动物包括:加拿大盘羊、麇、棕熊、黑熊、北美驯鹿、石山羊和狼。

2. 用于确定公园边界的生态标准

最初研究的是阿拉斯加中南部一个面积为700万公顷的区域,它的两边要么是自然边界要么是政治边界。其东面为加拿大边界,南面为阿拉斯加湾。在公园边界确定过程中,采用四项基本标准。这些标准与建议同用于其他规划研究的那些标准是相似的。

(1) **国家重要资源**　采用的一条主要标准是,公园边界应包括国家重

---

① 本文选自刘双进、张康生编译,《世界自然保护》第332~344页,北京:中国科学技术出版社1990年版。

要资源，还应为这些资源提供环境。这一标准是 NPS 规划政策的基本原则。1906 年的《古迹法》也有类似规定，该法被用作建立国家纪念物保护区的基础。

一个地区风景优美是其具有国家意义的一个要素，兰格尔在这方面是令人赞叹的。但仅美学因素可能不足以使一个地区成为公园，关键在于该地区可为观察地质、水文和生态过程的作用提供独特的机会，这些过程长期以来一直以相同的作用形式，改变这一地区的景观。这类过程的作用力极大，只有进一步了解它们，才能长期保证管理决策的改进。

例如，在冰河后退和推进过程中，以及在森林覆盖的冰碛和冰水沉积的产生与毁灭过程中，可以看到地质过程的作用，兰格尔山脉的几个火山峰是火山学家们所感兴趣的，尤其是对兰格尔山二十年的研究，获得了热不断聚集的证据。

当世界河流越来越从属于人类社会需要（建坝发电、灌溉或航运，或用于输送废物）时，兰格尔提供了一个鲜明的对照。在那里，所有河系都处于原始未控状态。侵蚀、沉积、泛滥和水道改变，继续改变着景观。这些有力地证明了水文过程的作用力，同时，也说明人类偏爱在泛滥平原上开发是极端愚蠢的。

生态演替过程在新形成的冰碛、冰雪崩塌和浅湖以及海岸沿线主要冰川凹处是显而易见的。退缩的冰河显露出的古森林表明，这些过程是循环的。周期性被天火烧毁过的大片土地，增加了植物镶嵌性。虽然受到人类影响，但在适宜的食肉动物种群量情况下，动物种群量的自然控制依然是现实的。

(2) 完整的生态系统 采用的第二条标准是，潜在公园的规模和地形应包括动物群落所需的所有生境属性。近年来，人们已开展了几项旨在确定自然保护区和公园最佳规模和形状（尤其就野生生物保护而论）的研究。但这些研究涉及的是相同营养水平的物种，而且，所考虑的是较为相似的地形。Kitchener 等人发现，在澳大利亚不同保护区内观察到的哺乳动物物种丰富性方面的差异，72% 是保护区规模所致。他们的研究结果表明，至少需要 40000 公顷的保护区，来保护澳大利亚西南部的哺乳动物群体，这一群体在人类适度干扰下可以继续存在。该动物群体包括大多数小型哺乳动物和惟一一种食肉动物。

最初，由于缺乏兰格尔野生生物方面的资料以及该地区自然地理的巨大差异历史性地限制了不同动物物种间的相互影响，也最大限度减少了外部干扰,决定了需要采取以定性为主的间接方法,例如,测定主要物种的生境需求量以及绘制生境地图,被用来确定保护不同物种所需的土地面积。一项重要考虑是公园内需要同时包括有蹄动物冬季牧场和夏季牧场,这一点是为自由漫游的食肉动物提供足够大的完整区域所需要的。

由于该地区范围大和偏僻,所以大大依靠了遥感技术,其中包括 LANDSAT 数据的数字分析和高空红外彩色照相的手工读译,目的是为了绘制植物群落地图以及确定和划分生境类型。主要通过 1976~1979 年间春末至秋初沿已建立的条形样区进行的空中调查,来观察野生动物、它们的迁移以及生境的利用。这一资料被用来更新阿拉斯加渔业和狩猎局先前收集的关于该地区的资料(很多是未公布的)。

(3) **社会—经济考虑** 第三条标准强调了该州社会—经济和政治气候必需的因素。这是部分需要的。因为该州在考虑如此之多的新的大公园的情况下,存在这样一个重要问题:公园单位的严格管理应(用行话说)“搁死”宝贵的石油、天然气、矿物和木材资源。根据这一标准,所进行的土地选择旨在最大限度减少现有的或潜在的资源冲突,还研究了可最大限度减少与当地居民长期利用某些资源相冲突的管理战略。

避开矿藏极为丰富的地区,曾是没有什么困难的,部分为对它们的竞争所致。那时,外阿拉斯加管道线正在建造,阿拉斯加州各地正为公众利益和私人利益而广泛开采矿物和石油。规划过程和随后的国会听证,广泛依靠“美国地质调查的阿拉斯加矿物资源评价规划”的数据,以便鉴别矿物蕴藏量大的区域。令人吃惊的是,除少数地区外,可在不违反其他标准的情况下,将矿物和石油与天然气蕴藏量大的地区排除在潜在公园之外。在长期文化传统基础上或为游乐,而避免与可再生资源利用者的冲突,则困难得多。

兰格尔现有主要娱乐用途之一的娱乐性狩猎,构成了主要冲突。事实上,可以断定,与建立阿拉斯加公园有关的最大的争论就是娱乐性狩猎。美国国家公园历来禁止娱乐性狩猎。在兰格尔,猎取加拿大盘羊,是娱乐性狩猎问题最重要的部分。该州每年捕获的 1300 只动物,平均 29%左右是在这一地区。在该地区,大约 60 名导游员至少可以部分时间工作。这些数字以及当地压力和国家压力,使得从政治需要出发,要么继续为娱乐性狩猎(尤其是加拿大盘羊)提供机会,要么建立生态完整性降低的小得多的公园。为了应付这一僵局,有人提出一种称之为“保护区”的土地管理类型。除了根据州法规允许娱乐性狩猎外,保护区土地的管理限制与国家公园相同。

在过去十年中,阿拉斯加捕鱼和狩猎局已将狩猎者人数、捕获物种类和成功率、捕获物位置、狩猎者住处和狩猎的其他很多特性的记录汇编成册。历来只为该州大区域(“狩猎管理单位”)归纳总结这些数据,人们利用这类数据来确定季节限制和猎物总量限制。这些数据可以按狩猎位置进一步细分(例如,按河流流域或山脊),并以这种形式确定不同地区狩猎者的利用率和成功率。

这些数据是关于麋、石山羊、加拿大盘羊、北美驯鹿、棕熊和黑熊等六种动物的,而且是单独分析的。在地图上标注出的每次狩猎和捕获猎物的位置,这可以清楚地显示兰格尔不同地区的狩猎压力和捕获成功率。根据这些分析,我们可以将捕获率和狩猎利用率最高的地区纳入保护区,这样它们就能继续对狩猎者开放。由于加拿大盘羊的数量较大,它们作为猎物对象对导游行业具有的重要意义,所以在决策中占有很大分量。还将石山羊量多且易进入的地区纳入公园(非狩猎的),供游览者观赏,并为比较未来的狩猎影响提供根据。

在整个规划过程中,人们努力把人类及文化需求看成是自然系统的一部分。虽然兰格尔地区的人口密度很低(整个规划区内不到500人),但散居于整个地区的家庭历来依靠自然资源维持生活。用来处理资源利用(如娱乐性狩猎)的管理政策,反映了对这种利用重要性的认识,也可看出这里的社会环境不同于传统公园及其周围的社会环境。

人们用“生计”这个词来包括这类局部性资源利用。有关方面进行了一些研究,目的在于确认这些生计利用者、所利用的资源及其利用所产生的影响。在所通过的法规中,已包括在生计性利用者提供权利的适当的法律保证,与此同时,规定了旨在保护特定资源免遭开发的措施。

根据该法规,阿拉斯加所有被划分为国家公园的地区,除生计性利用外,一律禁止捕获野生生物。该法的条款规定:NPS管辖区生计性捕鱼和捕获野生生物,将优先于为其他目的而获取这类资源。允许生计性利用者合理进入公地,包括利用雪车、汽船或其他常见的陆上交通工具。但应指出,大部分阿拉斯加平民没有完全一致接受该法中很多关于生计的规定。

(4) 娱乐性利用 采用的第四条标准是,规划公园界内应包括可用于建造旅游观光设施的土地和可为各种娱乐活动提供机会的土地。

目前的娱乐性利用(非消费性的)很少,但每年都大大增加,尤其是随着对阿拉斯加那些地区进行的全国性宣传。当前的娱乐性利用包括徒步旅行、摄影和登山。确定娱乐潜力的一种方法是,研制一种计算机模拟模型,用来在几种因素(包括易进入性、开发水平和国家不同的经济考虑)基础上预测可能的游览情况。这一模型是通过利用阿拉斯加麦金莱山国家公园(现称德纳利国家公园)的数据编制出的,根据各种发展战略和经济因素,用这些数据外推来模拟兰格尔的游览情况。在预计的平均条件下,在开放的头五年后,每年的游览人数预计约为25000人。

在潜在娱乐性利用的规划过程中,对整个兰格尔地区进行了广泛的实地调查,从而根据娱乐潜力制定了该地区分区计划。在该计划中,筹划了步行小径和河流渡口,并确定了进入点。

现在,这一地区被正式指定为国家公园,正在开始配备当地工作人员,并将继续研究资金许可情况,从而制定该公园正式管理计划。

二、澳大利亚卡卡杜国家公园

卡卡杜国家公园位于澳大利亚北部达尔文市正东约220英里处,占地面积为6144平方公里。由于欧洲移民曾将卡卡杜视为废地,所以它被"进步"所忽视。这一忽略保留了澳大利亚最重要的遗留土著文化中心之一,而且无意之中为后代留下了丰富的自然遗产。澳大利亚其他地方的这类自然遗产正在迅速消失。

该公园是澳大利亚少数几个较未受到干扰的热带地区之一,并且是南半球最重要的湿地之一。它既是野生生物重要的栖息地,又是土著居民重要的生活场所。例如,该公园250种鸟类中的很多在其他地方受到威胁。人类住区可以追溯到近4万年以前,这使得卡卡杜成为澳大利亚最早土著居民遗址的一个考古博物馆。

1. 公园地理与气候

卡卡杜国家公园从范迪门湾向南延伸150多公里,它拥有五种主要土地类型:潮滩、漫滩、低地、悬崖和带有外露层的高原。

潮滩通过海滨线之后和之间的河流沉积物的大量淤积而形成,粗沉积物沿这些河流形成天然冲积堤。流过这些冲积堤的天然河渠让潮水淹没潮滩。一条独特的植物分布带与咸度梯度有关。

漫滩是老年期低地地貌的一个主要特征,它向海洋方向延伸,与潮滩合为一体。漫滩上常常有河曲带、河套、漫滩沼泽和天然冲积堤。

最广泛的土地类型是偶尔带有小石岭和小山脊的起伏不平的低地。雨季期间,泛滥扩展到大面积地区,但到旱季结束时,永久性水被局限在一些死水潭和水坑中。阿纳姆陆地高原的侵蚀和退缩,产生了该公园最特殊的地貌特征——一条长达500多公里的悬崖,其南部高度约为200米,北部高度不足100米。

阿纳姆陆地高原的西部(一般高度为250~300米)也延伸进该公园。古代砂岩的接缝已导致带有一些深河谷的格构状排水形式。

气候为季风型:旱季从5月至10月,雨季从12月至来年3月。4月与11月为过渡月。由于土著居民至少认识六个以不同气候条件和生态变化为依据的季节,所以欧洲人的"雨季"和"旱季"概念是最为简单的。

1979年4月5日,在传统的土著居民做出一种前所未有的姿态——将这一地区租借给澳大利亚国家公园和野生生物管理局局长之后,卡卡杜被宣布为国家公园。在此之前,该公园整个地区实际所有权已授予卡卡杜土地托拉斯。接着,卡卡杜于1981年10月成为世界遗产保留地。

2. 自然财富

卡卡杜国家公园拥有丰富的动物和植物,它为澳大利亚若干濒危或特有物种提供保护。该公园还包括澳大利亚北部自然遗产中有代表性的重要部分。由于澳大利亚很多热带地区已处于日益增长的开发压力之下,所以保护有代表性的生态系统是一项重要任务。

(1) **动物** 该公园为50多种哺乳动物、75种爬行动物、22种两栖动物和大约4800~5000种昆虫提供保护。该公园已鉴别出250多种鸟类,占澳大利亚已发现鸟类总数的1/3以上。天然淡水鱼种数占全国鱼类总数的1/4。

该公园内繁殖的四种鸟类——青鵰、岩鸽、草欧鶮和蜜雀,大部分局限在这一地区。

湿地是澳大利亚若干稀有热带水鸟的主要保护区,其中包括鹊鹅和啸鸣鸭。

在哺乳动物中,若干有袋动物(例如黑大袋鼠和岩鷏)局限在悬崖和外露层的岩石坡上。

澳大利亚两种鳄鱼——海湾鳄鱼和淡水鳄鱼都出现在该公园。虽然1977~1979年进行的淡水鳄鱼种群量的调查表明,由于早期无控制的捕杀,其数量正在减少,但最近的数据表明淡水鳄鱼种群量有希望得到恢复。

(2) **植物** 虽然该公园已记录了大约1000种植物,但在完成全面和综合性调查之前,还需做很多工作。卡卡杜的植物种类丰富,尤其是因林地而变化。沿海雨林和砂岩雨林是公园中最重要的两个稀有植被群落。沿海雨林出现在沿海大约30公里范围内的小块地区中,常常是位于低地和漫滩的结合处。它以拥有很多物种的稠密的常绿群落以及自然生长的棕榈树为特征。相比之下,砂岩雨林则出现在高原的小块地区中,沿悬崖而生以及生长在外露层周围。砂岩雨林以桃金娘科常绿树为主,这种树仅在过去十年中才得到描述。

其他重要的植物群落包括:红树林、海马齿属、欧石南属和拥有众多白千层树株的血皮槭林。

3. 文化财富

卡卡杜的文化财富就像其自然遗产一样引人注目。澳大利亚北部这块特定地区至少已被土著居民占据4万年,该公园包括一批极好的土著人岩画以及很多具有科学意义的考古遗址。

(1) 土著人岩画 卡卡杜土著人岩画遗址构成了一个以古老历史和巨大空间而著称的国际文化源泉。考古调查已发现2.5万年前用来绘画的诸石片。有关人员已确定一块浸透赭红的磨石的年代约为1.8万年。卡卡杜土著人岩画显然与欧洲伟大的旧石器遗址一样古老,其中一些可能是世界上最古老的。遗憾的是,在后来的雨季中被雨水冲刷掉了。

岩画还起着卡卡杜迷人的历史图画记录的作用。当进行这些早期绘画时,澳大利亚与新几内亚还连为一体,海岸线再向北大约300公里。这一时期岩画的特征是较小的、带有精制衣裙和头饰的人类画像。武器和工具包括标枪、飞镖和装柄的石斧等。鸸鹋、袋狸和针鼹等是最常画的动物,而蛇和鱼则很少画。

就像地貌发生变化一样,岩画中的主要动物特征也会变化,值得一提的塔斯马尼亚虎岩画。这种动物在澳大利亚大陆灭绝已有1千多年,目前在塔斯马尼亚可能也已灭绝。岩画中的一些大袋鼠状动物。当代土著居民已无法加以鉴别,这表明其他一些动物也已渐渐被人们所忘却。

7千多年前,当海面开始上升时,淡水小溪和河流泛滥,从而成为盐沼和海湾。从这时起的岩画则以咸水鳄鱼和其他一些海湾动物为特征。

几百年前,小海湾变为淡水沼泽和水坑,只有在雨季泛滥期间才与潮汐河段接触。岩画中的盐沼动物和海湾动物逐渐被淡水动物(主要是鹅和鸭)所取代。

最后一个阶段的岩画反映了印度尼西亚南苏拉威西的马卡萨人和欧洲人的到来以及他们的技术——船只、服饰和来福枪。

(2) 考古遗址 卡卡杜国家公园由于遗址种类繁多和历史古老而成为考古奇观。考古发掘已揭示了澳大利亚人最早的住区和最古老的斧子实例。

土著人占据地常常与岩画联系在一起,因为它们主要位于山洞内和有遮盖的悬崖与外露层上。这些占据地还分布在潮滩和漫滩各地,它们的整个范围仍然是个谜。

4. 公园面临的主要问题

从管理角度鉴别该公园面临的最严重的环境问题比较容易,但要应付这类问题则相当麻烦。主要问题包括:凶悍的动物、火、天然原因和人为原因导致的岩画受损以及该公园内一座城镇的建立(它为正好位于该公园边界外的铀矿服务)。

(1) 凶悍的动物 19 世纪 20 年代,作为食物来源和作为最初住区的牵引动物而引进澳大利亚北部的亚洲野水牛,已广泛分布于当地,并大大改变了卡卡杜自然环境状况。

野水牛践踏已导致天然堤坝的破坏,进而导致咸水侵入淡水沼泽,致使那里以槭树林为主的植被死亡。这还加速了海湾平原的排水和干枯,从而使得野火频频发生。野水牛在死水潭中打滚和觅食,破坏了堤岸,并使水中充满细泥,从而抑制水生植物的生长。野水牛破坏已减少了若干种植物的分布,例如以前为数众多的莲属和百合属。

有关方面已采取控制措施来减少该公园的野水牛数,自从卡卡杜公园建立以来,每年大约枪杀或迁移走 5000 头野水牛。先捕捉这些野水牛,然后屠宰供人们食用,或枪杀作为宠畜的食物。公园工作人员从事这类地区野水牛的射杀,即在那里,活捉、射杀作为宠畜食物或其他商业性捕杀,是不可行的或不理想的。允许生活在该地区的土著居民捕杀野水牛用作食物。引入的野猪也是一种令人讨厌的动物,必须在连续不断的基础上剔除其中的蹩脚货。

(2) 火 几个世纪来,该公园的动物和植物一直受火制约。火曾是土著居民一种重要的管理手段,火的使用主要依据气候、植物和动物群落而定。土著居民将火用于下列目的:驱赶猎物和帮助狩猎;清除野营区的植物;让其他土著居民知道他们居住在那里,并维护他们传统住区主权;保护自己住区的“清洁”;以及保护特定资源,例如通过在郁闭雨林周围烧出隔离带来对之加以保护。

由于欧洲殖民主义者的到来,这些精心发展的火管理方法被破坏了。不过,现在公园工作人员仍征求当地土著居民的建议,以帮助确定合适的火管理规划。

该公园野火的控制只能通过审慎使用火来达到。一般说来,公园政策的目的在于重新建立土著人传统火烧制度(只要适用)。公园正在旱季初期较凉月份中执行一项用受控火烧法减少火灾情况下干植物数量的规划。这在某种程度上已减少了旱季无法控制的热致火灾的危险。

(3) 岩画遗址的破坏 水、隐花植物生长、昆虫、植物生长、凶悍动物和人所造成的破坏,都在使卡卡杜岩画遗址的财富丧失。罪魁祸首是水,水冲洗岩石表面,刷走那些未粘住岩石表面的颜料。从岩石毛细结构中缓慢通过的溶解盐,可能会促使基岩破裂,或促使矿物盐沉积在岩画面上,水藻和真菌进一步促使岩石瓦解。这种所谓的隐花植物在雨季生长最为旺盛。水分和温度还决定昆虫活动,例如黄蜂常常将其泥巢建在岩画表面。

灌丛、树木、藤本植物、匍匐植物和块根植物等,有时覆盖在岩画表面,叶子和枝条摩擦岩画表面。讨厌的水牛会因摩擦掉颜料而破坏一些岩画。

人类主要破坏是无意造成的,因为人们往往自然而然想去触摸这些岩画。

迄今为止,有关方面已制定若干项保护性措施。其中包括:安装人工滴水管,以便将水流从易受破坏的岩画表面分流开;将易遭野水牛破坏的岩画遗址装上栅栏;用手去除那些损害岩画的植物;以及在现场更好地指导游客。昆虫的破坏仍处在调查阶段。

(4) 加比卢镇 加比卢镇是在该地区被宣布为国家公园后为了给该公园周围已开发的铀矿提供服务而建立的。然而如果处理不当,这可能会成为卡卡杜的祸根。除了在国家公园内建立一座城镇所产生的直接环境影响外,还需要在未来管理活动中对不断增加的居民人口的存在给予认真考虑。曾制定过用以支配该镇过去、现在和将来活动的严格的指导方针。但只有严格的现行管理政策才能最大限度减少这类脆弱环境中现代人类住区所产生的不可避免的破坏。

5. 土著居民参与公园管理

传统土著主人曾首先提出:如果他们在该公园所占土地所有权方面获胜的话,他们会将这一土地租借给国家公园和野生生物管理局局长。传统土著主人指示代表他们利益的"北方土地委员会"(NLC)在土地所有权听证会上提出这一建议。提出这种安排的一个原因是,他们认为,面对不断增加和相互竞争的利益,靠他们自己将无法充分管理和照料这片土地。他们懂得:在这一地区建立国家公园,是创造一种符合他们愿望和维护他们利益的管理制度。

在政府决定将该地区的所有权授予土著居民之后,政府就土地租借的期限和条件与NLC进行了详细磋商。作为磋商的一部分,澳大利亚国家公园和野生生物管理局(ANPWS)制定了一份该公园初步管理计划草案,提出了未来管理建议。这些建议一般已被NLC所接受,1978年11月3日,国家公园和野生生物管理局局长与NLC主席签署了一项租借协议。

根据这一租借协议的条款,国家公园和野生生物管理局局长承担了某些义务,其中包括:对当地土著居民进行必要的技术训练,以便使他们能帮助管理公园;在承认传统土著主人特殊需要和文化的条件下,根据实际需要尽可能多地雇用这些人;促进非土著人了解和熟悉土著人传统、文化和语言;雇用土著居民参与公园解释规划;定期与NLC商议政策,以便考虑传统土著主人们的意见;适当考虑传统主人们利用公园和在整个公园内活动的需要。根据这一协议,土著居民在咨询和就业方面参与公园的规划和管理。

在进行任何一项影响土著人的开发和管理行动之前,需要得到土著人同意。根据所提出的方案或行动,可能要与个别传统主人、主人团体——"加古朱"协会(该公园内所有传统主人都属这一协会)或NLC进行磋商。传统主人们决定磋商的等级。他们还利用这种协商过程提出他们自己对该公园的建议。

土著居民通过永久性指派到ANPWS或通过临时雇用或合同雇用方式在该公园内工作。该公园长期雇用了11名土著人,其中8名为巡逻骑兵,3名为高级顾问。

为传统主人选出的、教育基础和经验极为不同的土著居民提供为期十二个月的公园管理基本训练,这在澳大利亚是首次。两期训练班已结束,最近已开始举办第三期(有4名受训者)。ANPWS有一位专门训练土著人的官员负责这种训练班。

其他土著居民一般临时承担一些特殊工作,年长的土著主人则根据合同提供专门建议。土著人和非土著人就业的条款和条件是相同的。

卡卡杜在进行一项独特的联合管理试验。可以用下面这一事实来评价这项已取得某些成功的试验:生活在该公园内的土著居民人数,已从宣布成立公园之时的大约100人增加到1982年11月的273人。

世界自然宪章[①]

（1982年10月28日联合国大会通过）

大会重申联合国的基本宗旨，特别是维持国际和平与安全、发展各国间友好关系和进行国际合作以解决经济、社会、文化、技术、知识或人道方面的国际问题等宗旨。

认识到：

(a) 人类是自然的一部分，生命有赖于自然系统的功能维持不坠，以保证能源和养料的供应；

(b) 文明起源于自然，自然塑造了人类的文化，一切艺术和科学成就都受到自然的影响，人类与大自然和谐相处，才有最好的机会发挥创造力和得到休息与娱乐。

深信：

(a) 每种生命形式都是独特的，无论对人类的价值如何，都应得到尊重，为了给予其他有机体这样的承认，人类必须受行为道德准则的约束；

(b) 人类的行为或行为的后果，能够改变自然，耗尽自然资源；因此，人类必须充分认识到迫切需要维持大自然的稳定和素质，以及养护自然资源。

确信：

(a) 从大自然得到持久益处有赖于维持基本的生态过程和生命维持系统，也有赖于生命形式的多种多样，而人类过度开发或破坏生境会危害上述现象；

(b) 如果由于过度消耗和滥用自然资源以及各国和各国人民间未能建立起适当的经济秩序而使自然系统退化，文明的经济、社会、政治结构就会崩溃；

(c) 争夺稀有的资源会造成冲突，而养护大自然和自然资源则有助于伸张正义和维持和平，但只有在人类学会和平相处、摒弃战争和军备以后才能实现。

---

① 本文选自《中国缔结和签署的国际环境条约集》第393～394页，国家环境保护总局政策法规司编，学苑出版社1999年7月版。

重申人类必须学会如何维持和增进他们利用自然资源的能力,同时保证能够保存各种物种和生态系统以造福今世和后代;

坚信有必要在国家和国际、个人和集体、公共和私人各级上采取适当措施,以保护大自然和促进这个领域内的国际合作;

为此目的,兹通过本《世界自然宪章》,宣布下列养护原则,指导和判断人类一切影响自然的行为。

一、一般原则

1. 应尊重大自然,不得损害大自然的基本过程。

2. 地球上的遗传活力不得加以损害;不论野生或家养,各种生命形式都必须至少维持其足以生存繁衍的数量,为此目的应该保障必要的生境。

3. 各项养护原则适用于地球上一切地区,包括陆地和海洋;独特地区、所有各种类生态系统的典型地带、罕见或有灭绝危险物种的生境,应受特别保护。

4. 对人类所利用的生态系统和有机体以及陆地、海洋和大气资源,应设法使其达到并维持最适宜的持续生产率,但不得危及与其共存的其他生态系统或物种的完整性。

5. 应保护大自然,使其免于因战争或其他敌对活动而退化。

二、功　　能

6. 在决策过程中应认识到,只有确保自然系统适当发挥功能,并遵守本《宪章》载列的各项原则,才能够满足人类的需要。

7. 在规划和进行社会经济发展活动时,应适当考虑到养护自然是这些活动的一个组成部分。

8. 在制定经济发展、人口增长和提高生活水平的长期计划时,应适当考虑到自然系统须确有使有关人口的生存和居住的长期能力,同时认识到这种能力可以通过科学和技术加以提高。

9. 应计划地分配地球上各地区作何用途,并应适当考虑到有关地区的实质限制、生物生殖率和多样性以及自然美。

10. 自然资源不得浪费,应符合本《宪章》载列的原则,按照下列规则有节制地加以使用:

(a) 生物资源的利用,不得超过其天然再生能力;

(b) 应采取措施保持土壤的长期肥力和有机分解作用,并防止侵蚀和一切其他形式的退化,以维持或提高土壤的生产率;

(c) 使用时并不消耗的资源,包括水资源,应将其回收利用或再循环;

(d) 使用时会消耗的不可再生资源,应考虑到这些资源是否丰富、是否有可能合理地加以加工用于消费、其开发与自然系统的发挥功能是否相容等因素而有节制地开发。

11. 应控制那些可能影响大自然的活动,并应采用能尽量减轻对大自然构成重大危险或其他不利影响的现有最优良技术,特别是:

(a) 应避免那些可能对大自然造成不可挽回的损害的活动;

(b) 在进行可能对大自然构成重大危险的活动之前应先彻底调查;这种活动的倡议者必须证明预期的益处超过大自然可能受到的损害;如果不能完全了解可能造成的不利影响,活动即不得进行;

(c) 在进行可能干扰大自然的活动之前应先估计后果,事先尽早研究发展项目对环境的影响;如确定要进行这些活动,则应周密计划之后再进行,以便最大限度地减低可能造成的不利影响;

(d) 农、牧、林、渔业的活动应配合各自地区的自然特征和限制因素;

(e) 因人类活动而退化的地区应予恢复,用于能配合其自然潜力并符合受损害居民福利的作用。

12. 应避免向自然系统排放污染物:

(a) 如不得不排放污染物,应使用最佳的可行方法,于产生污染物的原地加以处理;

(b) 应采取特殊预防措施,防止排放放射性或有毒废料。

13. 旨在预防、控制或限制自然灾害、虫害和病害的措施,应针对这些灾害的成因,并应避免对大自然产生有害的副作用。

三、实　施

14. 本《宪章》载列的各项原则应列入每个国家的以及国际一级的法律中,并予实行。

15. 有关大自然的知识应以一切可能手段广为传播,特别是应进行生态教育,使其成为普通教育的一个组成部分。

16. 所有规划工作都应将拟订养护大自然的战略、建立生态系统的清单、评估拟议的政策和活动对大自然的影响等列为基本要素;所有这些要素都应以适当方式及时公告周知,以便得到有效的咨商和参与。

17. 应提供必要的资金、计划和行政结构以实现养护大自然的目的。

18. 应经常努力进行科学研究以增进有关大自然的知识,并不受任何限制地广为传播这种知识。

19. 应密切监测自然过程、生态系统和物种的状况,以便尽早察觉退化或受威胁情况,保证及时干预,并便利对养护政策和方法的评价。

20. 应避免进行损及大自然的军事活动。

21. 各国和有此能力的其他公共机构、国际组织、个人、团体和公司都应:

(a) 通过共同活动和其他有关活动,包括交换情报和协商,合作进行养护大自然的工作;

(b) 制定可能对大自然有不利影响的产品和制作程序的标准,以及议定评估这种影响的方法;

(c) 实施有关的养护大自然和保护环境的国际法律规定;

(d) 确保在其管辖或控制下的活动不损害别国境内或国家管辖范围以外地区的自然系统;

(e) 保护和养护位于国家管辖范围以外地区的大自然。

22. 在充分照顾到各国对其自然资源主权的情形下,每个国家均应通过本国主管机构并与其他国家合作,执行《宪章》的各项规定。

23. 人人都应当有机会按照本国法律个别地或集体地参加拟订与其环境直接有关的决定;遇到此种环境受损或退化时,应有办法诉请补救。

24. 人人有义务按照本《宪章》的规定行事;人人都应个别地或集体地采取行动,或通过参与政治生活,尽力保证达到本《宪章》的目标和要求。

关于特别是作为水禽栖息地的国际重要湿地公约[①]

（1971年2月2日订于拉姆萨，经1982年3月12日议定书修正）

各缔约国，承认人类同其环境的相互依存关系：

考虑到湿地的调节水份循环和维持湿地特有的动植物特别是水禽栖息地的基本生态功能。

相信湿地为具有巨大经济、文化、科学及娱乐价值的资源，其损失将不可弥补；

期望现在及将来阻止湿地的被逐步侵蚀及丧失；

承认季节性迁徙中的水禽可能超越国界，因此应被视为国际性资源；

确信远见卓识的国内政策与协调一致的国际行动相结合能够确保对湿地及其动植物的保护。

兹协议如下：

第一条

1. 为本公约的目的，湿地系指不问其为天然或人工、常久或暂时之沼泽地、湿原、泥炭地或水域地带，带有或静止或流动、或为淡水，半咸水或咸水水体者，包括低潮时水深不超过6米的水域。

2. 为本公约的目的，水禽系指生态学上依赖于湿地的鸟类。

第二条

1. 各缔约国应指定其领域内的适当湿地列入由依第八条所设管理局保管的国际重要湿地名册，下称"名册"。每一湿地的界线应精确记述并标记在地图上，并可包括邻接湿地的河湖沿岸、沿海区域以及湿地范围的岛域或低潮时水深不超过6米的水域，特别是当其具有水禽栖息地意义时。

2. 选入名册的湿地应根据其在生态学上、植物学上、湖沼学上和水文学上的国际意义。首先应选入在所有季节对水禽具有国际重要性的湿地。

---

① 本文选自《中国缔结和签署的国际环境条约集》第118～120页，国家环境保护总局政策法规司编，学苑出版社1999年7月版。

3. 选入名册的湿地不妨碍湿地所在地缔约国的专属主权权利。

4. 各缔约国按第九条规定签署本公约或交存批准书或加入书时,应至少指定一处湿地列入名册。

5. 任何缔约国应有权将其境内的湿地增列入名册,扩大已列名册的湿地的界线或由于紧急的国家利益将已列入名册的湿地撤销或缩小其范围,并应尽早将任何上述变更通知第八条规定的负责执行局职责的有关组织或政府。

6. 各缔约国在指定列入名册的湿地时或行使变更名册中与其领土内湿地有关的记录时,应考虑其对水禽迁徙种群的养护、管理和合理利用的国际责任。

第三条

1. 缔约国应制定并实施其计划以促进已列入名册的湿地的养护并尽可能地促进其境内湿地的合理利用。

2. 如其境内的及列入名册的任何湿地的生态特征由于技术发展、污染和其他人类干扰而已经改变,正在改变或将可能改变,各缔约国应尽早相互通报。有关这些变化的情况,应不延迟地转告按第八条所规定的负责执行局职责的组织或政府。

第四条

1. 缔约国应设置湿地自然保护区,无论该湿地是否已列入名册,以促进湿地和水禽的养护并应对其进行充分的监护。

2. 缔约国因其紧急的国家利益需对已列入名册的湿地撤销或缩小其范围时,应尽可能地补偿湿地资源的任何丧失,特别是应为水禽及保护原栖息地适当部分而在同一地区或在其他地方设立另外的自然保护区。

3. 缔约国应鼓励关于湿地及其动植物的研究及数据资料和出版物的交换。

4. 缔约国应努力通过管理增加适当湿地上水禽的数量。

5. 缔约国应促进能胜任湿地研究、管理及监护人员的训练。

第五条

缔约国应就履行本公约的义务相互协商,特别是当一片湿地跨越一个以上缔约国领土或多个缔约国共处同一水系时。同时,他们应尽力协调和支持有关养护湿地及其动植物的现行和未来政策与规定。

第六条

1. 缔约国应在必要时召集关于养护湿地和水禽的会议。

2. 这种会议应是咨询性的,并除其他外,有权:

A. 讨论本公约的实施情况;

B. 讨论名册之增加和变更事项;

C. 审议关于依第三条第2款所规定的列入名册湿地生态学特征变化的情况;

D. 向缔约国提出关于湿地及其动植物的养护、管理和合理利用的一般性或具体建议;

E. 要求有关国际机构就影响湿地、本质上属于国际性的事项编制报告和统计资料。

3. 缔约国应确保对湿地管理负有责任的各级机构知晓并考虑上述会议关于湿地及其动植物的养护、管理和合理利用的建议。

第七条

1. 缔约国出席这种会议的代表,应包括以其科学、行政或其他适当职务所获得知识和经验而成为湿地或水禽方面专家的人士。

2. 出席会议的每一缔约国均应有一票表决权,建议以所投票数的简单多数通过,但须不少于半数的缔约国参加投票。

第八条

1. 保护自然和自然资源国际联盟应履行本公约执行局的职责,直至全体缔约国三分之二多数委派其他组织或政府时止。

2. 执行局职责除其他外,应为:

A. 协助召集和组织第六条规定的会议;

B. 保管国际重要湿地名册并接受缔约国根据第二条第5款的规定对已列入名册的湿地增加、扩大、撤销或缩小的通知;

C. 接受缔约国根据第三条第2款规定对已列入名册的湿地的生态特征发生任何变化的通知;

D. 将名册的任何改变或名册内湿地特征的变化通知所有的缔约国,并安排这些事宜在下次会议上讨论;

E. 将会议关于名册变更或名册内湿地特征变化的建议告知各有关缔约国。

第九条

1. 本公约将无限期开放供签署。

2. 联合国或某一专门机构、国际原子能机构的任一成员国或国际法院的规约当事国均可以下述方式成为本公约的缔约方:

A. 签署无须批准；

B. 签署有待批准，随后再予批准；

C. 加入。

3. 批准或加入应以向联合国教育科学及文化组织的总干事(以下简称“保存机关”)交存批准或加入文书为生效。

第十条

1. 本公约应自七个国家根据第九条第 2 款成为本公约缔约国四个月后生效。

2. 此后，本公约应在其签署无须批准或交存批准书或加入书之日后四个月对各缔约国生效。

第十条之二

1. 公约可按照本条在为此目的召开的缔约国会议上予以修正。

2. 修正建议可以由任何缔约国提出。

3. 所提修正案文及其理由应提交给履行执行局职责的组织或政府(以下称为执行局)并立即由执行局转送所有缔约国。缔约国对案文的任何评论应在执行局将修正案转交缔约国之日三个月内交给执行局。执行局应于提交评论最后一日后立即将至该日所提交的所有评论转交各缔约国。

4. 审议按照第 3 款所转交的修正案的缔约国会议应由执行局根据三分之一缔约国的书面请求召集。执行局应就会议的时间和地点同缔约国协商。

5. 修正案以出席并参加投票的缔约国三分之二多数通过。

6. 通过的修正案应于三分之二缔约国向保存机关交存接受书之日后第四个月的第一天对接受的缔约国生效。对在三分之二的缔约国交存接受书之后交存接受书的缔约国，修正案应于其交存接受书之日后第四个月的第一天生效。

第十一条

1. 本公约将无限期有效。

2. 任何缔约国可以于公约对其生效之日起五年后以书面通知保存机关退出本公约。退出应于保存机关收到退出通知之日后四个月生效。

第十二条

1. 保存机关应尽快将以下事项通知签署和加入本公约的所有国家：

A. 公约的签署；

B. 公约批准书的交存；

C. 公约加入书的交存；

D. 公约的生效日期；

E. 退出公约的通知。

2. 一俟本公约开始生效，保存人应按照联合国宪章第 102 条将本公约向联合国秘书处登记。

下列签字者经正式授权，谨签字于本公约，以资证明。

1971 年 2 月 2 日订于拉姆萨，正本一份，以英文、法文、德文和俄文写成，所有文本具有同等效力，保存于保存机关，保存机关应将核证无误副本分送所有的缔约国。

人类环境宣言①

（1972年6月16日于斯德哥尔摩通过）

联合国人类环境会议于1972年6月5日至16日在斯德哥尔摩举行，考虑到需要取得共同的看法和制定共同的原则以鼓舞和指导世界各国人民保持和改善人类环境，兹宣布：

1. 人类既是他的环境的创造物，又是他的环境的塑造者，环境给予人以维持生存的东西，并给他提供了在智力、道德、社会和精神等方面获得发展的机会。生存在地球上的人类，在漫长和曲折的进化过程中，已经达到这样一个阶段，即由于科学技术发展的迅速加快，人类获得了以无数方法和在空前的规模上改造其环境的能力。人类环境的两个方面，即天然和人为的两个方面，对于人类的幸福和对于享受基本人权，甚至生存权利本身，都是必不可缺少的。

2. 保护和改善人类环境是关系到全世界各国人民的幸福和经济发展的重要问题，也是全世界各国人民的迫切希望和各国政府的责任。

3. 人类总得不断地总结经验，有所发现，有所发明，有所创造，有所前进。在现代，人类改造其环境的能力，如果明智地加以使用的话，就可以给各国人民带来开发的利益和提高生活质量的机会。如果使用不当，或轻率地使用，这种能力就会给人类和人类环境造成无法估量的损害。在地球上许多地区，我们可以看到周围有越来越多的说明人为的损害的迹象：在水、空气、土壤以及生物中污染达到危险的程度；生物界的生态平衡受到严重和不适当的扰乱；一些无法取代的资源受到破坏或陷于枯竭；在人为的环境，特别是生活和工作环境里存在着有害于人类身体、精神和社会健康的严重缺陷。

4. 在发展中的国家中，环境问题大半是由于发展不足造成的。千百万人的生活仍然远远低于像样的生活所需要的最低水平。他们无法取得充足的食物和衣服、住房和教育、保健和卫生设备。因此，发展中的国家必须致

---

① 本文选自《中国缔结和签署的国际环境条约集》第385~387页，国家环境保护总局政策法规司编，学苑出版社1999年7月版。

力于发展工作,牢记他们的优先任务和保护及改善环境的必要。

为了同样目的,工业化国家应当努力缩小他们自己与发展中国家的差距。在工业化国家里,环境一般同工业化和技术发展有关。

5. 人口的自然增长继续不断地给保护环境带来一些问题,但是如果采取适当的政策和措施,这些问题是可以解决的。世间一切事物中,人是第一可宝贵的。人民推动着社会进步,创造着社会财富,发展着科学技术,并通过自己的辛勤劳动,不断地改造着人类环境。随着社会进步和生产、科学及技术的发展,人类改善环境的能力也与日俱增。

6. 现在已达到历史上这样一个时刻:我们在决定在世界各地的行动时,必须更加审慎地考虑它们对环境产生的后果。由于无知或不关心,我们可能给我们的生活幸福所依靠的地球环境造成巨大的无法挽回的损害。反之,有了比较充分的知识和采取比较明智的行动,我们就可能使我们自己和我们的后代在一个比较符合人类需要和希望的环境中过着较好的生活。改善环境的质量和创造美好生活的前景是广阔的。我们需要的是热烈而镇定的情绪,紧张而有秩序的工作。为了在自然界里取得自由,人类必须利用知识在同自然合作的情况下建设一个较好的环境。为了这一代和将来的世世代代,保护和改善人类环境已经成为人类一个紧迫的目标,这个目标同争取和平、全世界的经济与社会发展这两个既定的基本目标共同和协调地实现。

7. 为实现这一环境目标,将要求公民和团体以及企业和各级机关承担责任,大家平等地从事共同的努力。各界人士和许多领域中的组织,凭他们有价值的品质和全部行动,将确定未来的世界环境的格局。各地方政府和全国政府,将对在他们管辖范围内的大规模环境政策和行动,承担最大的责任。为筹措资金以支援发展中国家完成他们在这方面的责任,还需要进行国际合作。种类越来越多的环境问题,因为它们在范围上是地区性或全球性的,或者因为它们影响着共同的国际领域,将要求国与国之间广泛合作和国际组织采取行动以谋求共同的利益。会议呼吁各国政府和人民为着全体人民和他们的子孙后代的利益而做出共同的努力。

这些原则申明了共同的信念:

1. 人类有权在一种能够过着尊严和福利的生活的环境中,享有自由、平等和充足的生活条件的基本权利,并且负有保护和改善这一代和将来的世世代代的环境的庄严责任。在这方面,促进或维护种族隔离、种族分离与歧视、殖民主义和其他形式的压迫及外国统治的政策,应该受到谴责和必须消除。

2. 为了这一代和将来的世世代代的利益，地球上的自然资源，其中包括空气、水、土地、植物和动物，特别是自然生态类中具有代表性的标本，必须通过周密计划或适当管理加以保护。

3. 地球生产非常重要的再生资源的能力必须得到保持，而且在实际可能的情况下加以恢复或改善。

4. 人类负有特殊的责任保护和妥善管理由于各种不利的因素而现在受到严重危害的野生生物后嗣及其产地。因此，在计划发展经济时必须注意保护自然界，其中包括野生生物。

5. 在使用地球上不能再生的资源时，必须防范将来把它们耗尽的危险，并且必须确保整个人类能够分享从这样的使用中获得的好处。

6. 为了保证不使生态环境遭到严重的或不可挽回的损害，必须制止在排除有毒物质或其他物质以及散热时其数量或集中程度超过环境能使之无害的能力。应该支持各国人民反对污染的正义斗争。

7. 各国应该采取一切可能的步骤来防止海洋受到那些会对人类健康造成危害的、损害生物资源和破坏海洋生物舒适环境的或妨害对海洋进行其他合法利用的物质的污染。

8. 为了保证人类有一个良好的生活和工作环境，为了在地球上创造那些对改善生活质量所必要的条件，经济和社会发展是非常必要的。

9. 由于不发达和自然灾害的原因而导致环境破坏造成了严重的问题。克服这些问题的最好办法，是移用大量的财政和技术援助以支持发展中国家本国的努力，并且提供可能需要的及时援助，以加速发展工作。

10. 对于发展中的国家来说，由于必须考虑经济因素和生态进程，因此，使初级产品和原料有稳定的价格和适当的收入是必要的。

11. 所有国家的环境政策应该提高，而不应该损及发展中国家现有或将来的发展潜力，也不应该妨碍大家生活条件的改善。各国和各国际组织应该采取适当步骤，以便就应付因实施环境措施所可能引起的国内或国际的经济后果达成协议。

12. 应筹集资金来维护和改善环境，其中要照顾到发展中国家的情况和特殊性，照顾到他们由于在发展计划中列入环境保护项目而需要的任何费用，以及应他们的请求而供给额外的国际技术和财政援助的需要。

13. 为了实现更合理的资源管理从而改善环境，各国应该对他们的发展计划采取统一和协议的做法，以保证为了人民的利益，使发展保护和改善人类环境的需要相一致。

14. 合理的计划是协调发展的需要和保护与改善环境的需要相一致的。

15. 人的定居和城市化工作必须加以规划,以避免对环境的不良影响,并为大家取得社会、经济和环境三方面的最大利益。在这方面,必须停止为殖民主义和种族主义统治而制定的项目。

16. 在人口增长率或人口过分集中可能对环境或发展产生不良影响的地区,或在人口密度过低可能妨碍人类环境改善和阻碍发展的地区,都应采取不损害基本人权和有关政府认为适当的人口政策。

17. 必须委托适当的国家机关对国家的环境资源进行规划、管理或监督,以期提高环境质量。

18. 为了人类的共同利益,必须应用科学和技术以鉴定、避免和控制环境恶化并解决环境问题,从而促进经济和社会发展。

19. 为了更广泛地扩大个人、企业和基层社会在保护和改善人类各种环境方面提出开明舆论和采取负责行为的基础,必须对年轻一代和成人进行环境问题的教育,同时应该考虑到对不能享受正当权益的人进行这方面的教育。

20. 必须促进各国,特别是发展中国家的国内和国际范围内从事有关环境问题的科学研究及其发展。在这方面,必须支持和促使最新科学情报和经验的自由交流以便解决环境问题;应该使发展中的国家得到环境工艺,其条件是鼓励这种工艺的广泛传播,而不成为发展中的国家的经济负担。

21. 按照联合国宪章和国际法原则,各国有按自己的环境政策开发自己资源的主权;并且有责任保证在他们管辖或控制之内的活动,不致损害其他国家的或在国家管辖范围以外地区的环境。

22. 各国应进行合作,以进一步发展有关他们管辖或控制之内的活动对他们管辖以外的环境造成的污染和其他环境损害的受害者承担责任赔偿问题的国际法。

23. 在不损害国际大家庭可能达成的规定和不损害必须由一个国家决定的标准的情况下,必须考虑各国的现行价值制度和考虑对最先进的国家有效,但是对发展中国家不适合和具有不值得的社会代价的标准可行程度。

24. 有关保护和改善环境的国际问题应当由所有的国家,不论其大小,在平等的基础上本着合作精神来加以处理,必须通过多边或双边的安排或其他合适途径的合作,在正当地考虑所有国家的主权和利益的情况下,防止、消灭或减少和有效地控制各方面的行动所造成的对环境的有害影响。

25. 各国应保证国际组织在保护和改善环境方面起协调的、有效的和能动的作用。

26. 人类及其环境必须免受核武器和其他一切大规模毁灭性手段的影响。各国必须努力在有关的国际机构内就消除和彻底销毁这种武器迅速达成协议。

关于森林问题的原则声明[①]

（公元1992年6月13日于里约热内卢通过）

关于所有类型森林的管理、保存和可持续开发的无法律约束力的全球协商一致意见权威性原则声明

(a) 林业这一主题涉及环境与发展的整个范围内的问题和机会，包括社会经济可持续地发展的权利在内。

(b) 这些原则的指导目标是要促进森林的管理、保存和可持续开发，并使它们具有多种多样和互相配合的功能和用途。

(c) 关于林业问题及其机会的审议应在环境与发展的整个范围内总体且均衡地加以进行，要考虑到包括传统用途在内森林的多种功能和用途和当这些用途受到约束或限制时可能对经济和社会产生的压力，以及可持续的森林管理可提供的发展潜力。

(d) 这些原则反映有关森林问题的头一个全球性协商一致意见。各国在对迅速实施这些原则做出承诺后也决定，不断评价这些原则对推进有关森林问题的国际合作是否允当。

(e) 这些原则应适用于所有地理区域和气候带，其中包括南部、北部、亚温带、温带、亚热带和热带的所有类型森林，即天然森林和人工森林。

(f) 所有类型森林包含各种既复杂又独特的生态进程，而这些进程是促使它们目前有能力和可能有能力提供资源来满足人类需要以及环境价值的基础，因此，良好的森林管理和保存是拥有这些森林的国家政府所关切的问题，并且对当地社会和整个环境也十分重要。

(g) 森林是经济发展和维持所有生物所必不可少的。

(h) 确认许多国家的森林管理、保存和可持续开发责任是分配给各联邦、国家、州、省和地方一级的政府，而每个国家根据其宪法和/或国家立法应在适当的政府级别上实行这些原则。

---

① 本文选自《中国缔结和签署的国际环境条约集》第415～417页，国家环境保护总局政策法规司编，学苑出版社1999年7月版。

原则/要点

1.(a)“依照联合国宪章和国际法原则,各国具有按照其环境政策开发其资源的主权权利,同时亦负有责任,确保在他管辖或控制范围内的活动,不致对其他国家的环境或其本国管辖范围以外地区的环境引起损害。”

(b) 为取得森林的保存和可持续开发带来的利益,其议定的全部增加费用需要国际合作的加强和由国际社会公平分担。

2.(a) 各国拥有根据其发展需要和水平和根据与可持续发展和法律相一致的国家政策,使用、管理和开发其森林的主权和不可剥夺权利,包括在总的社会经济发展社会经济发展计划范围内,根据合理的土地使用政策,把这些地区改作其他用途。

(b) 森林资源和森林土地应以可持续的方式管理,以满足这一代人和子孙后代在社会、经济、文化和精神方面的需要。这些需要是森林产品和服务,例如木材和木材产品、水、粮食、饲料、医药、燃料、住宿、就业、娱乐、野生动物住区、风景多样性、碳的汇和库以及其他森林产品。应采取措施来保护森林,使其免受污染的有害影响,包括空气污染、火灾、虫害和疾病,以便保持它们全部的多种价值。

(c) 应确保及时提供可靠和准确的关于森林和森林生态系统的资料,这是促进大众的认识和做出有根据的决策所必不可少的。

(d) 各国政府应促进和提供机会,让有关各方包括地方社区和土著居民、工商界、劳工界、非政府组织和个人、森林居民和妇女,参与制定、执行和规划国家森林政策。

3.(a) 国家政策和战略应提供一个便于做出更多努力的框架,包括建立和加强各种体制,制定各种方案以便管理、保存和可持续地开发森林和林区。

(b) 建立在现有组织和机制之上的国际体制机构安排应斟酌情况促进森林领域内的国际合作。

(c) 环境保护和社会与经济发展中所有与森林和林区有关的方面均应加以一体化和全面化。

4. 应认识到各种森林在地方、国家、区域和全球各级上维持生态过程和平衡的重要作用,特别是包括在保护脆弱的生态系统、水域和淡水资源方面的作用,作为生物多样性和生物资源的丰富仓库以及用来生产生物技术产品的遗传物质和光合作用的来源。

5.(a) 国家森林政策应确认土著居民、地方社区和森林居民,对他们的认同、文化和权利给予正当的支持。应为这些群体创造适当条件,使他们在森林使用方面获得经济利益,进行经济活动,实现和保持其文化特征和社会组织,以及适当的生活水平和福利,包括通过土地永远使用安排,作为对森林进行可持续管理的奖励。

(b) 应积极促进妇女在森林的管理、保存和可持续开发领域充分参与一切方面的工作。

6.(a) 所有类型的森林,特别是在发展中国家,由于提供可再生生物能源,对满足能源需求起重要作用,家用和工业用薪材的需求必须通过可持续的森林管理和植树造林来满足。为此,应认识到种植本地树种和外来树种对提供燃料和工业用木材的可能贡献。

(b) 国家政策和方案应考虑到森林的保存、管理和可持续开发与生产、消费、再循环和/或森林产品的最终处置有关的一切方面之间的关系。

(c) 对森林产品和劳务以及对环境的代价和利益的经济和非经济价值进行全面评价,应在确实可靠程度内有利于就森林的保存、管理和可持续开发问题做出决定。应促进制定和改进这类评价的方法学。

(d) 应肯定、加强和推广一种认识,即植林和永久性的农作物作为可持续的和无害环境的可再生能源和工业原料的作用。应认识和提高它们对维持生态过程、抵消对原始林/老森林的压力以及提供区域就业和有当地居民充分参与的发展的贡献。

(e) 自然森林也是货物和劳务的来源,应促进它们的保存、可持续管理和使用。

7.(a) 应努力促进有助于国家持久且无害环境地发展森林的国际经济气氛,包括促进可持续的生产与消费形式,根除贫穷,促进粮食保障。

(b) 应向那些有大片森林区并建立保护包括原始林在内的林区方案的发展中国家提供具体的财政资源。这些资源应明显地用在那些可以刺激经济活动和社会替代活动的经济部门。

8.(a) 应致力于绿化全世界的工作。所有国家,特别是发达国家,应采取积极明确行动,酌情从事造林、重新造林和保护现有森林的工作。

(b) 应通过在贫瘠的、退化和经过滥伐的土地上进行复原工作、重新造林、再植林,并通过管理现有森林资源等资源生态、经济和社会上健全的方式,努力保持并增加森林覆盖面,提高林区生产力。

(c) 森林管理、保存和持续开发的政策和方案的执行,特别是发展中国家,应受到国际上财政和技术合作的支持,包括适当私营部门的支持。

(d) 可持续的森林管理和利用应当依照国家发展政策和优先事项,并根据无害环境的国家准则进行。在拟订这种准则时,应当斟酌情况在适当的时候考虑到国际公认的有关方法和标准。

(e) 森林管理应与毗邻区域的管理相结合,以便保持生态平衡和可持续的生产力。

(f) 森林的管理、保存和持续开发的国家政策和/或法律应包括保护生态上能存活的代表性的或独特的森林,如原始/古老森林和文化、精神、历史、宗教和在其他方面具有独特价值和在国家一级有重要性的森林。

(g) 生物资源,包括遗传材料的取得,应适当顾及森林所在国的主权权利,并应依照共同议定的条件分享从这些资源所获得生物技术产品的技术和利益。

(h) 国家政策应确保在行动有可能对重要森林资源产生严重不利影响和这种行动须由国家主管当局做出决定时进行环境影响评价。

9.(a) 国际社会应支持发展中国家为加强管理、保存和可持续地开发其森林资源而做的努力;要考虑到调整其外债的重要性,特别是因向发达国家净转移资源而加重外债,以及因森林产品、特别是加工产品进入市场机会改善而代替价值降低所产生的问题。在这方面,也应特别注意正在向市场经济过渡的国家。

(b) 各国政府和国际社会应设法解决保存和可持续地利用森林资源的工作遭遇的阻力以及地方一级特别是经济和社会上依赖森林和森林资源的贫困都市和农村人口缺少其他选择等问题。

(c) 国家所有类型森林政策的制定应考虑到森林部门外部的影响因素对森林生态系统和资源所施加的压力和要求,并应设法寻求处理这些压力和要求的跨部门手段。

10. 应向发展中国家提供新的额外的财政资源,使它们能以可持续的方式管理、保存和开发森林资源,包括植林和重新造林,以及遏止砍伐森林和森林与土壤的退化。

11. 为了使特别是发展中国家能够加强本国能力和更完善地管理、保存和开发其森林资源,应当斟酌情况促进、协助和资助依照《21 世纪议程》各项有关规定,以优厚的条件,包括减让性和优惠性条件,获得和转让无害环境的技术及相关的专门技能。

12.(a) 国家机构在适当考虑到生物、物理、社会和经济变量的情况下所进行的科学研究、森林资源清查和评估以及在可持续的森林管理、保存和开发领域方面的技术发展及其应用，应通过国际合作等有效模式予以加强。在这方面也应注意可持续收成的非林木产品的研究和发展。

(b) 国家和在适当情况下区域和国际机构所具有的森林和林木管理的教育、培训、科学、技术、经济、人类学和社会能力是保存和可持续地开发森林的主要因素，应予以加强。

(c) 国际之间应加强和扩大森林和森林管理的研究和发展成果的资料交流，并在适当情况下，充分利用教育和培训机构，包括私有部门的教育和培训机构。

(d) 有关保存和可持续地开发森林的适当本国能力和地方知识应通过机构和财务资助并在有关的当地社区居民的合作下获得承认、尊重、登记、发展和在适当情况下纳入方案的执行。因此，利用本国知识所得利益应由这些人民公平均分。

13.(a) 森林产品的贸易应该根据非歧视性的多边商定条例和程序以及符合国际贸易法和惯例的规定。在这方面，应推动林产品公开的自由国际贸易。

(b) 降低或消除关税壁垒和阻碍，提供附加值较高的林产品及其本地加工品进入市场的机会和有利的价格均应予以鼓励，以便使生产国更好地保存和管理其可再生的森林的资源。

(c) 将环境成本和效益纳入市场力量和机制内，以便实现森林保存和可持续开发，是在国内和国际均应予以鼓励的工作。

(d) 森林保存和可持续开发政策应与经济、贸易和其他有关政策结合。

(e) 应避免可能导致森林退化的财务、贸易、工业、运输和其他政策和做法。应鼓励旨在管理、保存和可持续地开发森林的适当政策，包括适当情况下提供奖励。

14.(a) 与国际义务或协议有所抵触的限制和/或禁止木材或其他森林产品国际贸易的单方面措施应当撤销或避免，以求实现长期可持续的森林管理。

15. 危害地方、国家、区域和全球一级森林生态系统的健全的污染物，特别是气载污染物，包括产生酸性沉淀的污染，应加以控制。

地球历史保护国际宣言[①]

(International declaration of the rights of the memory of the earth)

1. 正如人的生命只有一次一样,人类现在也必须认识到地球只有一个。

2. 地球像母亲一样哺育了人类。人类及其每个成员都与地球息息相关,地球是人与人之间联系的纽带。

3. 地球已经有45亿年历史,是一切生命起源、更新和变化的摇篮。在它漫长的进化和缓慢达到成熟的过程中,形成了我们如今生活的环境。

4. 人类的历史与地球的历史紧紧相连。人类与地球有相同的起源、相同的历史,也会有相同的未来。

5. 地球的外形、地貌,就是人类的环境。这个环境是变化的,既不同于过去,也不同于将来。人类不是地球的永久伙伴,而仅仅是匆匆过客。

6. 正如一棵老树的年轮留下了它成长、生活的所有记录一样,地球也记录下它的历史。地球的记录储存在它深处的岩石中、表面的地貌里,可以被辨别,可以被解释。

7. 今天人类一直善于保护自己的历史,即人类的文化遗产。现在该是保护人类的自然遗产——环境的时候了,地球历史的重要性并不亚于人类的历史。现在人类应该学习如何保护地球的历史,并在这个过程中,了解地球的历史,去研究在人类出现之前就已存在的历史篇章:地质遗产。

8. 人类和地球有共同的遗产。人类和各国政府仅仅是这个遗产的管理者。人类的每个成员应该懂得,哪怕小小的掠夺也会造成损毁和破坏,并导致不可挽回的损失。任何形式的开发都应尊重遗产的独特性。

9. 第一届国际地质遗产保护研讨会的与会者,包括来自30多个国家

---

① 潘江根据英文本翻译,甘克文、卢立伍校对;并承北京大学蔡鸿滨教授依据法文本进行校对修正,原文刊载于《第一届"保护我们的地质遗产"国际讨论会论文汇编》(Proceedings of the 1st International Symposium on the Conservation of our Geological Heritage. Memories de la Societe Geologique de France, Nouvelle Serie 1993, Memoire, n. s. no. 165)。

的100多名专家,强烈要求各国家当局和有关国际机构,考虑并采取法律、财政和组织等各种必要措施,保护地质遗产。

1991年6月13日于法国迪尼(Digne)

世界地质公园网络工作指南[①]

(2002年5月)

背 景 情 况

按照2001年6月联合国教科文组织执行局的决定(161 EX/Decisions, 3.3.1),应有关国际组织的请求,联合国教科文组织支持其成员国提出的创建具独特地质特征区域或自然公园(也称地质公园)的特别动议。为此目的,本工作指南为有意申请加入由联合国教科文组织支持的地质公园网络的国家地质公园提供指导性原则。

寻求联合国教科文组织支持的动议,应结合在区域社会经济发展战略中如何保存地球上具有意义的地质遗产、保护环境,这也是众所周知的可持续发展概念[②];还应通过加强公众对地球价值的了解和尊重、加深我们对地壳的了解、增强我们明智地利用地壳的能力,以进一步促进人类与地球之间的平衡关系。

为了促进地质遗产的保护和可持续发展,成员国的动议须为实现《21世纪议程》所定目标做出自己的贡献,这项议程在1992年里约热内卢召开的"联合国环境与发展大会"(UNCED)上已获通过,其名称为《跨入21世纪的环境科学与发展议程》。而且,这些动议还为1972年通过的《保护世界文化与自然遗产公约》增添新的内容,因为它突出了社会经济发展与自然环境保护彼此之间可能产生的影响。

除了与联合国教科文组织的"世界遗产中心"以及"人与生物圈"(MAB)下属的"世界生物圈保护区网络"携手并进外,联合国教科文组织的地质公园活动要与其他具有互补性的国家及国际项目以及活跃在地质遗产保护领域的非政府组织进行密切合作,如国际地质科学联合会所属的地质遗址工作组、ProGEO、欧洲地质公园网络。

---

① 本文由联合国教科文组织地学部2002年4月颁布;国家地质公园领导小组办公室和国家地质公园评审委员会办公室翻译。

② 根据"世界环境与发展委员会"在《我们共同的未来》(1987)一书中所下的定义,"可持续发展"系指"既能满足我们这一代人需要,又不损害子孙后代满足他们需要的发展"。

在申请联合国教科文组织的支持之前,申请人应明确要尊重在评审过程中作为依据的本工作指南的条款。独立行使权力的国际地质公园专家组在评估申请联合国教科文组织支持的国家地质公园的报告时,将依照本工作指南。此外,还要求申请人与所在国的权威地学机构联系,征求他们有关地学方面的建议。

工作指南

(2002年4月)

第一条 定义标准

1. 由联合国教科文组织支持的地质公园是一个有明确的边界线并且有足够大的使其可为当地经济发展服务的表面面积的地区。它是由一系列具有特殊科学意义、稀有性和美学价值的,能够代表某一地区的地质历史、地质事件和地质作用的地质遗址(不论其规模大小)或者拼合成一体的多个地质遗址所组成,它也许不只具有地质意义,还可能具有考古、生态学、历史或文化价值。

2. 这些遗址彼此有联系并受到正式的公园式管理的保护;地质公园由为区域性社会经济的可持续发展采用自身政策的指定机构来实施管理。在考虑环境的情况下,地质公园应通过开辟新的税收来源,刺激具有创新能力的地方企业、小型商业、家庭手工业的兴建,并创造新的就业机会(如地质旅游业、地质产品)。它应为当地居民提供补充收入,并且吸引私人资金。

3. 由联合国教科文组织支持的地质公园将支持在文化和环境上可持续的社会经济发展。它对其所在地区有着直接影响,因为它可以改善当地人们的生活条件和农村环境,加强当地居民对其居住区的认同感,促进文化的复兴。

4. 由联合国教科文组织支持的地质公园将探索和验证地质遗产的各种保护方法(例如具代表性的岩石、矿产资源、矿物、化石和地形的保护)。在国家法规或规章的框架内,由联合国教科文组织支持的地质公园须为保护重要的、能提供地球科学各学科信息的地质景观作出贡献。这些学科包括:综合固体地质学、经济地质和矿业、工程地质学、地貌学、冰川地质学、水文学、矿物学、古生物学、岩相学、沉积学、土壤科学、地层学、构造地质学和火山学。地质公园的管理部门须征求各自权威地学机构的意见,采取充分措施,保证有效地保护遗址或园区,必要时还要提供资金进行现场维修。

5. 由联合国教科文组织支持的地质公园可用来作为教学的工具,进行与地学各学科、更广泛的环境问题和可持续发展有关的环境教育、培训和研究。它须制定大众化环境教育计划和科学研究计划,计划中要确定好目标群体(中小学、大学、广大公众等等)、活动内容以及后勤支持。

6. 由联合国教科文组织支持的地质公园始终处于其所在国独立司法权的管辖之下。其所在国须负责决定如何依照其本国法律或法规管理特定遗址或公园区域。

7. 被指定负责特定地质公园管理的机构须提供详尽的管理规划,该规划至少要包括下列内容:

(1) 地质公园本身的全球对比分析;

(2) 地质公园属地的特征分析;

(3) 当地经济发展潜力的分析。

8. 对于由联合国教科文组织支持的地质公园的属地,须做好各项组织安排,这种组织安排涉及行政管理机构、地方各阶层、私人利益集团、地质公园设计与管理的科研和教育机构、属地区域经济发展计划和开发活动。与这些团体的合作,可以促进协商,鼓励在该属地利益相关的不同集团之间建立合伙关系;将调动起地方政府和当地居民的积极性。

9. 负责管理地质公园的机构,应对被指定为由联合国教科文组织支持的地质公园的属地进行适当的宣传和推介,应使联合国教科文组织定期了解地质公园的最新进展和发展情况。

10. 如果地质公园属地与世界遗产名录已列入的地区,或者已作为"人与生物圈"的生物圈保护区进行过登记的某个地区相同或重叠,那么在提交申请报告之前,须先获得有关机构对此项活动的许可。

第二条　提名程序

1. 由联合国教科文组织支持的地质公园的申请报告可在全年任何时候提交。

2. 由联合国教科文组织支持的地质公园的申请报告须按照所附申报表(见附件),由参加联合国系统某一机构的国家的政府组织进行准备,也可以由非政府组织进行准备。

3. 在提交申请报告之前,申请人必须征得政府主管部门和其他的国家主管部门的同意,确认地质公园的建立与国家利益和法规不会发生冲突。

4. 在地学合格性方面,须寻求各自国家权威地学机构的同意。

5. 在准备申请报告时,申请人可以向联合国教科文组织地学处、有关国际咨询机构和其他专家寻求帮助。

6. 申请报告应先寄给有关成员国内的联合国教科文组织国家委员会,再由该委员会转交联合国教科文组织地学处。如果所在国未设立国家委员会,则申请报告可直接寄给联合国教科文组织地学处。

7. 联合国教科文组织地学处将审查申请报告的内容和支持性材料;若文件不全,还将要求申请人提供补充材料。

8. 申请报告由国际地质公园专家组评审,评审后它将向联合国教科文组织总干事进行推荐,决定是否成为由联合国教科文组织支持的地质公园。

9. 联合国教科文组织总干事在与国际地质对比计划科学执行局协商后,提名国际地质公园专家组成员的人选。

10. 对申请的地质公园进行现场评估另请的专家所需的国际旅费、食宿费和当地交通费,通常应由地质公园所在国承担,或者由与申请有关的其他团体或机构承担。

11. 联合国教科文组织须将其总干事的决定通知申请人和有关国家的联合国教科文组织国家委员会。

第三条　联合国教科文组织的支持

1. 联合国教科文组织的支持将在联合国教科文组织总干事决定对申请报告做出积极评价后给予该地质公园。

2. 与地质公园有关的纪念徽章牌匾、标志杆,以及其他信息载体均应打上地质公园的标志和联合国教科文组织的标识。

3. 地质公园的管理机构应负责保证,联合国教科文组织的标识不得被未经联合国教科文组织明确认可和批准的任何集团使用,也不得用于未经这个机构明确认可和批准的任何目的。在商业上使用必须获得联合国教科文组织的特别授权。

4. 授予联合国教科文组织的支持只表明承认该地质公园的优秀性,这绝不意味着联合国教科文组织承担任何法律或财政上的责任。主管部门有责任避免在广大公众、特别是园区官员中产生这方面的误解,免除联合国教科文组织承担在这方面可能引起的任何赔偿责任。

第四条 报告与定期复查

1. 对于每个地质公园的状况将进行复查。复查的依据是相关的指定管理机构编写的、并通过联合国教科文组织国家委员会转交给联合国教科文组织的报告。

2. 如果根据该报告,该地质公园的状况或管理被认为令人满意,或者被认为自命名以来或上一次复查以来已有所改善,那么将对此给予正式确认。

3. 如果该地质公园被认为在命名或上次复查后没有遵守第一条所定原则,相关的管理机构将被要求采取适当措施,保证履行第一条的规定。假如该地质公园未能在一段合理的时间内履行好所述条款的原则,它将被取消由联合国教科文组织支持的地质公园的资格。

4. 联合国教科文组织须将定期复查的结果通报给指定的管理机构以及所在国家的联合国教科文组织国家委员会。

5. 假如一个主权国家或当局有意取消由联合国教科文组织支持的资格,它应当通过其联合国教科文组织国家委员会通知联合国教科文组织,并陈述其退出的理由。

防治荒漠化公约[①]

（1994年6月17日，联合国防治荒漠化公约成员国大会在巴黎通过）

本《公约》各缔约方，

申明在防治荒漠化和缓解干旱影响时，受影响或受威胁地区的人类是受关注的中心。

意识到国际社会，包括各国和各国际组织，迫切关注荒漠化和干旱的有害影响；了解到干旱、半干旱和亚湿润干旱地区合计占地球陆地面积的很大一部分，而且是地球上很大一部分人口的居住地和生计来源。

承认荒漠化和干旱是全球范围问题，影响到世界所有区域，需要国际社会联合行动，防治荒漠化和/或缓解干旱影响。

注意到严重干旱和/或荒漠化高度集中在发展中国家，尤其是最不发达国家，并注意到这些现象在非洲造成了特别悲惨的后果。

还注意到荒漠化的成因是各种自然、生物、政治、社会、文化和经济因素的复杂相互作用。

考虑到贸易及国际经济关系的有关方面对受影响国家充分防治荒漠化的能力造成的影响。

意识到可持续的经济增长、社会发展和消灭贫困是受影响的发展中国家、尤其是非洲国家的优先任务，对可持续能力目标的实现至关重要。

铭记荒漠化和干旱经由与贫困、健康和营养不良、缺乏粮食保障，以及由移民、流离失所者和人口动态所引起的重大社会问题的相互关系而影响到可持续发展。

赞赏以往各国和各国际组织在防治荒漠化和缓解干旱影响方面，特别是在实施1977年联合国荒漠化问题会议制定的《联合国防治荒漠化行动计划》方面所作出的努力和所取得的经验的重大意义。

认识到尽管过去已做出了努力，但防治荒漠化和缓解干旱影响方面的

---

① 该公约的全称为"联合国关于在发生严重干旱和/或荒漠化国家特别是在非洲防治沙漠化的公约"。本文参考《中国缔结和签署的国际环境条约集》第121～139页，国家环境保护总局政策法规司编，学苑出版社1999年7月版。

进展未达预期效果，需要在可持续发展的框架内在所有各级推行新的更有效的方法。

确认联合国环境与发展会议通过的各项决定，特别是《21 世纪议程》及其第 12 章的正确性和迫切性，它们为防治荒漠化奠定了基础。

为此重申发达国家在《21 世纪议程》第 33 章第 13 段的承诺。

回顾大会第 47/188 号决议，尤其是其中给予非洲的优先地位，并回顾有关荒漠化和干旱的所有其他联合国决议、决定和方案，以及非洲国家和其他区域国家的有关宣言。

重申《里约环境与发展宣言》，其中原则 2 申明，按照《联合国宪章》和国际法原则，各国拥有按照本国的环境与发展政策开发本国自然资源的主权权利，并负有确保在其管辖范围内或在其控制下的活动不致损害其他国家或在各国管辖范围以外地区的环境的责任。

承认各国政府在防治荒漠化和缓解干旱影响方面发挥关键作用，这方面的进展取决于行动方案在受影响地区的当地实施工作。

还承认国际合作和伙伴关系在防治荒漠化和缓解干旱影响工作中的重要性和必要性。

进一步承认向受影响发展中国家特别是非洲这类国家提供有效手段十分重要，即除其他手段外，实质性资金资源，包括新的和额外资金和获得技术的机会，否则它们难以充分履行根据本《公约》所做的承诺。

关注荒漠化和干旱对亚洲中部受影响国家和外高加索所造成的影响。

强调许多受荒漠化和/或干旱影响区域特别是发展中国家农村地区的妇女所发挥的重要作用，以及在所有各级确保男女充分参与防治荒漠化和缓解干旱影响方案的重要性。

强调非政府组织和其他主要群体在防治荒漠化和缓解干旱影响方案中的特殊作用。

铭记荒漠化与国际和国家社会面临的其他全球范围环境问题之间的关系。

还铭记防治荒漠化有助于实现《联合国气候变化框架公约》、《生物多样性公约》以及其他有关环境公约的目标。

相信防治荒漠化和缓解干旱影响战略只有基于完善可靠的系统观测和严密精确的科学知识并不断加以重新评价才能最为有效。

确认迫切需要提高国际合作效力并改善协调，以便推动国家计划和优先事项的执行。

决心为今世后代的利益采取适当行动,防治荒漠化和缓解干旱影响。

兹协议如下:

第一部分 导 言

第1条 用 语

为本《公约》之目的:

(a)“荒漠化”是指包括气候变异和人类活动在内的种种因素造成的干旱、半干旱和亚湿润干旱地区的土地退化;

(b)“防治荒漠化”包括干旱、半干旱和亚湿润干旱地区为可持续发展而进行的土地综合开发的部分活动,目的是:

① 防止和/或减少土地退化;

② 恢复部分退化的土地;

③ 垦复已荒漠化的土地;

(c)“干旱”是指降水量大大低于正常记录水平时发生的自然现象,引起严重水文失衡,对土地资源生产系统造成有害影响;

(d)“缓解干旱影响”是指与预测干旱有关并旨在防治荒漠化方面减轻社会和自然系统易受干旱影响的活动;

(e)“土地”是指具有陆地生物生产力的系统,由土壤、植被、其他生物区系和在该系统中发挥作用的生态及水文过程组成;

(f)“土地退化”是指由于使用土地或由于一种营力或数种营力结合致使干旱、半干旱和亚湿润干旱地区雨浇地、水浇地或草原、牧场、森林和林地的生物或经济生产力和复杂性下降或丧失,其中包括:

① 风蚀和水蚀致使土壤物质流失;

② 土壤的物理、化学和生物特性或经济特性退化;

③ 自然植被长期丧失;

(g)“干旱、半干旱和亚湿润干旱地区”是指年降水量与潜在蒸发散之比在0.05至0.65之间的地区,但不包括极区和副极区;

(h)“受影响地区”是指受荒漠化影响或威胁的干旱、半干旱和/或亚湿润干旱地区;

(i)“受影响国家”是指其全部或部分土地为受影响地区的国家;

(j)“区域经济一体化组织”是指由一个区域主权国家构成的组织,它对本《公约》所涉事项拥有管辖权并按其内部程序被正式授权签署、批准、接

受、核准或加入本《公约》;

(k)“发达国家缔约方”是指发达国家缔约方和由发达国家组成的区域经济一体化组织。

第2条 目 标

1. 本《公约》的目标是在发生严重干旱和/或荒漠化的国家,特别是在非洲防治荒漠化和缓解干旱影响,为此要在所有各级采取有效措施,辅之以在符合《21世纪议程》的综合办法框架内建立的国际合作和伙伴关系安排,以期协助受影响地区实现可持续发展。

2. 实现这项目标将包括一项长期的综合战略,同时在受影响地区重点提高土地生产力,恢复、保护并以可持续的方式管理土地和水资源,从而改善特别是社区一级的生活条件。

第3条 原 则

为实现本《公约》的目标和履行本《公约》各项规定,缔约方除其他外应以下列为指导:

(a) 缔约方应当确保群众和地方社区参与关于防治荒漠化和/或缓解干旱影响的方案的设计和实施决策,并在较高各级为便利国家和地方两级采取行动创造一种扶持环境;

(b) 缔约方应当本着国际团结和伙伴关系的精神,改善分区域、区域以及国际的合作和协调,并更好地将资金、人力、组织和技术资源集中用于需要的地方;

(c) 缔约方应当本着伙伴关系的精神在政府所有各级、社区、非政府组织和土地所有者之间发展合作,更好地认识受影响地区土地资源和稀缺的水资源的性质和价值,并争取以可持续的方式利用这些资源;

(d) 缔约方应当充分考虑到受影响发展中国家缔约方、特别是其中最不发达国家的特殊需要和处境。

第二部分 总 则

第4条 一般义务

1. 缔约方应通过现有的或预期的双边和多边安排,或酌情以两者相结合的方式,单独或共同履行本《公约》规定的义务,同时强调需要在所有各级协调努力,制定连贯一致的长期战略。

2. 为实现本《公约》的目标,缔约方应:

(a) 采取综合办法,处理荒漠化和干旱过程中的自然、生物和社会经济因素;

(b) 在有关的国际和区域机构内适当注意受影响发展中国家缔约方在国际贸易、市场安排和债务方面的情况,为促进可持续发展创立扶持性国际经济环境;

(c) 把消灭贫困战略纳入防治荒漠化和缓解干旱影响的工作;

(d) 促进受影响缔约方之间在与荒漠化和干旱有关的环境保护、土地和水资源养护领域的合作;

(e) 加强分区域、区域和国际合作;

(f) 在有关政府间组织内开展合作;

(g) 适当时确定机构体制,要注意避免重复;

(h) 促进利用现有双边和多边资金机制和安排,为受影响发展中国家缔约方防治荒漠化和缓解干旱影响筹集和输送实质性资金资源。

3. 受影响发展中国家缔约方在执行《公约》中有资格获得援助。

第5条　受影响国家缔约方的义务

除根据第4条应承担的义务之外,受影响国家缔约方承诺:

(a) 适当优先注意防治荒漠化和缓解干旱影响,按其情况和能力拨出适足的资源;

(b) 在可持续发展计划和/或政策框架内制定防治荒漠化和缓解干旱影响的战略和优先顺序;

(c) 处理造成荒漠化的根本原因,并特别注意助长荒漠化过程的社会经济因素;

(d) 在防治荒漠化和缓解干旱影响的工作中,在非政府组织的支持下,提高当地群众尤其是妇女和青年的认识,并为他们的参与提供便利;

(e) 于适当时加强相关的现有法律,如若没有这种法律,则颁布新的法律和制定长期政策和行动方案,以提供一种扶持性环境。

第6条　发达国家缔约方的义务

除了按照第4条规定的一般义务外,发达国家缔约方承诺:

(a) 在同意的基础上单独或共同地积极支持受影响发展中国家缔约方、特别是非洲国家缔约方,以及最不发达国家为防治荒漠化和缓解干旱影响所作的努力;

(b) 提供实质性资金资源和其他形式的支助,以援助受影响发展中国家缔约方、特别是非洲国家缔约方有效地制定和执行防治荒漠化和缓解干旱影响的长期计划和战略；

(c) 根据第20条第2款(b)项促进筹集新的和额外资金；

(d) 鼓励从私营部门和其他非政府来源筹集资金；

(e) 促进和便利受影响国家缔约方、特别是受影响发展中国家缔约方获得适用技术、知识和诀窍。

第7条 非洲的优先地位

鉴于非洲区域存在的特殊情况，缔约方在履行本《公约》时，应优先考虑受影响非洲国家缔约方，同时也不忽视其他区域受影响发展中国家缔约方。

第8条 与其他公约的关系

1. 缔约方应鼓励协调遵照本《公约》开展的活动，如果它们是其他有关国际协定的缔约方，则亦应协调遵照其他有关国际协定，特别是《联合国气候变化框架公约》和《生物多样性公约》开展的活动，以便争取按每一协定开展的活动都能产生最大成效，同时避免工作重复。缔约方应鼓励执行联合方案，特别是在研究、培训、系统观察和信息收集与交流领域，争取使这些活动有助于实现有关协定的目标。

2. 本《公约》的规定不应影响任何缔约方在本《公约》对它生效前参加的双边、区域或国际协定对它产生的权利和义务。

第三部分 行动方案、科学和技术合作以及支持措施

第一节 行动方案

第9条 基本方法

1. 为履行第5条规定的义务，受影响发展中国家缔约方和在区域执行框架内，或以书面通知常设秘书处打算制定国家行动方案的任何其他受影响国家缔约方应尽可能利用现有的、相关的、成功的计划和方案，并在其基础上，酌情制定、公布和实施国家行动方案，并制定、公布和实施分区域和区域行动方案，将它们作为防治荒漠化、缓解干旱策略的中心内容。这些方案应借鉴实地行动经验教训和研究成果在不间断的参与中加以更新。国家行动方案的制定应与制定国家可持续发展政策的其他努力密切配合。

2. 发达国家缔约方在按照第6条提供不同形式的援助时，应在同意基础上直接或通过有关多边组织或两者优先支持受影响发展中国家缔约方特别是非洲国家缔约方、分区域或区域行动方案。

3. 缔约方应鼓励联合国系统的各机构、基金和方案以及有能力参与合作的其他有关政府间组织、学术机构、科学界和非政府组织根据其职权范围和能力,支持行动方案的拟订、实施及其后续工作。

第10条 国家行动方案

1. 国家行动方案的目的是查明造成荒漠化的因素,并提出防治荒漠化、缓解干旱影响所必需的实际措施。

2. 国家行动方案应当明确指出政府、地方社区和土地使用者各自的作用,同时确定可得到的和需要的资源。国家行动方案除其他外应:

(a) 纳入防治荒漠化和缓解干旱影响的长期战略,强调贯彻实施并与国家可持续发展政策相结合;

(b) 允许根据情况变化做出修改,并应在地方一级具有足够的灵活性,以适应不同的社会经济、生物及自然地理条件;

(c) 特别注意为尚未退化或仅轻微退化的土地实行预防措施;

(d) 提高国家气候、气象和水文能力以及增强提供干旱早期预警的手段;

(e) 促进政策和加强机构框架,本着伙伴精神在捐助界、各级政府、当地群众和社区团体之间发展合作和协调,同时方便当地群众取得适当的信息和技术;

(f) 设法在地方、国家和区域各级让非政府组织和当地男女群众,特别是资源的使用者,包括农民和牧民及他们的代表组织,有效参与国家行动方案的政策规划、决策、实施和审查;

(g) 规定定期审查方案的实施情况并提出进展报告。

3. 国家行动方案、除其他外,可包括下列某些或所有旨在对付和缓解干旱影响的措施:

(a) 酌情建立和/或加强早期预警系统,包括地方和国家设施及分区域和区域两级的联合系统,以及援助环境导致的流离失所者的机制;

(b) 加强考虑到季节和年度气候预测的防旱抗旱工作,包括地方、国家、分区域和区域各级的干旱应急计划;

(c) 酌情建立和/或加强粮食安全系统包括储存和销售设施,尤其是在农村地区;

(d) 制定可以为易发生干旱地区创收的另谋生计项目;

(e) 为农作物和牲畜制定可持续的灌溉方案。

4. 考虑到各个受影响国家缔约方有其具体的情况和要求,国家行动方案,除其他外,酌情包括下列某些或所有涉及在受影响地区防治荒漠化和缓解干旱影响、涉及其人口的优先领域措施:提倡另谋生计并改善国家经济环境,以争取加强消灭贫困方案,加强粮食保障;人口动态;以可持续方式管理自然资源;实行可持续的农业方式;开发和高效率地使用各种能源;体制和法律框架;加强评估和系统观察能力包括水文和气象服务以及能力建设、教育和公众意识。

第11条　分区域和区域行动方案

受影响国家缔约方应按照有关的区域执行附件酌情进行协商和合作,拟订分区域和/或区域行动方案,以协调、补充和提高国家方案的效率。第10条的规定经修改后应适用于分区域和区域方案。这种合作可包括关于对跨边界自然资源实行可持续管理、开展科学技术合作和加强有关机构的议定联合方案。

第12条　国际合作

受影响国家缔约方应协同其他缔约方和国际社会合力确保促进一个有利于实施《公约》的扶持性国际环境。这种合作也应包括技术转让、科学研究和发展、信息收集和传播以及资金资源等领域。

第13条　拟订和实施行动方案方面的支持

1. 根据第9条支持行动方案的措施除其他外包括:

(a) 资金合作,为行动方案提供可预测性,以便能做出必要的长期规划;

(b) 制定和利用能在地方一级更好地提供支持的合作机制,包括通过非政府组织的行动,以便促进有关成功试点方案活动的推广;

(c) 按照为地方社区一级参与行动提出的试验性可推广的办法,提高项目设计、供资和实施的灵活性;

(d) 酌情提高合作和资助方案效率的行政和预算程序。

2. 在向受影响发展中国家缔约方提供这种支持时,应优先重视非洲国家缔约方和最不发达国家缔约方。

第14条　拟订和执行行动方案方面的协调

1. 缔约方在拟订和执行行动方案方面应直接和通过有关政府间组织开展密切合作。

2. 缔约方应制定运作机制特别是在国家一级和实地方面,确保在发达国家缔约方、发展中国家缔约方、有关政府间组织和非政府组织之间尽可能全面协调,以避免重复,协调各种干预和做法,并最大限度地发挥援助的作用。在受影响发展中国家缔约方,要优先开展有关国际合作的协调活动,争取最有效利用资源,确保援助切合具体情况并促进实施本《公约》规定的国家行动方案和优先事项。

第 15 条 区域执行附件

列入行动方案的要点应有所选择,应适合受影响国家缔约方或区域的社会经济、地理和气候特点及其发展水平。各区域执行附件规定各具体分区域和区域拟订行动方案的准则及其确切重点和内容。

第二节 科学和技术合作

第 16 条 信息收集、分析和交流

缔约方同意根据各自能力综合和协调有关长、短期数据及信息的收集、分析和交流工作,确保有系统地观察受影响地区土地退化情况,更好地了解和评价干旱和荒漠化的过程和影响。除其他外,这将可以用适合所有各级用户,包括尤其是以当地群众能够实际应用的形式,对不利的气候变异时期提供早期预警和先期规划。为此,它们应酌情:

(a) 促进和加强全球机构和设施网络,在所有各级进行信息收集、分析、交流以及系统观察,这种网络除了其他外应:

① 争取使用彼此兼容的标准和系统;

② 覆盖包括偏远地区在内的有关数据和台站;

③ 使用和推广有关土地退化的现代数据收集、传递和评价技术;

④ 将国家、分区域和区域数据和信息中心同全球信息来源更密切地连接起来;

(b) 确保信息收集、分析和交流能满足地方社区和决策者的需要,以便能解决具体问题,这些活动应吸收地方社区参与;

(c) 支持和进一步制定旨在界定、进行、评价和资助数据和信息的收集、分析和交流的双边和多边方案和项目,除其他外,包括汇编若干套自然、生物、社会和经济综合指标;

(d) 充分利用有关政府间和非政府组织的专门知识,尤其要在不同区域的特定群体间传播有关信息和经验;

(e) 充分注重收集、分析和交流社会经济数据并将其与自然和生物数据相结合;

(f) 交流并充分、公开,及时提供有关防治荒漠化和缓解干旱影响的所有可以公开取得的信息;

(g) 在符合各自国家立法和/或政策的前提下就当地和传统知识交流信息,确保充分保护这种知识,并且平等地以相互议定的条件向有关当地群众适当回报由此产生的利益。

第 17 条 研究与发展

1. 缔约方承诺根据自己的能力通过适当的国家、分区域、区域和国际机构促进防治荒漠化和缓解干旱影响领域内的技术和科学合作。为此,它们应支持研究活动,这些研究活动:

(a) 有助于增进对导致荒漠化和干旱的过程的认识,增进对自然及人为因素的影响及其区别的认识,以期防治荒漠化和缓解干旱影响,提高生产力,可持续地使用和管理资源;

(b) 与明确的目标共鸣、针对当地群众的具体需要,据以查明和实施能改善受影响地区人民生活水平的办法;

(c) 保护、综合、增进和验证传统的和当地的知识、诀窍和做法,在符合各自国家立法和/或政策的前提下确保拥有这种知识的人能以平等、相互商定的条件从这些知识的商业利用或从这些知识所带来的技术发展直接获益;

(d) 在受影响发展中国家缔约方特别是非洲国家缔约方发展和加强国家、分区域和区域研究能力,包括当地技能的开发,尤其是在研究基础薄弱的国家加强适当的能力,特别重视多学科和参与式社会经济研究;

(e) 考虑到相关的贫困、环境因素造成的移民与荒漠化之间的关系;

(f) 促进开展国家、分区域、区域和国际研究组织在公营和私营部门的联合研究方案,以便通过当地群众和社区的有效参与为可持续的发展开发更优良的、不昂贵的和易于获得的技术;

(g) 增加受影响地区的水资源,除其他外通过人工降雨。

2. 行动方案中应列出反映不同地方条件的特定区域和分区域研究优先次序。缔约方会议应根据科学技术委员会的建议,定期审查研究优先次序。

第 18 条 技术的转让、获取、改造和开发

1. 缔约方承诺相互商定并依照各自的国家立法和/或政策促进、资助和/或便利资助、转让、获取、改造和开发有关防治荒漠化和/或缓解干旱影响的无害环境、经济上可行、社会上可以接受的技术,以此为受影响地区实现可持续发展作出贡献。这类合作应酌情以双边或多边方式开展,充分利用政府间组织和非政府组织的专门知识。缔约方尤应:

(a) 充分利用有关的现有国家、分区域、区域和国际信息系统和交流中心,传播与下列各项有关的信息:可获得的技术、其来源、其环境风险,以及获得这些技术的大致条件;

(b) 便利特别是受影响发展中国家缔约方以有利条件,包括相互议定的减让和优惠条件在顾及需保护知识产权的前提下获取最宜实际用来解决当地群众特殊需要的技术,要特别注意这类技术的社会、文化、经济和环境影响;

(c) 通过资金援助或其他适当途径,便利受影响国家缔约方之间开展技术合作;

(d) 尤其要把与受影响发展中国家缔约方开展的技术合作推广到促进另谋生计部门,相关情况下包括合资经营;

(e) 采取措施,创造有利于发展、转让、获取、改造适用技术、知识、诀窍和做法的国内市场条件,提出财政鼓励或其他鼓励办法,包括确保充分和有效保护知识产权的措施。

2. 缔约方应根据各自能力并在符合各自国家立法和/或政策的前提下保护、促进和利用特别是有关的传统和当地技术、知识、诀窍和做法,为此,缔约方承诺:

(a) 请当地群众参加将这种技术、知识、诀窍和做法及其潜在用途登记造册,并酌情与有关政府间组织和非政府组织合作传播这方面的信息;

(b) 确保这种技术、知识、诀窍和做法受到充分保护,并确保当地群众能平等地和以相互商定的条件从这些知识或源自这些知识的任何技术发展的任何商业利用中直接获得利益;

(c) 鼓励和积极支持改进和推广这种技术、知识、诀窍和做法或据以发展的新技术;

(d) 酌情便利改造这种技术、知识、诀窍和做法,以利广泛使用,并酌情将之与现代技术相结合。

第三节　支持措施

第19条　能力建设、教育和公众意识

1. 缔约方确认,能力建议——即所谓机构建设、培训和有关本地和本国能力的发展——对防治荒漠化和缓解干旱影响各种努力具有重要意义。缔约方应酌情以下列方式促进能力的建设:

(a) 鼓励所有各级的、尤其是地方一级的当地人民、特别是妇女和青年

的充分参与,与非政府组织和地方组织合作;

(b) 增强国家一级在荒漠化和干旱领域的训练和研究能力;

(c) 建立和/或加强支助和推广服务,更有效地传播有关工艺方法和技术,培训实地工作人员和农村组织成员,采取群众参与的方法,以保护和可持续地使用自然资源;

(d) 尽可能地促进在技术合作方案中利用和传播当地人民的知识、诀窍和做法;

(e) 按照现代社会经济情况,在必要时改造有关的无害环境技术以及农牧业中的传统方法;

(f) 提供适当的培训和技术,利用替代能源,尤其是可再生能源,以期特别是减少燃料方面对木柴的依赖;

(g) 相互协议进行合作,加强受影响发展中国家缔约方按照第 16 条在收集、分析和交流信息领域制定和实施方案的能力;

(h) 以创新的方式促进另谋生计,包括新技能的培训;

(i) 培训决策者、管理人员和负责收集和分析数据的人员,以便传播和使用干旱状况早期预警信息和粮食生产;

(j) 提高现有国家机构和法律框架的运作效能,必要时建立新的机构和框架,同时加强战略规划和管理;

(k) 通过互访方案,长期的学习研究交流,增进受影响国家缔约方的能力建设。

2. 受影响发展中国家缔约方应酌情在其他缔约方和胜任的政府间和非政府组织的合作下,从跨学科的角度审查地方和国家现有的能力和设施,以及予以加强的可能性。

3. 缔约方应彼此并与胜任的政府间组织以及非政府组织开展合作,在受影响缔约方和适当时在未受影响国家缔约方推行和支持公众意识和教育方案,促进对荒漠化和干旱的原因和影响以及实现本《公约》目标的重要性的认识。为此,它们应:

(a) 组织对公众的宣传运动;

(b) 长期促进公众能得到有关的信息并让公众广泛参与教育和宣传活动;

(c) 鼓励建立有助于公众意识的协会;

(d) 制定和交流教育和公众意识材料,这类材料在可能的情况下应用当地语文编制,互派和调派专家训练受影响发展中国家缔约方的人员,使他们能够推行有关的教育和宣传方案，充分利用胜任的国际机构备有的有关教育材料；

(e) 评价受影响地区的教育需要，制定适当的学校课程，必要时，扩大教育和成人识字方案，并在查明、保护以及可持续使用和管理受影响地区资源方面，为所有人特别是女童和妇女创造更多的机会；

(f) 制定跨学科参与式方案，把对荒漠化和干旱的意识纳入教育系统，并使之融入非正式教育方案、成人教育方案、远距离和实用教育方案。

4. 缔约方会议应为防治荒漠化和缓解干旱影响设立和/或加强区域教育和培训中心网络。这些网络应由为此目的设立或指定的机构加以协调，负责培训科学、技术和管理人员，同时应酌情加强受影响国家缔约方负责教育和培训的机构，以协调各项方案并组织经验交流。这些网络应与有关政府间和非政府组织密切合作，以避免工作重复。

第 20 条　资金资源

1. 鉴于为实现《公约》目标筹资至为重要，缔约方应视其能力尽力确保防治荒漠化和缓解干旱影响的方案得到充分的资金资源。

2. 在这方面，发达国家缔约方，在不忽视其他区域的受影响发展中国家缔约方的前提下，根据第 7 条规定对非洲给予优先，同时承诺：

(a) 筹集实质性资金资源，包括赠款和减让贷款，以便支持执行防治荒漠化和缓解干旱影响的方案；

(b) 促进筹集充分、及时和可预测的资金资源，其中包括根据《建立全球环境融资文件》的有关规定，为与全球环境融资的四个中心领域有关的涉及荒漠化的那些活动的议定增加费用，从全球环境融资中筹集新的和额外的资金；

(c) 通过国际合作，便利技术知识和诀窍的转让；

(d) 与受影响发展中国家缔约方合作，寻求筹集和输送资源的新办法和鼓励措施，包括各种基金，非政府组织和其他私营部门实体的资金，特别是债务交换和其他创新办法，通过减少特别是非洲受影响发展中国家缔约方的外债负担来增加融资。

3. 受影响发展中国家缔约方，按其能力，承诺为执行其国家行动方案筹集充分资金资源。

4. 缔约方在筹集资金资源时应充分利用，并继续在质量方面改善所有本国、双边和多边资金来源和机制，利用财团、联合方案和并行筹资，并应争取吸引私营部门资金来源和机制，包括非政府组织的资金和机制的参与。

为此目的,缔约方应充分利用根据第14条制定的运作机制。

5. 为筹集受影响发展中国家缔约方防治荒漠化和缓解干旱影响所需的资金资源,缔约方应:

(a) 理顺和加强管理为防治荒漠化和缓解干旱影响已拨出的资源,更切实际、更有效地利用它们,对其成败进行评估,消除妨碍其有效利用的阻力和必要时根据本《公约》采取的综合长期办法重新确定方案的方向;

(b) 在多边资金机构、设施和基金包括区域开发银行和基金的理事会中,应优先支持受影响发展中国家缔约方特别是非洲此类国家促进执行《公约》的活动,尤其是在它们根据区域执行附件进行的行动方案方面;

(c) 审查能加强区域和分区域合作的途径,支持在国家一级进行的努力。

6. 鼓励其他缔约方向受影响发展中国家缔约方自愿提供与荒漠化有关的知识、诀窍和技术和/或资金资源。

7. 发达国家缔约方按《公约》规定履行义务,特别是有关资金资源和技术转让的义务,将能大大地帮助受影响发展中国家缔约方、特别是其中非洲国家充分履行它们按照《公约》所承担的义务。在履行其义务时,发达国家缔约方应充分考虑到经济和社会发展、消灭贫困是受影响发展中国家缔约方、特别是非洲此类国家的最优先事项。

第21条 资金机制

1. 缔约方会议应促进拥有资金机制并应鼓励这种机制尽量为受影响发展中国家缔约方,特别是非洲此类国家,执行《公约》获得资金。为此目的,缔约方会议应考虑除其他外采取各种办法和政策:

(a) 便利在国家、分区域、区域和全球一级为根据《公约》有关规定进行的活动提供必要资金;

(b) 促进符合第20条的多种来源的融资办法、机制和安排及其评估;

(c) 定期向感兴趣的缔约方和有关政府间和非政府间组织提供有关资金来源和融资形式的信息,以促进它们之间的协调;

(d) 酌情便利建立各种机制,如国家防治荒漠化基金,包括非政府组织参与的基金,迅速和有效地向受影响发展中国家缔约方地方一级输送资金资源;

(e) 加强分区域和区域一级,特别是在非洲的现有基金和资金机制,以便更有效地支持执行《公约》。

2. 缔约方会议也应鼓励通过联合国系统内的各种机制和多边金融机

构支持发展中国家缔约方为履行《公约》规定的义务而在国家、分区域和区域一级进行的活动。

3. 受影响国家缔约方应利用在需要时建立和/或加强即将并入国家发展方案的国家协调机制,以便保证有效使用所有可获得的资金资源。这些国家在筹集资金、拟订以及执行各项方案和保证各团体在地方一级获得资金等方面,也应利用参与,包括非政府组织、当地团体和私营部门的介入。这些行动可通过提供援助者改进协调和拟订灵活方案得以加强。

4. 为了增加现有资金机制的效力和效率,兹建立一项全球机制以促进向受影响发展中国家缔约方以赠款、减让和/或以其他条件筹集和输送实质性资金资源的行动,包括技术转让。全球机制在缔约方会议授权和指导下进行工作,并对其负责。

5. 缔约方会议应在其第一次常会上确定一个容纳全球机制的组织据约方会议和它所确定的组织,应就全球机制的方式取得协议,保证该机制除其他外:

(a) 查明和拟订现有可用以执行《公约》的有关双边和多边合作方案的清单;

(b) 根据要求,向缔约方提供有关筹资和资金援助来源的创新方法以及关于在国家一级改进合作活动之协调的意见;

(c) 向感兴趣的缔约方和有关政府间和非政府组织提供关于现有资金来源和融资形式的信息,以促进它们之间的协调;

(d) 从缔约方会议第二届常会开始,提出其活动的报告。

6. 缔约方会议应在其第一届会议上同所确定容纳全球机制的组织为该机制的行政业务做出适当安排,在可能范围内使用现有预算和人力资源。

7. 缔约方会议应在其第三届常会上,考虑到第 7 条的规定,审查按照第 4 款向其负责的全球机制的政策、运作方式和活动。根据该项审查,缔约方会议应考虑和采取适当行动。

第四部分　机　构

第 22 条　缔约方会议

1. 兹设立缔约方会议。

2. 缔约方会议是本《公约》的最高机构。缔约方会议应在其职权范围内做出必要的决定,促进本《公约》的有效实施。缔约方会议特别应:

(a) 根据科技知识的发展,参照国家、分区域、区域和国际各级取得的经验,定期审查本《公约》的实施和机构安排的运作情况;

(b) 促进和便利交换关于各缔约方所采取措施的信息、决定以何种形式、按何种时间程序转送根据第26条提供的信息和审查有关报告并就这些报告提出建议;

(c) 设立实施本《公约》所需的附属机构;

(d) 审查其附属机构提交的报告并给它们以指导;

(e) 商定并以协商一致的方式通过缔约方会议及其任何附属机构的议事规则和财务细则;

(f) 根据第30和第31条通过本《公约》的修正案;

(g) 为其活动包括其附属机构的活动核定方案和预算,并为其筹资做出必要安排;

(h) 酌情谋求胜任的国家机构、国际机构、政府间机构和非政府机构的合作,并利用它们提供的服务和信息;

(i) 促进和加强同其他有关公约的关系,同时避免工作重复;

(j) 行使实现本《公约》目标所需的其他职能。

3. 缔约方会议应在第一届会议上以协商一致通过其议事规划,其中应包括本《公约》所规定的决策程序、未包括的事项的决策程序。这种程序可包括通过某些决定所需要的特定多数票。

4. 缔约方会议第一届会议应由根据第35条所述临时秘书处召集,并应至迟于本《公约》生效之日起一年内举行。除非缔约方会议另有决定,第二、第三和第四届常会应每一年举行一次,此后应每两年举行一次常会。

5. 经缔约方会议常会决定或任何缔约方提出书面请求,缔约方会议特别会议可在其他时间举行,但须在常设秘书处将请求通知各缔约方起三个月之内得到至少三分之一缔约方的支持。

6. 在每届常会上,缔约方会议应选出一个主席团。主席团的结构和职能应在议事规则中确定。任命主席团成员时应适当顾及需要确保地域分配公平及受影响缔约方特别是非洲国家有足够的代表。

7. 联合国、其专门机构以及其中不属本《公约》缔约方的任何成员国或观察员,可派代表以观察员身份出席缔约方会议各届会议。任何机关或机构,无论是国家的或国际的、政府的或非政府的,只要有资格处理本《公约》所涉事项,并已通知常设秘书处希望派代表以观察员身份出席缔约方会议的某届会议,均可予以接纳,除非出席会议的缔约方至少有三分之一表示反对。观察员的接纳和参加应遵循缔约方会议通过的议事规则。

8. 第一届缔约方会议可要求具有有关专长的国家组织和国际组织提供与第16条(g)款、第17条第1款(c)项和第18条第2款(b)项有关的信息。

第23条 常设秘书处

1. 兹设立常设秘书处。

2. 常设秘书处的职能是:

(a) 为根据本《公约》设立的缔约方会议及其附属机构的会议做出安排并向它们提供所需要的服务;

(b) 汇编和转送向其提交的报告;

(c) 便利应请求向受影响发展中国家缔约方特别是非洲国家提供援助,帮助它们汇编和提交本《公约》要求的信息;

(d) 同其他有关国际机构和《公约》的秘书处协调活动;

(e) 以在缔约方会议的指导下,订立有效履行职能所需要的行政和合同安排;

(f) 编写秘书处根据本《公约》履行其职能的情况报告,提交缔约方会议;

(g) 履行缔约方会议决定的任何其他秘书处职能。

3. 缔约方会议应在第一届会议上选定常设秘书处并为其业务做好安排。

第24条 科学和技术委员会

1. 兹设立科学和技术委员会,作为缔约方会议的附属机构,向会议提供与防治荒漠化和缓解干旱影响有关的科技事务的信息和意见。委员会的会议应是多学科的,向所有缔约方开放,与缔约方会议常会同时举行。科学和技术委员会应由专门领域胜任的政府代表组成。缔约方会议第一届会议应决定该委员会的职权范围。

2. 缔约方会议应建立和保持一份具有有关领域专长和经验的独立专家名册。顾及多学科方式和广泛地域代表性,以各缔约方书面递交的提名为准。

3. 缔约方会议在需要时可任命特设工作组,经由委员会针对与防治荒漠化和缓解干旱影响有关之科技领域现状的具体问题,提供信息和意见。在考虑到多学科方式和广泛地域代表的情况下,这些工作组由其姓名见于名册的个人组成。这些专家应具有科学背景和实地经验,由缔约方会议根据委员会建议予以任命。缔约方会议应决定这些工作组的职权范围和工作方式。

第 25 条 机构和组织网络

1. 科学和技术委员会应在缔约方会议监督下,规定调查和评价现有网络和愿意联成网络的各类机构和组织。这种网络应当支持《公约》的执行。

2. 科学和技术委员会根据第 1 款所述调查和评价结果向缔约方会议建议如何便利和加强地方、国际和其他各级各单位之间的联网,以便确保第 16 和 19 条确定的专题需要能得到处理。

3. 缔约方会议参照这些建议,应当:

(a) 确定最适宜联网的国家、分区域、区域和国际单位,就业务程序和时间范围向它们提出建议;

(b) 确定最适宜在各级便利和加强这种联网的单位。

第五部分 程 序

第 26 条 提交信息

1. 每一缔约方应通过常设秘书处向缔约方会议提交它为实施本《公约》所采取措施的报告,供缔约方会议常会审议。缔约方会议应确定这种报告的提交时间和格式。

2. 受影响国家缔约方应说明根据本《公约》第 5 条制定的战略及关于其实施情况的任何有关信息。

3. 根据第 9 至第 15 条实施行动方案的受影响国家缔约方应详细说明方案及其实施情况。

4. 任何一组受影响国家缔约方可提出联合呈文,说明在行动方案的范围内在分区域和/或区域一级采取的措施。

5. 发达国家缔约方应报告为协助拟订和实施行动方案而采取的措施,包括关于它们根据本《公约》已提供或正在提供的资金资源的信息。

6. 根据第 1 至 4 款提交的信息应由常设秘书处尽快转交缔约方会议及任何有关的附属机构。

7. 缔约方会议须便利应请求向受影响发展中国家缔约方、特别是非洲国家提供技术和资金支持,帮助它们按本条编辑和提交信息,认明与拟议行动方案有关的技术和资金需要。

第27条 解决执行问题的措施

缔约方会议应审议并通过解决在执行本《公约》时可能出现的问题的程序和机构机制。

第28条 争端的解决

1. 缔约方应通过谈判或自行选择的其他和平手段,解决相互之间关于本《公约》的解释或适用方面的任何争端。

2. 缔约方如果不是区域经济一体化组织,可在批准、接受、核准或加入本《公约》时或在其后任何时间向保存人提出一项文书,就本《公约》的解释或适用方面的任何争端做出声明,承认对于接受同样义务的任何缔约方而言,下列两者或其中之一为强制解决争端手段:

(a) 按缔约方会议在实际可行的情况下尽快通过的一项附件中通过的程序进行仲裁;

(b) 将争端提交国际法院审理。

3. 缔约方如果是区域经济一体化组织,可按照第2款(a)项所述程序就仲裁问题做出具有类似效果的声明。

4. 根据第2款作出的声明,其有效期至按其规定的时间或将书面撤销通知交存保存人三个月之后结束。

5. 除非争端当事方另有协议,否则声明有效期的结束、通知撤销或提出新的声明一律不影响仲裁庭或国际法院未决的诉讼。

6. 如果争端当事方未接受第2款规定的同一或任何程序,又如果一方通知另一方双方存在争端之后十二个月内未能解决争端,应按照争端任一当事方的请求,根据缔约方会议在实际可行的情况下尽快通过的一项附件中所列程序,将争端交付调解。

第29条 附件的地位

1. 各附件是本《公约》的组成部分,除非另有明文规定,否则提及本《公约》即同时提及其附件。

2. 各缔约方应以符合按照本《公约》条款所享权利和所负义务的方式解释各附件的规定。

第30条 《公约》的修正

1. 任何缔约方均可对本《公约》提出修正。

2. 对本《公约》的修正应在缔约方会议的常会上通过。任何修正草案的案文均应由常设秘书处在提议通过修正案的会议召开前至少六个月交送各缔约方。常设秘书处还应将修正草案通报本《公约》签署方。

3. 缔约方应尽力通过协商一致的方式就任何修正草案达成协议。如已穷尽一切争取协商一致的努力仍未能达成协议,则作为最后手段,将修正案交由出席会议并参加表决的缔约方三分之二多数通过。通过的修正案应由常设秘书处交保存人,保存人应将其发交所有缔约方批准、接受、核准或加入。

4. 对修正案的批准书、接受书、核准书或加入书应交存于保存人。按第3款通过的修正案应于保存人收到在修正案通过时为缔约方的本《公约》至少三分之二缔约方的批准书、接受书、核准书或加入书之日起第九十天对接受修正的缔约方生效。

5. 对于任何其他缔约方,修正案应于缔约方向保存人交存对该修正案的批准书、接受书、核准书或加入书之日起第九十天生效。

6. 为本条和第31条的目的,“出席并参加表决的缔约方”是指出席并投赞成票或反对票的缔约方。

第31条　附件的通过和修正

1. 本《公约》的任何附加附件及对任一附件的任何修正均应按照第30条规定的修正程序提出和通过。但在通过附加区域执行附件或对任何区域执行附件的修正时,该条所规定的多数票应包括有关区域出席并参加表决的缔约方的三分之二多数票。附件的通过或修正均应由保存人通报所有缔约方。

2. 按照第1款通过的附件,附加区域执行附件除外,或附件的修正,对任何区域执行附件的修正除外,应于保存人将该附件或修正通过一事通报所有缔约方之日六个月之后起对所有缔约方生效,但在这段时间内书面通知保存人不接受该附件或修正的缔约方除外。对于撤回不接受通知的缔约方,有关附件或修正应于保存人收到这种撤回通知之日起第九十天生效。

3. 根据第1款通过的任何附加区域执行附件或区域执行附件的修正应于保存人通报该附件或修正通过一事之日后六个月对本《公约》所有缔约方生效,但以下不在其列:

(a) 任何缔约方在六个月内以书面形式将其不接受该附加区域执行附件或区域执行附件的修正通知保存人,在这种情况该附件或修正对撤回不接受通知书的缔约方,在保存人收到上述通知后九十天起生效;

(b) 对根据第34条第4款就附加区域执行附件或对区域执行附件的修正做出声明的任何缔约方,此种附件或修正应在该缔约方向交存人交存其有关该附件或修正的批准书、接受书、核准书或加入书后九十天起生效。

4. 如果附件或附件的修正涉及对本《公约》的修正,则在《公约》修正生效之前,该附件或附件的修正不得生效。

第 32 条　表决权

1. 除第 2 款规定的情况外,《公约》每一缔约方均有一票表决权。

2. 区域经济一体化组织应就其职权范围内的事项行使表决权,其票数相等于其参加本《公约》成员国数目。如其任何成员国行使表决权,该组织即不得行使表决权,反之亦然。

第六部分　最后条款

第 33 条　签　署

本《公约》应于 1994 年 10 月 14 至 15 日在巴黎开放供联合国会员国或联合国任何专门机构的成员国或《国际法院规约》的当事国以及区域经济一体化组织签署。此后,本《公约》应在纽约联合国总部继续开放供签署,至 1995 年 10 月 13 日为止。

第 34 条　批准、接受、核准和加入

1. 本《公约》须经各国和各区域经济一体化组织批准、接受、核准或加入。它应于签署截止之日的次日起开放加入。批准、接受、核准或加入文书应交存于保存人。

2. 凡成为本《公约》缔约方而其任何成员国均非本《公约》缔约方的区域经济一体化组织应受本《公约》一切义务的约束。如这种组织的一个或多个成员国亦为本《公约》缔约方,该组织及其成员国应决定它们各自在履行《公约》义务方面的责任。在这种情况下,该组织及其成员国无权同时行使本《公约》赋予的权利。

3. 区域经济一体化组织在其批准、接受、核准或加入文书中应宣布它们对《公约》适用事项的权限范围。它们也应当将权限范围的任何重大改变迅速通知保存人,再由保存人告知各缔约方。

4. 在其批准、接受、核准或加入文书中,任何缔约方可宣布,对它而言,任何附加区域执行附件或对任何区域执行附件的任何修正仅在该缔约方交存批准、接受或核准文书时生效。

第 35 条　临时安排

第 23 条所述秘书处职能暂由联合国大会 1992 年 12 月 22 日第 47/188 号决议设立的秘书处执行,直至缔约方会议第一届会议结束时为止。

第36条 生 效

1. 本《公约》应于第五十份批准、接受、核准或加入文书交存之后第九十天生效。

2. 对于在第五十份批准、接受、核准或加入文书交存之日后批准、接受、核准或加入本《公约》的国家或区域经济一体化组织,本《公约》应于该国或区域经济一体化组织交存批准、接受、核准或加入书之日后第九十天生效。

3. 为第1款和第2款的目的,由区域经济一体化组织交存的任何文书不应视为该组织成员国交存的文书以外的额外文书。

第37条 保 留

对本《公约》不得提出任何保留。

第38条 退 约

1. 缔约方在本《公约》对其生效之日起三年后,可随时书面通知保存人退出本《公约》。

2. 这种退出应于保存人收到退出通知之日起一年后或在退出通知说明的较后日期生效。

第39条 保存人

联合国秘书长为本《公约》保存人。

第40条 正式文本

本《公约》正本应交存于联合国秘书长,其阿拉伯文、中文、英文、法文、俄文和西班牙文本具有同等效力。

下列签署人,经正式授权,在本《公约》上签字,以资证明。

1994年6月17日订于巴黎

附件二[①] 亚洲区域执行附件

第1条 宗 旨

本附件的宗旨是,根据亚洲区域的具体情况,为本地区受影响国家缔约方切实有效地执行《公约》提供必要的准则和安排。

---

① 《防治荒漠化公约》共有4个附件,分别涉及非洲、亚洲、拉丁美洲和加勒比海,地中海北部四个区域。由于篇幅过长,此处仅选载与中国相关的附件二:"亚洲区域执行附件"。特此说明。

第2条 亚洲区域的具体情况

缔约方在根据《公约》的规定履行义务时,应酌情考虑在不同程度上适合于亚洲受影响国家缔约方的下列具体情况:

(a) 它们境内已受或易受荒漠化或干旱影响的地区比例甚大,这些地区的气候、地形、土地使用制度和社会经济制度千差万别;

(b) 为维持生计对自然资源的压力甚大;

(c) 存在着与普遍贫困直接有关的生产制度,造成土地退化和对稀缺的水资源的压力;

(d) 世界经济状况和社会问题如贫困、卫生和营养不良、缺乏粮食保障、移民、流离失所者和人口动态等产生的巨大影响;

(e) 它们处理国内荒漠化和干旱问题的能力和机构框架虽有加强,但仍然不够;

(f) 它们需要国际合作,以争取实现与防治荒漠化和缓解干旱影响有关的可持续发展目标。

第3条 国家行动方案的框架

1. 国家行动方案应是本区域受影响国家缔约方国内可持续发展更广泛政策的一个组成部分。

2. 受影响国家缔约方应酌情根据《公约》第9至11条(特别重视第10条第2款(f)项)拟订国家行动方案。经有关受影响国家缔约方要求,双边和多边合作机构可酌情参加该进程。

第4条 国家行动方案

1. 在制定和执行国家行动方案时,本区域受影响国家缔约方可按照各自情况和政策除其他外酌情:

(a) 指定适当的机构负责行动方案的制定、协调和执行;

(b) 与地方当局和有关国家和非政府组织合作,通过在当地发动的磋商过程,吸引受影响的人口包括当地社区,参与行动方案的拟订、协调和执行;

(c) 调查受影响地区的环境情况,以评价荒漠化的原因和后果,确定需采取行动的优先领域;

(d) 在受影响居民的参与下,评估过去和现行的防治荒漠化和缓解干旱影响的方案,以便在其行动方案中设计一项战略并拟订各种活动;

(e) 以通过(a)至(d)项的活动而获得的信息为基础拟订技术和资金方案;

(f) 制定并采用评估行动方案执行情况的程序和规范;

(g) 促进综合管理流域、保护土壤资源、改善并有效利用水资源;

(h) 在易受荒漠化和干旱影响的区域加强和/或建立信息、评估和后续行动及早期预警系统,考虑气候、气象、水文、生态和其他有关因素;

(i) 当涉及包括资金和技术资源的国际合作时,本着伙伴关系精神拟订支持行动方案的适当安排。

2. 根据《公约》第 10 条,国家行动方案的总体战略应以参与机制为基础,并在将消除贫困战略纳入防治荒漠化和缓解干旱影响的努力的基础上,强调受影响地区的当地综合发展方案。行动方案的部门性措施应按优先领域分类,同时考虑到本《附件》第 2 条(a)款所指区域的受影响地区的情况千差万别。

第 5 条　分区域和联合行动方案

1. 根据《公约》第 11 条,亚洲受影响国家缔约方可相互商定酌情与其他缔约方磋商和合作,拟订和执行分区域或联合行动方案,酌情对国家行动方案予以补充和提高其执行效率。无论在哪种情况,有关缔约方均可共同议定委托分区域组织包括双边或国家组织或专门机构负责有关拟订、协调和执行方案的工作。这类组织或机构也可充当促进和协调根据《公约》第 16 至 18 条采取的行动的联络中心。

2. 在拟订和执行分区域或联合行动方案时,本区域受影响国家缔约方除其他外应酌情:

(a) 与国内机构合作,查明与可由这类方案较好实现的防治荒漠化和缓解干旱影响有关的优先任务以及可通过这些方案有效地进行的有关活动;

(b) 评估有关区域、分区域和国家机构的运作能力和活动;

(c) 评价本区域或分区域所有或某些缔约方有关荒漠化和干旱的现行方案及其与国家行动方案的关系;

(d) 当涉及包括资金和技术资源的国际合作时,本着伙伴精神拟订支持方案的适当的双边和/或多边安排。

3. 分区域或联合行动方案可包括:与荒漠化有关的可持续管理跨边界自然资源的议定方案;在能力建设、科技合作、特别是干旱预警系统和信息交流等领域协调活动和其他活动的优先事项;加强有关分区域和其他组织或机构的能力的办法。

第6条 区域活动

促进分区域或联合行动方案的区域活动除其他外可包括:加强国家、分区域和区域一级的协调和合作机构和机制并促进《公约》第16至19条的执行。这些活动也可包括:

(a) 促进和加强技术合作网络;

(b) 编制技术、知识、诀窍和做法以及传统和当地技术和诀窍的清单并促进其传播和利用;

(c) 评估技术转让所需条件和促进这些技术的改造和利用;

(d) 鼓励公共意识方案和促进各级的能力建设、加强培训、研究与发展以及建立人力资源开发制度。

第7条 资金资源和机制

1. 由于在亚洲区域防治荒漠化和缓解干旱影响的重要性,缔约方应根据《公约》第20和第21条,鼓励筹集实质性资金资源,设立资金机制。

2. 按照《公约》并基于第8条所规定的协调机制,根据其本国发展政策,本地区受影响国家缔约方应单独或共同:

(a) 采取措施,理顺和加强各种机制,通过公共和私人投资提供资金,以便在防治荒漠化和缓解干旱影响的行动中取得具体成果;

(b) 查明需要何种特别是资金和技术方面的国际合作以支持本国的努力;

(c) 促进双边和/或多边资金合作机构的参与,以确保《公约》的执行。

3. 缔约方应尽可能地简化将款项输送给本区域受影响国家缔约方的程序。

第8条 合作和协调机制

1. 本区域受影响国家缔约方,通过根据第4条第1款(a)项指定的适当机构和本区域其他缔约方,可酌情除其他外为下列目的设立机制:

(a) 交换信息、经验、知识和诀窍;

(b) 在分区域和区域各级进行合作与协调行动,包括设立双边和多边安排;

(c) 根据第5至7条促进科学、技术和资金方面的合作;

(d) 查明外部合作的需求;

(e) 对行动方案的执行情况采取后续行动,进行评估。

2. 本地区受影响国家缔约方,通过根据第4条第1款(a)项指定的适当机构和本地区其他缔约方,也可酌情就国家、分区域和联合行动方案进行磋商和协调。它们可酌情请其他缔约方以及有关政府间和非政府组织参加这一进程。这项协调工作根据本《公约》第 20 和第 21 条应除其他外争取就国际合作的机会达成协议，加强技术合作，输送资源，使之得到有效利用。

3. 本区域受影响国家缔约方应定期举行协调会议。常设秘书处可根据《公约》第 23 条，应其要求便利这种协调会议的举行，包括：

(a) 吸取其他类似安排的经验，提供组织有效的协调安排方面的咨询；

(b) 对有关的双边和多边机构提供关于协调会议的信息，鼓励它们积极参加；

(c) 提供对建立或改进协调进程可能有关的其他信息。

联合国气候变化框架公约[①]

（联合国 1992 年 5 月 9 日订于纽约）

本公约各缔约方，承认地球气候的变化及其不利影响是人类共同关心的问题，感到忧虑的是，人类活动已大幅增加大气中温室气体的浓度，这种增加，增强了自然温室效应，平均而言将地球表面和大气进一步增温，并可能对自然生态系统和人类产生不利影响。

注意到历史上和目前全球温室气体排放的最大部分源自发达国家；发展中国家的人均排放仍相对较低；发展中国家在全球排放中所占的份额将会增加，以满足其社会和发展需要。

意识到陆地和海洋生态系统中温室气体汇和库的作用和重要性，注意到在气候变化的预测中，特别是在其时间、幅度和区域格局方面，有许多不确定性，承认气候变化的全球性要求所有国家根据其共同但有区别的责任和各自的能力及其社会和经济条件，尽可能开展最广泛的合作，并参与有效和适当的国际应对行动。

回顾 1972 年 6 月 16 日于斯德哥尔摩通过的联合国《人类环境宣言》的有关规定，又回顾各国根据《联合国宪章》和国际法原则，拥有主权权利按自己的环境和发展政策开发自己的资源，也有责任确保在其管辖或控制范围内的活动不对其他国家的环境或国家管辖范围以外地区的环境造成损害。

重申在应付气候变化的国际合作中的国家主权原则，认识到各国应当制定有效的立法；各种环境方面的标准、管理目标和优先顺序应当反映其所适用的环境和发展方面情况；并且有些国家所实行的标准对其他国家特别是发展中国家可能是不恰当的，并可能会使之承担不应有的经济和社会代价。

回顾联合国大会关于联合国环境与发展会议的 1989 年 12 月 22 日第 44/228 号决议的规定，以及关于为人类当代和后代保护全球气候的 1988 年 12 月 6 日第 43/53 号、1989 年 12 月 22 日第 44/207 号、1990 年 12 月 21 日第

---

① 本文选自《中国缔结和签署的国际环境条约集》第 76～85 页，国家环境保护总局政策法规司编，学苑出版社 1999 年 7 月版。

45/212 号和 1991 年 12 月 19 日第 46/169 号决议；

又回顾联合国大会关于海平面上升对岛屿和沿海地区特别是低洼沿海地区可能产生的不利影响的 1989 年 12 月 22 日第 44/206 号决议各项规定，以及联合国大会关于防治沙漠化行动计划实施情况的 1989 年 12 月 19 日第 44/172 号决议的有关规定；

并回顾 1985 年《保护臭氧层维也纳公约》和于 1990 年 6 月 29 日调整和修正的 1987 年《关于消耗臭氧层物质的蒙特利尔议定书》。

注意到 1990 年 11 月 7 日通过的第二次世界气候大会部长宣言，意识到许多国家就气候变化所进行的有价值的分析工作，以及世界气象组织、联合国环境规划署和联合国系统的其他机关、组织和机构及其他国家和政府间机构对交换科学研究成果和协调研究工作所做的重要贡献。

认识到了解和应付气候变化所需的步骤只有基于有关的科学、技术和经济方面的考虑，并根据这些领域的新发现不断加以重新评价，才能在环境、社会和经济方面最为有效。

认识到应付气候变化的各种行动本身在经济上就能够是合理的，而且还能有助于解决其他环境问题。

又认识到发达国家有必要根据明确的优先顺序，立即灵活地采取行动，以作为形成考虑到所有温室气体并适当考虑它们对增强温室效应的相对作用的全球、国家和可能议定的区域性综合应对战略的第一步；并认识到地势低洼国家和其他小岛屿国家、拥有低洼沿海地区、干旱和半干旱地区或易受水灾、旱灾和沙漠化影响地区的国家以及具有脆弱的山区生态系统的发展中国家特别容易受到气候变化的不利影响。

认识到其经济特别依赖于矿物燃料的生产、使用和出口的国家特别是发展中国家由于为了限制温室气体排放而采取的行动所面临的特殊困难，申明应当以统筹兼顾的方式把应付气候变化的行动与社会和经济发展协调起来，以免后者受到不利影响。同时充分考虑到发展中国家实现持续经济增长和消除贫困的正当的优先需要，认识到所有国家特别是发展中国家需要得到实现可持续的社会和经济发展所需的资源；发展中国家为了迈向这一目标，其能源消耗将需要增加，虽然考虑到有可能包括通过在具有经济和社会效益的条件下应用新技术来提高能源效率和一般地控制温室气候排放，决心为当代和后代保护气候系统。

兹协议如下：

第1条 定 义

为本公约的目的：

1.“气候变化的不利影响”指气候变化所造成的自然环境或生物区系的变化，这些变化对自然的和管理下的生态系统的组成、复原力或生产力，或对社会经济系统的运作，或对人类的健康和福利产生重大的有害影响。

2.“气候变化”指除在类似时期内所观测的气候的自然变异之外，由于直接或间接的人类活动改变了地球大气的组成而造成的气候变化。

3.“气候系统”指大气圈、水圈、生物圈和地圈的整体及其相互作用。

4.“排放”指温室气体和/或其前体在一个特定地区和时期内向大气的释放。

5.“温室气体”指大气中那些吸收和重新放出红外辐射的自然的和人为的气态成分。

6.“区域经济一体化组织”指一个特定区域的主权国家组成的组织，有权处理本公约或其议定书所规定的事项，并经按其内部程序获得正式授权签署、批准、接受、核准或加入有关文书。

7.“库”指气候系统内存储温室气体或其前体的一个或多个组成部分。

8.“汇”指从大气中清除温室气体、气溶胶或温室气体前体的任何过程、活动或机制。

9.“源”指向大气排放温室气体、气溶胶或温室气体前体的任何过程或活动。

第2条 目 标

本公约以及缔约方会议可能通过的任何相关法律文书的最终目标是：根据本公约的各项有关规定，将大气中温室气体的浓度稳定在防止气候系统受到危险的人为干扰的水平上。这一水平应当在足以使生态能够自然地适应气候变化、确保粮食生产免受威胁并使经济发展能够可持续地进行的时间范围内实现。

第3条 原 则

各缔约方在为实现本公约的目标和履行其各项规定而采取行动时，除其他外，应以下列作为指导：

1. 各缔约方应当在公平的基础上，并根据他们共同但有区别的责任和各自的能力，为人类当代和后代的利益保护气候系统。因此，发达国家缔约方应当率先对付气候变化及其不利影响。

2. 应当充分考虑到发展中国家缔约方尤其是特别易受气候变化不利

影响的那些发展中国家缔约方的具体需要和特殊情况，也应当充分考虑到那些按本公约必须承担不成比例或不正常负担的缔约方特别是发展中国家缔约方的具体需要和特殊情况。

3. 各缔约方应当采取预防措施，预测、防止或尽量减少引起气候变化的原因，并缓解其不利影响。当存在造成严重或不可逆转的损害的威胁时，不应当以科学上没有完全的确定性为理由推迟采取这类措施，同时考虑到应付气候变化的政策和措施应当讲求成本效益，确保以尽可能最低的费用获得全球效益。为此，这种政策和措施应当考虑到不同的社会经济情况，并且应当具有全面性，包括所有有关的温室气体源、汇和库及适应措施，并涵盖所有经济部门。应付气候变化的努力可由有关的缔约方合作进行。

4. 各缔约方有权并且应当促进可持续地发展。保护气候系统免遭人为变化的政策和措施应当适合每个缔约方的具体情况，并应当结合到国家的发展计划中去，同时考虑到经济发展对于采取措施应付气候变化是至关重要的。

5. 各缔约方应当合作促进有利的和开放的国际经济，这种体系将促成所有缔约方特别是发展中国家缔约方的可持续经济增长和发展，从而使它们有能力更好地应付气候变化的问题。为对付气候变化而采取的措施，包括单方面措施，不应当成为国际贸易上的任意或无理的歧视手段或者隐蔽的限制。

第4条　承　诺

1. 所有缔约方，考虑到他们共同但有区别的责任，以及各自具体的国家和区域发展优先顺序、目标和情况，应：

(a) 由缔约方会议议定的可比方法编制、定期更新、公布有关按照第12条向缔约方会议提供关于《蒙特利尔议定书》未予管制的所有温室气体的各种源的人为排放和各种汇的清除的国家清单；

(b) 制定、执行、公布和经济地更新国家的以及在适当情况下区域的计划，其中包含从《蒙特利尔议定书》未予管制的所有温室气候的源的人为排放和汇的清除来着手减缓气候变化的措施，以及便利充分地适应气候变化的措施；

(c) 在所有有关部门，包括能源、运输、工业、农业、林业和废物管理部门，促进和合作发展、应用和传播(包括转让)各种用来控制、减少或防止《蒙特利尔议定书》未予管制的温室气体的人为排放的技术、做法和过程；

(d) 促进可持续地管理，并促进和合作酌情维护和加强《蒙特利尔议定书》未予管制的所有温室气体的汇和库，包括生物质、森林和海洋以及其他陆地、沿海和海洋生态系统；

(e) 合作为适应气候变化的影响做好的准备；拟订和详细制定关于沿海地区的管理、水资源和农业以及关于受到旱灾和沙漠化及洪水影响的地区特别是非洲的这种地区的保护和恢复的适当的综合性计划；

(f) 在它们有关的社会、经济和环境政策及行动中，在可行的范围内将气候变化考虑进去，并采用由本国拟订和确定的适当办法，例如影响评估，以期尽量减少它们为了减缓或适应气候变化而进行的项目或采取的措施对经济、公共健康和环境质量产生的不利影响；

(g) 促进和合作进行关于气候系统的科学、技术、工艺、社会经济和其他研究、系统观测及开发数据档案，目的是增进对气候变化的起因、影响、规模和发生时间以及各种应对战略所带来的经济和社会后果的认识，和减少或消除在这些方面尚存的不确定性；

(h) 促进和合作进行关于气候系统和气候变化以及关于各种应对战略所带来的经济和社会后果的科学、技术、工艺、社会经济和法律方面的有关信息的充分、公开和迅速的交流；

(i) 促进和合作进行与气候变化有关的教育、培训和提高公众意识的工作，并鼓励人们对这个过程最广泛参与，包括鼓励各种非政府组织的参与；

(j) 依照第12条向缔约方会议提供有关履行的信息。

2. 附件1所列的发达国家缔约方和其他缔约方具体承诺如下所规定：

(a) 每一个此类缔约方应制定国家政策和采取相应的措施，通过限制其人为的温室气体排放以及保护和增强其温室气体库和汇，减缓气候变化。这些政策和措施将表明，发达国家是在带头遵循本公约的目标，改变人为排放的长期趋势，同时认识到至本10年末使二氧化碳和《蒙特利尔议定书》未予管制的其他温室气体的人为排放回复到较早的水平，将会有助于这种改变，并考虑到这些缔约方的起点和做法、经济结构和资源基础方面的差别、维持强有力和可持续经济增长的需要、可以采用的技术以及其他个别情况，又考虑到每个此类缔约方都有必要对为了实现该目标而作的全球努力做出公平和适当的贡献。这些缔约方可与其他缔约方共同执行这些政策和措施，也可以协助其他缔约方为实现本公约的目标特别是本项的目标作出贡献；

(b) 为了推动朝这一目标取得进展，每一个此类缔约方应依照第12

条，在本公约对其生效后6个月内，并在其后定期地就其上述(a)项所述的政策和措施，以及就其由此预测在(a)项所述期间内《蒙特利尔议定书》未予管制的温室气体的源的人为排放和汇的清除，提供详细信息，目的在个别地或共同地使二氧化碳和《蒙特利尔议定书》未予管制的其他温室气体的人为排放回复到1990年的水平。按照第7条，这些信息将由缔约方会议在其第一届会议上以及在其后定期地加以审评；

(c) 为了上述(b)项的目的而计算各种温室气体源的排放和汇的清除时，应该参考可以得到的最佳科学知识，包括关于各种汇的有效容量和每一种温室气体在引起气候变化方面的作用和知识。缔约方会议应在其第一届会议上考虑和议定进行这些计算的方法，并在其后经常地加以审评；

(d) 缔约方会议应在其第一届会议上审评上述(a)项和(b)项是否充足。进行审评时应参照可以得到的关于气候变化及其影响的最佳科学信息和评估，以及有关的工艺、社会和经济信息。在审评的基础上，缔约方会议应采取适当的行动，其中可以包括通过对上述(a)项和(b)项承诺的修正。缔约方会议第一届会议还应就上述(a)项所述共同执行的标准做出决定。对(a)项和(b)项的第二次审评应不迟于1998年12月31日进行，其后按由缔约方会议确定的定期间隔进行，直至本公约的目标达到为止；

(e) 每一个此类缔约方应：

(1) 酌情同其他此类缔约方协调为了实现本公约的目标而开发的有关经济和行政手段；

(2) 确定并定期审评其本身有哪些政策和做法鼓励了导致《蒙特利议定书》未予管制的温室气体的人为排放水平因而更高的活动。

(f) 缔约方会议应至迟在1998年12月31日之前审评可以得到的信息。以便经有关缔约方同意，做出适当修正附件1和附件2内名单的决定。

(g) 不在附件1之列的任何缔约方，可以在其批准、接受、核准或加入的文书中，或在其后任何时间，通知保存人其有意接受上述(a)项和(b)项的约束。保存人应将任何此类通知通报签署方和缔约方。

3. 附件2所列的发达国家缔约方和其他发达缔约方应提供新的和额外的资金，以支付经议定的发展中国家缔约方为履行第12条第1款规定的义务而招致的全部费用。它们还应提供发展中国家缔约方所需要的资金，包括用于技术转让的资金，以支付经议定的为执行本条第1款所述并经发展中国家缔约方同第11条所述那个或那些国际实体依该条议定的措施的全部增加费用。这些承诺的履行应考虑到资金流量应充足和可以预测的必要性,以及发达国家缔约方间适当分摊负担的重要性。

4. 附件2所列的发达国家缔约方和其他发达缔约方还应帮助特别易受气候变化不利影响的发展中国家缔约方支付适应这些不利影响的费用。

5. 附件2所列的发达国家缔约方和其他发达缔约方应采取一切实际可行的步骤,酌情促进、便利和资助向其他缔约方特别是发展中国家缔约方转让或使他们有机会得到无害环境的技术和专有技术,以使他们能够履行本公约的各项规定。在此过程中,发达国家缔约方应支持开发和增强发展中国家缔约方的自生能力和技术。有能力这样做的其他缔约方和组织也可协助便利这类技术的转让。

6. 对于附件1所列正在朝市场经济过渡的缔约方,在履行其在上述第2款下的承诺时,包括在《蒙特利尔议定书》未予管制的温室气体人为排放的可资参照的历史水平方面,应由缔约方会议允许它们有一定程度的灵活性,以增强这些缔约方应付气候变化的能力。

7. 发展中国家缔约方能在多大程度上有效履行其在本公约下的承诺,将取决于发达国家缔约方对其在本公约下所有有关资金和技术转让的承诺的有效履行,并将充分考虑经济和社会发展及消除贫困是发展中国家缔约方的首要和压倒一切的优先事项。

8. 在履行本条各项承诺时,各缔约方应充分考虑按照本公约需要采取哪些行动,包括与提供资金、保险和技术转让有关的行动,以满足发展中国家缔约方由于气候变化的不利影响和/或执行应对措施所造成的影响,特别是对下列各类国家的影响,而产生的具体需要和关注:

(a) 小岛屿国家;

(b) 有低洼沿海地区的国家;

(c) 有干旱和半干旱地区、森林地区和容易发生森林退化的地区的国家;

(d) 有易遭自然灾害地区的国家;

(e) 有容易发生旱灾和沙漠化的地区的国家;

(f) 有城市大气严重污染的地区的国家;

(g) 有脆弱生态系统包括山区生态系统的国家;

(h) 其经济高度依赖于矿物燃料和相关的能源密集产品的生产、加工和出口所带来的投入,和/或高度依赖于这种燃料和产品的消费的国家;

(i) 内陆国和过境国。

此外,缔约方会议可酌情就本款采取行动。

9. 各缔约方在采取有关提供资金和技术转让的行动时，应充分考虑到最不发达国家的具体需要和特殊情况。

10. 各缔约方应按照第 10 条，在履行本公约各项承诺时，考虑到其经济容易受到执行应付气候变化的措施所造成的不利影响之害的缔约方、特别是发展中国家缔约方的情况。这尤其适用于其经济高度依赖于矿物燃料和相关的能源密集产品的生产、加工和出口所带来的收入，和/或高度依赖于这种燃料和产品的消费，和/或高度依赖于矿物燃料的使用，而改用其他燃料又非常困难的那些缔约方。

第 5 条　研究和系统观测

在履行第 4 条第 1 款(g)项下的承诺时，各缔约方应：

(a) 支持并酌情进一步制定旨在确定、进行、评估和资助研究、数据收集和系统观测的国际和政府间计划和站网或组织，同时考虑到有必要尽量减少工作重复；

(b) 支持旨在加强尤其是发展中国家的系统观测及国家科学和技术研究能力的国际和政府间努力，并促进获取和交换从国家管辖范围以外地区取得的数据及其分析；

(c) 考虑发展中国家的特殊关注和需要，并开展合作提高他们参与上述(a)项和(b)项中所述努力的自身能力。

第 6 条　教育、培训和公众意识

在履行第 4 条第 1 款(i)项下的承诺时，各缔约方应：

(a) 在国家一级并酌情在次区域和区域一级，根据国家法律和规定，并在各自的能力范围内，促进和便利：

(1) 拟订和实施有关气候变化及其影响的教育及提高公众意识的计划；

(2) 公众获取有关气候变化及其影响的信息；

(3) 公众参与应付气候变化及其影响和拟订适当的对策；

(4) 培训科学、技术和管理人员。

(b) 在国际一级，酌情利用现有的机构，在下列领域进行合作并促进；

(1) 编写和交换有关气候变化及其影响的教育及提高公众意识的材料；

(2) 拟订和实施教育和培训计划，包括加强国内机构和交流或借调人员来特别是为发展中国家培训这方面的专家。

第7条 缔约方会议

1. 兹设立缔约方会议。

2. 缔约方会议作为本公约的最高机构,应定期审评本公约和缔约方会议可能通过的任何相关法律文书的履行情况,并应在其职权范围内做出为促进本公约的有效履行所必要的决定。为此目的,缔约方会议应:

(a) 根据本公约的目标,在履行本公约过程中取得的经验和科学与技术知识的发展,定期审评本公约规定的缔约方义务和机构安排;

(b) 促进和便利就各缔约方为应付气候变化及其影响而采取的措施进行信息交流,同时考虑到各缔约方不同的情况、责任和能力以及各自在本公约下的承诺;

(c) 应两个或更多的缔约方的要求,便利将这些缔约方为应付气候变化及其影响而采取的措施加以协调,同时考虑到各缔约方不同的情况、责任和能力以及各自在本公约下的承诺;

(d) 依照本公约的目标和规定,促进和指导发展和定期改进由缔约方会议议定的,除其他外,用来编制各种温室气体源的排放和各种汇的清除的清单,和评估为限制这些气体的排放及增进其清除而采取的各种措施的有效性的可比方法;

(e) 根据依本公约规定所获得的所有信息,评估各缔约方履行公约的情况和依照公约所采取措施的总体影响,特别是环境、经济和社会影响及其累计影响,以及当前在实现本公约的目标方面取得的进展;

(f) 审议并通过关于本约履行情况的定期报告,并确保予以发表;

(g) 就任何事项做出为履行本公约所必需的建议;

(h) 按照第4条第3、第4和第5及第11条,设法动员资金;

(i) 设立其认为履行公约所必需的附属机构;

(j) 审评其附属机构提出的报告,并向他们提供指导;

(k) 以协商一致方式议定并通过缔约方会议和任何附属机构的议事规则和财务规则;

(l) 酌情寻求和利用各主管国际组织和政府间及非政府机构提供的服务、合作和信息;

(m) 行使实现本公约目标所需的其他职能以及依本公约所赋予的所有其他职能。

3. 缔约方会议应在其第一届会议上通过其本身的议事规则以及本公约所设立的附属机构的议事规则,其中应包括关于本公约所述各种决策程序未予规定的事项的决策程序。这类程序可包括通过具体决定所需的特定多数。

4. 缔约方会议第一届会议应由第 21 条所述的临时秘书处召集,并应不迟于本公约生效日期后 1 年举行。其后,除缔约方会议另有决定外,缔约方会议的常会应年年举行。

5. 缔约方会议特别会议应在缔约方会议认为必要的其他时间举行,或应任何缔约方的书面要求而举行,但须在秘书处将该要求转达给各缔约方后 6 个月内得到至少 1/3 缔约方的支持。

6. 联合国及其专门机构和国际原子能机构,以及他们的非本公约缔约方的会员国或观察,均可作为观察员出席缔约方会议的各届会议。任何在本公约所涉事项上具备资格的团体或机构,不管其为国家或国际的、政府或非政府的,经通知秘书处其愿意作为观察员出席缔约方会议的某届会议,均可以予以接纳,除非出席缔约方至少 1/3 反对。观察员的接纳和参加应遵循缔约方会议通过的议事规则。

第 8 条　秘书处

1. 兹设立秘书处。

2. 秘书处的职能应为:

(a) 安排缔约方会议及依本公约设立的附属机构的各届会议,并向他们提供所需的服务;

(b) 汇编和传递向其提交的报告;

(c) 便利应要求时协助各缔约方特别是发展中国家缔约方汇编和转递依本公约规定所需的信息;

(d) 编制关于其活动的报告,并提交给缔约方会议;

(e) 确保与其他有关国际机构的秘书处的秘要协调;

(f) 在缔约方会议的全面指导下订立为有效履行其职能而可能的行政和合同安排;

(g) 行使本公约及其任何议定书所规定的其他秘书处职能和缔约方会议可能决定的其他职能;

3. 缔约方会议应在其第一届会议上指定一个常设秘书处,并为其行使职能做出安排。

第 9 条　附属科技咨询机构

1. 兹设立附属科学和技术咨询机构,就与公约有关的科学和技术事项,向缔约方会议并酌情向缔约方会议的其他附属机构及时提供信息咨询。

该机构应开放供所有缔约方参加,并应具有多学科性。该机构应由在有关专门领域胜任的政府代表组成。该机构应定期就其工作的一切方面向缔约方会议报告。

2. 在缔约方会议指导下和依靠现有主管国际机构,该机构应:

(a) 就有关气候变化及其影响的最新科学知识提出评估;

(b) 就履行公约所采取措施的影响进行科学评估;

(c) 确定创新的、有效率的和最新的技术与专有技术,并就促进这类技术的发展和/或转让的途径与方法提供咨询;

(d) 就有关气候变化的科学计划和研究与发展的国际使用,以及就支持发展中国家建立自生能力的途径与方法提供咨询;

(e) 答复缔约方会议及其附属机构可能向其提出的科学、技术和方法问题。

3. 该机构的职能和职权范围可由缔约方会议进一步制定。

第 10 条　附属履行机构

1. 兹设立附属履行机构,以协助缔约方会议评估和审评本公约的有效履行。该机构应开放供所有缔约方参加,并由为气候变化问题专家的政府代表组成。该机构应定期就其工作的一切方面向缔约方会议报告。

2. 在缔约方会议的指导下,该机构应:

(a) 考虑依第 12 条第 1 款提供的信息,参照有关气候变化的最新科学评估,对各缔约方所采取步骤的总体合计影响做出评估;

(b) 考虑依第 12 条第 2 款提供的信息,以协助缔约方会议进行第 4 条第 2 款(d)项所要求的审评;

(c) 酌情协助缔约方会议拟订和执行其决定。

第 11 条　资金机制

1. 兹确定一个在赠予或转让基础上提供资金、包括用于技术转让的资金的机制。该机制应在缔约方会议的指导下行使职能并向其负责,并应由缔约方会议决定该机制与本公约有关的政策、计划优先顺序和资格标准。该机制的经营应委托一个或多个现有的国际实体负责。

2. 该资金机制应在一个透明的管理制度下公平和均衡地代表所有缔约方。

3. 缔约方会议和受托管资金机制的那个或那些实体应议定实施上述各款的安排,其中应包括:

(a) 确保所资助的应付气候变化的项目符合缔约方会议所制定的政

策、计划优先顺序和资格标准的办法；

(b) 根据这些政策、计划优先顺序和资格标准重新考虑某项供资决定的办法；

(c) 依循上述第1款所述的负责要求，由那个或那些实体定期向缔约方会议提供关于其供资业务的报告；

(d) 以可预测和可认定的方式确定履行本公约所必需的和可以得到的资金数额，以及定期审评此一数额所应依据的条件。

4. 缔约方会议应在其第一届会议上做出履行上述规定的安排，同时审评并考虑到第21条第3款所述的临时安排，并应决定这些临时安排是否应予维持。在其后4年内，缔约方会议应对资金机制进行审评，并采取适当的措施。

5. 发达国家缔约方还可通过双边、区域性和其他多边渠道提供并由发展中国家缔约方获取与履行本公约有关的资金。

第12条　提供有关履行的信息

1. 按照第4条第1款，每一缔约方应通过秘书处向缔约方会议提供含有下列内容的信息：

(a) 在其能力允许的范围内，用缔约方会议所将推行和议定的可比方法编成的关于《蒙特利尔议定书》未予管制的所有温室气体的各种源的人为排放和各种汇的清除国家清单；

(b) 关于该缔约方为履行公约而采取或设想的步骤的一般性描述；

(c) 该缔约方认为与实现本公约的目标有关并且适合列入其所提供信息的任何其他信息，在可行情况下，包括与计算全球排放趋势有关的资料。

2. 附件1所列每一发达国家缔约方和每一其他缔约方应在其所提供的信息中列入下列各类信息：

(a) 关于该缔约方为履行其第4条第2款(a)项和(b)项下承诺所采取政策和措施的详细描述；

(b) 关于本款(a)项所述政策和措施在第4条第2款(a)项所述期间对温室气体各种源的排放和各种汇的清除所产生影响的具体估计。

3. 此外，附件2所列每一发达国家缔约方和每一其他发达国家缔约方应列入按照第4条第3、第4和第5款所采取措施的详情。

4. 发展中国家缔约方可在自愿基础上提出需要资助的项目，包括为执行这些项目所需要的具体技术、材料、设备、工艺或做法，在可能情况下并附上对所有增加的费用、温室气体排放的减少量及其清除的增加量的估计，以及对其所带来效益的估计。

5. 附件1所列每一发达国家缔约方和每一其他国家缔约方应在公约对该缔约方生效后6个月内第1次提供信息。未列入该附件的每一缔约方应在公约对该缔约方生效后或按照第4条第3款获得资金后3年内第1次提供信息。最不发达国家缔约方可自行决定何时第一次提供信息。其后所有缔约方提供信息的频度应由缔约方会议考虑到本款所规定的差别时间表予以确定。

6. 各缔约方按照本条提供的信息应由秘书处尽速转交给缔约方会议和任何有关的附属机构。如有必要,提供信息的程序可由缔约方会议进一步考虑。

7. 缔约方会议从第一届会议起,应安排向有些要求的发展中国家缔约方提供技术和资金支持,以汇编和提供本条所规定的信息和确定与第4条规定的所拟议的项目,和应对措施相联系的技术和资金需要。这些支持可酌情由其他缔约方、主管国际组织和秘书处提供。

8. 任何一组缔约方遵照缔约方会议制定的指导方针并经事先通知缔约方会议,可以联合提供信息来履行其在本条下的义务,但这样提供的信息须包括关于其中每一缔约方履行其在本公约下的各自义务的信息。

9. 秘书处收到的经缔约方按照缔约方会议制定的标准指明为机密的信息,在提供给任何参与信息的提供和审评的机构之前,应由秘书处加以汇总,以保护其机密性。

10. 在不违反上述第9款,并且不妨碍任何缔约方在任何时候公开其所提供信息的能力的情况下,秘书处应将缔约方按照本条提供的信息在其提交给缔约方会议的同时予以公开。

第13条 解决与履行有关的问题

缔约方会议应在其第一届会议上考虑设立一个解决与公约履行有关的问题的多边协商程序,供缔约方有此要求时予以利用。

第14条 争端的解决

1. 任何2个或2个以上缔约方之间就本公约的解释或适用发生争端时,有关的缔约方应寻求通过谈判或它们自己选择的任何其他和平方式解决该争端。

2. 非为区域经济一体化组织的缔约方在批准、接受、核准或加入本公约时,或在其后任何时候,可以交给保存人的一份文书中声明,关于本公约的解释或适用方面的任何争端,承认对于接受同样义务的任何缔约方,下列

义务为当然而具有强制性的,无须另订特别协议:

(a) 将争端提交国际法院,和/或

(b) 按照将由缔约方会议尽早通过的、载于仲裁附件中的程序进行仲裁。

作为区域经济一体化组织的缔约方可就依上述(b)项中所述程序进行仲裁发表类似声明。

3. 根据上述第2款所作的声明,在其所载有效期期满前,或在书面撤回通知交存于保存人后的3个月内,应一直有效。

4. 除非争端各当事方另有协议,新作声明、做出撤回通知或声明有效期满丝毫不得影响国际法院或仲裁庭正在进行的审理。

5. 在不影响上述第2款运作的情况下,如果一缔约方通知另一缔约方他们之间存在争端,过了12个月后,有关的缔约方尚未能通过上述第1款所述方法解决争端,经争端的任何当事方要求,应将争端提交调解。

6. 经争端一当事方要求,应设立调解委员会。调解委员会应由每一当事方委派的数目相同的成员组成,主席由每一当事方委派的成员共同推选。调解委员会应做出建议性裁决。各当事方应善意考虑之。

7. 有关调解的补充程序应由缔约方会议尽早以调解附件的形式予以通过。

8. 本条各项规定应适用于缔约方会议可能通过的任何相关法律文书,除非该文书另有规定。

第15条 公约的修正

1. 任何缔约方均可对本公约提出修正。

2. 对本公约的修正应在缔约方会议的第一届常会上通过。对本公约提出的任何修正案文应由秘书处在拟议通过该修正的会议之前至少6个月送交各缔约方。秘书处还应将提出的修正送交本公约各签署方,并送交保存人以供参考。

3. 各缔约方应尽一切努力以协商一致方式就对本公约提出的任何修正案达成协议。如为谋求协商一致已尽了一切努力,仍未达成协议,作为最后的方式,该修正案应以出席会议并参加表决的缔约方3/4多数票通过。通过的修正案应由秘书处送交保存人,再由保存人转送所有缔约方供其接受。

4. 对修正案的接受文书应交存于保存人。按照上述第3款通过的修正案,应于保存人收到本公约至少3/4缔约方的接受文书之日后第90天起对接受该修正案的缔约方生效。

5. 对于任何其他缔约方,修正案应在该缔约方向保存人交存接受该修正的文书之日后第90天起对其生效。

6. 为本条的目的,"出席并参加表决的缔约方"是指出席并投赞成票或反对票的缔约方。

第16条　公约附件的通过和修正

1. 本公约的附件应构成本公约的组成部分,除另有明文规定外,凡提到本公约时即同时提到其任何附件。在不妨害第14条第2款(b)项和第7款规定的情况下,这些附件应限于清单、表格和任何其他属于科学、技术、程序或行政性质的说明性资料。

2. 本公约的附件应按照第15条第2、第3和第4款中规定的程序提出和通过。

3. 按照上述第2款通过的附件,应于保存人向公约的所有缔约方发出关于通过该附件的通知之日起6个月后对所有缔约方生效,但在此期间以书面形式通知保存人不接受该附件的缔约方除外。对于撤回其不接受的通知的缔约方该附件应自保存人收到撤回通知之日后第90天起对其生效。

4. 对公约附件的修正的提出、通过和生效,应依照上述第2款和第3款对公约附件的提出、通过和生效规定的同一程序进行。

5. 如果附件或对附件的修正的通过涉及对本公约的修正,则该附件或对附件的修正应待对公约的修正生效之后方可生效。

第17条　议定书

1. 缔约方会议可在任何一届常会上通过本公约的议定书。

2. 任何拟议的议定书案文应由秘书处在举行该届会议至少6个月之前送交各缔约方。

3. 任何议定书的生效条件应由该书加以规定。

4. 只有本公约的缔约方才可成为议定书的缔约方。

5. 任何议定书下的决定只应由该议定书的缔约方做出。

第18条　表决权

1. 除下述第2款所规定外,本公约每一缔约方应有1票表决权。

2. 区域经济一体化组织在其权限内的事项上应行使票数与其作为本公约缔约方的成员国数目相同的表决权。如果一个此类组织的任一成员国行使自己的表决权,则该组织不得不行使表决权,反之亦然。

第19条 保存人

联合国秘书长应为本公约及按照第17条通过的议定书的保存人。

第20条 签 署

本公约应于联合国环境与发展会议期间在里约热内卢，其后自1992年6月20日至1993年6月19日在纽约联合国总部，开放供联合国会员国或任何联合国专门机构的成员国或《国际法院规约》的当事国和各区域经济一体化组织签署。

第21条 临时安排

1. 在缔约方会议第一届会议结束前，第8条所述的秘书处职能将在临时基础上由联合国大会1990年12月21日第45/212号决议所设立的秘书处行使。

2. 上述第1款所述的临时秘书处首长将与政府间气候变化专门委员会密切合作，以确保该委员会能够对提供客观科学和技术咨询的要求作出反应。也可以咨询其他有关的科学机构。

3. 在临时基础上，联合国开发计划署、联合国环境规划署和国际复兴开发银行的"全球环境融资"应为受托经营第11条所述资金机制的国际实体。在这方面，"全球环境融资"应予适当改革，并使其成员具有普遍性，以使其能满足第11条的要求。

第22条 批准、接受、核准或加入

1. 本公约须经各国和各区域经济一体化组织批准、接受、核准或加入。公约自签署截止日之次日起开放供加入。批准、接受、核准或加入的文书应交存于保存人。

2. 任何成为本公约缔约方而其成员国均非缔约方的区域经济一体化组织应受本公约一切义务的约束。如果此类组织的一个或多个成员国为本公约的缔约方，该组织及其成员国应决定各自在履行公约义务方面的责任。在此种情况下，该组织及其成员无权同时行使本公约规定的权利。

3. 区域经济一体化组织应在其批准、接受、核准或加入的文书中声明其在本公约所规定事项上的权限。此类组织还应将其权限范围的任何重大变更通知保存人，再由保存人通知各缔约方。

第23条 生 效

1. 本公约应自第50份批准、接受、核准或加入的文书交存之日后第90天起生效。

2. 对于在第50份批准、接受、核准或加入的文书交存之后批准、接受、核准或加入本公约的每一国家或区域经济一体化组织,本公约应自该国或该区域经济一体化组织交存其批准、接受、核准或加入的文书之日后第 90 天起生效。

3. 为上述第 1 和第 2 款的目的,区域经济一体化组织所交存的任何文书不应被视为该组织成员国所交存文书之外的额外文书。

第 24 条　保　留

对本公约不得作任何保留。

第 25 条　退　约

1. 自本公约对一缔约方生效之日起 3 年后,该缔约方可随时向保存人发出书面通知退出本公约。

2. 任何退出应自保存人收到退出通知之日起 1 年期满时生效,或在退出通知中所述明的更后日期生效。

3. 退出本公约的任何缔约方,应被视为亦退出其作为缔约方的任何议定书。

第 26 条　作准文本

本公约正文应交存于联合国秘书长,其阿拉伯文、中文、英文、法文、俄文和西班牙文文本同为作准。

下列签署人,经正式授权,在本公约上签字,以昭信守。

公元 1992 年 5 月 9 日订于纽约。

德班行动计划[①]

（2003年9月8日至17日南非·德班）

序

世界自然保护联盟第五届世界保护地大会是可持续发展和生物多样性议程中保护地的作用和定位的一个转折点。本届大会采用的主题是："超越区界的保护地效益"。参加大会的代表们认为保护地不能再与其周围的区域相隔离，不论它是处在陆地还是海洋；不能与其内部及其周边的社区和经济活动相隔离。最重要的是与会代表们试图寻求将保护地的重要性和价值以一种整体的形式在今天和未来推广到社会，并与众多的合作伙伴合作以实现这一更加广泛的议程。

自1992年在委内瑞拉首都加拉加斯举办的世界自然保护联盟第四届世界保护地大会至今已经取得了巨大的进展：

保护地被认为是实施生物多样性保护实施中的一个关键因素；

列为保护地的数量和占地球表面积的比例已经超过1992年的两倍，超过了陆地总面积的12%，并且还有10%在南极被严格地保护着；

世界遗产——自然和双重的遗产地数量已经从101个增加到172个，人与环境之间的联系得到了更广泛的认可；

在世界许多地方已经建立起区域性和国家的行动计划；

制定了许多提高管理效率的措施；

土著居民和当地社区不断地被融合在一起；

不断探索新的管理方式，传统的保护管理方式正在被重新审视；

传统的和其他的有关保护知识的价值已经得到认可；

《京都议定书》即将生效；

保护地已经成功跨越国界连接在一起，在某些著名的案例中还为和平做出了巨大贡献；

---

① 本文根据舒津德先生翻译的文稿（刊登在《中国风景名胜》杂志，2003年第十、十一、十二期）和《世界自然保护信息》总第22期（2003年12月）编选。

保护地通过生态网络和走廊在主要区域活动中连接起来。

挑　战

有许多是必须要面对的,但最重要的是:

协调开发需求与自然资源可持续利用和管理的矛盾;

不断恶化的贫穷问题导致自然资源的退化;

气候变化是对世界保护地最大的威胁,已经对物种和栖息地造成影响,使景观和生态系统功能的有效性减弱;世界必须尽快大幅度减少温室气体排放,同时管理好生态系统以增强它们的恢复力;

能够代表整个世界生态系统的全球保护地系统远未建立起来,还有许多重要的地区没有保护地覆盖;

在填补全球保护地系统中主要的空白方面没有足够的优先权,这些区域正面临着极大的威胁,而这些区域是极端不可取代的;

一些生态系统、淡水系统和那些位于公海的保护地多未得到保护;

对物种、栖息地、景观及其赖以生存的自然系统、自然过程和文化多样性的损害正在发生;

滋养保护地的淡水流量和质量由于水道转换、筑坝和其他阻挡物、农业灌溉及污染等正在下降;

对野生动植物及其产品需求的增长威胁着保护地中稀有和濒危物种的生存;

外来入侵物种对原生物种造成越来越大的负面影响;

世界范围内存在的政府对保护地投入不足的问题意味着它们经常不能达到它们的保护目标和社会目标;

津贴和其他面向生物多样性相关联部门的不正当的财政机制与机构设置造成保护地的丧失和损害(其他建议:直接面向对生物多样性起关键作用的景观有影响的经济部门);

从全球来看,确保保护地得到专业管理所需的资源未能满足要求,特别是在发展中国家;

许多保护地仅存在于纸面上,缺乏有效的保护和管理;

超出国家权限或政府组织间的能力区域保护地的建立(如:南极和公海);

维护保护地的成本和利益分担不均。当地社区经常是承担大部分成本

却得到很少的利益,而广泛获得利益的社会却只承担了极小部分成本;

保护地常常不能与超越界区的开发规划、土地使用和其他资源管理决策系统相互联系,特别是在需要跨国界、跨政治边界的协调情况下;

保护地对实现可持续发展能起到至关重要的作用未得到充分认识,相反,太多的关键受益人却把保护地视为他们活动和实现愿望的障碍;

许多保护地之间相互隔离,它们外部的生态通道没有受到法律保护;

在许多发展中国家艾滋病的流行开始严重阻碍保护地的发展和生物多样性保护;

土著居民、当地社区、青年、各种族裔人群、妇女和其他民间社会利益群体没有充分参与对保护地的评估与管理;

保护地的管理经常缺乏一个共同的目标、价值和原则系统。

如果没有一个有效的、具有足够生态代表性的全球保护地网络,它对社会的众多利益将丧失殆尽,缓解贫困的机会降低,留给未来子孙的遗产将减少。过去,保护地社区没能充分地与我们最好的联盟体——更广泛的利益社区——一起合作。现在,我们必须与这些更广泛的利益社区联系在一起取得新的成果和实现鼓舞人心的目标。

《德班协定》:我们对人民和地球上的保护地的全球承诺是:号召每一位与保护地有关的和有兴趣的人行动起来。实现这一前瞻的行动对全球、整个区域、每个国家乃至当地的所有人的利益都是必要的。重要的是要确立清晰的目标、监测进程并建立报告,以获得协定实施中的要素。世界自然保护联盟(IUCN),特别是其世界保护地委员会的成员们的领导是至关重要的。

《德班协定行动计划》是为所有从事保护地工作或那些其任何活动会影响保护地的人们所拟订,无论他们是否参加了本次大会。它不是对所有国家和所有保护地所做的蓝图,因为大家认为当地的、国家的和区域性的保护地所采用的方法是不同的,并且世界自然保护联盟第五届世界保护地大会的参会者们也没有任何正式的要求。它只是为增加保护地对社会利益和促进保护地覆盖范围和管理所需活动而拟订的建议一览表。它不是一份静态的文件:它提出了许多需要阐述、需要解决和采取行动的问题。

行动分成下列五类:

1. **国际行动**是通过联合国机构和通过协定和公约在政府间级别上采取的行动;

2. **区域行动**是通过各种区域公约和其他安排在政府间级别上采取的

行动；

3. **国家行动**是由国家政府和其他利益者采取的行动；

4. **地方行动**是由委托的管理机构和民间社团采取的行动；

5. **保护地行政管理部门行动**是由所有行政管理部门和机构以及所有授权团体和组织采取的行动。

在所有这些级别的行动都需要政府的、法定的、私人的、慈善的、社区的、民间社团机构和商业间多方的合作来完成。

此外，确定具体IUCN领导的或IUCN推广的行动，并在联盟内提名领导者。现在这些只是世界保护地大会与会者提出的行动建议，直到2004年世界保护大会考虑并通过保护地及联盟所有方面工作的行动计划为止。之后更详细的实施计划需要IUCN委员会达成一致。这些计划需要包括确定合作伙伴，并考虑与保护地相互作用的关键经济、土地使用和商业部门计划的制定。

需要确定一系列关键目标作为检查和在高层次报告行动计划进展的基准。最终由世界保护大会通过的实施计划还需要确定衡量在实现关键目标过程中的进展的里程碑和指标。

与会者在世界保护地大会认同的建议形成本行动计划的附件并在计划中适当做出参照。

该行动计划作为一个关键成果反映了本次大会关注的焦点。

首先和最重要的是将保护地连接起来的需要，按照世界可持续发展首脑会议（WSSD）实施计划、千年发展宣言和特别是与2004年的《生物多样性公约》和缔约国大会（CBD COP）相关的生物多样保护计划，最大程度地为全球可持续发展议程做贡献：

为此，大会倡导以下成果：

1. 保护地在全球生物多样性保护上的关键作用应得以实现。

2. 保护地在可持续发展中的基本作用应得以实施。

七个具体的成果和行动在大会议程中提出：

3. 实现保护地与其周边陆地景观和海洋景观相互连接的全球系统；

4. 保护地管理的质量、有效性和报告的改进；

5. 相关的自然资源和生物多样性保护应认可并保护土著居民、流动居民和当地社区的权利；

6. 实现赋予年轻后代的权利；

7. 实现其他支持者对保护地的巨大的支持；

8. 改进管理方式,认可并实施传统的和对保护具有巨大潜在价值的创新方法;

9. 确保大量增加与保护地价值和需求相当的资源。

最后,《德班协定》强调的顶级内容是:

10. 改进保护地作用和效益的宣传教育。

成果 1:保护地在全球生物多样性保护上的关键作用应得以实现

为实现完整的全球保护地生态区,特别需要强调在全球保护地系统中以新的保护地和极端不可替代及面临重大威胁的现有的更加有效的保护地来填补空白。

生物多样性公约赞赏通过建立保护地和生态网络保护原有生物多样性的重要性。缔约国大会(COP)及其科学、技术和技术顾问委员会(SBSTTA)是使保护地工作取得进展的重要论坛。2004 年即将召开的 COP 第七次会议将讨论保护地问题,这一大会将是一次极为重要的盛会,它将促使各缔约国注意本次大会"给生物多样性公约的建议"以及下述建议。

每一个人都能体会到生物多样性经济的、文化的、本质的、审美的和精神上的价值。但同时生物多样性不断增长的丢失率将严重破坏未来人类的生活质量,除非这一问题能够以紧急事件加以陈述。

正在发生的由人类导致的急速变化,如:栖息地的丧失和外来入侵物种的扩散,持续侵害着生物多样性,由于气候变化,物种范围正在转移。

本次大会公布的新的分析结果已经表明,全球保护地网络还远未完成,保护地系统还有大量未能连接覆盖的空隙,在这些地方物种、全球重要的地域、栖息地和领域正在受到威胁。

这些空隙和变化要求在确保保护地之间适当的栖息地的连接的同时,还应扩大现有的和战略创新的保护地。

通过建立全面的、生态学和生物学可行的、具有代表性的和有效管理的世界生态区域中的保护地系统,可以实现生物多样性丢失率的降低。受威胁的物种,特别是那些列在 IUCN 濒危物种红名单上的物种,必须在这些保护地网络中得到有效的保护。

第六届《生物多样性公约》缔约国大会(决议Ⅵ/26)通过的,在 2002 年 4 月海牙部长宣言中再次重申,和在 2002 年 9 月的可持续发展世界高峰会议

(WSSD)上世界首脑们签署的在2010年以前实现“大幅降低现有生物多样性丧失率”的目标仍然有效。

第六届《生物多样性公约》缔约国大会设定了一个雄心勃勃的目标:即“作为对缓解贫穷和对地球上所有生命福利的贡献,在2010年前大幅降低现有全球的、区域的和国家的生物多样性丧失率”。这一目标在约翰内斯堡实施计划中再度重申。可持续发展世界高峰会议(WSSD)更加具体地确定了在2012年以前建立典型的海洋保护地网络,确认在实现2010年目标和为可持续发展做贡献的保护地的关键作用。

WSSD实施计划声明生物多样性在“整个可持续发展和根除贫穷”问题上起着“关键性的作用”,还有,“由于人类活动,生物多样性正以前所未有的速度丧失着”。保护地系统应确保宝贵的生态系统服务能持续下去。

生物多样性在全球不是均匀分布的,因此降低生物多样性丧失率,有效的保护地网络应建立在充分理解物种分布格局、栖息地、生态系统和生态过程的基础上。系统的保护计划和决策支持工具应在这种理解基础上用来确定保护目标。

世界保护地数据库(WDPA)是衡量各国政府和民间团体努力程度的关键工具。这个数据库由联合国环境署(UNEP)——世界保护检测中心维护,WDPA财团提供支持和协助,财团包括从事国际保护的非政府组织成员和其他感兴趣的机构。数据库的重要性已经在2003年的UNEP管理委员会决议中反映出来,该决议是通过在2003年世界保护地大会上由IUCN和UNEP签署的备忘录形式并在WDPA财团支持下实施的。

许多多边环境协定,特别是《生物多样性公约》、《野生迁徙动物物种保护公约》、《国际濒危野生动植物物种贸易公约》、《保护世界文化和自然遗产公约》和《国际重要湿地公约》,[①] 以及许多区域协定都认同将保护生物多样性列为各国优先解决的问题的重要性。

有了这些观点,在建立全面保护地系统研讨会上与会代表们做出结论:国家需要考虑以生物多样性为基础的目标,以便最大程度地增加保护地系统生物多样性的覆盖面和代表性,还要特别考虑保护地系统中威胁生物多样性的各种因素。

除了在IUCN指定分类基础上建立的传统保护地系统,还有大量增加保护地覆盖面的机会,包括社区保护地、社区管理地和私人及土著保护区。

---

① 全称为《关于特别是作为水禽栖息地的国际重要湿地公约》或《拉姆萨公约》。

为使保护地满足生物多样性保护和经济开发的目标，必须有足够的财政支持。但无论如何，我们注意到许多具有最丰富的生物多样性的国家面临着财政不足和迫切需要缓解贫穷的挑战。许多国家因此在建立和/或高效管理全面有效的保护地系统上妥协，即使这不符合其国家或全球利益。

1. 敦促政府、非政府组织和当地社区于2012年前最大限度地提高所有生态区域内的综合保护地网络的生物多样性代表性和持久性，特别把焦点集中在面临威胁和未得到足够保护的生态系统上，以及那些按照IUCN标准属于全球濒临灭绝的物种上。这将要求：

a. 全球所有濒危物种以下列既定目标在原处得以有效保护：

ⅰ. 所有即将灭绝和在全球范围内仅分布在单一地点的濒危物种于2006年前在原处得到有效保护；

ⅱ. 全球所有其他即将灭绝和濒危的物种于2008年前在原处得到有效保护；

ⅲ. 全球所有其他受到威胁的物种于2010年前在原处得到有效保护；

ⅳ. 支持国际重要的类群和/或有限范围物种种群数量的地点于2010年前得到足够的保护。

b. 每一块陆地、淡水和海洋生态系统可行的代表以下列既定目标在保护地内得以有效保护：

ⅰ. 于2006年前建立一个生态系统状况分类和评估全球框架；

ⅱ. 于2008年前确立每个生态系统类型量化目标；

ⅲ. 每个受到威胁或未得到保护的生态系统可行的代表于2010年前得到保护；

ⅳ. 保护地内及其周边生物多样性的变化和影响生物多样性的关键生态过程得到确定和管理。

c. 利用物种、栖息地和生态过程等信息，用系统保护规划工具确定现有系统中存在的差距，以协助在国家级层面上筛选建立新的保护地；

d. 区域性的陆地景观和海洋景观规划应考虑当地绘制的地图，并结合分区和管理规划过程，以协助设计和加强保护大量的迁徙物种及可持续生态服务的综合保护地网络；

e. 于2006年前建立保护地系统，使保护地系统足以覆盖拥有全球最多物种和/或提供生态系统服务和过程的所有完整的大型生态系统；

f. 于2012年前增加淡水生态系统保护地的覆盖面积，正如生物多样性建议公约Ⅷ/2建议的“利用综合的集水地/山地水流域/江河流域管理体

系”建立和维护一个“保护内陆水生态系统……全面的、充足的和具有代表性的系统”;

g. 按照 WSSD 实施计划中的规定,于 2012 年前建立海洋保护地具有代表性的网络。

2. 敦促《生物多样性公约》(CBD)的缔约国通过采取强有力的工作计划使上述目标得以实现,并考虑 COP-7 会议提出的建立保护地法律机制以确保建立全球代表性的保护地网络。在工作计划支持下,按照 CBD 第 20 条和 8(m)条,建立有效的机制来衡量上述目标的实现情况,并确保支持该网络的财政准备充足;

3. 号召政府、当地行政机构、捐赠者和开发机构、私人部门和其他利益相关者提供资金支持给全球保护地网络的战略扩展,以及现有保护地有效的管理。同时在适当的时候采取适当的步骤支付服务人员机会成本;

4. 敦促私人部门采用最好的行为,不威胁、不妥协或阻挠实现前面所述的目标,协助建立全面的生态和生物可行的和具有代表性的保护地网络;

5. 制定和实施全部利益相关者参与的创新计划和立法,以便在各种土地和资源所有及使用权以及跨国界的条件下有效地保护生物多样性和生态过程;

6. 确保未来建立全面保护地系统的工作完整考虑土著居民的权利、利益和愿望,以及为使他们的社会和文化生存下去而保护土地、领土和资源的愿望;

7. 促进保护地的社会经济和文化利益,鼓励支持保护地网络的扩展;

8. 敦促政府采用国际工具,如《保护世界文化和自然遗产公约》及《国际重要湿地公约》,以实现上述目标为目的加强保护地的保护工作,并将本国立法应用于公约义务的实施上;

9. 鼓励以大规模多国系列世界遗产路线来提名全球地形、自然和文化景观,使其成为当地和跨国界世界遗产地及保护地的框架;

10. 要求组织财团负责维护和管理世界保护地数据库,以继续加强数据质量的过程,并使公众能够获得这些信息;

11. 敦促 CBD 缔约国要求所有政府提供每个年度更新世界保护地数据库的信息。

保护地已经被明确地公认为实现所有 CBD 三个目标的基本要素,这三个目标是基础的关键部分,而真正的可持续发展是必须要建立在这个基础之上的。缔约国大会第七次会议(COP-7)的焦点在保护地上,因此,为实施这些关键的国际认可的目标提供了一个重要的机会，在此基础上 COP 确定了 2010 年更加具体的目标。

关键目标 1：促进保护地在生物多样性保护中的作用之《生物多样性公约》特别行动

国际行动

为实现缔约国大会采纳的和可持续发展世界高峰会议（WSSD）认可的目标，大会号召《生物多样性公约》缔约国考虑下列行动，以便在 2010 年前实现大幅减少生物多样性的丧失：

建立全球具有代表性的和有效管理的保护地系统。

确保土著和流动居民以及当地社区全面参与保护地的建立和管理，确保采取适当的机制保证他们能够分享来自这些地方的利益。

在 2005 年前实施一个强有力的、综合的和可持续的能力建设计划，包括实施支持机制。

向发展中国家提供新的和额外的财政和技术资源以实现 WSSD 号召的 2010 年目标，注意大会确定每年 250 亿美元的额外支持是要求建立和维护一个全球有效的保护地系统。

要求 GEF 下次提交增加用于保护地资金的实质性补充。

认可保护地管理途径的多样性，如：社区保护的区域、土著保护区和私人保护区域，并鼓励缔约国支持这种多样性。

考虑管理原则，如：法律、参与决策，负责任的和公平的争议调解机构与法律程序的机制。

确定和实施政策改革，为更有效的保护地系统管理和保护地周边陆地景观和海洋景观生物资源的可持续利用，提供可行的支持环境。

促进《生物多样性公约》（CBD）和其他协议及过程之间的协调合作，如：《保护世界文化和自然遗产公约》（WHC）、《濒危野生动植物物种国际贸易公约》（CITES）、《国际重要湿地拉姆萨公约》和《迁徙物种公约》，以及区域性的主动行动。

考虑将 IUCN 保护地分类系统作为通用语言，以便于保护地管理（包括千禧年环境可持续发展目标）的评估和报告，并作为制定标准和指标的依据。

要求于 2008 年前将管理有效性信息包含到国家报告过程中，并要求秘书处发布此信息。

2010年前在10%的保护地采用管理有效性评估系统。

鼓励缔约国通过世界保护地数据库(WDPA)机制提供每年完整、准确和及时的保护地信息报告。

采取行动建立国家权限之外的海洋保护地,如南极洲。

大会因此号召缔约国大会

采取严格的保护地工作计划,以回应本次大会确定的需求,并为实现2010年目标做贡献;

建立有效的工作计划实施监控和评估手段;

重申他们对实施工作计划强烈的政治承诺;

如果评估显示工作计划不足,则考虑采取更严格的措施以确保保护地能够最有效地为达到2010年目标做贡献。

区域行动

制定区域行动计划实施上面建议的CBD工作计划,以确保在每一块大陆建立具有代表性的保护地覆盖面和管理,包括跨国界保护地和多国生态走廊计划协作,如:中美洲生态走廊。

针对江河流域的综合保护地系统与综合江河流域管理计划应由多个国家分享。

制定区域协调的潜在世界遗产地暂定名单。

协调区域环境保护协议(例如:《非洲自然和自然资源保护公约》)。

组成支持制定跨国界保护行动的网络。

国家和地方行动

每个生物多样性公约缔约国与其他国家制定实施生物多样性公约工作计划的措施,并监督目标实施和进展情况。

国家和地方生物多样性计划包括认可保护地的贡献,以实现衡量进展的全部三个CBD目标。

确定增强生物多样性的地方行动和资源。

保护地行政当局行动

保护地行政当局实施CBD工作计划中达成的措施并分享这方面的经验。

IUCN推动的生物多样性保护特别行动

行动:IUCN支持《生物多样性公约》并提供政策建议,包括其缔约国大会,科学技术顾问分会(SBSTTA)和执行CBD第8条以及根据公约制定和实施工作计划的公约秘书处。领导:IUCN 和 CBD 秘书处。

行动:IUCN 专业技术用于制定和提供实现保护地覆盖、建立、管理和监测的技术指南。领导:秘书处保护地计划部和 SSC。

行动:IUCN 支持缔约国按照 CBD 实施工作计划。领导:IUCN 区域办公室和各 WCPA 区。

行动:IUCN 支持建立全球跨国界保护地活动。领导:秘书处保护地计划部;WCPA 跨国界保护地特遣组。

行动:IUCN 技术支持世界遗产委员会和 UNESCO 世界遗产中心,以获得世界留下的潜在世界遗产地的全面知识。领导:IUCN 世界遗产计划部和 WCPA。

行动:IUCN 专业技术用于制定改进的机制和反监测指南及编制受威胁世界遗产名单。领导:IUCN 世界遗产计划部、环境法律计划部和 WCPA。

行动:IUCN 对所有世界遗产地鉴定、评估、管理和监测方面提供建议和专业技术。领导:IUCN 世界遗产计划部、WCPA、IUCN 区域和国家办公室、IUCN 委员会。

行动:IUCN 世界保护地委员会建立保护规划特遣组指导各国实现本建议中的目标。

行动:IUCN 强化当地和区域机构领会、理解和实施国际性的法律文书和议定书。

关键目标 2:所有《世界遗产公约》签约国改进世界遗产地在生物多样性保护方面的作用之特别行动

《世界遗产公约》保护具有突出的普遍价值的文化和自然遗产——王冠上的宝石,现有 149 个自然的、582 个文化的和 23 个双重的世界遗产地。

但是,要获得全面潜在的世界遗产地及覆盖面要求鉴别和提名余下的潜在遗产地,即使是有政府间管辖权争议的遗产地;加强能力建设和有效的管理,特别是受到威胁的和潜在的世界遗产地;资源分配优先权;更广泛的支持;以及不勘探和不开采矿产、石油和天然气。

国际行动

2004 年世界遗产委员会优先实现:

全面了解世界上潜在的世界遗产,包括世界上关键的具有突出的普遍价值的陆地、淡水和海洋生态群系。

所有自然和双重世界遗产地经常性成本需求评估。

有助于发展中国家获得必要的技术和财政支持的国际合作，以便提名和有效管理好他们的自然和双重世界遗产地；并提高能力和加强组织机构建设。

更好的国际性的、区域性的、国家性的和地方性的协同配合，并结合其他关于生物多样性和保护地的国际公约，特别是《生物多样性公约》和《拉姆萨公约》。注意力应集中在资源和技术支持上。

制定用于反监测和受威胁《世界遗产名录》改进的机制和指南。

制定世界遗产管理者全球培训战略。

完成潜在的世界遗产地评估。

鼓励以大规模多国系列世界遗产路线提名全球地形、自然和文化奇观，使其作为当地和跨国界世界遗产地及保护地的框架。

国家和地方行动

制定世界遗产保护国家专项政策和立法。

世界遗产教育和意识。

保护地行政当局行动

世界遗产地管理者寻求必要的技能和资源实现管理的有效性。

建立以当地社区利益为基础的公共、私人和社区的合作。

成果2：保护地在可持续发展中的基本作用应得以实施

在1992年里约热内卢地球高峰会议达成并在2002年约翰内斯堡可持续发展世界高峰会议上，得到进一步发展的广泛的环境、社会和经济议程的基本要素是保护地，对此需要更广泛的认同。减轻贫困可能是最大的问题，而保护地可以为此做出巨大贡献，特别是在发展中国家，那里保护地多得一个挨着一个，可是居住在那里的土著居民和贫穷的乡村社区却很少得到健康、教育和其他服务。在物质和精神的两个方面改善人类福利必须与有效的保护一起提升，而有效的保护必须采取最适合特定区域和当地情况的措施才能得以实现。从地方到国家和区域规模行动的扩张具有以低成本减轻贫困并带来更大社会效益的潜力。

关键目标3:采取行动努力让保护地减轻贫困并且在任何情况下贫困都不再加剧

国际行动

国际行动应把焦点集中在全面实现千禧年发展目标和可持续发展世界高峰会议的成果上——特别是结合扶贫和降低生物多样性丧失率的成果目标上。

正式认可保护地,包括世界遗产和拉姆萨地在内的保护地,在可持续发展的社会、经济和环境要素中起到的积极作用,并通过领导与财政支持,激励三要素全面和协调发展。特别应该认可的是在山地水域管理、森林土地恢复、安全饮用水提供和从海岸到广阔海域的海洋资源全面管理中保护地的作用。

制定获取保护地经济价值的手段为可持续发展做贡献。

通过千禧年发展目标交流机制,确保强健的框架适合所有规模级别生物地区与开发过程的全面管理,但特别要通过UN千禧年项目的特遣组。

通过非洲新千年保护地德班共识的实施支持NEPAD环保活动。

探索保护地能够发挥更大作用的手段,以及服务于可持续发展世界高峰会议授权的综合水资源管理计划的手段。

国家和地方行动

在国家和地方规划框架及行动计划中的所有国家要制定避免贫困加剧与帮助减轻贫困的保护地计划,改变生产和消费结构使其更加趋向于可持续发展的基础,并用它们作为社会和经济发展所需的自然资源保护和管理的场所。特别行动应将焦点集中在保护地所能扮演的作用上,即在成本—效益和环境可持续提供安全饮用水方面所扮演的作用上,包括广泛应用支付环境服务,如供水和食物供应。

所有国家都应采取经济手段实现来自保护地的可持续发展效益。

所有国家都应引入方法认识保护地对经济活动、社会福利和环境物资及服务的总价值。

基于保护地的基本贡献,扶贫战略按部就班地进行,包括具有生态代表性的保护地网络规划。

严禁土著居民和当地社区重新定居保护地,以及在事先未经同意的情况下流动土著居民的短暂居住。

政府与工商业、保护地机构和志愿者组织一道工作制定跨部门的可持续发展方案，保护地是其中区域和国家可持续发展计划中的关键要素。

政府采取多部门协作方式支持保护地管理者（无论来自政府、社区、土著或是私人机构）的能力建设，提供资源支持保护地在扶贫和社区发展中的作用，目的在于使这些成果能够结合生物多样性保护，从而避免潜在的资源冲突。

所有受艾滋病影响的国家应认识到传染病流行的加剧是由于自然资源不可持续利用导致的，应发展相关替代物，包括为社区提供生计的以可持续自然资源为基础的企业。

国家应避免加剧贫困包括文化贫困的保护行动。

保护地行政当局行动

为保护地减灾作用制定战略和行动，如洪水干旱、海洋和淡水污染，为当地增加就业和收入，激励可再生资源的生态可持续利用，通过积极行动参与加强当地社区的力量。

检查所有与工作相违背或能够采纳鼓励可持续发展的政策，包括土地使用和占有、财政、私人部门投资和机构设置等政策。

IUCN 推动的可持续发展特别行动

行动：制定和宣传保护地如何帮助降低扶贫成本的好做法，特别是用于水资源管理和人类与野生生物矛盾方面的。

领导：WCPA/CEESP 土著和当地社区主题，公平与保护地和 CEESP 可持续生计主题。

行动：制定保护地为扶贫做贡献的计划，通过与洪水和干旱有关的防灾措施；促进周围社区参与的环境可持续发展的旅游业模式；以及使用天然能源。

领导：WCPA 公平与人民主题，CEESP 环境与安全主题及可持续生计主题。

行动：制定和推动 IUCN 保护地管理分类Ⅵ指南，补充完善最近完成的分类Ⅴ。

领导：WCPA 新分类Ⅵ工作组。

行动：利用保护地展示更具生态可持续利用的生产和消费，通过：

应用科学和传统知识鉴别自然系统的限度及保护地内外不同活动的承载能力；

制定自行吸收生产和消费成本及估算成果的方法；

改变支持模式的有关政策与行动。

领导：IUCN 秘书处。

行动：通过下列方式保护、管理经济与社会发展的自然资源基础：

以适度规模建立资源管理，包括保护地界区之外的地区；

引入评估保护地对社会总价值的方法；

应用自然资源环境可持续利用与管理的传统和其他知识。特别行动应集中在农业、林业、渔业、旅游和不可再生的矿产资源上；

制定具有清晰目标的降低生物多样性丧失率的计划；

设计有益于减缓全球变暖行动；

增强资源管理的科学理解，制定风险评估措施，包括预防原则的应用；

制定和实施计划，并疏导资源以缓解人类与野生动植物之间的矛盾冲突。

领导：IUCN 秘书处。

成果 3：实现保护地与其周边陆地景观和海洋景观相互连接的全球系统

生物多样性保护不可能在一单独隔离的保护地中持续。这些系统和物种在部分转化且未予以正式保护的环境中与人类的发展共存。许多是跨国界的，具有不同的法律体系和管辖权。

现在全球有了更多的保护地，陆地面积为 12%，但海洋面积小于 1%。无论如何，这是全世界的各国政府实现的巨大成就。根据《生物多样性公约》、《拉姆萨公约》、《迁徙野生动物物种公约》和《世界遗产公约》，以及区域性的特殊公约和行动计划，新的行动已在全球范围内的许多国家得到贯彻实施。然而，仍有许多系统存在空白，许多物种和关键生态系统未得到足够的注意，还有许多保护地缺乏足够的法律基础和政治支持或没有有效的实施。重点应给予海洋系统新的行动。超过任何以前的世界保护地大会(WPC)，扩展各国辖区和国际水域海洋保护地(MPAs)覆盖面积的需求正在得到推动。低于 0.5% 的海洋面积得到保护，这一状况正被许多被指控疏于照顾海洋的人们所考虑。呼吁世界对 MPAs 给予财力支持的特别号召因渔业及随后的环境破坏而崩溃，生态系统结构和功能瓦解。此外，全球气候变化及其后果很可能改变保护地的生态特性，使它们的某些功能失效，并要求一定规模的适当的管理行动，包括指定增补和替代区域及转移的迁移措施。代表世界性社会—生态系统的基于生态系统保护的一种系统被提议作为关键目标：从属物种、栖息地和景观。需要用作为科学基础的系统学来定义空间单位(社会—生态系统、生态区域和生物区域)并确定不足、稀有、脆弱和受威胁的重要的因素。

关键目标 4:代表所有世界生态系统的保护地系统于2010年前完成

过去,保护地经常被认为是"保护的孤岛",而周围的领地被视为"毁坏的海洋"。从环境中、土地使用和周围土地及海洋经济活动中,将保护地割断的例子屡见不鲜。物种、营养和其他环境流程的移动并不局限在这些界区内。作为更广泛的生态系统和景观/海洋景观的自然功能元素,需要建立新的方法将保护地连接起来:带有一整套保护地外相关措施的景观经营规模和生态网络及走廊的实施越来越必要。扩展到界区之外的保护需要从一个网络概念走到另一个,在那里领土矩阵(文化和自然的)与保护地同等重要,并通过环境政策主流与保护地相互作用、相互联系。这些方法中好的范例在全世界区域和国家规模项目当中都出现过,并被行政当局和其他利益相关者用作实践样板来建立新的连接和改善现有状况。

关键目标 5:所有陆地和海洋保护地于 2015 年前连接成更广阔的生态/环境系统

国际行动

鼓励用综合方法设计保护地系统,这种保护地系统可为各种规模的物种就地保护和栖息地原处保护提供全方位的机会;促进陆地、海岸和海洋间可能的连接,认可所有利益相关者在参与这种挑战中的重要性。

所有大陆和海洋国际政府间行动,在具有高级生物多样性状况地区建立保护地,焦点应集中在那些未能得到重视并面临巨大威胁的物种和栖息地,以及它们扮演的生态系统功能的重要性方面。国际政府间协定、条约、公约和其他国际性跨边界文件应充分利用和联系,例如:世界遗产、CBD 雅加达托管书和适宜的 UNCLOS、UN-FSA 条款。生态系统要求最大的关注包括淡水、草地、热带干燥森林、区域海洋、两极地区和公海;要求特别关注的物种类群为植物(包括低等植物、苔藓和真菌)和鱼类(包括鲨鱼)。

为被国界分割的社区建立新的并促进现有的跨国界保护地,包括为那些传统跨国界的流动的土著人建立走廊连接。

重点是要制定相互关联、协调一致的管理系统,包括需要在 RFMOs 内进行国际协调的,与海岸水系和 EEZ 海洋并行及补充行动关联的公海保护地。

完成潜在世界遗产地的评估。

评估气候变化对保护地的影响是全球、区域和国家都需要的，以便鉴别出在全球变暖情况下保护地适宜的位置和规模。

需要国际、区域、国家和地区的行动，阐述当物种迁移至保护地周边人类居住地时经常发生的矛盾。

重点建立有限的、协调的和一致的专门管理系统，包括通过在 RFMOs 内国际协调的，与海岸水系并行及补充行动关联的公海保护地。

更大的开发计划中需整合保护地管理，以及在保护地规划和管理中考虑人口数量因素。

区域行动

各国负责全球区域性公约和议定书的行政当局应同意并在 2010 年以前在其管辖区内建立具有代表性的保护地系统。需要制定生物区域方法作为行动框架。

没有区域性公约，但应为国际环境合作提供框架的国家应正式考虑建立新的议定书。重点应考虑在区域海洋、山地水系、山脉和分属的江河流域跨国界合作。

国际政府间行动应制定主要的连接战略和跨国界行动，将保护地与周边的陆地和海洋连接起来，并指定迁徙物种所到之处的网络。应强调主要的自然系统，如江河流域和走廊、山脉、海岸、EEZ、陆架海、公海、极地区域，以及单独的保护地措施无法满足的有大范围迁徙物种的地域。

跨国界和国内行政区界保护地的连接实现补充目标。陆地和海洋跨国界保护地管理行动是政府的重点。

建立论坛和支持机制分享经验教训，通过更大规模处理预防和减轻人类与野生动植物间的矛盾冲突来增强技能。

支持促进保护地管理政策和立法协调一致的区域性综合行动。

国家和地方行动

鼓励在国家基础上检查保护行动，协助在全面的国家和区域性保护系统中创新和传统管理模式的协调与联系。

国家行政当局在其他利益相关者，特别是有影响和利益关系的土著及当地社区的参与下，对保护行动进行国家级别的审查，包括创新的和传统/习惯的管理模式，并评估如何使它们在更具有弹性和可持续性的整个系统中最大程度地相协调和联系。

具有国家和国家以下级别相关管辖权的每一行政当局应在生物—地质

区域框架内,并与所有相关支持者磋商情况下,为保护地制定全面计划。在这些区域内,保护地代表性系统中的空白(包括生物多样性热点和重点生物区域)应于2010年之前填补完成。

每一行政当局应恢复保护地及其周边景观退化地的生态过程,确保保护地生态的完整性。经与所有相关支持者磋商,每一行政当局应按照环境、社会、文化和经济的联系审查改变边界的范围和需求,包括现有保护地边界的扩展。

协调根据《联合国气候变化框架公约》改编的国家计划,确保保护地的改编计划是适当的。

在保护地边缘内的分区方法和连接措施,如生态和社会网络、走廊和淡水流程,应由保护地行政当局和相邻管辖部门在与所有相关支持者协商情况下考虑其适当的规模。

采用政策框架和激励机制鼓励当地社区积极参与生物多样性的保护和管理。

使保护地和社区保护的区域的管理适应有关流动社区的需求,包括它们季节性或暂时性使用的权利,保护其迁移路线(走廊)的完整性,瞄准流动使用以实现保护目的。

IUCN 领导的完成系统建设的特别行动

行动:就全球生物地理分布计划达成一致,作为审查保护地空白的基础,包括世界遗产。领导:WCPA 建立全球系统主题。

行动:国际、区域和国家的协调行动检查目前的代表系统,识别空白并向相应的行政管理机构建议。要特别关注淡水、草地、区域性海洋、公海和两极地区,还要特别关注全球植物保护战略的实施。领导:WCPA 建立全球系统主题。

行动:编制和发布建立和管理保护地的有效法律机制的指南,并配备咨询服务。领导:IUCN CEL。

行动:鼓励在建立新系统和改进现有系统时全面使用 IUCN 保护地管理分类指南。领导:WCPA 管理有效性主题。

行动:更新1994年的 IUCN 保护地管理分类指南,制定能力建设计划增强对系统的理解,运行一项有利于系统的研究和监控计划。领导:新 WCPA 分类特别工作组。

行动:提供主要全球变化评估,包括气候变化,鉴别和管理保护地。领导:WCPA EEP 计划。

行动:IUCN为在南极建立海洋保护地提供支持和贡献知识。

IUCN领导的连接特别行动

行动:抓住机会在所在大陆、特别是跨国界的区域运用各种保护地和走廊(例如:沿/跨水域至公海的区域、江河流域和山脉)分类网络来制定连接计划。确保将沿东亚候鸟迁徙路径中重要的迁徙路线中的保护地和重要的海洋资源或经过区域包含进去。领导:WCPA区域和提议的新WCPA/CEESP/CEL管理特别工作组。

行动:利用广泛传播的信息、鼓励国际参与和反馈来制定公开的全球海洋保护地分布、范围和状况报告系统。领导:WCPA世界保护地数据库全球财团,和UNEP世界保护监测中心。

行动:对以前编辑和发布的保护地与周边景观和海洋景观连接方法做进一步编辑。领导:WCPA/CEM联合工作组。

行动:在所有大陆和海洋建立跨国界保护地及和平公园活动。领导:WCPA跨国界特别工作组支持的区域。

行动:鼓励检查限制实现生物多样性目标的保护地边界。领导:WCPA区域。

IUCN领导的保护地分级特别行动

行动:在编辑下一卷《联合国保护地名录》之前,制定与IUCN保护地管理分类相关的确认保护地的新协议。领导:WCPA新特别工作组。

行动:为了精练海洋保护地报告,重新思考现有IUCN海洋保护地的定义。特别要考虑沿海/高低潮间地被排除在外的情况,如果这些未包括在次潮汐水域内。这一问题将在准备即将召开的全体会员大会陈述时予以讨论。

行动:更新保护地数据库,标记不符和IUCN分类术语的地点(如:游戏保护地、以社区为基础的保护地)。

成果4:保护地管理的质量、有效性和报告的改进

仅完成保护地全球系统是不够的,还有伴随保护地健康的改善和有效管理保护地的管理队伍能力的提高。通过制定WCPA管理有效性框架和相关系统可以取得良好的进展。在许多地方需要采取和实施监测及评估系统,在另外的地方则需要更全面、参与性更强并且能承受得起的体系,结果

用来告知计划和管理的变化。此外,应进行科学和其他技术研究及调查,以确保在生态、环境、社会、文化和经济指标趋势方面有足够的知识使管理决策得到实施。气候变化对保护地和草拟及实施的行动计划之可能的影响应给予特别关注。土著和传统知识的价值应得到认可和应用,并在参与性管理方面有效地利用这些材料。有这样一种需求就是要更加清楚地了解文化和精神价值是如何与自然的价值一起得到全面的认可和适当的保护的。现在管理保护地需要的技能更加专业,而且比以前更广泛。现在需要新的协议来评估与 IUCN 保护地管理分类有关的管理功效和效力,在其他各种因素中间保护地有效管理的文化和精神因素得到越来越多的认可。

关键目标 6:2015 年前保护地都要进行有效的管理

国际行动

全球评价通过 CBD 保护地管理有效性过程和相关依从机制,特别应集中在降低生物多样性丧失率、栖息地破损、景观遭破坏、气候变化影响、疾病引入和其他关键的保护地综合指标上。

捐助者进行有效评估以帮助提高保护地管理能力。

国家行动

用图表描述保护地状态及其关键特征的可计量、可校验和可持续的监测和评估系统,应像 WCPA 制定的那样,由国家政府及移交的管理部门与其他利益相关者协作实施,应用其结果影响达成一致的评估目标的规划和管理决策及进展。

国家政府和移交的管理部门提供资源给保护地行政管理当局和土著及当地社区,实施改进管理效力的评估系统。

由国家政府和移交的管理部门与其他利益相关者协作,为保护地建立和实施法律或其他相关和适宜的基础。

评估气候和其他重大变化对保护地之影响,并改编计划。

建立招聘、培训、就业和志愿者发展计划与标准,确保所有必要技能和专业知识为保护地行政管理当局和其他相关支持者应用,确保将 HIV/AIDS 结合在一起以使员工流失降至最低,并保证这些计划的投资回报。

提供资源建立、制定和维护志愿者发展计划。

制定保护地职工队伍的人力资源政策。

通过鼓励每个保护地建立清晰的报告、审计和会计系统鼓励透明和有责任的管理。

通过在区域内某些保护地的调查,制定产生基线数据的计划。

保护地行政当局行动

支持与WCPA框架一致的监测和评估系统的实施,这个系统应是可持续的和资源有效的,有其他的机构和当地社区参与。应用这些结果改进管理的各个方面,确保将结果提供给所有相关支持者应用。

确保向保护地管理者和有关利益相关者提供足够的能力,以便评估可以按照适宜的标准进行。

考虑与保护地和/或社区保护地管理相关的土著和当地社区组织信任/能力评估问题。

确保应用广泛的知识和来自科学、管理、技术、社区和传统资源的信息。

IUCN领导的监测和评估系统特别行动

在WCPA、CEESP、CEL联合管理特别工作组和TILCEPA及适宜的组织间协作:

行动:所有利益相关者都能应用监测和评估系统的参与决策支持工具,以及它们在改进保护地管理效力上的用途,包括关键执行指标的制定。领导:WCPA改进管理效力主题。

行动:建立和传播参与评估系统协议及有效协作方法的案例。领导:WCPA改进管理效力主题。

行动:建立保护地分类确认和认证系统,并在WCPA区域进行试验,特别是欧洲。领导:WCPA欧洲。

行动:提供参与评估系统选择指南和/或根据需要或根据有关专家和必要的资源情况审查保护地机构评估系统。领导:WCPA区域。

IUCN领导的能力建设特别行动

行动:将WCPA培训特别工作组转变为WCPA能力开发特别工作组,指导与第五届世界公园(保护地)大会之能力开发有关的建议的实施。领导:WCPA。

行动:建立一个“保护地学习网络”(PALNet),通过这个网络所有级别的利益相关者都能得到和分享最好的实践经验,因此使他们能够在保护地管理上发挥他们全部的作用。联合领导:WCPA管理能力主题和WCPA能力开发特别工作组。

行动:协调国际组织、培训机构和中心,以及其他组织财团:为高级别决策者制定和实施运动,使他们理解保护地和他们提供的物资及服务是作为完整社会福利的关键;鼓励培训机构、保护地管理机构、私人部门和植根社区的组织之间的合作,设计和实施响应培训;促进保护地管理能力开发培训师和培训机构区域网络的建设和加强。领导:WCPA/CEE。

行动:建立保护地员工一般全球资格标准,这一标准可在当地、区域和国家级别上采用,鼓励并使员工能够使用标准和自我评估,以支持保护地员工和培训改进的效力。领导:WCPA 能力开发特别工作组。

行动:制定工作计划将现有传统的培训和能力建设方法转变为以能力开发为基础的培训和能力建设,包括个体、公共机构和社会作为一整体的转变过程。领导:WCPA 能力开发特别工作组。

行动:开发学习场营地,作为最好的培训实践样板。

行动:定期组织区域保护地大会或研讨会。

IUCN 领导的保护地数据库特别行动

行动:易于使用的保护地数据库要重新改装、更新、维护,并使所有行政管理当局和其他支持者能够使用。领导:WCPA 信息管理特别工作组。

IUCN 领导的改进管理效力的分区特别行动

行动:鼓励适当的和有效的利用保护地分区使不同的目标得以实现。分区系统实施的教训,包括生物圈保护区,应编辑成册并散发。领导:WCPA 管理效力主题。

行动:确定私人保护地对政府保护地系统具有补充作用的例子。

IUCN 领导的管理分类特别行动

行动:检查现有管理分类,使文化和自然资产相互依赖的性质得到更加清晰的认识。

现在,保护地管理者和其他主要利益相关者没有足够的知识、技能、能力和工具来有效地面对全球变化的挑战。现在需要的技能和能力更加专业化,且比过去更广泛。因此,加强个体、公共机构和社会层面的能力是最优先需要解决的问题。

关键目标 7:所有保护地都要建立有效的管理队伍

国际行动

建立和加强国际培训组织、优秀区域中心和其他参与能力建设的机构网络。

促进特别阐述给高层决策者的措施,使他们进一步了解环境、经济、文化和社会价值以及保护地的利益。

推动世界上从事培训和能力建设的机构花名册和数据库的建立。数据库还应包含对保护地管理有用的主要学习支持材料。

改善非常规学习机会(远程教育、学习网络、在职实践培训……)。

国家行动

促进非正式和正式教育机构之间的联系,提高能力建设过程的效力。

制定和实施国家战略和指南,确保向所有的保护地利益相关者提供足够的能力建设。该战略应包括永久性的培训计划和特定的行动促进参与过程、沟通、教育和公众意识的行动。

建立招聘、培训和继续专业发展计划,确保行政管理当局和其他有关支持者获得所有必要的技能和专业知识。

保护地行政管理当局和当地行动

提升条件并确保向土著居民、当地社区和其他当地利益相关者提供从事有效保护的工具。关注的焦点应放在社区有效管理能力建设上。

确保每个保护地都有管理者和员工招聘、培训及就业发展规划和计划。

IUCN 领导的能力建设特别行动

为制定和评估保护地能力建设提供建议指南。

领导:WCPA 培训和保护地特别工作组。

成果5:相关的自然资源和生物多样性保护应认可并保护土著居民、流动居民和当地社区的权利

土著居民,包括流动居民[①],和当地社区生活在世界上生物多样性最丰富地区的大部分区域里。他们的物质、文化和精神生活及福利都不可避免地与维护他们传统的土地、领地和资源的多重关系产生了联系,以及在传统的土地、领地和资源的使用上的安全性联系。国际社会公认他们在实现可持续发展方面的关键作用。土著居民的知识是他们的文化和智慧遗产的基础部分,包括对自然景观和资源、特殊的遗址、物种、神圣之地和墓地的管

---

① 流动土著居民(即:游牧民、田园诗人、流动农学家和原始狩猎族),我们这里是指土著居民的一个分支,他们的生计极大地依赖于公共财产和使用自然资源,他们的流动性既是可持续土地利用和保护的管理战略,也是其独特文化与众不同的资源。

理。还有他们那些被各级保护部门和保护社团忽视或轻视的作用、知识和习俗。

在许多案例中，保护地的建立都没有足够重视和尊重土著居民、流动居民和当地社区的权利，特别是他们对土地、领地和资源的，以及他们自由地同意或不同意那些影响到他们的活动的权利。土著居民常常被从保护地驱逐出去，那些保护地建在他们领地附近，维系着与他们的领地的关系，但却破坏他们文化的完整性。实际情况是土著居民和当地社区经常是为保护地花费许多，但仅从保护地获得极少的利益。人们认识到已经犯和还要犯的许多错误，也期望实现联合国世界土著居民国际十年的目标，这个活动将在2004年结束，我们相信重新评估影响土著居民和当地社区政策的有效性和是否明智是目前急迫的需要。

关键目标8：所有现有的和未来的保护地的管理和建设应完全尊重土著居民、流动居民和当地社区的权利

关键目标9：保护地应有由土著居民和当地社区选出的代表根据其权利和利益的管理比例参与管理

关键目标10：2010年前建立并实施归还保护地强占的土著居民的传统土地和领地，以及土著居民的参与机制

国际行动

CBD第七次缔约国大会要确保CBD条款8j、10c和有关条款精神及意图得到实施，并与土著居民和当地社区协作使这些条款的各种要素进一步清晰化；

各有关缔约国，包括联合国组织、土著和流动居民代表及IUCN，应建立一个国际机制如“事实与和解委员会”，为辩论增添曙光，矫正不公正，并促进土著和流动居民与保护地之间的和解与协作；

土著问题永久论坛是遵照2003年5月向世界保护地大会提出的建议(E/C.19/2003/22)执行的；

全球环境机构(GEF)和世界银行集团要确保针对土著居民修订的政策

草案(草案 OP4.10)完全与土著居民的权利相一致,并且保护活动应由他们提供资金,包括按照重要栖息地政策采取的环境措施的补偿,保证尊重土著居民和当地社区的权利;

确保流动土著居民有可靠和完全的权利共同管理和自主管理他们的土地,确保他们能从自然资源的利用中获得公平的利益,包括生态旅游,确保他们的传统习俗在国家法律中得到尊重和认可;

承认流动社区群体和传统权利,尊重流动土著居民资源管理系统的完整性;

承认流动土著居民社区保护的地域为保护地管理类型,并建立在他们的传统和进化制度及习惯规范之上;

促进有利于生活在和使用跨边界保护地流动土著居民的跨境流动和贸易政策;

敦促政府批准联合国对土著居民权力草拟的宣言,该宣言已由现在的联合国人权发展和保护委员会于 1994 年采纳,那些国家的有关居民正急切盼望着能够批准和有效实施关于独立国家土著和游牧居民的 ILO 公约 169 号决议。

国家和当地行动

认可土著居民和当地社区对他们的土地、领地和自然资源享有的习俗和相关权力。

正式承认社区保护区域的贡献和状况,以及自然资源保护和管理的相关类型,和在 IUCN 保护地管理分类中土著居民所拥有的、指定和管理的保护地的相关类型。

审查全部现有的可能对土著居民产生影响的保护法规和政策,确保各方都能以协作的态度一起工作,保证土著居民、流动居民和当地社区有效参与。

制定和实施针对土著居民和当地社区控制他们神圣的地方的法律和政策,由他们全面和有效参与。

承认流动作为至关重要的生计系统和传统生活方式的重要性,承认流动土著居民按照传统生活在这样的地方对保护这片土地起到的作用;

保护和恢复流动土著居民传统土地的完整性,包括迁移路线;

制定计划加强当地社区以及土著和流动居民有效从事保护地保护和管理的能力;

采用和推行相应的管理方法,承认土著和流动居民对公共财产资源的依赖，而这些办法是在他们流动和不同的生活方式、生计、资源权利和土地使用、习俗及动态土地使用规模基础上建立起来；

改变保护地和社区保护地区域的管理以适应流动社区特殊的需求，包括他们使用的权利、资源管理惯例、季节和暂时权利、迁移走廊，瞄准流动使用实现保护目标；

在补充的基础上沿主流科学尊重、促进和结合使用传统知识、制度和习惯规范以及流动土著居民的资源管理实践。确保保护地的发展和相关干涉在当地知识基础上进行评估，并通过流动土著居民制度来实施；

承认和保证流动土著居民对归还由他们长久保护和传统占有及使用的他们的土地、领地和资源的权利，这些土地、领地和资源已经在未经他们同意和批准的情况下划入保护地区域内；在适当地域内应恢复其流动性；

促进跨文化对话，化解在保护地内及周围生活的流动和定居居民内部及其相互之间的矛盾。

保护地和行政管理当局行动

鼓励所有保护地和行政管理当局采用为提供对土著居民和当地社区全面承认和尊重的措施、政策和实践；保证在决策中倾听和尊重他们的声音；结合传统的知识、创新和实践；保证利益、权力和责任的公平分配；鼓励双方共同接受激励机制；

所有保护地行政管理当局制定和采用机制保证土著居民和当地社区在保护地指定和管理中有意义的参与；

鼓励保护地行政管理当局在土著居民自由、事先和通知许可及协商利益相关者支持承认社区保护的区域的前提下正式共同管理保护地或土著居民拥有和管理的保护地（与前面的对比检查）。

IUCN 领导的针对土著居民和当地社区参与的特别行动

下列所有活动都应在与土著居民和当地社区选出的代表全面合作下执行：

行动：编制指南和最好的实践经验并散发给所有参与保护地活动的土著居民的当地社区，包括他们在保护地鉴别、建立和管理方面的作用，以及传统知识的应用。（结合行动 33）

领导：WCPA/CEESP TILCEPA。

行动：建立当地社区能力建设的支持机制，以便有效地与保护地行政管理当局开展工作。

领导：WCPA/CEESP TILCEPA。

行动：提供为尊重土著居民和当地社区权力而改革国家法律、政策和保护计划的建议。

领导：WCPA/环境法律/习惯规范委员会。

行动：加强培训组织，协调当地行政管理当局对土著居民权力和联合管理保护地的培训措施。

领导：WCPA 培训特别工作组。

行动：对世界保护大会决议 1.53 执行情况进行审查——土著居民和保护地及 IUCN/WCPA/WWF 1999 土著和传统居民及保护地：原则和方针，由土著居民选出的代表的全面参与，并在必要的地方对 1999 原则和方针进行修订。

领导：WCPA(在前面建议添加部分以包括审查)。

行动：IUCN 及其会员和其他保护参与者相互协作并在联合国土著问题永久论坛及其权力工作组带领下达成自由、事先和通知许可。IUCN 呈报联合国永久论坛建议给永久论坛年会的实施进展报告。

增加对当地生态系统的妇女知识认可的承诺，承认和加强她们在自然资源管理决策中的作用。

增强贫困妇女的能力，使她们以关键利益相关者的身份参与进去。

行动：编制指南和总结最好的实践经验并散发给所有从事保护地管理和保护性别观点的重要性。领导：WCPA。

成果 6：实现赋予年轻后代的权力

现实中在保护地管理的所有层级中都没有完全的年轻后代的参与。在这些方面需要年轻后代们更加有效的参与。年轻后代们在决策、战略规划和计划中的意见是确保保护地可持续未来的本质要素。

因此，我们强烈鼓励政府、非政府组织、多边和双边组织以及所有其他相关团体，组织，在这些过程中应结合年轻后代们的意见和观点。

关键目标 11：确保年轻后代在管理保护地问题上有更多的参与并采取行动强化他们的能力，使保护社区作为一个整体得到发展

国际行动

扩大提供给年轻后代们的资源基础建立专业能力，增加激励年轻后代们参与的措施，特别是在发展中国家，在全球级别上在所有支持者中建立年轻后代们之间合作的意识，以及建立保护地更广泛的支持。

调动资源鼓励发展中国家的民族，在他们本国内从事与保护地相关的研究。

调动和利用杰出的和著名的身份如：IUCN 资助人和联合国大使，以便在国家 PA 政策和立法中获得最高的政策和决策者支持。

国家行动

必须鼓励所有政府将环境教育融入进去作为教育体系所有级别中教育课程的一部分。

所有政府必须增加财政资源以便能足够支持年轻后代们的专业能力建设，例如实习、奖学金、交流计划和更高的学习制度。

从年轻后代们中确定当地的意见主张，作为领导者超越的目标，加强积极的与保护地相关的保护信息的快速散播，建立起年轻后代们对保护地的支持。

当地行动

鼓励年轻后代们参与保护地管理所有方面的工作。

IUCN 领导的面向年轻后代们参与的特别行动

行动：敦促 IUCN 委员会的主席们在 IUCN 内组建一支 WCPA 领导的代际间结合特别工作组，这支工作组将在未来两年中制定一项综合工作计划，鼓励机构和组织吸纳年轻后代和年长者参与决策。在未来十年里，这支工作组将对领导者：WCPA 的参与情况进行监测。

行动：制定计划以利于在 IUCN 委员会和顾问机构在两年内安置年轻代表。

领导：WCPA。

行动：促进和支持对专业能力建设活动增加资源的承诺，如：实习、奖学金、北—南和南—北交流计划、区域培训中心以及高级培训机构，强化年轻后代参与决策过程的能力。

领导：WCPA 和 CEC。

行动：设立 WCPA 保护奖，奖励那些对保护地做出重大贡献的个人和组织。

行动：敦促政府在所有层次的教育系统中将环境教育与保护地结合起来作为教育课程的一部分。

领导：WCPA CEC。

成果 7：实现其他支持者对保护地的巨大支持

在不同的支持者中需要建立和认可保护地保护的共同议程。这会导致许多合作的产生。未来行动需要将注意力集中在拓宽对保护地价值的意识和理解上，对他们自己的权力以及土著居民和当地社区与民间社会的利益。作为沿海和公海可持续物种分类数量的储蓄库（包括那些具有商业价值的）、作为吸收土地和空气污染物的缓冲地，保护地在提供如清洁的水和牧场等环境物质和服务方面的作用应更好地研究和促进。保护地与社区和社会文化遗产之间更紧密的联系，包括这些地方神圣的和精神的方面，应被认可。还有，保护地能帮助实现可持续发展和生物多样性保护的方法需要加以阐述。

许多居住在保护地内和周围的以及与土著居民领地交叠的贫穷的乡村社区，他们享有的是最低的健康、教育和其他服务，而他们却要为保护地物种的迁移发生的成本费用付出代价，因而，他们常常是被保护地逆向影响的人群。当地可持续发展必须随着更加有效的保护地管理进行提升。通过可持续利用自然资源获得的就业机会，如环境敏感性旅游、可持续沿海渔业和水资源管理，应加以实现。必须认识到平衡资金流量的重要性，避免将全部负担都放在土著居民和当地社区上，而所有的利益都给了国家和全球层面。

保证保护地行政管理当局及其员工能与所有年龄的人，包括儿童和年轻人、男性和女性、土著居民和社会所有民族的人打交道是至关重要的。一个包含的方法必须是新的命令。应发展志愿者队伍，使志愿者能够在促进保护地对居住在其之内和之外的社区和个人的利益方面扮演更重要的角色。

到保护地游览的游人数量不断上升，并且这种需求还将继续。重要的是应认识到许多积极的效益：产生税收、对世界最重要的地方和主社区文化价值增长的理解和知晓、当地社区对当地资产的更加明了，以及将环境损失和成本降至最低。

关键目标 12：从所有主要利益相关支持者得到支持

国际行动

全球公约和大会要确保所有对保护地有兴趣和有影响的缔约国积极参与制定保护地新议程。这一行动应包含对开发自然资源有兴趣的利益相关者。

在 CBD 保护地工作计划指导下，建立能力建设培训组织国际网络。

国家和当地行动

审查由国家政府和有关管理部门制定的将要采取和变更的所有影响保护地的政策，确保经济和社会政策与保护地目标之间的互补。那些损害或可能损害保护地的政策和做法应当禁止。

促进战略环境评估和多标准分析，作为鉴别最佳土地使用和计划选择的工具。

国家政府和各有关规划框架及行动计划的管理部门应制定保护地方案以帮助扶贫（以最广泛的概念），预防自然灾害以及改变生产和消费模式达到更加可持续的基础；他们应利用保护地作为社会和经济开发的保护和管理自然资源的地方。它主要包括对保护地、水、能源、林业、农业、渔业、矿业和旅游业负责的行政管理当局。

国家政府和当地行政管理当局要划分和承认土著居民的领地，支持社区保护。

国家政府和有关管理部门在可能的地方要制定和改进经济手段以从保护地获得可持续利用的效益。

国家政府和有关管理部门在他们的经济评价方法学（包括机会成本）中引入方法承认保护地对经济活动、社会福利以及提供环境物质和服务的全部价值。

国家政府和有关管理部门应建立改善保护地管理的激励和调控制度。应建立和实施积极的激励体制保持和改进保护地的生物、景观和文化多样性。次区域和猎捕战略开发活动应提供作为可持续发展计划的管理保护地的激励机制。

国家政府要确保国家级别的计划认可保护地的作用和价值，以及在保护地问题上错误或不当决策的经济和社会处罚。制定政策和框架规定共同分享保护地管理的责任。

建立机制为那些生活依赖于保护地的利益相关者提供经济激励机制。

保护地行政管理当局行动

由保护地行政管理当局制定的与相关支持者协作增强保护地目的、价值和利益意识的行动计划应瞄准政治家和其他决策者以及他们的顾问，商业、社会和文化群体，同时确保计划的制定，这些计划将使来自所有支持者的未来的领导有效地从事决策的过程。这些行动计划需要在当地和区域情况下制定，并确保保护地作为经济和社会计划资产的完整性。

与商业和其他利益集团建立伙伴关系，确保保护地的地位被放置在区域和国家可持续发展计划的中心。

向其他利益相关者和决策者指明关键的保护地优先解决的问题及其原因。

包括商业消费者在内的关键利益相关者，应当成为保护地目的、目标和计划评估以及在实际当中实施咨询过程的参与者。

评估对保护地未进行适当保护和管理的社会的整体成本，特别是为社会提供的有关生活支持系统的成本。

承认和倾听保护地作为建立联盟的第一步可能引起的社会、经济和政治混乱和破坏。

与当地社区和志愿者组织建立合作伙伴关系，鼓励制定保护志愿者计划。

为保护地减灾作用制定战略和行动，如水灾和干旱，为当地创造就业机会和收入，刺激可再生资源的可持续利用，给予土著居民和当地社区更多的权力使他们通过社区保护地、共同管理保护地及其他参与机制为保护和可持续生计做贡献。

制定计划为保护地提供的物质和服务创造市场。

IUCN 领导的提升保护地效益意识的特别行动

行动：用多种文字印制对保护地社会的作用和效益的清楚说明。

领导：IUCN 保护地计划。

行动：编纂和散发保护地利益的计算方法学。

领导：IUCN 经济与环境顾问。

行动：在保护地作用上协调制定并与关键多国利益相关者达成一致，并在永久保护中这些利益集团在土著居民和当地社区全面有效的参与下积极参与。优先解决的问题应为旅游、林业、采矿、能源、渔业和农业部门。领导：IUCN 总干事、IUCN 委员会、WCPA 委员会主席和 CEESP 主席。

IUCN 领导的政策、激励和规定的特别行动

行动：编纂和散发影响保护地的活动的有效的规章和拙劣的政策、激励措施和实践案例。领导：WCPA 全球变化主题。

行动：制定行动计划使补助金、土地使用和其他保护地经济活动，积极的影响最大化，消极的影响最小化。

领导：IUCN 区域办公室和 WCPA 区域。

IUCN 领导的解决冲突的特别行动

行动:提供冲突解决步骤使用的建议、指南和培训。

领导:WCPA 公正与人民主题。

IUCN 领导的外延特别行动

行动:与渔民和渔业管理者建立互动关系,以支持在沿海、EEZ 和公海建立海洋保护地(MPAs)。

行动:创建激励志愿者积极性的志愿者机构和组织的网络计划。

领导:IUCN CEESP。

行动:与渔业和渔业管理者建立相互作用,以支持在沿海、区域和公海建立海洋保护地。

IUCN 领导的能力建设特别行动

行动:将世界上从事有关保护地管理培训和能力建设的所有机构进行编目。

成果 8:改进管理方式,认可并实施传统的和对保护具有巨大潜在价值的创新方法

管理是涉及领导能力和洞察力,并分享权力、承担义务;它是超越我们所在和我们想要达到的目标之外的思考。为达到这一目的,惟有机构和机制能帮助我们实现。它是关于这些机构履行其责任的权力。它还涉及这些机构、社区和利益集团以及他们对社会的责任间的相互关系。那么,管理便是整个世界保护地保护的中心,是确保服务好未来和现在的人们的基础。

根本的管理是一套原则,展示许多作为基本的人类价值所应描述的。这些包括有助于决策和受保护地影响或从保护地受益的人们有意义的从事包含的要素和公平的机会。包括的还有机构透明的价值、领导能力、表现和义务。

管理机构,包括政府管理的、共同合作管理的、私人的、慈善的和以社区为基础的结构,不断发展,管理质量和一致性在世界上区别极大。鉴于这些原因,有一种强烈的要求要改进价值的应用,提供结合当地声音和传统的有效的机制,在分散的结构中提供彼此之间的相互制衡,坚持履行更多的义务,清除可能和注定发生在我们最复杂和新兴机构中的陋习。

我们今后十年的发展方向:将通过强化保护地管理来驱动,将集中在发展和分享共同前景,提供描绘进展情况的机制,并进行能力建设推动改革。

关键目标13:为所有国家实施的有效的管理系统

国际行动

在所有保护地推动应用五项好的管理原则(合法化建议、实施、义务、公平和指导方向)。建立有效的管理参与评估工具,并促进他们在公约实施中的应用,如《世界遗产公约》、《拉姆萨公约》和《生物多样性公约》及每个保护地遗址和保护地系统。

支持UNEP/世界保护监测中心获得和维护大多数保护地管理类型的数据,这些保护地获得积极的保护成果,特别是那些目前正受到威胁的社区保护的保护地。

促进各种管理模式的比较分析;评估在相似条件和威胁下不同模式的有效性,根据"良好管理"原则评估不同的模式是如何成功的。

促进区域协议和管理结构,支持跨边界保护地和对保护地有支持的跨边界资源的管理,如江河流域。

国家行动

制定广泛一致的适合有关保护地环境的"良好管理"原则,特别是通过利益相关者参与的评估活动,在阐述21世纪保护地面临的挑战中应用这些原则。

根据每一环境情况,针对良好管理原则强化的理解和应用,促进保护地机构和员工以及广泛的社团的能力建设。

提高能力以建设和支持保护地多种管理类型,包括建立自然资源管理者基础培训和进修课程,培育国家和国际交流访问,鼓励共同学习活动。

促进能够改善保护地及周边景观,例如:淡水流程或森林缓冲区之间相互作用的规划和管理结构。

当地行动

改善条件,确保土著居民、当地社区和其他当地利益相关者在保护中有效参与。关注的焦点应放在社区能力建设上,在适当的地方应发挥领导作用确保合法化和透明度。

促进针对多种保护地管理模式的当地行动研究。

让保护地行政管理当局和其他关键的利益相关者参与管理机制和实施改进的评估。

IUCN 领导的行动

行动:建立委员会间保护地管理特别工作组,成员来自 WCPA,CEESP 和 CEL 的会员,在秘书处支持下致力于相关经验的集中、综合和交流。领导:建议之保护地管理 WCPA/CEESP/CEL 特别工作组。

行动:将反映多种保护地管理类型的管理尺度加入 IUCN 保护地管理分类系统。

领导:WCPA 管理能力主题。

行动:促进良好保护地管理宪章的起草工作,准备提交 2004 年 IUCN 世界保护大会。

领导:建议新的 WCPA/CEESP/CEL 管理特别工作组。

成果 9: 确保大量增加与保护地价值和需求相当的资源

在过去的十年里,许多国家对于保护地活动提供的资源仅仅是适度增长。同时,数量和面积的增长,以及有关行政管理当局所面临问题的复杂性却大量增加。总之,在大多数国家为有效保护和加强保护地提供的资源都是不够的,不适应保护地提供给社会的广泛的环境、社会和经济效益。

政府应认识到在资金决策中保护地对社会、经验和环境的广泛效益。现在,急迫需要的是为保护地从私人手中筹措资金的创新的思想和行动,以及从政府和保护慈善机构中获得传统资源及从私人机构获得不断增长的支持。实施生物多样性公约,特别是 GEF 和《保护世界文化和自然遗产公约》达成的资源机制应得到加强和提高,以确保在 WSSD 设定的于 2010 年前大幅降低生物多样性丧失率目标的实现。除此之外,还要提供资金保证制定保护地的气候变化适应计划,包括自然和人适应的资源。

创造有效的保护地财政激励机制,又不破坏他们的核心价值,具有极大的挑战性。通过可持续使用自然资源创造收入为此提供了机会,正如环境敏感性旅游业的进一步开发那样。但是,保护地全面的效益极少为人们所认识,成本和利益之间适度平衡不易在表面上被看到。因此,现在就急迫需要找出确保有效资源配置的各种不同的和创新的思路,以改善现有保护地以及将要建立的新的保护地资金的可持续性。

关键目标 14:确保 2010 年前有足够的资源评估、鉴别、建立和运行全球代表性的保护地系统

国际行动

应用最好的、可靠的信息建立、定义和设计保护地保护和管理资金需求的一致性框架。2006 年前编制出国家和保护地预算以提供信息制定全球可靠的资金需求预算方案。

从 2006 年开始,通过工业化国家和发展中国家提供的大量新的和补充的财政资源来实施国家间就《生物多样性公约》和可持续发展世界高峰会议达成的协议,致力于有效的全球保护地网络的保护和管理,包括《世界遗产名录》中具有全球价值的世界关键陆地、淡水和海洋生物群系。2010 年前应有足够的资源支持已经确定的需求。

通过包含当地参与管理活动的实践,加强公约管理计划的目标;为居住在保护地内及周围的当地社区的利益建立公共的、私人的和社区的合作关系。

鼓励将私人机构和组织包含进来并通过 GEF 和其他财政机制支持保护地管理,这些私人机构和组织是从保护地提供的生态系统服务中受益的群体。

通过改进的预算、融资计划和使用创新的方式,如保护减轻、直接物质激励、课税扣除及其他以市场为基础的激励机制,将主要的注意力集中在提高保护地融资的成本效益方面。

区域行动

政府应同意强化现有工具,并鼓励新的有助于增加确保有效和公平区域保护地管理的资金的区域工具。

国家行动

政府和私人机构应采用一致的原则和步骤,估算和计划保护地系统运营资金需求与不足,包括 2005 年前世界遗产地。这些评估应是为增加资金达成的国家和全球目标的基础。

在这些预算基础上,截至 2006 年,政府应致力于支持国家保护地系统的国家级可持续财政计划,并开始实施这些计划,包括必要的调整、立法、政策、制度和其他的措施。

国家和地方的政府应定期评估保护地在不同级别(当地、国家、全球的)

产生的全部效益,并相应增加他们的资金承诺。

应用政府和私人机构的协作伙伴关系建立保护地网络新的和扩大的资金。

应利用一系列工具,如税收、贸易或市场许可和不损害自然资源活动的环境保证,为保护地创造收入,并为这些地方和当地社区提供利益。

在合适的地方,政府应考虑源于保护地调节的产品商业化问题,假如这种使用是环境可持续的。

政府应将从保护地获得的收入进行分配,用于改善他们的管理和增加诸如社区本质利益所需的资金。

用于保护地的收入应从增长的货物和服务清单中来制定,如供水的水流域、制药用生成资源和化妆品、为游客所作的生物多样性的景观和图像、低影响的农业和林业、旅游和休闲。特别关注传统上超出正式市场之外的为环境服务支付的资金。

应建立公共行政管理当局与保护地之间的合约,认可保护地在扶贫和创新财富方面综合的社会和经济效益。

2006年前,政府应按照第四次全球环境基金(GEF)补充内容,致力于大量增加与估算出的资金短缺相当的保护资金,用于保护地及发展中国家。

当地行动

在合适的地方,保护地管理当局与盈利组织之间应建立合作协议为保护地管理创造多种资金基础。

用于保护和扶贫的创造性的财政和其他经济综合机制应当给予考虑,通过创造小商业和与保护地管理有关的就业途径来增加收入机会(例如:业余分类学家、生态旅游服务提供商、导游和其他游客服务、传统知识保存者等),以及与改善保护地健康相关的款项。

根据使用保护地实际成本考虑对商业使用者收取费用,包括全面、长期的保护和保护成本。

IUCN领导的增加保护地资源的特别行动

行动:在保护地利益和保护价值基础上提供那些为增加资源所进行的宣传的支持材料。

领导:WCPA财务特别工作组。

行动:为新的和大量增加的国际和区域筹资计划制定和促进协调一致的紧急建议书,特别要将焦点集中在从工业化国家机构和商业实体筹资,提供给发展中国家。

领导:WCPA财务特别工作组。

行动:为减轻环境损失和激励负责任的私人在保护地投资提供最好的财政实践和调节工具指南。

领导:WCPA财务特别工作组。

行动:提供保护地使用者收费计划指南,包括使用共同拥有的海洋资源的计划。

领导:WCPA财务特别工作组。

行动:为保护地综合成本和效益的评估工作提供指南、培训材料、案例分析和其他支持。需要考虑的还有不同集团之间的成本和利益分配,特别注意贫困的影响和减轻人类与野生动植物间的冲突矛盾。

领导:WCPA财务特别工作组。

行动:提供利用公共与私人部门合作的建议。

领导:WCPA财务特别工作组。

行动:与专家一同在现场工作为保护地系统运营所需资金精确评估和计划提供最好的实践指南。

领导:WCPA财务特别工作组。

行动:促进保护地商业规划并为其提供协助。

领导:WCPA财务特别工作组。

行动:围绕保护地管理中的领导能力、技能和资格,加强正在进行的强化保护地行政管理当局能力的工作。

领导:WCPA财务特别工作组。

行动:在进行全球贸易政体对环境影响的评估情况下,评估贸易政策对保护地的影响。

领导:WCPA财务特别工作组。

行动:推动实现有益于承认土著居民和当地社区权力计划的资金和创新机制的建立。

领导:WCPA财务特别工作组。

成果10:改进保护地作用和效益的宣传教育

沟通保护地的利益是制定议程的本质。双向沟通和利益相关者参与决策过程,能够帮助保护地社区了解利益相关者的感知、问题和需求,并使社区积极参与保护。需要制定沟通战略以从所有部门获得广泛的对保护地的支持,包括与媒体的密切关系。沟通应支持实现保护地管理目标。

IUCN 领导的关于保护地沟通的行动

行动:协助获得 IUCN 专家和网络提供的知识。

领导:IUCN 教育和交流计划。

行动:与所有支持者沟通学到的知识,正面的和负面的。

领导:IUCN 教育和交流委员会。

行动:专业/技术术语翻译成日常语言。

领导:IUCN 保护地计划。

行动:提供指南、工具和培训,增强保护地能力,以有效从事战略参与交流。

领导:IUCN 教育和交流委员会。

行动:建立参与的多媒体交流计划,使关键利益相关者参与保护地的支持,特别是:

地方和国家关键政治和管理地位的决策者的延伸计划。

城市人口在提高保护地支持中扮演作用的延伸计划。

当地社区延伸计划(包括妇女、儿童和青年,种族和弱势群体)。

领导:保护地机构和非政府组织。

行动:与在当地、国家和国际政治和管理地位中的重要决策者以及与 IUCN 成员和合作组织建立的延伸计划。

领导:IUCN 教育和交流计划。

行动:考虑文化多样性和语言多样性,从土著居民观点出发形成和实施具体的交流计划。

领导:IUCN 教育和交流计划。

行动:实施具体的土著语言交流计划,加强替代的媒体。

领导:IUCN 教育与交流计划/TILCEPA。

行动:将土著知识和教育系统结合到保护地自然、文化和精神价值的讲解和教育中。

行动计划的实施

该行动计划需要有效的实施,否则我们为第五届世界保护地大会的努力将白费。首先,它需要 IUCN 成员的支持,因此它必须要通过 2004 年的世界保护大会上的讨论和批准,因为这个大会是 IUCN 成员惟一正式的全体大会。

如果要实现《德班协定》和本计划特别成果及关键目标的行动倡议,实

施行动计划还需要许多合作伙伴积极的参与和合作:

在国际级别上,关键合作伙伴包括 UNEP、UNDP、UNESCO、CBD、GEF、世界旅游组织以及 IUCN 主要合作伙伴:包括 WWF、TNC、CI 和鸟类生活及土著居民和当地社区以及他们的代表组织。

在区域级别上,与许多区域计划和区域伙伴组织的合作,如非洲和平公园、欧洲欧共体、中美洲保护地委员会,以及拉丁美洲新创立的 RIPANAP、葡萄牙、西班牙和土著居民及当地社区和它们的代表组织。

在国家级别上,许多政府部门和机构都起作用,涉及所有经济部门和利用土地及水的部门。此外,许多为保护景观和生物多样性建立的慈善组织和私人团体组织,以及可持续方式使用而建立的其他机构也需要包括进来,还有土著居民和当地社区及他们的代表组织。

在当地级别上,许多代表保护地利益多样性的利益相关者团体,包括那些正式团体的和非正式团体,特别是需要参加的土著居民和当地社区。还有相关权力掌握者及他们的代表组织。

最后,《德班协定》、行动计划和建议的监测和评估参与机制都应当建立起来。

我们已经争论的是许多重大问题。但对话必须继续,这样我们才能达成解决的办法,我们行动的实施才能得到所有支持者的支持。

第三部分
文化遗产

关于保护景观和遗址的风貌与特性的建议[①]

（联合国教育、科学及文化组织大会第十二届
会议于1962年12月11日在巴黎通过）

联合国教育、科学及文化组织大会于1962年11月9日至12月12日在巴黎召开了第十二届会议。

考虑到人类在各个时期不时使构成其自然环境的组成部分的景观和遗址的风貌与特征遭到损坏，从而使得全世界各个地区的文化、艺术甚至极重要的遗产濒于枯竭；

考虑到因原始土地的开发，城市中心盲目的发展以及工商业与装备的巨大工程和庞大规划的实施，使现代文明加速了这种趋势，尽管其进程到上个世纪已相对减弱；

考虑到这种现象影响到不论其为自然的或人工的景观和遗址的艺术价值以及野生生物的文化和科学价值；

考虑到由于景观和遗址的风貌与特征，保护景观和遗址正如本建议所述，对人类生活必不可少，对人类而言，它们代表了一种有力的物质、道德和精神的再生影响，同时正如无数众所周知的事例所证明的，也有利于文化和艺术生活；

进一步考虑到景观和遗址是许多国家经济和社会生活中的一个重要因素，而且大大有助于保障其居民的健康；

然而，也认识到应适当考虑社会生活及其演变以及技术进步的迅速发展之需要；

因此，考虑到只要尚有可能这样做，为保护各地的景观和遗址的风貌与特征，亟须紧急考虑和采取必要的措施；

已收到关于保护景观和遗址的风貌与特征的建议，该问题作为本届会议的第17.4.2项议程；

第十一届会议已决定此项建议应以向成员国建议的形式作为国际性文件的议题，于1962年12月11日通过本建议。

---

① 本文选自《国际保护文化遗产法律文件汇编》第43～50页，国家文物局法制处编，紫禁城出版社1993年8月版。

大会建议各成员国应通过国家法律或其他方式制定使本建议所体现的准则和原则在其所管辖的领土上生效的措施,以适用以下规定。

大会建议各成员国应将本建议提请与保护景观和遗址以及区域发展有关的部门和机构的注意,也提请受委托保护自然和发展旅游业的机构以及青年组织的注意。

大会建议各成员国应按特定的日期和形式向大会提交有关本建议执行情况的报告。

一、定　　义

1. 为本建议之目的,保护景观和遗址的风貌与特征系指保存并在可能的情况下修复无论是自然的或人工的,具有文化或艺术价值,或构成典型自然环境的自然、乡村及城市景观和遗址的任何部分。

2. 本建议的规定也拟作为保护自然的补充措施。

二、总　　则

3. 为保护景观和遗址所进行的研究和采取的措施应适用于一国之全部领土范围,并不应局限于某些选定的景观和遗址。

4. 在选择将采取的措施时,应适当考虑有关景观与遗址的相关意义。这些措施可根据景观与遗址的特征、大小、位置以及它们所面临威胁的性质而有所区别。

5. 保护不应只局限于自然景观与遗址,而应扩展到那些全部或部分由人工形成的景观与遗址。因此,应制定特别规定确保对那些通常受威胁最大、特别是因建筑施工和土地买卖而受到威胁的某些城市中的景观和遗址进行保护。对进入古迹应采取特别保护措施。

6. 为保护景观和遗址所采取的措施应既是预防性的,又是矫正性的。

7. 预防性措施应旨在保护遗址免受可能威胁它们的危险。这些措施尤其应包括对可能损坏景观和遗址的工程和活动进行监督,例如:

(1) 建各种公私建筑,其设计应符合建筑本身的某些艺术要求,并且在避免简单模仿某些传统的和独特的形式的同时,应与它将保护的一般环境相协调;

(2) 修建道路;

(3) 高、低压电线、电力生产和输送工厂和设施、飞机场、广播电台和电视台等；

(4) 加油站；

(5) 广告招牌以及灯光招牌；

(6) 砍伐森林，包括破坏构成景观风貌的树木，尤其是主干道或林阴道两旁成行的树木；

(7) 空气和水的污染；

(8) 采矿、采石及其废弃物的处理；

(9) 喷泉管道、灌溉工程、水坝、隧道、沟渠、治理河流工程等；

(10) 宿营地；

(11) 废弃物和垃圾以及家庭、商业和工业废物的倾倒。

8. 在保护景观和遗址的风貌与特征时，也应考虑到因某些工作和现代生活的某些活动而引起的噪声所造成的危害。

9. 对可能损坏以其他方式列入保护目录或受到保护的地区内的景观和遗址的活动应施以制裁，除非为公共或社会利益所迫切需要。

10. 矫正性措施应旨在修缮对景观和遗址所造成的损坏，并尽可能使其恢复至原状。

11. 为促进各国负责保护景观和遗址的各种公共服务机构的工作，应建立科学研究机构，以便与主管当局合作，收集和制定适用于这方面的法律和规定。这些规定和研究机构所从事的工作成果应定期及时刊登于单独的行政刊物上。

三、保护措施

12. 景观和遗址的保护应通过使用以下方法予以确保：

(1) 由主管当局进行全面监督；

(2) 将责任列入城市发展规划以及区域、乡村和城市的各级规划；

(3) “通过划区”列出大面积景观区保护目录；

(4) 列出零散的遗址保护目录；

(5) 建立和维护自然保护区与国家公园；

(6) 由社区获得遗址。

全面监督

13. 对全国范围内可能损坏景观和遗址的工程和活动，应实行全面监督。

城市规划与乡村规划方案

14. 城市规划与乡村规划方案应包括明确那些应强制执行、以确保位于所涉及地区内的甚至未列入保护目录的景观和遗址的保护义务的规定。

15. 城市和乡村规划方案应根据轻重缓急和顺序予以制定,特别是对处在迅速发展过程中的城市或地区,为保护该城市或地区的艺术或优美特征制定此种方案是正确的。

"通过划区"列出大面积景观区保护目录

16. 大面积景观区"通过划区"列入保护目录。

17. 在一个已列入保护目录的区域内,当艺术特征为头等重要时,列入保护目录应包括:控制土地,遵循美学要求——包括材料的使用、颜色以及高度标准,采取预防措施以消除因筑坝和采石所造成的动土影响,制定管理树木砍伐的法规等。

18."通过划区"列出的目录应予以公布,并应制定和公布为保护已列入目录的景观所应遵守的一般规则。

19. 一般来说,"通过划区"列出保护目录,不应涉及赔偿费的支付。

列出零散遗址保护目录

20. 对无论位于自然中还是位于城市内的零散小遗址,连同已具有特殊意义的景观的各个部分,均应列出保护目录。对景色优美的地区,以及著名古迹周围的地区和建筑物,也应列出保护目录。凡列入保护目录的每一个遗址、地区和建筑物都需经特别行政决定并应及时通知其所有者。

21. 列入保护目录应意味着未经保护遗址的主管当局许可,禁止其所有者毁坏遗址,或改变其状况或外观。

22. 当得到此种许可,应同时附有保护遗址所需的一切条件。但对于正常的农业活动以及建筑物的正常维修无需此种许可。

23. 有关当局的征用以及在已列入保护目录的遗址内进行公共工程应征得负责该遗址保护的主管当局的同意。按规定,在列入保护目录的遗址内任何人不应获得可能改变该遗址特征或外观的权利。未经主管当局的同意,该遗址所有者不应通过签订协议授权他人。

24. 制定保护目录应包括禁止一切形式的对地面、空气或水的污染,同样,采矿也须经过特别许可。

25. 在列入保护目录的地区内及其邻近地带应禁止张贴任何广告,或者仅限于负责保护遗址的主管当局所指定的特定区域。

26. 在列入保护目录的遗址内宿营原则上应予以回绝,或者仅限于负责主管当局所确定的地区,并应接受其检查。

27. 遗址列入保护目录可以使遗址所有者有权对由此而造成的直接的和确切的损失要求赔偿。

自然保护区和国家公园

28. 条例适宜时,各成员国应将用于公共教育和娱乐的国家公园,或严格控制的或特定的自然保护区纳入受保护的区域和遗址之中。这类自然保护区和国家公园应构成一组还将用于研究景观的形成与修复以及自然保护的试验区。

由社区获得遗址

29. 各成员国应鼓励社区获得那些需要保护的构成景观或遗址组成部分的地区。必要时,应能够通过征用来实现这种获得。

四、保护措施的实施

30. 各成员国保护景观和遗址的基本标准和原则应具有法律效力,其实施措施应在法律所赋予的权限范围内委托给负责的主管当局。

31. 各成员国应设立具有管理或咨询性质的专门机构。

32. 管理机构应是受委托实施保护措施的中央或地方的专门部门。因此,这些部门应有能力研究保护和制定保护目录的问题,开展实地考察,准备即将采取的决定并监督其实施。这些部门同样应受委托对旨在减少某些工程进行中或对由此种工程造成的损坏进行修复中可能涉及的危险提出建议措施。

33. 咨询机构应由国家、地区或地方各级委员组成,并被授予研究有关保护问题以及就这些问题向中央或地区主管当局或有关地方社区提出意见的任务。在任何情况下,特别是在大规模公益工程,诸如修建公路、安装水利技术或新型工业设施等规划的初期,应及时征求这些委员会的意见。

34. 各成员国应促进国家和地方非政府机构的设立及其运转,这些机构的职责之一是与第31、32和33条中所述机构合作,特别是通过这样一种方式合作,即把威胁景观和遗址的危险告知公众,并告诫有关部门。

35. 如违反保护景观和遗址的有关规定,应对损坏予以赔偿,或承担将该遗址尽可能修复至原状的义务。

36. 对故意损坏景观和遗址的行为,应给予行政或刑事处罚。

五、公共教育

37. 教育活动应在校内、外进行，以激发与培养公众对景观和遗址的尊重，宣传为确保对名胜和古迹的保护所制定的规章。

38. 受委托承担这项任务的学校教员应在中、高等院校接受专门课程的特殊培训。

39. 各成员国也应促进现有博物馆的工作，以加强它们为此业已开展的教育活动，并应考虑建立专门博物馆，或在现有博物馆内设立专门部门的可能性，以便研究和展示特定地区的自然和文化风貌。

40. 校外公共教育应是新闻界、保护景观和遗址或保护自然的私人组织、有关旅游机构以及青年或大众教育组织的任务。

41. 各成员国应促进公共教育，并通过提供物资援助和通过让从事教育任务的学会、机构和组织以及普通教育工作者利用适当宣传媒介，例如：电影、广播和电视节目，永久性、临时性或流动性展览材料，以及适合于广泛传播并专为教育界设计的手册和书籍，促进它们的工作，还可以通过报纸、杂志以及地方期刊进行广泛宣传。

42. 各种国内、国际“节日”、竞赛和类似活动应专门用于鼓励对自然或人工景观和遗址的鉴赏，从而引导民众注意这样一个事实：保护景观和遗址的风貌与特征对社区而言至关重要。

以上乃联合国教育、科学及文化组织大会在巴黎召开的，于 1962 年 12 月 12 日宣布闭幕的第十二届会议正式通过的建议之作准文本。

我们已于 1962 年 12 月 18 日签字，以昭信守。

大会主席　　　　总干事

关于历史地区的保护及其当代作用的建议①

（联合国教育、科学及文化组织大会第十九届会议于1976年11月26日在内罗毕通过）

联合国教育、科学及文化组织大会于1976年10月26日至11月30日在内罗毕举行第十九届会议。

考虑到历史地区是各地人类日常环境的组成部分，它们代表着形成其过去的生动见证，提供了与社会多样化相对应所需的生活背景的多样化，并且基于以上各点，它们获得了自身的价值，又得到了人性的一面；

考虑到自古以来，历史地区为文化、宗教及社会活动的多样化和财富提供了最确切的见证，保护历史地区并使它们与现代社会生活相结合是城市规划和土地开发的基本因素；

考虑到面对因循守旧和非个性化的危险，这些昔日的生动见证对于人类和对那些从中找到其生活方式缩影及其某一基本特征的民族，是至关重要的；

注意到整个世界在扩展或现代化的借口之下，拆毁（却不知道拆毁的是什么）和不合理、不适当重建工程正给这一历史遗产带来严重的损害；

考虑到历史地区是不可移动的遗产，其损坏即使不会导致经济损失，也常常会带来社会动乱；

考虑到这种情况使每个公民承担责任，并赋予公共当局只有他们才能履行的义务；

考虑到为了使这些不可替代的财产免受它们所面临的退化甚至全部毁坏的危险，各成员国的当务之急是采取全面而有力的政策，把保护和复原历史地区及其周围环境作为国家、地区或地方规划的组成部分；

注意到在许多情况下缺乏一套有关建筑遗产及其与城市规划、领土、地区或地方规划相互联系的相当有效而灵活的立法；

注意到大会已通过了保护文化和自然遗产的国际文件，如：《关于适用

---

① 本文选自《国际保护文化遗产法律文件汇编》第100～113页，国家文物局法制处编，紫禁城出版社1993年8月版。

于考古发掘的国际原则的建议》(1956)、《关于保护景观和遗址的风貌与特征的建议》(1962)、《关于保护受到公共或私人工程威胁的文化财产的建议》(1972);

希望补充并扩大这些国际文件所确定的标准和原则的适用范围;

收到关于历史地区的保护及其当代作用的建议,该问题作为本届会议第27项议程;

第十八次会议决定该问题应采取向各成员国的建议的形式。于1976年11月26日通过本建议。

大会建议各成员国应通过国家法律或其他方式制定使本建议所规定的原则和准则在其所管辖的领土上生效的措施,以适用以上规定。

大会建议各成员国应将本建议提请与保护历史地区及其周围环境有关的国家、地区和地方当局、事业单位、行政部门或机构以及各种协会的注意。

大会建议各成员国应按大会决定的日期和形式向大会提交有关本建议执行情况的报告。

一、定 义

1. 为本建议之目的:

(1)"历史和建筑(包括本地的)地区"系指包含考古和古生物遗址的任何建筑群、结构和空旷地,它们构成城乡环境中的人类居住地,从考古、建筑、史前史、历史、艺术和社会文化的角度看,其凝聚力和价值已得到认可。

在这些性质各异的地区中,可特别划分为以下各类:史前遗址、历史城镇、老城区、老村庄、老村落以及相似的古迹群。不言而喻,后者通常应予以精心保存,维持不变。

(2)"环境"系指影响观察这些地区的动态、静态方法的、自然或人工的环境。

(3)"保护"系指对历史或传统地区及其环境的鉴定、保护、修复、修缮、维修和复原。

二、总 则

2. 历史地区及其环境应被视为不可替代的世界遗产的组成部分。其所在国政府和公民应把保护该遗产并使之与我们时代的社会生活融为一体作为自己的义务。国家、地区或地方当局应根据各成员国关于权限划分的情况,为全体公民和国际社会的利益,负责履行这一义务。

3. 每一历史地区及其周围环境应从整体上视为一个相互联系的统一体,其协调及特性取决于它的各组成部分的联合,这些组成部分包括人类活动、建筑物、空间结构及周围环境。因此一切有效的组成部分,包括人类活动,无论多么微不足道,都对整体具有不可忽视的意义。

4. 历史地区及其周围环境应得到积极保护,使之免受各种损坏,特别是由于不适当的利用、不必要的添建和诸如将会损坏其真实性的错误的或愚蠢的改变而带来的损害,以及由于各种形式的污染而带来的损害。任何修复工程的进行应以科学原则为基础。同样,也应十分注意组成建筑群并赋予各建筑群以自身特征的各个部分之间的联系与对比所产生的和谐与美感。

5. 在导致建筑物的规模和密度大量增加的现代城市化的情况下,历史地区除了遭受直接破坏的危险外,还存在一个真正的危险:新开发的地区会毁坏临近的历史地区的环境和特征。建筑师和城市规划者应谨慎从事,以确保古迹和历史地区的景色不致遭到破坏,并确保历史地区与当代生活和谐一致。

6. 当存在建筑技术和建筑形式的日益普遍化可能造成整个世界的环境单一化的危险时,保护历史地区能对维护和发展每个国家的文化和社会价值做出突出贡献。这也有助于从建筑上丰富世界文化遗产。

三、国家、地区和地方政策

7. 各成员国应根据各国关于权限划分的情况制定国家、地区和地方政策,以便使国家、地区和地方当局能够采取法律、技术、经济和社会措施,保护历史地区及其周围环境,并使之适应现代生活的需要。由此制定的政策应对国家、地区或地方各级的规划产生影响,并为各级城市规划,以及地区和农村发展规划,为由此而产生的并构成制定目标和计划重要组成部分的活动、责任分配以及实施行为提供指导。在执行保护政策时,应寻求个人和私人协会的合作。

四、保护措施

8. 历史地区及其周围环境应按照上述原则和以下措施予以保护,具体措施应根据各国立法和宪法权限以及各国组织和经济结构来决定。

立法及行政措施

9. 保护历史地区及其周围环境的总政策之适用应基于对各国整体有效的原则。各成员国应修改现有规定,或必要时,制定新的法律和规章以便参照本章及下列章节所述之规定,确保对历史地区及其周围环境的保护。它们应鼓励修改或采取地区或地方措施以确保此种保护。有关城镇和地区规划以及住宅政策的法律应予以审议,以便使它们与有关保护建筑遗产的法律相协调、相结合。

10. 关于保护历史地区的制度的规定应确立关于制定必要的计划和文件的一般原则,特别是:

适用于保护地区及其周围环境的一般条件和限制;

关于为保护和提供公共服务而制定的计划和行动说明;

将要进行的维护工作并为此指派负责人;

适用于城市规划,再开发以及农村土地管理的区域;

指派负责审批任何在保护范围内的修复、改动、新建或拆除的机构;

保护计划得到资金并得以实施的方式。

11. 保护计划和文件应确定:

被保护的区域和项目;

对其适用的具体条件和限制;

在维护、修复和改进工作中所应遵守的标准;

关于建立城市或农村生活所需的服务和供应系统的一般条件;

关于新建项目的条件。

12. 原则上,这些法律也应包括旨在防止违反保护法的规定,以及防止在保护地区内财产价值的投机性上涨的规定,这一上涨可能危及为整个社会利益而计划的保护和维修。这些规定可以包括提供影响建筑用地价格之方法的城市规划措施,例如:设立邻里区或制定较小型的开发计划,授予公共机构优先购买权、在所有人不采取行动的情况下,为了保护、修复或自动干预之目的实行强制购买。这些规定可以确定有效的惩罚,如:暂停活动、强制修复和适当的罚款。

13. 个人和公共当局有义务遵守保护措施。然而,也应对武断的或不公正的决定提供上诉的机制。

14. 有关建立公共和私人机构以及公共和私人工程项目的规定应与保护历史地区及其周围环境的规定相适应。

15. 有关贫民区的房产和街区以及有补贴住宅之建设的规定,尤其应本着符合并有助于保护政策的目的予以制定或修改。因此,应拟订并调整已付补贴的计划,以便专门通过修复古建筑推动有补贴的住宅建筑和公共建设的发展。在任何情况下,一切拆除应仅限于没有历史或建筑价值的建筑物,并对所涉及的补贴应谨慎予以控制。另外,应将专用于补贴住宅建设的基金拨出一部分,用于旧建筑的修复。

16. 有关建筑物和土地的保护措施的法律后果应予以公开并由主管官方机构做出记录。

17. 考虑到各国的具体条件以及各个国家、地区和地方当局的责任划分,下列原则应构成保护机制运行的基础:

(1) 应设有一个负责确保长期协调一切有关部门,如国家、地区和地方公共部门或私人团体的权力机构;

(2) 跨学科小组一旦完成了事先一切必要的科学研究后,应立即制定保护计划和文件,这些跨学科小组特别应由以下人员组成:

保护和修复专家,包括艺术史学家;

建筑师和城市规划师;

社会学家和经济学家;

生态学家和风景建筑师;

公共卫生和社会福利的专家;

并且更广泛地说,所有涉及历史地区保护和发展学科方面的专家;

(3) 这些机构应在传播有关民众的意见和组织他们积极参与方面起带头作用;

(4) 保护计划和文件应由法定机构批准;

(5) 负责实施保护规定和规划的国家、地区和地方各级公共当局应配有必要的工作人员和充分的技术、行政管理和财政来源。

技术、经济和社会措施

18. 应在国家、地区或地方一级制定保护历史地区及其周围环境的清单。该清单应确定重点,以使可用于保护的有限资源能够得到合理的分配。需要采取的任何紧急保护措施,不论其性质如何,均不应等到制定保护计划和文件之后再采取。

19. 应对整个地区进行一次全面的研究,其中包括对其空间演变的分析。它还应包括考古、历史、建筑、技术和经济方面的数据。应制定一份分析性文件,以便确定哪些建筑物或建筑群应予以精心保护、哪些应在某种条件下予以保存,哪些应在极例外的情况下经全面记录后予以拆毁。这将能使有关当局下令停止任何与本建议不相符合的工程。此外,出于同样目的,还应制定一份公共或私人开阔地及其植被情况的清单。

20. 除了这种建筑方面的研究外,也有必要对社会、经济、文化和技术数据与结构以及更广泛的城市或地区联系进行全面的研究。如有可能,研究应包括人口统计数据以及对经济、社会和文化活动的分析、生活方式和社会关系、土地使用问题、城市基础设施、道路系统、通讯网络以及保护区域与其周围地区的相互联系。有关当局应高度重视这些研究并应牢记没有这些研究,就不可能制定出有效的保护计划。

21. 在完成上述研究之后,并在保护计划和详细说明制定之前,原则上应有一个实施计划,其中既要考虑城市规划、建筑、经济和社会问题,又要考虑城乡机构吸收与其具体特点相适应的功能的能力。实施计划应在使居住密度达到理想水平,并应规定分期进行的工作及其进行中所需的临时住宅,以及为那些无法重返先前住所的居民提供永久性的住房。该实施计划应由有关的社区和人民团体密切参与制定。由于历史地区及其周围环境的社会、经济及自然状态方面会随时间流逝而不断变化,因此,对其研究和分析应是一个连续不断的过程。所以,至关重要的是在能够进行研究的基础上制定保护计划并加以实施,而不是由于推敲计划过程而予以拖延。

22. 一旦制定出保护计划和详细说明并获得有关公共当局批准,最好由制定者本人或在其指导下予以实施。

23. 在具有几个不同时期特征的历史地区,保护应考虑到所有这些时期的表现形式。

24. 在有保护计划的情况下,只有根据该计划方可批准涉及拆除既无建筑价值和历史价值且结构又极不稳固、无法保存的建筑物的城市发展或贫民区治理计划,以及拆除无价值的延伸部分或附加楼层,乃至拆除有时破坏历史地区整体感的新建筑。

25. 保护计划未涉及地区的城市发展或贫民区治理计划应尊重具有建筑或历史价值的建筑物和其他组成部分及其附属建筑物。如果这类组成部分可能受到该计划的不利影响,应在拆除之前制定上述保护计划。

26. 为确保这些计划的实施不致有利于牟取暴利或与计划的目标相悖,有必要经常进行监督。

27. 任何影响历史地区的城市发展或贫民区治理计划应遵守适用于防止火灾和自然灾害的通用安全标准,只要这与适用于保护文化遗产的标准相符。如果确实出现了不符的情况,各有关部门应通力合作找出特别的解决方法,以便在不损坏文化遗产的同时,提供最大的安全保障。

28. 应特别注意对新建筑物制定规章并加以控制,以确保该建筑能与历史建筑群的空间结构和环境协调一致。为此,在任何新建项目之前,应对城市的来龙去脉进行分析,其目的不仅在于确定该建筑群的一般特征,而且在于分析其主要特征,如:高度、色彩、材料及造型之间的和谐、建筑物正面和屋顶建造方式的衡量、建筑面积与空间体积之间的关系及其平均比例和位置。特别应注意基址的面积,因为存在着这样一个危险,即基址的任何改动都可能带来整体的变化,均对整体的和谐不利。

29. 除非在极个别情况下并出于不可避免的原因,一般不应批准破坏古迹周围环境而使其处于孤立状态,也不应将其迁移它处。

30. 历史地区及其周围环境应得到保护,避免因架设电杆、高塔、电线或电话线、安置电视天线及大型广告牌而带来的外观损坏。在已经设置这些装置的地方,应采取适当措施予以拆除。张贴广告、霓虹灯和其他各种广告、商业招牌、及人行道与各种街道设备应精心规划并加以控制,以使它们与整体相协调。应特别注意防止各种形式的破坏活动。

31. 各成员国及有关团体应通过禁止在历史地区附近建立有害工业,并通过采取预防措施消除由机器和车辆所带来的噪音、振动和颤动的破坏性影响,保护历史地区及其周围环境免受由于某种技术发展,特别是各种形式的污染所造成的日益严重的环境损害。另外还应做出规定,采取措施消除因旅游业的过分开发而造成的危害。

32. 各成员国应鼓励并帮助地方当局寻求解决大多数历史建筑群中所存在的一方面机动交通另一方面建筑规模以及建筑质量之间的矛盾的方法。为了解决这一矛盾并鼓励步行,应特别重视设置和开放既便于步行、服务通行又便于公共交通的外围乃至中央停车场和道路系统。许多诸如在地下铺设电线和其他电缆的修复工程,如果单独实施耗资过大,可以简单而经济地与道路系统的发展相结合。

33. 保护和修复工作应与振兴活动齐头并进。因此,适当保持现有的适当作用,特别是贸易和手工艺,并曾加新的作用是非常重要的,这些新作用从长远来看,如果具有生命力,应与其所在的城镇、地区或国家的经济和社会状态相符合。保护工作的费用不仅应根据建筑物的文化价值而且应根据其经使用获得的价值进行估算。只有参照了这两方面的价值尺度,才能正确看待保护的社会问题。这些作用应满足居民的社会、文化和经济需要,而又不损坏有关地区的具体特征。文化振兴政策应使历史地区成为文化活动的中心并使其在周围社区的文化发展中发挥中心作用。

34. 在农村地区,所有引起干扰的工程和经济、社会结构的所有变化应严加控制,以使具有历史意义的农村社区保持其在自然环境中的完整性。

35. 保护活动应把公共当局的贡献同个人或集体所有者、居民和使用者单独或共同作出的贡献联系起来,应鼓励他们提出建议并充分发挥其积极作用。因此,特别应通过以下方法在社区和个人之间建立各种层次的经常性的合作:适合于某类人的信息资料,适合于有关人员的综合研究,建立附属于计划小组的顾问团体;所有者、居民和使用者在对公共企业机构发挥咨询作用方面的代表性。这些机构负责有关保护计划的决策、管理和组织实施的机构或负责创建参与实施计划。

36. 应鼓励建立自愿保护团体和非营利性协会以及设立荣誉或物质奖励,以使保护领域中各方面卓有成效的工作能得到认可。

37. 应通过中央、地区和地方当局足够的预算拨款,确保得到保护历史地区及其环境计划中所规定的用于公共投资的必要资金。所有这些资金应由受委托协调国家、地区或地方各级一切形式的财政援助、并根据全面行动计划发放资金的公共、私人或半公半私的机构集中管理。

38. 下述形式的公共援助应基于这样的原则:在适当和必要的情况下,有关当局采取的措施,应考虑到修复中的额外开支,即与建筑物新的市场价格或租金相比,强加给所有者的附加开支。

39. 一般来说,这类公共资金应主要用于保护现有建筑,特别包括低租金的住宅建筑,而不应划拨给新建筑的建设,除非后者不损害现有建筑物的使用和作用。

40. 赠款、补贴、低息贷款或税收减免应提供给按保护计划所规定的标准进行保护计划所规定的工程的私人所有者和使用者。这些税收减免、赠款和贷款可首先提供给拥有住房和商业财产的所有者或使用者团体,因为联合施工比单独行动更加节省。给予私人所有者和使用者的财政特许权,在适当情况下,应取决于要求遵守为公共利益而规定的某些条件的契约,并确保建筑物的完整,例如:允许参观建筑物、允许进入公园、花园或遗址,允许拍照等。

41. 应在公共或私人团体的预算中，拨出一笔特别资金，用于保护受到大规模公共工程和污染危害的历史建筑群。公共当局也应拨出专款，用于修复由于自然灾害所造成的损坏。

42. 另外，一切活跃于公共工程领域的政府部门和机构应通过既符合自己目的，又符合保护计划目标的融资，安排其计划与预算，以便为历史建筑群的修复作出贡献。

43. 为了增加可资利用的财政资源，各成员国应鼓励建立保护历史地区及其周围环境的公共和/或私人金融机构。这些机构应有法人地位，并有权接受来自个人、基金会以及有关工业和商业方面的赠款。对捐赠人可给予特别的税收减免。

44. 通过建立借贷机构为保护历史地区及其周围环境所进行的各种工程的融资工作，可由公共机构和私人信贷机构提供便利，这些机构将负责向所有者提供低息长期贷款。

45. 各成员国和其他有关各级政府部门可促进非赢利组织的建立。这些组织负责以周转资金购买，或如果合适在修复后出售建筑物。这笔资金是为了使那些希望保护历史建筑物、维护其特色的所有人能够在其中继续居住而专门设立的。

46. 保护措施不应导致社会结构的崩溃，这一点尤为重要。为了避免因翻修给不得不从建筑物或建筑群迁出的最贫穷的居民所带来的艰辛，补偿上涨的租金能使他们得以维持家庭住房、商业用房、作坊以及他们传统的生活方式和职业，特别是农村手工业、小型农业、渔业等。这项与收入挂钩的补偿，将会帮助有关人员偿付由于进行工程而导致的租金上涨。

五、研究、教育和信息

47. 为了提高所需技术工人和手工艺者的工作水平，并鼓励全体民众认识到保护的必要性并参与保护工作，各成员国应根据其立法和宪法权限，采取以下措施。

48. 各成员国和有关团体应鼓励系统地学习和研究：

城市规划中有关历史地区及其环境方面；

各级保护和规划之间的相互联系；

适用于历史地区的保护方法；

材料的改变；

现代技术在保护工作中的运用；

与保护不可分割的工艺技术。

49. 应采用并与上述问题有关的并包括实习培训期的专门教育。另外，至关重要的是鼓励培养专门从事保护历史地区，包括其周围的空间地带的专业技术工人和手工艺者。此外，还有必要振兴受工业化进程破坏的工艺本身。在这方面有关机构有必要与专门的国际机构进行合作，如在罗马的文化财产保护与修复研究中心、国际古迹遗址理事会和国际博物馆协会。

50. 对地方在历史地区保护方面发展中所需行政人员的教育，应根据实际需要，按照长远计划由有关当局提供资金并进行指导。

51. 应通过校外和大学教育，以及通过诸如书籍、报刊、电视、广播、电影和巡回展览等信息媒介增强对保护工作必要性的认识。还应提供不仅有关美学而且有关社会和经济得益于进展良好的保护历史地区及其周围环境的政策方面的、全面明确的信息。这种信息应在私人和政府专门机构以及一般民众中广为传播，以使他们知道为什么以及怎样才能按此方法改善他们的环境。

52. 对历史地区的研究应包括在各级教育之中，特别是在历史教学中，以便反复向青年人灌输理解和尊重昔日成就，并说明这些遗产在现代生活中的作用。这种教育应广泛利用视听媒介及参观历史建筑群的方法。

53. 为了帮助那些想了解历史地区的青年人和成年人，应加强教师和导游的进修课程以及对教师的培训。

六、国际合作

54. 各成员国应在历史地区及其周围环境的保护方面进行合作，如有必要，寻求政府间的和非政府间的国际组织的援助，特别是联合国教育、科学及文化组织——国际博物馆协会——国际古迹遗址理事会文献中心的援助。此种多边或双边合作应认真予以协调，并应采取诸如下列形式的措施：

(1) 交流各种形式的信息及科技出版物；

(2) 组织专题研讨会或工作会；

(3) 提供研究或旅行基金，派遣科技和行政工作人员并发送有关设备；

(4) 采取共同行动以对付各种污染；

(5) 实施大规模保护、修复与复原历史地区的项目，并公布已取得的经验。在边境地区,如果发展和保护历史地区及其周围的环境导致影响边境两边的成员国的共同问题,双方应协调其政策和行动,以确保文化遗产以尽可能的最佳方法得到利用和保护;

(6) 邻国之间在保护共同感兴趣并具有本地区历史和文化发展特点的地区方面应互相协助。

55. 根据本建议的精神和原则,一成员国不应采取任何行动拆除或改变其所占领土之上的历史区段、城镇和遗址的特征。

以上乃1976年11月30日在内罗毕召开的联合国教育、科学及文化组织大会第十九届会议正式通过之公约的作准文本。

特此签字,以昭信守。

大会主席　　　　　　总干事

国际古迹保护与修复宪章(威尼斯宪章)[①]

(第二届历史古迹建筑师及技师国际会议
于1964年5月25日至31日在威尼斯通过)

世世代代人民的历史古迹,饱含着过去岁月的信息留存至今,成为人们古老的活的见证。人们越来越意识到人类价值的统一性,并把古代遗迹看做共同的遗产,认识到为后代保护这些古迹的共同责任。将它们真实地、完整地传下去是我们的职责。

古代建筑的保护与修复指导原则应在国际上得到公认并作出规定,这一点至关重要。各国在各自的文化和传统范畴内负责实施这一规划。

1931年的雅典宪章第一次规定了这些基本原则,为一个国际运动的广泛发展做出了贡献,这一运动所采取的具体形式体现在各国的文件之中,体现在国际博物馆协会和联合国教育、科学及文化组织的工作之中,以及在由后者建立的国际文化财产保护与修复研究中心之中。一些已经并在继续变得更为复杂和多样化的问题已越来越受到注意,并展开了紧急研究。现在,重新审阅宪章的时候已经来临,以便对其所含原则进行彻底研究,并在一份新文件中扩大其范围。

为此,1964年5月25日至31日在威尼斯召开了第二届历史古迹建筑师及技师国际会议,通过了以下文本:

定　义

第一条　历史古迹的概念不仅包括单个建筑物,而且包括能从中找出一种独特的文明、一种有意义的发展或一个历史事件见证的城市或乡村环境。这不仅适用于伟大的艺术作品,而且亦适用于随时光流逝而获得文化意义的过去一些较为朴实的艺术品。

第二条　古迹的保护与修复必须求助于对研究和保护考古遗产有利的

---

① 本文选自《国际保护文化遗产法律文件汇编》第162~165页,国家文物局法制处编,紫禁城出版社1993年8月版。

一切科学技术。

宗　旨

第三条　保护与修复古迹的目的旨在把它们既作为历史见证,又作为艺术品予以保护。

保　护

第四条　古迹的保护至关重要的一点在于日常的维护。

第五条　为社会公用之目的使用古迹永远有利于古迹的保护。因此,这种使用合乎需要,但决不能改变该建筑的布局或装饰。只有在此限度内才可考虑或允许因功能改变而需做的改动。

第六条　古迹的保护包含着对一定规模环境的保护。凡传统环境存在的地方必须予以保存,决不允许任何导致改变主体和颜色关系的新建、拆除或改动。

第七条　古迹不能与其所见证的历史和其产生的环境分离。除非出于保护古迹之需要,或因国家或国际之极为重要利益而证明有其必要,否则不得全部或局部搬迁该古迹。

第八条　作为构成古迹整体一部分的雕塑、绘画或装饰品,只有在非移动而不能确保其保存的惟一办法时方可进行移动。

修　复

第九条　修复过程是一个高度专业性的工作,其目的旨在保存和展示古迹的美学与历史价值,并以尊重原始材料和确凿文献为依据。一旦出现臆测,必须立即予以停止。此外,即使如此,任何不可避免的添加都必须与该建筑的构成有所区别,并且必须要有现代标记。无论在任何情况下,修复之前及之后必须对古迹进行考古及历史研究。

第十条　当传统技术被证明为不适用时,可采用任何经科学数据和经验证明为有效的现代建筑及保护技术来加固古迹。

第十一条　各个时代为一古迹之建筑物所做的正当贡献必须予以尊重,因为修复的目的不是追求风格的统一。当一座建筑物含有不同时期的重叠作品时，揭示底层只有在特殊情况下，在被去掉的东西价值甚微，而被显示的东西具有很高的历史、考古或美学价值，并且保存完好足以说明这么做的理由时才能证明其具有正当理由。评估由此涉及的各部分的重要性以及决定毁掉什么内容不能仅仅依赖于负责此项工作的个人。

第十二条 缺失部分的修补必须与整体保持和谐，但同时须区别于原作，以使修复不歪曲其艺术或历史见证。

第十三条 任何添加均不允许，除非它们不至于贬低该建筑物的有趣部分、传统环境、布局平衡及其与周围环境的关系。

第十四条 古迹遗址必须成为专门照管对象，以保护其完整性，并确保用恰当的方式进行清理和开放。在这类地点开展的保护与修复工作应得到上述条款所规定之原则的鼓励。

发 掘

第十五条 发掘应按照科学标准和联合国教育、科学及文化组织 1956 年通过的适用于考古发掘国际原则的建议予以进行。

遗址必须予以保存，并且必须采取必要措施，永久地保存和保护建筑风貌及其所发现的物品。此外，必须采取一切方法促进对古迹的了解，使它得以再现而不曲解其意。

然而对任何重建都应事先予以制止，只允许重修，也就是说，把现存但已解体的部分重新组合。所用粘结材料应永远可以辨别，并应尽量少用，只须确保古迹的保护和其形状的恢复之用便可。

出 版

第十六条 一切保护、修复或发掘工作永远应有用配以插图和照片的分析及评论报告这一形式所做的准确的记录。

清理、加固、重新整理与组合的每一阶段，以及工作过程中所确认的技术及形态特征均应包括在内。这一记录应存放于一公共机构的档案馆内，使研究人员都能查到。该记录应建议出版。

历史园林保护宪章
（佛罗伦萨宪章）[①]

（国际古迹遗址理事会于 1982 年 12 月 15 日登记）

国际古迹遗址理事会与国际历史园林委员会于 1981 年 5 月 21 日在佛罗伦萨召开会议，决定起草一份将以该城市命名的历史园林保护宪章。本宪章即由该委员会起草，并由国际古迹遗址理事会于 1982 年 12 月 15 日登记作为涉及有关具体领域的“威尼斯宪章”的附件。

定义与目标

第一条 “历史园林指从历史或艺术角度而言民众所感兴趣的建筑和园艺构造”。鉴此，它应被看做是一古迹。

第二条 “历史园林是一主要由植物组成的建筑构造，因此它是具有生命力的，即指有死有生”。因此，其面貌反映着季节循环、自然变迁与园林艺术，希望将其保持永恒不变的愿望之间的永久平衡。

第三条 作为古迹，历史园林必须根据威尼斯宪章的精神予以保存。然而，既然它是一个活的古迹，其保存必须根据特定的规则进行，此乃本宪章之议题。

第四条 历史园林的建筑构造包括：

——其平面和地形；

——其植物，包括品种、面积、配色、间隔以及各自高度；

——其结构和装饰特征；

——其映照天空的水面，死水或活水。

第五条 这种园林作为文明与自然直接关系的表现，作为适合于思考和休息的娱乐场所，因而具有理想世界的巨大意义，用词源学的术语来表达就是“天堂”，并且也是一种文化、一种风格、一个时代的见证，而且常常还是具有创造力的艺术家的独创性的见证。

---

① 本文选自《国际保护文化遗产法律文件汇编》第 166 ~ 170 页，国家文物局法制处编，紫禁城出版社 1993 年 8 月版。

第六条 “历史园林”这一术语同样适用于不论是正规的,还是风景的小园林和大公园。

第七条 历史园林不论是否与某一建筑物相联系——在此情况下它是其不可分割的一部分——它不能隔绝于其本身的特定环境,不论是城市的还是农村的,亦不论是自然的还是人工的。

第八条 一历史遗址是与一值得纪念的历史事件相联系的特定风景区,例如:一主要历史事件、一著名神话、一场具有历史意义的战斗或一幅名画的背景。

第九条 历史园林的保存取决于对其鉴别和编目情况。对它们需要采取几种行动,即维护、保护和修复。

维护、保护、修复、重建

第十条 在对历史园林或其中任何一部分的维护、保护、修复和重建工作中,必须同时处理其所有的构成特征。把各种处理孤立开来将会损坏其整体性。

维护与保护

第十一条 对历史园林不断进行维护至为重要。既然主要物质是植物,在没有变化的情况下,保存园林既要求根据需要予以及时更换,也要求有一个长远的定期更换计划(彻底地砍伐并重播成熟品种)。

第十二条 定期更换的树木、灌木、植物和花草的种类必须根据各个植物和园艺地区所确定和确认的实践经验加以选择,目的在于确定那些已长成雏形的品种并将它们保存下来。

第十三条 构成历史园林整体组成部分的永久性的或可移动的建筑、雕塑或装饰特征,只有在其保护或修复之必要范围内方可予以移动或替代。任何具有这种危险性质的替代和修复必要根据《威尼斯宪章》的原则予以实施,并且必须说明任何全部替代的日期。

第十四条 历史园林必须保存在适当的环境之中,任何危及生态平衡的自然环境变化必须加以禁止。所有这些适用于基础设施的任何方面(排水系统、灌溉系统、道路、停车场、栅栏、看守设施以及游客舒畅的环境等)。

修复与重建

第十五条 在未经彻底研究,以确保此项工作能科学地实施,并对该园林以及类似园林进行相关的发掘和资料收集等所有一切事宜之前,不得对某一历史园林进行修复,特别是不得进行重建。在任何实际工作开展之前,任何项目必须根据上述研究进行准备,并须将其提交一专家组予以联合审查和批准。

第十六条 修复必须尊重有关园林发展演变的各个相继阶段。原则上说,对任何时期均不应厚此薄彼,除非在例外情况下,由于损坏或破坏的程度影响到园林的某些部分,以致决定根据尚存的遗迹或根据确凿的文献证据对其进行重建。为了在设计中体现其重要意义,这种重建工作尤其可在园林内最靠近该建筑物的某些部分进行。

第十七条 在一园林彻底消失或只存在其相继阶段的推测证据的情况下,重建物不能被认为是一历史园林。

利 用

第十八条 虽然任何历史园林都是为观光或散步而设计的,但是其接待量必须限制在其容量所能承受的范围,以便其自然构造物和文化信息得以保存。

第十九条 由于历史园林的性质和目的,历史园林是一个有助于人类的交往、宁静和了解自然的安宁之地。它的日常利用概念必须与它在节日时偶尔所起的作用形成反差。因此,为了能使任何这种节日本身用来提高该园林的视觉影响,而不是对其进行滥用或损坏。这种偶尔利用一历史园林的情况必须予以明确规定。

第二十条 虽然历史园林适合于一些娴静的日常游戏,但也应毗连历史园林划出适合于生动活泼的游戏和运动的单独地区,以便可以满足民众在这方面的需要,不损害园林和风景的保护。

第二十一条 根据季节确定时间的维护和保护工作,以及为了恢复该园林真实性的主要工作应优先于民众利用的需要。对参观历史园林的所有安排必须加以规定,以确保该地区的精神能得以保存。

第二十二条 如果一历史园林修有围墙,在对可能导致其气氛变化和影响其保存的各种可能后果进行检查之前,其围墙不得予以拆除。

法律和行政保护

第二十三条 根据具有资格的专家的建议,采取适当的法律和行政措施对历史园林进行鉴别、编目和保护是有关负责当局的任务。这类园林的保护必须规定在土地利用计划的基本框架之中,并且这类规定必须在有关地区性的或当地规划的文件中正式指出。根据具有资格的专家的建议,采取有助于维护、保护和修复以及在必要情况下重建历史园林的财政措施,亦是有关负责当局的任务。

第二十四条 历史园林是遗产特征之一,鉴于其性质,它的生存需要受过培训的专家长期不断的精心护理。因此,应该为这种人才,不论是历史学家、建筑学家、环境美化专家、园艺学家还是植物学家提供适当的培训课程。

还应注意确保维护或恢复所需之各种植物的定期培植。

第二十五条 应通过各种活动激发对历史园林的兴趣。这种活动能够强调历史园林作为遗产一部分的真正价值,并且能够有助于提高对它们的了解和欣赏,即促进科学研究、信息资料的国际交流和传播、出版(包括为一般民众设计的作品)、鼓励民众在适当控制下接近园林以及利用宣传媒介树立对自然和历史遗产需要给予应有的尊重之意识。应建议将最杰出的历史园林列入世界遗产清单。

注 释

以上建议适用于世界上所有历史园林。

适用于特定类型的园林的附加条款可以附于本宪章之后,并对所述类型加以简要描述。

保护历史城镇与城区宪章(华盛顿宪章)[①]

(国际古迹遗址理事会全体大会第八届
会议于1987年10月在华盛顿通过)

序言与定义

一、所有城市社区,不论是长期逐渐发展起来的,还是有意创建的,都是历史上各种各样的社会的表现。

二、本宪章涉及历史城区,不论大小,其中包括城市、城镇以及历史中心或居住区,也包括其自然的和人造的环境。除了它们的历史文献作用之外,这些地区体现着传统的城市文化的价值。今天,由于社会到处实行工业化而导致城镇发展的结果,许多这类地区正面临着威胁,遭到物理退化、破坏甚至毁灭。

三、面对这种经常导致不可改变的文化、社会甚至经济损失的惹人注目的状况,国际古迹遗址理事会认为有必要为历史城镇和城区起草一国际宪章,作为《国际古迹保护与修复宪章》(通常称之为《威尼斯宪章》)的补充。这个新文本规定了保护历史城镇和城区的原则、目标和方法。它也寻求促进这一地区私人生活和社会生活的协调方法,并鼓励对这些文化财产的保护。这些文化财产无论其等级多低,均构成人类的记忆。

四、正如联合国教育、科学及文化组织1976年华沙—内罗毕会议"关于历史地区保护及其当代作用的建议"以及其他一些文件所规定的,"保护历史城镇与城区"意味着这种城镇和城区的保护、保存和修复及其发展并和谐地适应现代生活所需的各种步骤。

原则和目标

一、为了更加卓有成效,对历史城镇和其他历史城区的保护应成为经

---

① 本文选自《国际保护文化遗产法律文件汇编》第171~174页,国家文物局法制处编,紫禁城出版社1993年8月版。

济与社会发展政策的完整组成部分，并应当列入各级城市和地区规划。

二、所要保存的特性包括历史城镇和城区的特征以及表明这种特征的一切物质的和精神的组成部分，特别是：

（一）用地段和街道说明的城市的形制；

（二）建筑物与绿地和空地的关系；

（三）用规模、大小、风格、建筑、材料、色彩以及装饰说明的建筑物的外貌，包括内部的和外部的；

（四）该城镇和城区与周围环境的关系，包括自然的和人工的；

（五）长期以来该城镇和城区所获得的各种作用。

任何危及上述特性的威胁，都将损害历史城镇和城区的真实性。

三、居民的参与对保护计划的成功起着重大的作用，应加以鼓励。历史城镇和城区的保护首先涉及它们周围的居民。

四、历史城镇和城区的保护需要认真、谨慎以及系统的方法和学科，必须避免僵化，因为，个别情况会产生特定问题。

方法和手段

五、在做出保护历史城镇和城区规划之前必须进行多学科的研究。保护规划必须反映所有相关因素，包括考古学、历史学、建筑学、工艺学、社会学以及经济学。

保护规划的主要目标应该明确说明达到上述目标所需的法律、行政和财政手段。

保护规划的目的应旨在确保历史城镇和城区作为一个整体的和谐关系。

保护规划应该决定哪些建筑物必须保存，哪些在一定条件下应该保存以及哪些在极其例外的情况下可以拆毁。在进行任何治理之前，应对该地区的现状做出全面的记录。

保护规划应得到该历史地区居民的支持。

六、在采纳任何保护规划之前，应根据本宪章和《威尼斯宪章》的原则和目的开展必要的保护活动。

七、日常维护对有效地保护历史城镇和城区至关重要。

八、新的作用和活动应该与历史城镇和城区的特征相适应。

使这些地区适应现代生活需要认真仔细地安装或改进公共服务设施。

九、房屋的改进应是保存的基本目标之一。

十、当需要修建新建筑物或对现有建筑物改建时,应该尊重现有的空间布局,特别是在规模和地段大小方面。

与周围环境和谐的现代因素的引入不应受到打击,因为,这些特征能为这一地区增添光彩。

十一、通过考古调查和适当展出考古发掘物,应使一历史城镇和城区的历史知识得到拓展。

十二、历史城镇和城区内的交通必须加以控制,必须划定停车场,以免损坏其历史建筑物及其环境。

十三、城市或区域规划中做出修建主要公路的规定时,这些公路不得穿过历史城镇或城区,但应改进接近它们的交通。

十四、为了保护这一遗产并为了居民的安全与安居乐业,应保护历史城镇免受自然灾害、污染和噪声的危害。

不管影响历史城镇或城区的灾害的性质如何,必须针对有关财产的具体特性采取预防和维修措施。

十五、为了鼓励全体居民参与保护,应为他们制定一项普通信息计划,从学龄儿童开始。

与遗产保护相关的行为亦应得到鼓励,并应采取有利于保护和修复的财政措施。

十六、对一切与保护有关的专业应提供专门培训。

附　件

附 件

世界遗产以及与世界遗产公约实施有关的术语词典

（联合国教科文组织世界自然文化遗产保护委员会）

目　录

序　言

《世界遗产术语词典》最初是应世界遗产委员会于 1995 年 12 月举行的第 19 次会议上的要求而准备的。该委员会要求词典应该是一份独立的文献，具有单独的格式，但也应参考《实施世界遗产公约的操作指南》和有关专家会议的报告。词典 1996 年 6 月的版本已经被更新，以便将近来与公约实施和修订后的操作指南有关的活动纪要包括进去。

技术性注释

(a) 术语来源

《世界遗产术语词典》最初是通过抽取世界遗产公约，操作指南和相关的专家会议报告中的术语，定义及解释而编写的。

其他在编写中参考的文献和出版物列在了参考书目中。

(b) 词条结构

词典中定义或解释的术语按字母顺序以黑斜体的形式列了出来。

在某术语的定义或解释的内容中所涉及到的词典中另外的术语为方便查询以斜体形式列出。

本词典所引用或提到的文献，出版物和相关专家会议的报告在参考书目中列出。

按字母索引的词典

A

***Action Plan for the future*(*Cultural Landscape*):未来行动计划(文化景观)**

未来行动计划(文化景观)是 1993 年 10 月在德国，都柏林(Templin，地名)举行的联合国教科文组织“有关具有突出世界价值的文化景观的专家会议”上所提出来的(参见 Von Droste et al 1995:附录Ⅰ)。行动计划总结了有关提供“成员国在确认，评价，提名和管理文化景观进入《世界遗产名录》的资格方面的指导”以及准备“对文化景观进行专题研究”的建议。行动计划被世界遗产委员会在 1993 年举行的第 17 次会议所采纳(联合国教科文组织 1994 年 2 月 4 号:55～56 和附录Ⅶ)。

参见 *Cultural landscapes*(文化景观)。

***Advisory bodies*:顾问团体**

世界遗产公约的第Ⅷ章(3)建立了现在被称为 ICCROM 的文化遗产保护和修缮研究的国际中心(罗马中心)，纪念性建筑和遗址的国际委员会(I-COMOS)以及自然及自然资源保护的国际联盟(IUCN)，现在他们都以世界保护联盟的名义成为世界遗产委员会的顾问团体。

操作指南概括了与公约实施有关的顾问团体的多方面作用(联合国教科文组织 1997 年 2 月)。

这些顾问团体也在操作指南中被称作顾问组织(联合国教科文组织 1997 年 2 月:14,26,第 49,50 和 84 段)。

参见 *IUCN*,*ICOMOS* 以及 *ICCROM*。

***Assistance*:援助**

参见国际援助，预防援助，紧急援助，技术合作，培训。

***Associative cultural landscape*:融合文化景观**

融合文化景观是被世界遗产委员会在其 1992 年 12 月的第 16 次例会

上所采纳的三种主要的文化景观类别之一(联合国教科文组织 1992 年 12 月 14 日:54 ~ 55),并且被包括在操作指南当中(联合国教科文组织 1997 年 2 月:10,第 39 段)。

操作指南的第 39 段(iii)以如下方式提到融合文化景观:

39.(iii)最后一类是融合文化景观。它们被列在《世界遗产名录》上主要是因为自然和宗教,艺术,文化的有力结合,而非物质文明。对它们而言,物质文明并不重要或甚至缺乏(联合国教科文组织 1997 年 2 月:10,第 39 段)。

新西兰的汤加雷诺国家公园和澳大利亚的乌卢鲁国家公园就是作为融合文化景观而分别于 1993 年和 1994 年被列入《世界遗产名录》(联合国教科文组织 1994 年 2 月:39 和联合国教科文组织 1995 年 1 月 31 日:52)。

1995 年 4 月澳大利亚 ICOMOS(纪念性建筑和遗址的国际委员会)举行了一个"融合文化景观的亚太地区"的会议(Von Droste et al 1995:附录Ⅵ)。

于 1996 年 4 月在奥地利的维也纳举行的有关具有突出世界价值的欧洲文化景观的专家会议上,讨论了有可能成为欧洲世界遗产的融合文化景观(联合国教科文组织 1996 年 4 月 21 日)。

参见 *Clearly defined landscape*(有清楚特征的景观),*Continuing landscape*(持续性景观),*Cultural landscape*(文化景观),*Organically evolved landscape*(有机演化景观),*Relict(or fossil)landscape*(残留(或化石)景观)。

***Authenticity*:真实性**

也被称作真实性鉴定或真实性条件。

操作指南的第 24 段要求提名《世界遗产名录》的文化遗产只有在满足文化遗产标准和真实性鉴定的一个或多个条件的前提下才被考虑加入。

下面列出的操作指南的第 24 段(b)(I)如此提到真实性鉴定。

24.(b)(I)满足在设计,材料,工艺或背景上的真实性鉴定,以及如果是文化景观,则需考虑它们的特色和组成要素(委员会强调可能被采纳的重建景观必须根据对原景观进行完整和详细描述的文献,没有丝毫臆测。)(联合国教科文组织 1997 年 2 月:7)。

被包括在操作指南中与城市建筑群有关的文字也提到必须满足真实性鉴定(联合国教科文组织 1997 年 2 月:7,第 27 段)。

操作指南的第 57 和 58 段指出提名进入《世界遗产名录》的文化景观应该满足真实性条件,而决定这些条件是否被满足应该由 ICOMOS(纪念性建筑和遗址的国际委员会)负责(联合国教科文组织 1997 年 2 月:16)。

操作指南的第 64 段提到真实性/完整性应该被包括在完整的提名表中,其标题为“列入理由”(联合国教科文组织 1997 年 2 月:17)。

操作指南的第 78 段提到“历史真实性”的模糊概念(联合国教科文组织 1997 年 2 月:24)。

通常人们认为真实性是一个模糊的概念,并且可能受限于不同的社会和文化解释。真实性及其与世界遗产公约有关的应用是 1994 年 11 月在日本奈良举行的会议的主题(与世界遗产公约有关的真实性的奈良会议)。一个前期工作会议于 1994 年 1 月 31 日到 2 月 2 日在挪威的卑尔根举行。该会议的进展被刊登在 Larson 和 Marstein 上(1994)。奈良会议的结果是产生了被称作关于真实性的奈良文件的一项申明。奈良会议的进展和关于真实性的奈良文件被登在 Larson 上(1995)。

在 1996 年 3 月,美洲国家间以在文化遗产的保护和管理中的真实性为主题的研讨会在美国得克萨斯州的圣安大略举行。本次研讨会是由美国的 ICOMOS(纪念性建筑和遗址的国际委员会),Getty 保护机构,以及圣安大略保护协会所共同举办的。

参见 *Conservation*(保护),*Information sources*(信息资源)。

***Authorization form*：授权表**

授权表是提名表的一部分。填完授权表,则意味着该成员国同意联合国教科文组织在宣传活动中引用作为部分提名内容的图像资料。

参见 *Nomination form*(提名表)。

B

Balance：平衡

平衡首次在操作指南的第 6 段(iii)关于努力维持一个被列入《世界遗产名录》上的“合情合理的文化遗产和自然遗产的数量平衡”中提到。这种陈述在操作指南的第 15 段中得到再次肯定(联合国教科文组织 1997 年 2 月:2 和 4),并且与作为自然和文化遗产的保护工具的公约精神相一致。

在操作指南中有关给予国际援助的部分,第 111 段指出“必须在用于文化遗产保护的资金和用于自然遗产保护的资金间保持平衡”(联合国教科文组织 1997 年 2 月:33)。

操作指南的第Ⅵ部分题为“公约实施中的文化和自然遗产比例的平衡”(联合国教科文组织 1997 年 2 月:34 ~ 35)。第 121 段概括了委员会所推荐的实现平衡的大量措施(联合国教科文组织 1997 年 2 月:34 ~ 35)。

《世界遗产名录》上的自然和文化遗产的数量平衡是 1996 年 3 月举行的“关于评价世界自然遗产区位提名的总体原则和标准的专家会议”的讨论主题(联合国教科文组织 1996 年 4 月 15 日)。专家会议的报告指出“平衡”并不是仅与数目有关,而是有关地理生态区和历史事件的代表性问题(联合国教科文组织 1996 年 4 月 15 日:6)。

***Biogeographic(al) provinces*:地理生态区**

在操作指南中,地理生态区意味着是一个合适的具有可比性的单元,当准备尝试性列表时能够将类似的自然遗产聚成一组(第 8 段),从而能以系列自然遗产的形式提名进入《世界遗产名录》时(第 19 段(iii)),并且为自然及自然资源保护的国际联盟(IUCN)进行自然遗产的相关评价提供依据(第 60 段)(联合国教科文组织 1997 年 2 月:5 和 16)。

***Buffer zone*:缓冲区**

操作指南的第 17 段对缓冲区进行如下定义:

是环绕遗产的一个区域,该区域的利用受到限制,以便能增加保护;应该通过技术研究对每一例遗产构建缓冲区(联合国教科文组织 1997 年 2 月:5)。

操作指南的第 17 段进一步指出:

所提名的自然和文化遗产在需要正确保护的任何时候,都应该提供一个围绕遗产的“缓冲区”,同时提供必要的保护……关于大小,特征,缓冲区的使用权限,以及显示其准确边界的地图等方面的细节问题都应该由该遗产的提名文件提供。

***Bureau*::机构**

参见 *World Heritage Bureau*(世界遗产管理机构)。

C

***Canal*:运河**

1994 年 9 月,一次有关“运河遗产”的会议在加拿大的安大略省的 Chaffeys Lock 举行。本次专家会议定义运河为:

一个人类建造的水道。从历史和技术的观点来看,它都可能具备突出的世界价值,无论是在其复杂性上,还是将其作为这类文化遗产的与众不同的代表性上。运河或者是一个纪念性的工程,或是有明确特征的线性文化景观,或是一种复杂文化景观的完整组成部分(Von Droste et al 1995:433,附录Ⅲ)。

参见 *Cultural landscape*(文化景观)。

***Centre*:中心**

参见 *UNESCO World Heritage Centre*(联合国教科文组织世界遗产中心),*Secretariat*(秘书处)。

***Clearly defined landscape*:有清楚特征的景观**

有清楚特征的景观是被世界遗产委员会在其1992年12月的第16次例会中所采纳的三种主要的文化景观类别之一(联合国教科文组织1992年12月14日:54~55),并且被包括在操作指南当中(联合国教科文组织1997年2月:10,第39段)。

操作指南的第39段(i)以如下方式提到有清楚特征的景观:

39.(ⅰ)最易确认的是由人类有意识设计创造的有清楚特征的景观。这包括了为美学原因而建造的通常(但并不总是)与宗教或其他的纪念性建筑和标志有关的花园和园区景观(联合国教科文组织1997年2月:10)。

于1996年4月在奥地利的维也纳举行的有关具有突出世界价值的欧洲文化景观的专家会议上,讨论了有可能成为欧洲世界遗产的有清楚特征的景观(联合国教科文组织1996年4月21日)。

参见 *Associative cultural landscape*(融合文化景观),*Continuing landscape*(持续性景观),*Cultural landscape*(文化景观),*Organically evolved landscape*(有机演化景观),*Relict(or fossil)landscape*(残留或化石景观)。

***CNPPA*(*Commission on National Parks and Protected Areas*:自然公园和保护区委员会)**

参见 *WCPA*。

***Committee*:委员会**

参见 *World Heritage Committee*(世界遗产委员会)。

***Comparative assessments*:比较评估**

在声明《世界遗产名录》中的项目应该仔细挑选时,操作指南的第9段进一步指出应该执行"通过比较评估协调尝试性列表和文化遗产的提名"(联合国教科文组织1997年2月:4)。

参见 *Comparative evaluation*(比较评价),*Tentative list*(尝试性列表),*Harmonization*(协调性)。

***Comparative evaluation*:比较评价**

操作指南的第12段指出在提名属于"某一类型的典型代表"的文化遗产时,应该进行与同一类型的其他类似遗产的比较研究。

在陈述“提名的评价和考察原则”时,操作指南指出“需要纪念性建筑和遗址的国际委员会(ICOMOS)进行与同一类型文化遗产的比较评价”(纪念性建筑和遗址的国际委员会(ICOMOS)1997年2月:16~17,第61段(c))。操作指南并没有对自然及自然资源保护的国际联盟(IUCN)在评价自然资源时做出类似要求。

参见比较评估,尝试性列表,协调性。

***Conditions of authenticity*:真实性条件**

参见 *Authenticity*(真实性)。

***Conservation*:保存**

世界遗产公约并没有专门定义保存。整个公约中的有关提法是:“确认,保护,保存和展示自然和文化遗产,并将它们移交给未来各代。”公约的第5条提到可以被成员国所采取的大量“积极有效的措施”来实现此目的(联合国教科文组织1972)。

操作指南也没有对保存的定义。操作指南指出世界遗产委员会的四个基本职能之一是“监督《世界遗产名录》上的遗产地的保护状况”(联合国教科文组织1997年2月:1,第3段(ii))。对该项职能监管的指导在操作指南中占据了突出地位(联合国教科文组织1997年2月:第Ⅱ部分)。

操作指南的第24段(b)(ii)规定世界遗产名录上的文化遗产必须有“足够的法律,公约,或传统的保护和管理机制,从而确认对所提名的文化遗产和文化景观的保存”(联合国教科文组织1997年2月:7)。

操作指南中也有如下未加定义的相关用语:“保存政策”(第27段(ii)),“保存计划”(第34段),“预防性保存”(第69段)和“日日保存”(第70段)(联合国教科文组织1997年2月:7,9和22)。

在操作指南中,保存经常和下列词语交互使用:维持,保卫,保护。

有关真实性的奈良文件如下定义保存,尤其是与文化遗产相关:

保存:是指所有意识在理解文化遗产,了解其历史和内涵,确保其物质保护,以及所要求的展示,维修和改善等方面的努力 Larson(1995:xxv)。

保存的法语定义被收录进 Larson(1995:xxxi)。

参见 *Preservation*(维持),*Protection*(保护),*Safeguarding*(保卫),*State of conservation*(保存状态)。

***Continuing landscape*:连续性景观**

连续性景观和残留(或化石)景观是有机演化景观的两个子类,而有机演化景观又是世界遗产委员会在其1992年12月的第16次例会上所采纳的文化景观的三个主要类别之一(联合国教科文组织 1992 年 12 月 14 日:54~55),并且被收录进操作指南(联合国教科文组织 1997 年 2 月:10,第 39 段)。

操作指南的第 39 段(ii)以如下方式提到连续性景观:

——连续性景观反映的是在现代社会中仍保留的传统生活方式所起的积极的社会作用,但进化过程仍在继续。同时它也呈现出进化的显著物质特征(联合国教科文组织 1997 年 2 月:10)。

于 1996 年 4 月在奥地利维也纳举行的有关具有突出世界价值的欧洲文化景观的专家会议上,讨论了有可能成为世界遗产的欧洲连续性景观(联合国教科文组织 1996 年 4 月 21 日)。

参见融合文化景观,有清楚特征的景观,持续性景观,文化景观,有机演化景观,残留(或化石)景观。

***Convention*:公约**

参见《保护世界文化和自然遗产公约》。

***Convention concerning the protection of the world cultural and natural heritage*:《保护世界文化和自然遗产公约》**

《保护世界文化和自然遗产公约》是联合国教科文组织在 1972 年 11 月巴黎举行的第 17 次例会中的代表大会上所采纳(联合国教科文组织 1972 年)。到 1997 年 11 月为止已有 152 个成员国签名的公约是世界上最成功的有关自然文化遗产保护的工具。公约是针对因很多国家的贫穷,轻视,或者某些国家的不加考虑的经济发展等行为所造成的对自然和文化遗产的威胁逐渐上升等现象,同时鼓励成员国以国际合作的精神确认,保护,维持和展示自然和文化遗产,以移交给将来各代。

作为世界遗产保存进程的第一步,确认了一批具有突出世界价值的自然和文化遗产,并列入《世界遗产名录》。到 1997 年 11 月,世界遗产委员会列入《世界遗产名录》的资产已达 506 项。公约也成立了旨在为确认和保存世界遗产提供帮助的世界遗产基金。

参见 *Convention concerning the protection of the world cultural and natural heritage*(《保护世界文化和自然遗产公约》)。

***Corrective measures*:修复措施**

修复措施在操作指南的第 22,46,82 和 83 段被提到,但没有明确定义(联合国教科文组织 1997 年 2 月:5,14 和 26)。

第 22 段指出,当某个成员国提名一项满足真实性和完整性的标准和条件,但却受到人类行动威胁的资产时,要求该国提出一个"修复措施的行动计划"。类似的提法在第46和47段也有出现(联合国教科文组织1997年2月:5和15)。

操作指南的第82和83段在关于"《濒危世界遗产名录》的列入步骤"的部分提到:必须开展实施修复措施(联合国教科文组织1997年2月:26)。

***Criteria*:标准**

公约的第Ⅰ章的第1条和第2条提到标准的定义和确立应该成为世界遗产委员会将自然文化遗产列入《世界遗产名录》或《濒危世界遗产名录》的基础(联合国教科文组织1972年)。

与公约的第Ⅰ章相一致,世界遗产委员会已经为将自然文化遗产列入《世界遗产名录》确立了标准。文化遗产标准和相关的真实性鉴定以及对保护和管理机制等方面的要求都被写入操作指南的第24段(联合国教科文组织1997年2月:6~7)。自然遗产标准和相关的完整性条件被写在了操作指南的第44段(联合国教科文组织1997年2月:11~13)。

与公约的第Ⅰ章相一致,世界遗产委员会也已为进入《濒危世界遗产名录》的文化遗产确立了标准。这些标准被写进了操作指南的第78段(联合国教科文组织1997年2月:23~24)。进入《濒危世界遗产名录》的自然遗产标准被写在了操作指南的第79段(联合国教科文组织1997年2月:24~25)。

参见 *Cultural heritage criteria*(文化遗产标准),*Natural heritage criteria*(自然遗产标准),*List of World Heritage in Danger*(《濒危世界遗产名录》),*World Heritage List*(《世界遗产名录》)。

***Criterion*:标准**

是 *criteria* 的单数

参见 *Criteria*(标准)。

***Cultural heritage*:文化遗产**

文化遗产在公约的第Ⅰ章有如下定义:

第Ⅰ章

从公约的角度出发,下列资产应被认为是"文化遗产":

纪念性建筑物:建筑艺术品,由纪念性雕塑和绘画,有考古价值的构成要素,铭文,穴居以及含有多种特征组合的工艺品,这些物品从历史,艺术或科学的角度看具有突出的世界价值。

建筑群:单个或连接的建筑物,从历史,艺术或科学的角度看,它们的建筑结构,协调性或在景观中的位置都具有突出的世界价值。

遗址:人工的或自然人类共同作用的,以及有考古价值的遗址。它们从历史,美学,民族或人类学的角度看,都具有突出的世界价值(联合国教科文组织 1972 年)。

***Cultural heritage criteria*:文化遗产标准**

某项文化遗产如果满足一条或多条文化遗产标准,真实性鉴定,以及满足操作指南第 24 段中所提出的管理保护机制的要求时,就可能被列入世界遗产名录(联合国教科文组织 1997 年 2 月:6~7)。

参见 *Criteria*(标准),*Natural heritage criteria*(自然遗产标准),*Protection and management mechanism*(管理保护机制),*Test of authenticity*(真实性鉴定),*Integrity*(完整性)。

***Cultural landscapes*:文化景观**

世界遗产委员会在 1992 年 12 月的第 16 次例会上通过了 3 类主要的文化景观(联合国教科文组织 1992 年 12 月 14 日:54~55),并将其进入世界遗产名录的有关事项列入操作指南(联合国教科文组织 1997 年 2 月:9~10,第 35 段至第 42 段)。

操作指南的第 36 段到第 38 段提供了有关文化遗产的定义:

36. 公约的第Ⅰ章指出,文化遗产代表的是"自然和人类共同作用下的艺术品"。它们展示的是在自然所提供的限制或机会与来自内部和外部的社会,经济和文化的持续力量等诸多因素的共同影响下,人类社会和聚落随时间的演化特征。它们被选中是因为它们具有的突出的世界价值,对确定地理区域的代表性,以及展示这些区域本质的和独特的文化要素的能力。

37. 短语"文化景观"包括了自然和人类相互作用的极其丰富的内涵。

38. 文化景观通常反映了可持续土地利用的特定技术,在考虑自然环境的特征和局限性的同时,它们建立了一种与自然的特定精神联系。保护文化景观能促进可持续土地利用的现代技术,能保存或改善景观中的自然价值。传统的土地利用方式的继续存在有利于世界上众多区域的生物多样性。因此,对传统文化景观的保护有利于维持生物多样性(联合国教科文组织 1997 年 2 月:9~10)。

操作指南的第 39 段提到文化景观应分成三个主要类别——有清楚特征的景观,有机演化的景观(包括残留或化石景观和连续性景观)以及融合文化景观(联合国教科文组织 1997 年 2 月:10)。

第 40 到 42 段操作指南提供了文化景观在《世界遗产名录》的列入资格

准则(联合国教科文组织 1997 年 2 月:10)。从 1992 年以来,以具有突出世界价值的文化景观为主题而举行了几次区域性和主题性会议(例如,1995 年的 Von Droste et al 1995:附录Ⅱ到附录Ⅵ,以及联合国教科文组织 1996 年 4 月 21 日)。

参见 *Associative cultural landscape*(融合文化景观),*Canal*(运河),*Clearly defined landscape*(有清楚特征的景观),*Continuing landscape*(持续性景观),*Heritage route*(遗产路线),*Organically evolved landscape*(有机演化的景观),*Relict(or fossil)landscape*(残留(或化石)景观)。

***Cultural property*:文化资产**

世界遗产列表中满足至少一项文化遗产标准和真实性鉴定的资产就被称为文化资产。

参见 *Cultural heritage*(文化遗产),*Mixed property*(混合资产),*Natural property*(自然资产),*Property*(资产)。

D

***Data sheets*:数据表**

每项自然资产提名所需的标准数据表是由 IUCN 利用世界保存监控中心(WCMC)的保护区数据署所拥有的信息而制作的。这些数据表是监管自然资产的基础(IUCN1995:3)。

***Deferral*:暂缓的**

参见 *Deferred*(暂缓的)。

***Deferred*:暂缓的**

当委员会及其机构考察《世界遗产名录》的提名资产时,他们将其决定分为:决定列入,决定不列入,退回成员国要求提供进一步信息,以及暂缓考虑(联合国教科文组织 1997 年 2 月:19~21,第 65 段)。

当委员需要等待“证据表明提名国政府已充分致力于”保护该资产时,其进入《世界遗产名录》的资格被暂缓考虑(联合国教科文组织 1997 年 2 月:2,第 6(V)段)。

操作指南的第 32 段建议对“20 世纪新兴城市”的提名应该延缓考察以等待时间检验(联合国教科文组织 1997 年 2 月:9)。

委员会及其机构可能会暂缓对资产进入《世界遗产名录》资格的考察,直到完成“充分详细评价”(联合国教科文组织 1997 年 2 月:20,第 65 段 6 月/7 月(d))。

***Deletion*：删除**

从《世界遗产名录》上删除资产是指下述过程：

当资产不再受到威胁时，可能会从《濒危世界遗产名录》上删去(联合国教科文组织 1997 年 2 月：26~27，第 89 段)。

如果资产已经损害到丧失了那些决定其在《世界遗产名录》上列入资格的特性时，就可能从《世界遗产名录》和《濒危世界遗产名录》上删除掉(联合国教科文组织 1997 年 2 月：26—27，第 89 段)。

操作指南在第 46 段和第 54 段中列出了与资产可能从《世界遗产名录》上删除有关的步骤(联合国教科文组织 1997 年 2 月：13~15)。

参见 *Delisting*(退表)。

***Delisting*：退表**

遗产从《世界遗产名录》上的退表是指与 *deleting*(删除)同样的过程。

操作指南的第 22 段评述说，如果成员国在提名遗产进入世界遗产名录时同意采纳的修复性措施没有在预定的时间内呈递上来时，委员会应该考虑让遗产退表(联合国教科文组织 1997 年 2 月：5)。

参见 *Deleting*(删除)。

***Designed landscape*：设计的景观**

参见 *Clearly defined landscape*(有清楚特征的景观)。

E

***Emblem*：标徽**

参见 *World heritage emblem*(世界遗产标记)。

***Emergency assistance*：紧急援助**

紧急援助是世界遗产基金所提供的国际援助之一。

成员国只有在"《世界遗产名录》上已有的或有列入资格的自然文化遗产由于突然的不可预知现象而遭受到严重灾害"时才能请求紧急援助(联合国教科文组织 1997 年 2 月：27~28，第 92 段)。

紧急援助的请求应该以题为"要求紧急援助"的形式提交给联合国教科文组织世界遗产中心(联合国教科文组织 1996 年)。

参见 *International assistance*(国际援助)，World Heritage fund(世界遗产基金)。

***Evaluation*：评价**

操作指南的第 F 部分确立了"提名的评价和考察准则"(联合国教科文

组织 1997 年 2 月:16 ~ 17)。在第 F 部分开始时,第 57 段指出:

评价成员国所提名的单个地区是否满足标准和真实性/完整性条件,对于文化遗产而言,将由纪念性建筑和遗址的国际委员会(ICOMOS)所执行,对于自然遗产而言,则将由国际保护联盟(IUCN)所执行。在遇到文化遗产的提名属于“文化景观”的类别时,确切地说,评价应该与国际保护联盟(I-UCN)商量(联合国教科文组织 1997 年 2 月:16)。

操作指南的第 57 到第 63 段提供了有关纪念性建筑和遗址的国际委员会(ICOMOS)和国际保护联盟(IUCN)进行技术评价的详细指导(联合国教科文组织 1997 年 2 月:16 ~ 17)。

操作指南的第 H 部分在概括“提名进程的步骤和时间表”时,提到纪念性建筑和遗址的国际委员会(ICOMOS)和国际保护联盟(IUCN)评价准备的时间进程以及世界遗产委员会及其机构对它们的检查(联合国教科文组织 1997 年 2 月:19 ~ 21)。

参见 *Comparative evaluation*(比较评价), *ICOMOS evaluation*(纪念性建筑和遗址的国际委员会评价), *IUCN evaluation*(国际保护联盟评价), *timetable*(时间表)。

F

***Fossil landscape*:化石景观**

参见 *Relict(or fossil) landscape*(残留或化石景观)。

***Fund*:基金**

参见 *World Heritage Fund*(世界遗产基金)。

***Fund for the Protection of the World Cultural and Natural Heritage*:世界自然文化遗产保护基金**

参见 *World Heritage Fund*(世界遗产基金)。

G

***Geological and physiographical formation*:地质和自然地理形成**

地质和自然地理形成是作为自然遗产定义的一部分而在公约的第Ⅰ章的第 2 条提到(联合国教科文组织 1972 年)。

参见 *Natural Heritage*(自然遗产)。

***General Assembly of States Parities to the Convention*:公约成员国代表大会**

公约成员国代表大会在联合国教科文组织的总会中召开,即两年一次。

***Global Strategy for the Implementation of the World Heritage Convention*：实施世界遗产公约的全球战略**

参见 *Global Strategy*(全球战略)。

***Global Strategy*：全球战略**

全球战略是为确保世界遗产名录的代表性和可信性而建立的概念性框架。全球战略在世界遗产委员会1994年的第18次会议上所采纳(联合国教科文组织1994年10月13日)。

全球战略最初是专为文化遗产所设计的。1996年3月,一些专家汇集在法国的Parc National de la Vanoise,肯定了全球战略对自然遗产的应用(联合国教科文组织1996年4月15日)。世界遗产机构和委员会将在其于1996年举行的第20次例会上考虑专家组报告的实质内容。

以具有突出世界价值的文化景观为主题的区域性和专题性会议(例如,1995年的von Droste et al 1995:附录Ⅱ到附录Ⅵ,联合国教科文组织1996年4月21日)以及有关真实性的会议(Larson和Marstein 1994,Larson 1995,和泛美国家有关真实性的专题讨论会,1996年3月)都对全球战略的目标做出重要贡献。

联合国教科文组织(1997年10月1日)充分列出了到1997年底在全球战略的名义下举行的各种会议和活动。

***Groups of Buildings*：建筑群**

建筑群在公约的第Ⅰ章作为文化遗产定义的一部分而被提到(联合国教科文组织1972年)。

参见 *Cultural heritage*(文化遗产)。

***Groups of urban buildings*：城市建筑群**

世界遗产委员会已经采纳了有关将城市建筑群列入《世界遗产名录》的准则(联合国教科文组织1997年2月:7~9,第26~34段)。

操作指南的第27段提到城市建筑群可分为三个主要类别:不再居住但具有永恒的考古学特征的城镇,仍然有居住的历史城镇(居住性的历史城镇),以及20世纪的新城镇(联合国教科文组织1997年2月:7)。

城市建筑群在公约中并没有专门提到。

参见 *Inhabited historic towns*(居住性的历史城镇)。

***Guidelines*：指南**

参见《实施世界遗产公约的操作指南》。

H

***Harmonization*：协调性**

为确保对进入世界遗产名录的资产进行仔细挑选，委员会建议尝试性列表和文化资产在地理文化区域上的协调性（联合国教科文组织 1997 年 2 月：4～27，第 9 到 90 段）。

操作指南并没有在自然遗产及其如何列入尝试性列表这两部分提到协调性。

协调性也没有在公约中提到。

***Heritage route*：遗产路线**

在 1994 年 11 月，一次关于"路线是我们文化遗产的一部分"的会议在西班牙的马德里举行。专家会议如下定义遗产路线：

……由灵活的成分组成，它们的文化重要性来自跨国家和地区的互相交流和多维对话，并表现出沿着路线在时空上运动的相互作用（Von Droste et al 1995 附录Ⅳ）。

参见 *Cultural landscape*（文化景观）。

***Historic towns*：历史城镇**

参见 *Groups of urban buildings*（城市建筑群），*Inhabited historic towns*（居住性的历史城镇）。

I

***ICCROM*：文化资产的保存和修复国际研究中心（又称罗马中心）**

ICCROM 是联合国教科文组织 1956 年创建的。最初人们将其称为罗马中心。1977 年更名为 ICCROM（名字来源于国际保护中心的缩写，同时又考虑到该中心坐落在罗马）。

公约的第 8 条(3)要求必须有罗马中心的代表以顾问资格出席委员会的会议（联合国教科文组织 1972 年）。

ICCROM 是一个提供关于如何保存世界遗产名录遗产的专家意见，以及进行保存技巧培训的政府间团体。ICCROM 是世界遗产信息网络的积极参与者（WHIN）。

参见 *World Heritage Information Network*（世界遗产信息网络）（缩写：WHIN）。

***ICOMOS*：纪念性建筑和遗址的国际委员会**

公约的第8条(3)要求也必须有ICOMOS的代表以顾问资格出席委员会的会议(联合国教科文组织1972年)。

ICOMOS提供对提名《世界遗产名录》的文化遗产的评价。ICOMOS是一个国际性的非政府组织,成立于1965年,在巴黎设立了一个国际事务秘书处。ICOMOS是世界遗产信息网络的主要参与者之一。

参见 *World Heritage Information Network*(世界遗产信息网络)(缩写:WHIN)。

***ICOMOS evaluation*：纪念性建筑和遗址的国际委员会评价**

由ICOMOS(纪念性建筑和遗址的国际委员会)使用的对文化资产提名的评价程序在每年提交给世界遗产机构和委员会的文件中有关“文化资产的评价”部分中加以规定(例如ICOMOS(纪念性建筑和遗址的国际委员会)1996年)。

参见 *Evaluation*(评价)和 *IUCN Evaluation*(国际联盟评价)。

***Identification*：确认**

世界遗产公约并没有专门定义确认。整个公约中的有关提法是:“确认,保护,保存和展示自然和文化遗产,并它们移交给未来各代。”公约的第5条提到可以被成员国所采取的大量“积极有效的措施”来实现此目的(联合国教科文组织1972年)。

操作指南提到对有可能列入《世界遗产名录》资格的遗产进行确认是世界遗产公约的第一步(联合国教科文组织1997年2月:1,15和28,第2,54和94段)。

“遗产确认”是提名表的部分(联合国教科文组织1997年2月:20,第64(1)和联合国教科文组织1997年)。

***Identification number*：确认编号**

确认编号,简写成ID No,是指按顺序给被世界遗产中心所接受的完整的提名表的遗产编号。

ID No

参见 *Identification number*(确认编号)。

***Implementation*：实施**

实施指将公约付诸实践的行动。

***Immovable property*：不可移动资产**

不可移动资产是指那些不能轻易移动的资产。不可移动资产的反面是可移动资产。但是公约没有考虑那些“可能转化为可移动”的不可移动资产的提名(联合国教科文组织 1997 年 2 月:7,第 25 段)。

参见 *Movable property*(可移动资产)。

***Indicative list*:指示表**

指示表有时被用来表示公约第 11 条(1)所提到的资产目录。在操作指南的法语版中,(法语略)是用来指资产目录。尽管这样,操作指南的英文版提到的是尝试性列表,而不是指示表。

参见 *Inventory of property*(资产目录),*Tentative list*(尝试性列表)。

***Information sources*:信息资源**

关于真实性的奈良文件如下定义信息资源:

信息资源:所有能使人们了解文化遗产的特征,实质,内涵和历史的物质的,文字的,口头的或图像的资源(Larson 1995 年:xxv)

信息资源的法语定义也被收录在 Larson(1995:xxxi)。

***Inhabited historic towns*:居住性的历史城镇**

操作指南的第 29 段提供了有关居住性的历史城镇的如下定义:

(i) 作为特定时期或文化的代表,几乎得以全部保存,大部分都没被后来的发展所影响。这里所指的列表资产是连同必须被保护的周围环境在一起的整个城镇;

(ii) 沿着富有特色的轨迹演化的城市,并且保存了作为其持续历史阶段的典型代表的空间结构,有时是在与众不同的自然环境中发展的。此时,特征清楚的历史部分远远比当前环境更为引人注意:

(iii) “历史中心”,其范围正好与古城镇完全一样,但现在被现代城市所包围。必须确定资产在其最大的历史空间中的准确界限,而且也要为其周围环境的发展提供条件。

(iv) 地区,区域或独立单元,即使是在它们现在所处的居住用地状态,也能提供与消失了的历史城市相一致的特征。因此,居住区和建筑物应该能很好显示先前的整体(联合国教科文组织 1997 年 2 月:8)。

参见 *Groups of urban buildings*(城市建筑群)。

***Inscription*:载入**

载入是指将遗产写进《世界遗产名录》的行为。

***Integrity*:完整性**

也称作完整性条件。

完整性的概念也没有在世界遗产公约中直接提到。

操作指南的第 44 段要求提名进入世界遗产名录的自然遗产只有在其满足一个或多个自然遗产标准以及满足完整性条件的前提下才能被考虑(联合国教科文组织 1997 年 2 月:11~13)。这个要求在操作指南的第 45 段中再次提到(联合国教科文组织 1997 年 2 月:13)。

完整性条件可以从操作指南的第 44 段(b)(i)到(iv)概括得到:

44.(b)

(Ⅰ) 在 44(a)(i)中描述的区位应该包括所有或大部分在自然环境中相互关联和相互独立的元素……

(Ⅱ) 在 44(a)(ii)中描述的区位应该有足够的大小,包括了必须的元素来展示那些对生态系统和生物多样性的长期平衡有关键作用的过程……

(Ⅲ) 在 44(a)(iii)中所描述的区位应该有突出的美学价值,而且包括了那些对保持区位的美学价值起着关键作用的地区……

(Ⅳ) 在 44(a)(iv)中所描述的区位应该包括能维持该地理生态区的典型动植物群的多样性及维持所考虑的生态系统栖息地(联合国教科文组织 1997 年 2 月:11~13)。

操作指南的第 57 到 58 段指出提名世界遗产名录的自然遗产应该满足完整性条件,决定这些条件是否被满足应该由国际联盟(IUCN)来决定(联合国教科文组织 1997 年 2 月:16)。并且,在操作指南的第 61(d)段也要求国际联盟(IUCN)在考察和评价提名时,"在其呈递给委员会时,对管理机构推荐的每项资产的完整性和管理提出评论和建议"(联合国教科文组织 1997 年 2 月:16~17)。

操作指南提到对自然遗产的完整性的威胁是将其列入《濒危世界遗产名录》的标准之一(联合国教科文组织 1997 年 2 月:24),第 79 段(Ⅰ)。操作指南的第 80 段也谈到了关于"对自然遗产的完整性的威胁是如何可以被人类行动所纠正"或通过"行政的或法律的行动,诸如取消重要的公共工程项目,或改善立法状态"(联合国教科文组织 1997 年 2 月:25)。

只有一次,完整性的概念才在关于文化遗产的保存时被提到。操作指南的第 24(b)(ii)提到了需要"保存文化区位的完整性"(联合国教科文组织 1997 年 2 月:7)。

将完整性条件应用到自然文化遗产上,"从而为确认和评价世界遗产采取一种通用方法"是 1996 年 3 月"关于提名世界自然遗产的总体评价原则和标准的专家会议"的讨论主题(联合国教科文组织 1996 年 4 月 15 日)。

Intergovernmental Committee for the Protection of the World Cultural and

***Natural Heritage*：世界自然文化遗产保护的政府间委员会**

参见 *World Heritage Committee*（世界遗产委员会）。

***International assistance*：国际援助**

通过国际社会的参与给予集体援助，例如国际援助，是公约所建立的一种基本的保存工具，并且也在公约的序言中提到（联合国教科文组织 1972 年）。

公约包括了与提供国际援助有关的重要细节，参见第 13 条，和第 V 部分"国际援助的条件和安排"，第 19～26 条（联合国教科文组织 1972 年）。公约声明国际援助可能被用于确认自然文化遗产，并为其"获得保护，保存，展示或修复"（联合国教科文组织 1972 年：第 13 章(1)和(2)）。

操作指南的第Ⅳ部分题为："国际援助"，描述了在世界遗产基金下可获得的多种形式的援助（预防性援助，紧急性援助，培训，技术合作和对宣传活动的援助），制定了提出被世界遗产委员会及其机构所考虑的国际援助请求的最后期限，建立了给予国际援助的先后次序，以及接受援助的成员国所必须签订的公约的细节，计划实施情况，和给予国际援助的条件（联合国教科文组织 1997 年 2 月：27～34，第 90 到第 117 段）。

参见 *Emergency assistance*（紧急援助），*Preparatory assistance*（预防性援助），*Promotional activities*（宣传活动），*Technical assistance*（技术援助），*Technical co-operation*（技术合作），*Training*（培训）*World Heritage Fund*（世界遗产基金）*International Centre for the study of the preservation and Restoration of Cultural Property*：文化资产保存和修复的国际研究中心（*Rome centre*：罗马中心）。

参见 *ICCROM*。

International Council of Momuments and Sites（*ICOMOS*）：纪念性建筑和遗址的国际委员会

参见 *ICOMOS*。

International Union for the Conservation of Nature and Natural Resources：自然及自然资源保护的国际联盟（*IUCN*）（现在是 *World Conservation Union*：世界保存联盟）

参见 *IUCN*。

International protection：**国际保护**

公约的第Ⅶ章提供了国际保护的有关定义：

从公约的角度出发，世界自然文化遗产的国际保护应该被理解为建立国际合作和援助系统，从而支持成员国努力保存和确认遗产（联合国教科文组织 1972 年)。

参见 *National protection*(国家保护)。

***Inventory of property*:遗产目录**

公约的第 11 条(1)规定成员国必须准备一份遗产目录呈递给世界遗产委员会。

第 11 条

1. 公约的每个成员国都应该或尽可能呈递给世界遗产委员会一份其领地内适合进入世界遗产名录的自然文化遗产的遗产目录。该目录应该包括关于遗产区位及其重要性的文献描述(联合国教科文组织 1972 年)。

本目录在操作指南中称为尝试性列表。

参见 *Tentative list*(尝试性列表),*Indicative list*(指示表)。

***IUCN*(*International Union for the Conservation of Nature and Natural Resources*:自然及自然资源保护的国际联盟)——*The World Conservation Union*:世界保存联盟**

成立于 1948 年,IUCN——世界保存联盟将国家,政府机关,和大量的非政府组织通过世界范围内的合作关系团结起来。IUCN 是一个国际间的非政府组织,有来自 125 个国家的 800 多个成员。IUCN 谋求确保完整性和自然多样性得以保存,以及自然资源的任何使用方式都是平衡的和生态可持续的。

公约的第Ⅷ章(3)要求必须有 IUCN 的代表以顾问资格出席委员会的会议(联合国教科文组织 1972 年)。

IUCN 对世界遗产委员会在选择自然资源进入世界遗产名录时提供建议,并通过其遍布全世界的专家网络,对表上所列资产的保存状态提出反馈报告。

参见 *IUCN evaluation*(世界保护联盟评价)。

***IUCN evaluation*:世界自然及自然资源保护联盟评价**

IUCN 对自然资产提名所采纳的评价步骤在每年提交给世界遗产机构和委员会的文件中"自然遗产评价"部分中加以规定(例如 IUCN 1995 年)。对自然遗产进入世界遗产名录的"技术评论"由 IUCN 的自然遗产计划机构(NHP)和 IUCN 的世界保护区委员会(WCPA 即先前的 CNPPA)共同进行。IUCN 在呈交其关于自然遗产提名的评述时采用标准格式。IUCN 所提供的文献应该包括三部分:包括完整信息的最初提名概要,评价建议,以及数据表(IUCN1995:3)。

参见 *Evaluation*（评价），*ICOMOS evaluation*（纪念性建筑和遗址的国际委员会评价）。

***Itineraries*：路线**

参见 *Heritage route*（遗产路线）。

J

***Joint nomination*：联合提名**

操作指南的第 16 到 20 段提到当遗产或系列遗产跨越成员国的国界时，需要两国进行联合提名（联合国教科文组织 1997 年 2 月：5）。

联合提名的实例包括：

阿根廷和巴西　Gurarani s 耶稣传教地

Belarus 和波兰　Bialowieza 森林

加拿大和美国　Tatshenshini-Alsek/Kluane 国家公园/Wrangell-st. Elias 国家公园保留地及冰山海峡国家公园

加拿大和美国　Waterton 冰山国家和平公园

几内亚比和可特达祖尔　Nimba Strict 山自然保护地

匈牙利和斯洛伐克共和国　Aggtelek 洞穴和斯洛伐克

联合提名的完整表被包括在世界遗产名录中，每年出版（参见联合国教科文组织：纪念性建筑和遗址的国际委员会文献中心，1996 年 1 月）。

***Justification*：确认**

操作指南的第 G 部分题为"提名格式和内容"，提供了成员国如何在"列入资格证明"的标题下证明其遗产的列入资格（联合国教科文组织 1997 年 2 月：17，第 64 段（2））。

提名表包括了文化和自然遗产提名时各自的特殊要求。

提名进入世界遗产名录的遗产应该被很好证明符合自然或文化遗产标准，而且应该有"非常有说服力的形式"（联合国教科文组织 1997 年 2 月：4，第 10 段）。

L

***List*：表**

参见 List of World Heritage in Danger《濒危世界遗产名录》，World Heritage List《世界遗产名录》。

***List of World Heritage in Danger*：濒危世界遗产名录**

《濒危世界遗产名录》在公约的第 11 条 4.得到明确定义：

4. ……是在《世界遗产名录》上出现的需要采取重大行动和给予所要求的援助来保护的遗产名录。该表应该包括对这类行动的估价。该表可能只包括了受到严重和特定威胁的部分自然文化遗产，如环境急剧恶化，大规模的公私项目或快速城市化，旅游开发等所导致的可能使其消失的威胁：由于土地使用者和所有者变更所导致的退化：原因未知的重要改变；各种原因引起的抛弃；武装冲突的爆发和威胁；重大灾害；严重的火灾，地震，滑坡；火山爆发；水平面变化，洪水，海潮。委员会将在任何紧急时刻，制定新的《濒危世界遗产名录》，并且立即公布这些遗产名称(联合国教科文组织 1972 年)。

操作指南的第 6 段(vi)指出：

(vi)如果遗产已经损害到丧失了那些决定其在《世界遗产名录》上列入资格的特性时，它就应该被列入《濒危世界遗产名录》上，随后可能就是从该名录上被删除(联合国教科文组织 1997 年 2 月：3)。

到 1997 年 11 月，有 22 项遗产被列在《濒危世界遗产名录》上。

参见 *Deletion*(删除)，*Delisting*(退表)。

M

***Management*：管理**

操作指南的第 63 段明确指出足以列入《世界遗产名录》的遗产特征和价值应该反映在其将来的管理中(联合国教科文组织 1997 年 2 月：17)。

***Management Plan*：管理计划**

公约成员国被鼓励为每项提名进入《世界遗产名录》的自然文化遗产准备管理计划(联合国教科文组织 1997 年 2 月：5，第 21 段)。这种要求也反映在自然遗产的完整性条件上(联合国教科文组织 1997 年 2 月：11～13，第 44 段(b)(v)和(vi))，以及与文化遗产保护和管理机制有关的要求(联合国教科文组织 1997 年 2 月：12，第 24 段(b)(ii))。

***Mixed property*：混合遗产**

到 1997 年 11 月，已有 19 项遗产因为它们自然和文化遗产的双重特性而被列入《世界遗产名录》(参见联合国教科文组织：纪念性建筑和遗址的国际委员会文献中心，1996 年)。尽管这些类别通常被称作混合遗产，但是，操作指南并没有使用或定义这个词语。相反，操作指南的确指出“成员国应该尽可能的致力于发现那些由于与众不同的自然文化特征组合而产生的突出的世界价值”(联合国教科文组织 1997 年 2 月:5,第 18 段)。

***Mixed site*:混合遗址**

参见 *Mixed property*(混合遗产)。

***Monitoring*:监管**

世界遗产委员会的基本职能之一就是监管列入世界遗产名录的遗产保存状态。操作指南的第Ⅱ部分也描述了系统监管和报告以及反馈性监管(联合国教科文组织 1997 年 2 月:22)。

操作指南的第 69 到 70 段描述了系统监管和报告的过程,第 75 段描述了反馈性监管(联合国教科文组织 1997 年 2 月:22 - 23)。

参见 *Reactive monitoring*(反馈性监管),*Systematic monitoring*(系统监管)和 *reporting*(报告)。

***Monuments*:纪念性建筑**

纪念性建筑在公约的第Ⅰ章作为文化遗产定义的一部分被提到(联合国教科文组织 1972 年)

参见 *Cultural Heritage*(文化遗产)。

***Movable property*:可移动资产**

可移动资产是指那些能比较容易地从一个地方移到另一个地方的资产。正如操作指南所解释的,世界遗产委员会不考虑可移动资产进入世界遗产名录的提名(联合国教科文组织 1997 年 2 月:7,第 25 段)。

参见 *Immovable property*(不可移动资产)。

N

***Nara Conference on Authenticity in Relation to the World Heritage Convention*:与世界遗产公约有关的奈良真实性会议**

参见 *Authenticity*(真实性)。

***Nara Document on Authenticity*:有关真实性的奈良文件**

参见 *Authenticity*(真实性)。

***National protection*:国家保护**

公约中谈到国家领土范围内的“确认,保护,保存,展示自然文化遗产,并移交给未来各代”,即为国家保护。国家保护明显不同于国际保护(联合国教科文组织 1972 年:第 4 至 6 条)。国家自然文化遗产保护是世界遗产保存的重要组成部分。

参见 *International protection*(国际保护)。

***Natural*：自然的**

参见 *Natural area*(自然区域)。

***Natural area*：自然区域**

1996年3月22～24日,法国的Parc National de la Vanoise召开了“世界自然遗产遗址提名的一般性原则和标准评价的专家会议”(联合国教科文组织1996年4月15日)。会上对自然区域提出如下定义:

自然区域是一个生物物理过程和地形特征相对保持原状的区域,该区域的主要管理目标是确保被保护的自然价值。“自然”是一个相对的概念。人们认识到没有什么区域是完全的处女地,所有的自然区都处在动态变化中。该区经常有人类活动,但只有可持续的活动才能保持本地区完整的自然价值(联合国教科文组织1996年4月15:3)。

***Natural features*：自然特征**

自然特征在公约第2条作为自然遗产定义的一部分被提到(联合国教科文组织1972)。

参见 *Natural heritage*(自然遗产)。

***Natural heritage*：自然遗产**

自然遗产在公约的第2条有如下定义:

第2条

从公约的角度看,下列事物可被认为“自然遗产”;

由生物物理形成过程或成组的此类形成过程所构成的自然特征,这些特征从美学的或科学的角度看具有突出的世界价值;

地质和自然地理过程以及边界明确的区域,它们是从科学或保存的角度看是具有突出世界价值的濒危动植物群的生长地;

从科学,保存或自然美的角度看具有突出世界价值的自然遗址以及准确划定的自然区域(联合国教科文组织1972年)。

***Natural heritage criteria*：自然遗产标准**

自然遗产只有在其满足操作指南第44段提出的至少一项自然遗产标准以及完整性条件的前提下,才可能被列入《世界遗产名录》(联合国教科文组织1997年2月:11～13)。

参见 *Conditions of Integrity*(完整性条件),*Criteria*(标准),*Cultural heritage criteria*(文化遗产标准)。

***Natural propery*：自然资产**

世界遗产名录上的资产在至少满足一项自然遗产标准和完整性条件下

才能被称作自然资产。

***Natural sites*：自然遗址**

自然遗址作为自然遗产定义的一部分在公约的第Ⅱ章提到(联合国教科文组织 1972)。

参见 *Natural heritage*(自然遗产)。

***Nomination*：提名**

一个或多个成员国谋求将某项资产列入《世界遗产名录》的过程称作提名。

资产进入《世界遗产名录》的提名必须被世界遗产公约的成员国所完成。所提名资产必须位于该国的领土范围内。

关于提名准备的实质性指导在操作指南中以提名表的形式提供(联合国教科文组织 1997 年 2 月:3~5,17~19,第 7~22 段以及第 64 段)(联合国教科文组织 1997 年)。

参见 *Nomination form*(提名表)。

***Nomination form*：提名表**

由成员国在提名遗产进入《世界遗产名录》是所实际使用的表格被称作提名表(联合国教科文组织 1997)。

提名表的空白复印件(联合国教科文组织 1997 年)可由世界遗产中心得到。提名表也可通过 INTERNET 网按如下地址获得：www.unesco.org/whc/archive/nominfrm.pdf。

当提名遗产进入世界遗产名录时,成员国必须提交 3 份完整的提名表给联合国教科文组织在本国的委员会,或让其长驻代表将提名表呈递给联合国教科文组织世界遗产中心(联合国教科文组织 1997 年)。

O

***Operational Guidelines*：操作指南**

参见 *Operational Guidelines for the Implementation of the World Heritage Convention*(实施世界遗产公约操作指南)。

***Operational Guidelines for the Implementation of the World Heritage Convention*：实施世界遗产公约操作指南**

《实施世界遗产公约操作指南》通常简称为《操作指南》或《指南》,由世界遗产委员会所制定,其目的在于告知成员国有关世界遗产委员会确定《世界遗产名录》,《濒危世界遗产名录》和给予世界遗产基金所提供的国际援助等各项工作的指导原则(参见联合国教科文组织 1997 年 2 月:1~2,第 4 段)。操作指南提供了有关世界遗产名录提名的格式和内容,并且还规定了呈交和评价提名的时间表。操作指南也包含了有关其他问题的细节说明,主要是与公约实施有关的程序性叙述。最重要的是,操作指南提出了“文化遗产列入《世界遗产名录》的原则”以及“自然遗产列入《世界遗产名录》的原则”。

操作指南的制定是本着世界遗产委员会能客观和科学的进行决策的目的。

操作指南的第一版由世界遗产委员会在1977年采用。从那以后,操作指南不断调整和扩充以反映委员会的决定。到1997年11月为止世界遗产委员会已制定了10版操作指南。

***Organically evolved landscape*:有机演化的景观**

有机演化的景观是被世界遗产委员会在其1992年12月的第16次例会中所采纳的三种主要的文化景观类别之一(联合国教科文组织1992年12月14日:54~55),并且被包括在操作指南当中(联合国教科文组织1997年2月:10,第39段)。

操作指南的第39段(iii)以如下方式提到有机演化景观:

39.第二类是有机演化的景观。它们来自原始的社会,经济,行政,和宗教的威慑力,并在与自然相互适应中发展成为其现在的形式。这类景观以其形式和组成特征反映出进化的过程。它们又可区分为两类。

——残留(或化石)景观反映的是进化过程在过去某个时刻突然地或持续一段时间后终止。但是其最显著的特征仍通过可见的物质形式表现出来。

——连续性景观反映的是在现代社会中仍保留的传统生活方式所起的积极的社会作用,但进化过程仍在继续。同时它也呈现出进化的显著的物质特征(联合国教科文组织1997年2月:10)。

于1996年4月在奥地利维也纳举行的有关具有突出世界价值的欧洲文化景观的专家会议上,讨论了有可能进入欧洲世界遗产的有机演化景观(联合国教科文组织1996年4月21日)。

参见 *Associative cultural landscape*(融合文化景观), *Clearly defined landscape*(有清楚特征的景观), *Continuing landscape*(持续性景观), *Cultural landscape*(文化景观) *Relict(or fossil) landscape*(残留或化石景观)。

***Organization of World Heritage Cities*:世界遗产城市组织(OWHC)**

世界遗产城市组织(OWHC)建立于1993年,旨在世界遗产各城市之间建立一种团结合作的关系,尤其是与公约的实施有关。OWHC促进了知识,管理技术以及纪念性建筑物和遗址保护的资金来源等方面的交流。OWHC是基于如下思想:即人口密集城市中的遗产区位受到与众不同的压力。因此可能需要一种更灵活的管理机制。到目前为止,全世界有100多个世界遗产城市。

***Outstanding universal value*:突出的世界价值**

突出的世界价值在公约和操作指南中多处提到,但没有明确定义。部分自然文化遗产“因为其非凡特性,可被认为是具有突出的世界价值,因此值得特殊保护,以防止日益增加的威胁”(联合国教科文组织1997年2月:1,第1段)。

突出的世界价值有时被简单称为世界遗产价值。

1996年3月22~24日,法国的Parc National de la Vanoise召开了“世界自然遗产区位提名的一般性原则和标准评价的专家会议”。

专家们回顾了关于“突出的世界价值”的几种不同的解释,而它又是建立有选择的世界遗产名录的关键。在很多情况下,该词又可被解释为“最好的一种”。专家们强调突出的世界价值的概念已经随时间而建立起来,可以被解释为兼具独特性和代表性的双重概念(联合国教科文组织1996年4月15日:1)。

***OWHC*:世界遗产城市组织**

参见 *Organization of World Heritage Cities*(世界遗产城市组织)。

P

***Precisely delineated (natural) areas*:准确划定的(自然)区域**

准确划定的(自然)区域在公约的第2条作为自然遗产定义的一部分而被提到(联合国教科文组织1972年)。

参见 *Natural heritage*(自然遗产)。

***Preparatory assistance*:预防性援助**

预防性援助是成员国可以从世界遗产基金中获得的国际援助之一,操作指南的第90和91段概括了预防性援助可能赞助的活动类别。预防性援助可提供的上限是15000美元(联合国教科文组织1997年2月:27)。

请求预防性援助的申请表(联合国教科文组织1996c)可从世界遗产中心所获得。也可在INTERNET网上按如下地址查到:www.unesco.org/whc/archive/prepasse.pdf

参见 *International assistance*(国际援助)。

***Presentation*:展示**

世界遗产公约没有专门定义展示。整个公约中相关的提法是“确认,保护,保存,展示自然文化遗产,并移交给将来各代”。公约的第5条提到在实现是目的的过程中成员国可能采取的大量“有效和积极的措施”(联合国教科文组织 1972)。

尽管展示也在操作指南中被频繁提到,但也没有定义。

***Preservation*：维护**

世界遗产公约和操作指南没有专门定义维护。

维护经常在操作指南中和保存,保卫,保护交互使用。

参见 *Conservation*(保存),*Protection*(保护),*Safeguarding*(保卫)。

***Promotional activities*：宣传活动**

与世界遗产保护有关的宣传活动包括组织各种会议以激发人们对公约更大的兴趣和关注,以及与公约实施有关的经验交流和信息材料的准备。有选择性的国际援助,最大数额为 5000 美元,可以以宣传活动的名义从世界遗产基金处获得(联合国教科文组织 1997 年 2 月:31 ~ 32,第 107 段)。

公约的第 27 条提到应该将教育和宣传计划作为一种“加强人们对自然文化遗产的欣赏和尊敬”的手段(联合国教科文组织 1972 年)。

参见 *International assistance*(国际援助),*Young People's Participation in World Heritage Preservation and Promotion*(青年人参与世界遗产保护和宣传)。

***Property*：资产**

世界遗产公约将资产作为自然文化遗产的组成部分。资产经常在操作指南中和遗址交互使用(联合国教科文组织 1997 年 2 月)。

参见 *Sites*(遗址),*Cultural heritage*(文化遗产),*Natural heritage*(自然遗产)。

***Protection*：保护**

世界遗产公约没有专门定义保护。整个公约中相关的提法是“确认,保护,保存,展示自然文化遗产。并移交给将来各代”。公约的第 5 条提到在实现该目的的过程中成员国可能采取的大量“有效和积极的措施”(联合国教科文组织 1972 年)。

尽管保护也在操作指南中被频繁提到,但也没有定义。

保护经常在操作指南中和保存、保卫交互使用。

参见 *Conservation*(保存),*International protection*(国际保护),*National protection*(国家保护),*Preservation*(维护),*Safeguarding*(保卫)。

R

***Reactive monitoring*：反馈性监管**

反馈性监管是世界遗产公约的基本职能之一,是监督《世界遗产名录》

上遗产的保存状态。操作指南描述了系统的监管,报告以及反馈性监管。

75. 反馈性监管是世界遗产中心,联合国教科文组织的其他部门以及顾问团体就受到威胁的特定的世界遗产的保存状态向保护委员会和机构不断报告的过程。为此目的,成员国在每次有异常现象发生或采取了某种影响所保存遗址的状态的时候,都应该通过世界遗产中心向委员会呈交专门的报告和研究。反馈性监管对于将某项遗产从世界遗产名录中删除具有预见性作用。它也对于已经列在或将要列在《濒危世界遗产名录》上的遗产具有预见性作用(联合国教科文组织 1997 年 2 月:23)。

参见 *Monitoring*(监管), *State of conservation*(保存状态), *Systematic monitoring*(系统监管)和 *reporting*(报告)。

***Referral*:返回的**

当委员会对管理机构决定推荐的提名进行考察时,该提名可能被返回给提名国以要求更为详细的信息和资料(联合国教科文组织 1997 年 2 月:20,第 65 段 6 月/7 月)。

***Rehabilitation*:修复**

世界遗产公约没有专门定义修复。公约提到"确认,保护,保存,展示和修复"自然文化遗产。公约的第 5 条提到在实现此目的中成员国可能采取的大量"积极有效的措施"(联合国教科文组织 1972 年)。

修复在操作指南中也没有定义。

***Relict (or fossil) landscape*:残留(或化石)景观**

连续性景观和残留(或化石)景观是有机演化景观的两个子类,而有机演化景观又是世界遗产委员会在其 1992 年 12 月的第 16 此例会上所采纳的文化景观的三个主要类别之一(联合国教科文组织 1992 年 12 月 14 号:54 ~ 55)。操作指南的第 39 段(ii)以如下方式提到残留(或化石)景观:

反映的是进化过程在过去某个时刻突然地或持续一段时间后终止。但是其最显著的特征仍通过可见的物质形式表现出来(联合国教科文组织 1997 年 2 月:10)。

于 1996 年 4 月在奥地利维也纳举行的有关具有突出世界价值的欧洲文化景观的专家会议上,讨论了有可能成为欧洲世界遗产的残留(或化石)景观(联合国教科文组织 1996 年 4 月 21 日)。

参见 *Associative cultural landscape*(融合文化景观), *Clearly defined landscape*(有清楚特征的景观), *Continuing landscape*(持续性景观), *Cultural landscape*(文化景观) *Organically evolved landscape*(有机演化景观)。

***Renomination*:再提名**

再提名并没有在公约或操作指南中专门提到。

再提名是指成员国对一项已经在《世界遗产名录》上的资产进行新的提名。再提名可能用于变更或扩展边界线,或者对以前列入《世界遗产名录》的资产价值和标准进行新的评价。

***Reporting*:报告**

参见 *Monitoring*(监管),*Reacting monitoring*(反馈性监管),*Systematic monitoring*(系统监管)和 *Reporting*(报告)。

***Rome Centre*:罗马中心**

参见 *ICCROM*(文化资产保存和修复的国际研究中心)。

***Routes*:路线**

参见 *Heritage route*(遗产路线)。

***Rule of Procedure*:进展程序规定**

为了与公约的第 10 条(1)保持一致,世界遗产委员会在其第 1 次会议上采纳了进展程序规定,并且在其第 2、3 次会议上对其进行了修订(联合国教科文组织)。进展程序规定为世界遗产机构和委员会在其所召开会议上的行为提供参考。

S

***Safeguarding*:保卫**

保卫经常在公约和操作指南中和保存,维持和保护交互使用。

参见 *Conservation*(保存),*Preservation*(维持),*Protection*(保护)。

***Secretariat*:秘书处**

公约的第 14 章提到世界遗产委员会"应该被一个由联合国教科文组织的常任理事指定的秘书处协助工作"。从 1992 年以来,位于联合国教科文组织总部所在地巴黎的世界遗产中心就行使世界遗产委员会及其机构的秘书处职责。秘书处对日常事务和公约的技术性管理负责。世界遗产中心为委员会及其机构准备资料,并对其决定的实施负责。

***Series*:系列**

位于不同地理区位的系列自然文化遗产可能被一次性单独提名列入世界遗产名录,如果它们有如下相关关系:

(i) 属于同一历史—文化类型。

(ii) 具有同一类型地带特征的遗产。

(iii) 同样的地貌形态,地理生物区,或同样的生态系统类型。

而且,必须是整个系列,而不是其中的某一单个成分具有突出的世界价值(联合国教科文组织 1997 年 2 月:5,第 19 段)。

操作指南更进一步指出:

当系列自然文化资产……由坐落在不只一个成员国领土内的遗产组成,希望有关成员国能联合进行一个提名(联合国教科文组织 1997 年 2 月:5)。

参见 *Serial property*(系列遗产)。

***Serial nomination*:系列提名**

参见 *Serial property*(系列遗产),*Series*(系列)。

***Serial property*:系列遗产**

系列遗产是指与操作指南第 19 和 20 段相一致,作为一个系列提名或列入《世界遗产名录》的资产(联合国教科文组织 1997 年 2 月:5)。

参见 *Series*(系列)。

***Serial site*:系列遗址**

参见 *Serial property*(系列遗产),*Series*(系列)。

***Sites*:遗址**

遗址作为文化遗产定义的一部分在公约的第Ⅰ章中提到(联合国教科文组织 1972 年)。除了这种特定用途,该词在公约中没有别的含义。

遗址经常和资产在操作指南中交互使用(联合国教科文组织 1997 年 2 月)。

参见 *Cultural heritage*(文化遗产),*Property*(遗产)。

***Spirit of the Convention*:公约精神**

公约精神是指公约作为国际遗产保护工具的特定本质,如依靠国际性保护,具有突出的世界价值的概念,以及在单个保护工具中的自然文化遗产保存。

参见 *Convention*(公约)。

***State of conservation*:保存状态**

对《世界遗产名录》和《濒危世界遗产名录》上的遗产保存状态的报告要由世界遗产委员会及其机构进行考察。保存状态的报告由作为世界遗产报告和监管系统的组成部分之一的顾问团体 ICOMOS(纪念性建筑和遗址的国际委员会)和 IUCN(自然及自然资源保护的国际联盟),以及世界遗产中心,成员国所提交。

参见 *Monitoring*（监管），*Reactive monitoring*（反馈性监管），*Systematic monitoring and reporting*（系统监管和报告）。

***States Parties*：成员国**

成员国是联合国教科文组织中那些参与起草，接受或服从世界遗产公约的国家。到1997年11月，已有152个成员国参加进来（联合国教科文组织1997年10月28日）。

***Systematic monitoring and reporting*：系统监管和报告**

世界遗产公约的基本职能之一是监管世界遗产名录上资产的保存状态。操作指南描绘了系统监管，报告和反馈性监管。

69. 系统监管和报告是对世界遗产的保存状态进行定期观察和报告的持续性过程（联合国教科文组织1997年2月:22，第69段）。

关于系统监管和报告的目标，过程和重要性的指导原则被包括在操作指南的第69到74段中（联合国教科文组织1997年2月:22）。

参见 *Monitoring*（监管），*Reactive monitoring*（反馈性监管），*State of conservation*（保存状态）。

T

***Technical evaluation*：技术性评价**

参见 *Evaluation*（评价），*ICOMOS evaluation*（纪念性建筑和遗址的国际委员会评价），*IUCN evaluation*（国际保护联盟评价）。

***Technical co - orperation*：技术合作**

公约的第22条确立了为成员国在保存《世界遗产名录》的遗产方面进行技术合作提供援助。技术合作是可能从世界遗产基金处获得的国际援助之一。成员国可针对在操作指南（联合国教科文组织1997年2月:29～31，第99～106段）中列出的大量特定目的而请求技术合作，但必须使用标题为“请求技术合作”的表格（联合国教科文组织1996a）。该表格也可在INTERNET网上通过如下地址获得：www.unesco.org/whc/archive/techcoop.pdf

参见 *International assistance*（国际援助）。

***Tentative list*：尝试性列表**

公约的第11条要求成员国准备遗产目录（联合国教科文组织1972年）。操作指南将这些遗产目录称为尝试性列表。

操作指南的第7，第8段给成员国提供了关于尝试性列表的更为详细的定义。

7. 委员会要求每个成员国提交一份计划在未来5到10年内提名进入世界遗产名录的遗产的尝试性列表。这种尝试性列表将成为成员国领土范围内考虑进入《世界遗产名录》的自然文化遗产清单(公约的第11条)。这些尝试性列表的目的是使委员会能在尽可能宽的范围内评价每个提名遗产的“突出的世界价值”。委员会希望那些尚未提交尝试性列表的成员国尽可能早地完成这项工作。成员国被告知:除非有关文化遗产的尝试性列表被提交,否则在委员会的早期决定中,是不考虑其文化遗产的提名的。

8. 为了促使工作的顺利展开,委员会请求成员国以具有如下标题的标准格式提交尝试性列表(参见附录1):

·遗产名称

·遗产的地理区位

·遗产简要描述

·与下面第24和25段所规定的标准,完整性和真实性条件相一致的遗产具有“突出世界价值”的证明,尤其要考虑国内外的类似资产。

自然遗产可按照生态地理区分组,文化遗产可按照文化时期或地区分组。如果可能的话,遗产的排列顺序应该能反映出被列入考虑的顺序(联合国教科文组织1997年2月:3~4)。

如上所言,“尝试性列表的样本”被包括在操作指南的附录1中(联合国教科文组织1997年2月)。

参见 *Inventory of property*(遗产名录)。

***Test of authenticity*:真实性鉴定**

参见 *Authenticity*(真实性)。

***Thematic Studies*:专题研究**

自然和文化遗产的专题和区域研究是全球战略的重要组成。这些研究使评价提名进入《世界遗产名录》的资产的突出世界价值具有可比性基础。

在最近几年内已经举行了大量的以具有突出世界价值的文化景观为主题的区域性和专题性会议(例如,Von Droste et al 1995,Von Droste et al 1995:附录ii到vi,联合国教科文组织1996年4月21日)。

参见 *Global Strategy*(全球战略)。

***Timetable*:时间表**

处理提名的程序和时间表(包括接受的最后期限,对提名的考察和评价)在操作指南的第65至第67段中提到(联合国教科文组织1997年2月:19~21)。

***Towns*:城镇**

参见 *Groups of buildings*(城市建筑群),*Inhabited historic towns*(居住性历史城镇)。

***Training*:培训**

世界遗产公约的第22(c)条和第23条提出通过培训在与公约实施有关的自然文化遗产保护方面的专家和技术人员的方式提供国际援助(联合国教科文组织1972)。对成组进行的地方或区域一级的培训给予优先考虑。成员国可提出在操作指南(联合国教科文组织1997年2月:28~29)的第94到98段所描述的国际培训援助请求,但必须采用标题为"对组织国际培训活动的请求"的申请表(联合国教科文组织1996b)。

于1995年12月在德国柏林举行的第19次会议上,通过了一项培训战略,委员会做出如下解释:

培训是一个意义广泛的词,它包括教育,训练和宣传(联合国教科文组织1996年1月1日:55~56)。

参见 *International assistance*(国际援助)。

***Training Strategy*:培训战略**

参见 *Training*(培训)。

***Transmission*:移交**

世界遗产公约和操作指南并没有专门定义移交。整个公约中的相关提法是"确认,保护,保存,展示自然文化遗产,并移交给未来各代"。公约的第5条提到在实现此目的中成员国可能采取的大量"积极有效的措施"(联合国教科文组织1972年)。

U

***UNESCO*:联合国教科文组织**

参见 *United Nations Educational, Scientific and Cultural Organization*。

***United Nations Educational, Scientific and Cultural Organization*:联合国教科文组织**

联合国教科文组织宪章于1945年11月16日在伦敦签署,并在经过第20次修改之后于1946年11月4日正式生效。宪章规定联合国教科文组织有如下宗旨:

通过促进成员国在教育,科学和文化方面的合作来推动世界的和平和安全,从而加强对联合国宪章所规定的正义,法律,以及对不分种族,性别,语言,宗教的全人类应该拥有的人权和基本自由的广泛尊重(联合国教科文组织 1945)。

公约的第 14 条指出世界遗产委员会“应该由一个经过联合国教科文组织总干事任命的秘书处所协助工作”。从 1992 年开始,联合国教科文组织世界遗产中心就担任此项工作(联合国教科文组织 1972)。

***UNESCO World Heritage Centre*:联合国教科文组织世界遗产中心**

参见 *Secretariat*(秘书处)。

W

***WCMC*(*World Conservation Monitoring Centre*):世界保护监管中心**

世界保护监管中心是由 IUCN(世界保存联盟),WWF(世界自然基金)UNEP(联合国环境计划署)所建立的独立的慈善机构。世界保存监管中心提供有关全球保护的信息服务。世界保护监管中心的目的是提供有关种族和生态系统保护的最新资料,同时也促进这些信息在制定明智的保护计划方面的应用。世界保护监管中心提供研究,信息和技术服务以便使那些将会影响生物资源的保存和可持续利用的决定能建立在可获得的最好的信息基础上。世界保护监管中心给世界保存联盟和联合国教科文组织提供信息支持,从而协助它们实施世界遗产公约。

***WCPA*(*World Commission on Protected Areas*):世界保护区委员会**

世界保护区委员会(前身是国家公园和保护区委员会)是世界保存联盟的 6 个自愿组成的委员会之一。世界保护区委员会是全世界范围内由保护区管理者和专家组成的最大网络。世界保护区委员会的使命是促进建立和有效管理世界范围内的陆地海洋保护区系统。

参见 *IUCN*, *IUCN evaluation*。

***World Conservation Monitoring Centre*:世界保护监管中心(*WCMC*)**

参见 *WCMC*。

***World Conservation Union*(*IUCN*):(世界保护联盟)**

参见 *IUCN*(自然保护国际联盟)。

***World Heritage*:世界遗产**

世界遗产在世界遗产公约的序言中得到最好的定义:

具有突出世界价值的自然文化遗产,需要作为整个人类遗产的一部分加以保护(联合国教科文组织 1972:序言)。

操作指南的第一段将世界遗产(自然文化遗产)称作:

不可替代的无价之宝,不仅是某个国家,而且是整个人类所拥有的。这类珍贵资产因恶化或消失所造成的损失就是对整个人类遗产的剥夺。由于其非凡特性,部分遗产可认为具有突出的世界价值,因而值得对其进行特殊保护,以避免不断增加的危险(联合国教科文组织 1997 年 2 月:1)。

参见 *World Heritage List*(世界遗产名录)。

***World Heritage Bureau*:世界遗产管理机构**

在世界遗产委员会的 21 个成员国中,7 个又是世界遗产管理机构的成员。世界遗产管理机构每两年开一次会,一次在 6、7 月,一次正好在委员会的例会召开前,以为世界遗产委员会的工作做准备(联合国教科文组织 1997 年 2 月:48,第 132 段)。

参见 *World Heritage Committee*(世界遗产委员会)。

***World Heritage Centre*:世界遗产中心**

参见 *Secretariat*(秘书处)。

***World Heritage Committee*:世界遗产委员会**

按照公约的第 8 条(1)(联合国教科文组织 1972),世界遗产公约的 21 个成员国组成世界遗产委员会。作为政府间组织,世界遗产委员会每年召开一次会议。

操作指南的第 3 段描述了世界遗产委员会的 4 个基本职能:

(i) 在成员国提名的基础上确认需要列入《世界遗产名录》,并受公约保护的具有突出世界价值的自然文化遗产。

(ii) 监管《世界遗产名录》上的遗产保存状态。

(iii) 决定将那些需要紧急保护的《世界遗产名录》上的资产列入《濒危世界遗产名录》(只有那些要求采取重大保护行动,并且其援助请求可能得到考虑的遗产)。

(iv) 决定以何种方式和在何种条件下,世界遗产基金能最有效地用于支援成员国保护其具有突出世界价值的遗产(联合国教科文组织 1997 年 2 月:1)。

***World Heritage Convention*:世界遗产公约**

参见 *Convention concerning the protection of the world cultural and natural heritage*(自然文化遗产保护公约)。

***World Heritage Education*(*WHE*):世界遗产教育**

参见 *World Heritage Youth Forum/Fora*(世界遗产青年论坛),*Young People's Participation in World Heritage Preservation and Promotion*(青年人对世界遗

产保护和宣传的参与)。

***World Heritage emblem*:世界遗产标徽**

世界遗产标徽是 Michel Olyff(迈可尔·奥里拂)所设计并由委员会在1978年的第2次会议上采纳。本词典的首页即印着该标徽,它象征着自然文化遗产的相互依赖:中心的方形代表人类创造,圆代表自然,两者紧密相连。像地球一样,标徽是圆的,但同时圆形又象征保护。

在1994年12月的第18次会议上,世界遗产委员会通过了世界遗产标徽的附属文字。标徽和文字的用途在操作指南的第122段有所解释:

标徽应该总是加上以下文字"World Heritage(世界遗产)Patrimoine Mondial",其中,被"Patrimoine Mondial."占据的空间应该换成使用该标徽的成员国的文字(联合国教科文组织1997年2月:36)。

操作指南的第122到125段描述委员会所制定的与标徽的正确使用有关的规定(联合国教科文组织1997年2月:36,第122到125段)。

***World Heritage Fund*:世界遗产基金**

世界遗产基金是根据世界遗产公约的第15条建立的(联合国教科文组织1972年)。根据世界遗产公约的第15条(3),世界遗产基金是由多种来源的捐款所组成的信托基金(包括成员国必须地也是自愿地向公约交纳的款项)。基金提供了国际援助所需要的财政来源(预防性援助,紧急援助,培训,技术合作和宣传活动援助)。

参见 *Emergency assistance*(紧急援助),*International assistance*(国际援助),*Preparatory assistance*(预防性援助),*Promotional activities*(宣传活动),*Technical assistance*(技术援助),*Technical co-operation*(技术合作),*Training*(培训)。

***World Heritage List*:《世界遗产名录》**

公约的第11条(2)以如下方式提到《世界遗产名录》:

正如公约的第1,2条所规定的,按照其所确立的标准,部分被认为具有突出世界价值的自然文化遗产的遗产名录。名录应该至少两年更新一次(联合国教科文组织1972年)。

世界遗产名录的目的是成为具有突出世界价值的有选择性的自然文化遗产名录(联合国教科文组织1997年2月:2,第6(Ⅰ))。

按照操作指南的第135段,《世界遗产名录》每年出版一次[参见 UNESCO—ICOMOS Documentation Centre1996(联合国教科文组织——纪念性建筑和遗址的国际委员会文献中心1996年)和 UNESCO1997(联合国教科文组织1997年)]。

***World Heritage logo*:世界遗产标志**

参见 *World Heritage emblem*(世界遗产标徽)。

***World Heritage value*:世界遗产价值**

参见 *Outstanding universal value*(突出的世界价值)。

***World Heritage Youth Forum/Fora*:世界遗产青年论坛**

世界遗产青年论坛是青年人参与世界遗产保护和宣传的一部分。发起青年论坛的目的是希望把附属学校计划(ASP)的学生和老师们召集在一起,互相交流在世界遗产教育方面的经验,促进形成世界遗产教学科目,以及方便不同国家学者间的信息沟通。青年论坛1996年6月在挪威的卑耳根,1996年5月在克罗地亚的杜布罗夫尼克举行。1996年9月在津巴布韦,1997年9月在中国北京举行。

参见 *Young People's Participation in World Heritage Preservation and Promotion*(青年人参与世界遗产保护和宣传),*Young People's World Heritage Education Project*(青年人的世界遗产教育计划)。

***World Heritage Youth Project*:世界遗产青年人计划**

参见 *World Heritage Youth Forum/Fora*(世界遗产青年论坛),*Young People's Participation in World Heritage Preservation and Promotion*(青年人参与世界遗产保护和宣传)。

Y

***Young People's Participation in World Heritage Preservation and Promotion*:青年人参与世界遗产保护和宣传**

青年人参与世界遗产保护和宣传是由联合国教科文组织世界遗产中心和联合国教科文组织附属学校计划(由联合国教科文组织的人文,文化和国际教育部门建立)发起的。该项目现在多称为青年人的世界遗产教育计划,于1994年发起,主要目的是使中学里的年轻人了解世界遗产的重要性。发动和加强世界遗产教育领域(WHE)的教学和各项活动,从而形成以此为目的的一系列教育活动。名为:"青年人手中的世界遗产"的世界遗产教育资源系列将于1998年初由联合国教科文组织所发起。

参见 *World Heritage Youth Forum/Fora*(世界遗产青年论坛)。

Young People's World Heritage Education Project:青年人的世界遗产教育计划。

参见 *Young People's Participation in World Heritage Preservation and Promo-*

tion(青年人参与世界遗产保护和宣传)。

***Youth Forum*:青年论坛**

参见 *World Heritage Youth Forum/Fora*(世界遗产青年论坛),*Young People's Participation in World Heritage Preservation and Promotion*(青年人参与世界遗产保护和宣传),*Young People's World Heritage Education Project*(青年人的世界遗产教育计划)。

词典中所用术语的字母顺序索引(略)

参 考 书 目

ICOMOS1996 文化资产评价标准。由 ICOMOS(纪念性建筑和遗址的国际委员会)编写。联合国教科文组织世界遗产公约,世界遗产委员会。第二十届例会(1996 年 12 月 2~7 日)Merida(墨西哥)。

Larson,K.E.and N.Marstein(Eds)1994 与世界遗产公约有关的以真实性为主题的会议。先期工作,卑耳根,挪威,1994 年 1 月 31 日~2 月 2 日。工作进程。Riksantikvaren(文化遗产主管),挪威。Tapir Forlag,挪威。

Larson,K.E(Ed)1995 与世界遗产公约有关的以真实性为主题的奈良会议。奈良,日本,1995 年 11 月 1~6 日。会议进程。联合国教科文组织世界遗产中心,文化事务代表处(日本),ICCROM 和 ICOMOS。Tapir 出版商,Trondheim,挪威。

联合国教科文组织 n.d.进展程序规定。世界自然文化遗产的政府间委员会。联合国教科文组织,法国,巴黎。

联合国教科文组织 1945 联合国教育,科学和文化组织的建立。1945 年 11 月 16 日在伦敦通过。联合国教科文组织,巴黎,法国。

联合国教科文组织 1972 年保护世界文化和自然遗产公约。1972 年 11 月 16 日,巴黎,第 17 次例会的一般性会议上通过。联合国教科文组织,巴黎,法国。

联合国教科文组织 1992 年 12 月 14 日报告。保护世界文化和自然遗产公约。世界遗产委员会,第 16 次会议(Santa Fe(地名),美国,1992 年 12 月 7~14 日)。WHC—92/CONF.02/12。联合国教科文组织,法国,巴黎。

联合国教科文组织 1994 年 10 月 13 日,针对“全球战略”和具有代表性的世界遗产名录的专题研究而举行的专家会议,联合国教科文组织总部,

1994年6月20~22日。保护世界文化和自然遗产公约。世界遗产委员会第18次会议,Phuket,泰国,1994年12月12~17日。WHC—94/CONF.003/INF.6。联合国教科文组织,法国,巴黎。

联合国教科文组织1996a请求技术援助。保护世界文化和自然遗产公约。WHC-31/05/96。联合国教科文组织,法国,巴黎。

联合国教科文组织,1996b请求组织培训活动。保护世界文化和自然遗产公约。WHC-31/05/96。联合国教科文组织,法国,巴黎。

联合国教科文组织,1996c请求预防性援助:保护世界文化和自然遗产公约。

WHC-31/05/96。联合国教科文组织,法国,巴黎。

联合国教科文组织,1996d请求紧急援助。保护世界文化和自然遗产公约。WHC-31/05/96。联合国教科文组织,法国,巴黎。

联合国教科文组织,1996年1月31日,报告:保护世界文化和自然遗产公约。世界遗产委员会第19次会议,德国,柏林,1995年12月4~9日。WHC-95/CONF.203/16。联合国教科文组织,法国,巴黎。

联合国教科文组织,1997年,世界遗产名录,提名表。保护世界文化和自然遗产公约。WHC-97/WS/6。联合国教科文组织,法国,巴黎。

联合国教科文组织,世界遗产1997[地图]。联合国教科文组织世界遗产中心。联合国教科文组织,法国,巴黎。

联合国教科文组织,1997年10月28日一致通过。到1997年10月28日为止,加入公约的152个成员国名单。保护世界文化和自然遗产公约(1972,巴黎)。WHC-97/1。联合国教科文组织,法国,巴黎。

联合国教科文组织,1996年4月15日资料文献:对世界自然遗产区位提名的总体原则和标准进行评价的专家会议报告(Parc national de la Vanoise,法国,1996年3月22~24日)。保护世界文化和自然遗产公约:世界遗产委员会管理机构第20次会议,联合国教科文组织总部,巴黎,第X号(Fontenoy),1996年6月24~29日。WHC-96/CONF.202/INF.9。联合国教科文组织,法国,巴黎。

联合国教科文组织,1996年4月21日,欧洲有突出世界价值的文化景观的专家会议报告,维也纳,奥地利1996年4月21日:保护世界文化和自然遗产公约。世界遗产管理机构,第20次会议,法国,巴黎,联合国教科文组织。

联合国教科文组织,1997年2月世界遗产公约实施操作指南。世界自然文化遗产保护的政府间委员会。WHC/2/修订本。联合国教科文组织,法国,巴黎。

联合国教科文组织,1997 年 10 月 1 日,临时草约第 9 项:有关全球战略,专题研究,和比较研究的进展报告。自然文化遗产保护公约。世界遗产委员会第 21 次会议,那不勒斯,意大利,1997 年 12 月 1~6 日:WHC-97/CONF.208/11。联合国教科文组织,法国,巴黎。

UNESCO-ICOMOS(联合国教科文组织－纪念性建筑和遗址的国际委员会)文献中心 1997 世界遗产名录。联合国教科文组织 1972 保护世界文化和自然遗产公约。WHC-97/WS-1。UNESCO-ICOMOS(联合国教科文组织:纪念性建筑和遗址的国际委员会)文献中心,法国,巴黎。

Von Droste, B, Plachter, H, 和 M. Rossler(Eds)1995 具有突出世界价值的文化景观-全球战略的组成部分。Gustav Fischer,德国。

联系地址列表

United Nations Educational, Scientific and Cultural Organization (UNESCO)(联合国教科文组织)

7, place de Fontenoy
75352 Paris(巴黎)07 SP
France(法国)
网址:www.unesco.org/
电话:33(0)145681000
传真:33(0)145671690

UNESCO World Heritage Centre:(联合国教科文组织世界遗产中心)

UNESCO
7, place de Fontenoy
75352 Paris(巴黎)07 SP
France(法国)
电子邮件地址:wh－info@unesco.org
网址:www.unesco.org/whc/
传真:33(0)145685570

Nordic World Heritage office(NWHO)(世界遗产办事处)

Postbox(邮箱)8196 Dep.－N－0034

Oslo(奥斯陆)

Norway(挪威)

电子邮件地址:world - heritage.oslo@rapost.md.dep.telemax.no

网址:www.grida.no/ext/nwho/index.htm

电话:4722940580

传真:4722940581

ICOMOS(纪念性建筑和遗址的国际委员会)

49 - 51,rue de la Fe'de'ration

75015 Paris(巴黎)

France(法国)

电子邮件地址:secretariat@icomos.org

网址:www.icomos.org/

电话:33(01)142773576

传真:33(0)142775742

IUCN - The World Heritage Conservation Union(世界遗产保护联盟)

rue Mauverney 28

CH - 1196 Gland

Switzerland(瑞士)

电子邮件地址:mail@iucn.org

网址:www.iucn.org/

电话:41229990001

传真:41229990010

International Centre for the Study of the Preservation and Restoration of Cultural Property(ICCROM)(文化资产的保存和修复国际研究中心)

13 Via di San Michele

1-00153 Roma(罗马)

Italy(意大利)

电子邮件地址:iccrom@iccrom.org

网址:www.icomos.org/iccrom/

电话:396585531

传真:39658553349

World Conservation Monitoring Centre(WCMC)(世界保存监管中心)

219c Huntingdon Road

Cambridge(剑桥)CB3 ODL
United Kingdom(英国)
电子邮件地址:info@wcmc.org.uk
网址:www.wcmc.org.uk/
电话:441223277314
传真:441223277136

Organization of World Heritage Cities(OWHC)(世界遗产城市组织)

56 Rue Saint-Pierre
Quebec(魁北克)G1K4A1
Canada(加拿大)
电子邮件地址:secretariat@ovpm.org
网址:www.ovpm.org/
电话:14186920000
传真:14186925558

世界遗产情况简介[①]

一、一个遗产地如何能成为世界遗产

一个遗产地被列入世界遗产名录的程序是:由《保护世界文化和自然遗产公约》(以下简称《公约》)缔约国向世界遗产中心提报,然后中心再送达咨询机构审议,最后由咨询机构提交遗产委员会审批。

首先,一个国家要签署联合国教科文组织《保护世界文化和自然遗产公约》,成为《公约》缔约国并承诺保护其文化和自然遗产。然后,该国准备一个"预备清单"(将其领土上被认为具有"突出普遍价值"的文化和自然遗产列入"清单")。它只能从该"预备清单"中确定并提报申请列入《世界遗产名录》。缔约国向世界遗产中心提出申报的同时还要制定出规划,说明所申报的遗产是如何管理和保护的。

联合国教科文组织世界遗产中心向缔约国提供申报方面的帮助,如申报文本方面的咨询,提供必要的地图和材料等。待中心收到完整的申报材料后,中心进行审议,看是否符合要求,如没问题便将文本送达相关的咨询机构供其审核。中心存留所有电子和书面材料,供研究使用。

对一项申报进行技术方面的审议工作由三个咨询机构完成。其中两个属于非政府机构,即"国际古迹遗址理事会"(ICOMOS)和"世界保护联盟"(IUCN),它们向世界遗产委员会提供对那些申请列入遗产名录的文化和自然遗产地的审议情况。第三个咨询机构是国际保护和恢复文化财产理事会(ICCROM),它是一个政府间机构,就保护文化财产以及培训活动等问题,负责向世界遗产委员会提供专家咨询。

政府间世界遗产委员会由21个成员国组成,他们是在两年召开一次的公约缔约国大会上选举产生的,任期最多不超过六年。每年世界遗产委员会决定将那些遗产列入《世界遗产名录》或向缔约国咨询其他方面的问题。委员会还审议世界遗产名录上遗产地的保护状况的报告,为了实施《公约》,视需要

---

① 本文根据中国联合国教科文组织全国委员会联合国教科文组织驻北京办事处2004年4月颁布的文稿选编。

可能还作出相关的决定。

将一个遗产地列入《世界遗产名录》之目的，是增强政府和公众的遗产保护意识。保护意识提高了，就可以对遗产实现更好、更高水平的保护。请那些列入遗产名录的世界遗产地提交定期检测报告，并对其进行审议，可以确保遗产的突出价值。对所有的公约缔约国还可以提供以下帮助：协助制定文化和/或自然遗产“预备清单”，以便列入“世界遗产名录”中去；协助申报文本的准备；申请技术援助包括举办培训班等。

二、濒危世界遗产[①]

掠夺、战争、蓄意破坏、工业污染、失控的城市化、采矿、土地投机买卖、超量的旅游和自然灾害是世界遗产地面临的主要问题。全世界有35个遗产地由于受到上述一个或几个问题的威胁，已经被列入联合国教育、科学及文化组织（UNESCO）的濒危世界遗产名单。非洲撒哈拉次（部分）地区有14个濒危遗产地，是“重灾区”。阿拉伯地区7个，亚洲9个，欧洲1个，拉丁美洲3个，北美洲1个。

根据1972年通过的《保护世界文化和自然遗产公约》（以下简称《公约》），世界濒危遗产名单是指那些遗产地的保护“需要采取重大行动的，并为实施保护业已申请了援助”。

制定濒危世界遗产名单的目的是向国际社会警示，当初列入“世界遗产名录”的遗产地之特征受到了威胁，并要求采取保护措施。列入濒危名单并不是一种惩罚，而更是鼓励国际社会共同努力去拯救它们。作为第一步，联合国教科文组织世界遗产基金可以帮助提供紧急援助。

当一项遗产受到了威胁，而这种威胁会对其世界遗产价值产生负面影响时，这种危险是可以确定的，这里是说具体的危险和证明是即刻要发生的或者“潜在”的危险。将任何一项遗产列入濒危名单，要求世界遗产委员会与有关公约缔约国协商，制定并通过一项采取正确措施的计划，之后还要对该遗产地实施监督。为了确保不将一个遗产地从“世界遗产名录”中除名，应尽快采取一切可以恢复其遗产地价值的措施。

将一个遗产地列入濒危世界遗产名单是建立的一项制度，其目的是为了有效的达到特别保护需要的一种方法。的确，将一项遗产列入濒危名单

---

① 《濒危世界遗产名录》见本书第一部分第112页。

的做法证明是有效的,可以唤起立即实施保护的行动来。不过,如果一项遗产失去了其当初列入《世界遗产名录》的价值,世界遗产委员会可以做出决定,将其从《濒危世界遗产名单》和《世界遗产名录》中除掉。不过"世界遗产公约操作指南"里的这项规定至今尚未运用。

案例说明

如,1992年将柬埔寨的吴哥窟(Angkor Wat)同时列入《世界遗产名录》和《濒危世界遗产名录》后,便唤起了国际社会的联合行动,恢复了这个窟的许多古迹,制止了对寺庙的哄抢,从整体上加强了该遗产的保护,当局制定了国家保护和管理法规。从1992年起,在该遗产地有15多个保护项目得以实施。

在非洲,1994年和1999年将刚果民主共和国遭到战争严重破坏的5个自然遗产地(Salonga, Garamba, Virunga and Kahuzi-Biega national parks and the Okapi Wildlife Reserve)列入《濒危世界遗产名录》。列在濒危名单上后,得到了国际上大量的支持,如对地方的机构进行了保护,解除了对公园的军事占领,保护了其稀有的生态多样性(大猩猩,白犀牛和俄卡皮鹿)。一项由联合国基金支持的420万美元的项目于2000年开始实施,为了保护刚果民主共和国的5个世界自然遗产地,2004年9月将在联合国教科文组织总部举行一个国际捐赠大会。

在有些情况下,列入濒危名单的目的是为了引起有关方面的注意。在厄瓜多尔的家拉帕高斯岛屿(Galapagos lslands),由于过度捕鱼和引进其他动物和植物物种,致使该岛屿上的脆弱生物平衡遭到严重破坏。因此对是否将其列入"濒危世界遗产"名单,进行了认真的考虑。但经1997年厄瓜多尔政府的请求,决定暂缓列入,并请政府立即采取有效措施改变当时的状况。1998年,世界遗产委员会获悉,《家拉帕斯司岛屿特别法》已出台并开始生效。这样就很好地保护了这些岛屿和其周围的水域。因此,就避免了将这些岛屿列入《濒危世界遗产名录》。

如何获取帮助

《保护世界文化和自然遗产公约》缔约国应立即向世界遗产委员会报告他们国家遗产地所受到威胁的情况。个人,非政府组织,或其他团体也可以提请委员会注意存在的威胁。如果委员会证实危险存在、问题严重，它可能考虑将这一遗产地列入《濒危世界遗产名录》。

向世界遗产委员会反映世界遗产地所面临的威胁，可与秘书处联系：

UNESCO World Heritage Centre
7, place de Fontenoy
75352 Paris 07 SP, France
Tel: 33(0)145681876
Fax: 33(0)145685570
E-mail: wh-info@unesco.org

三、对世界遗产地的监测

将一项遗产地列入《世界遗产名录》仅是实现对其进行保护的第一步。列入之后，整个国际社会都给予积极的关注，如从缔约国、政府、世界遗产地管理者到世界遗产委员会和他的咨询机构——负责自然遗产的“世界保护联盟”（IUCN）、负责文化遗产和双遗产的“国际古迹遗址理事会”（ICOMOS）。

定期监测报告提供的内容有，评定缔约国执行公约的情况和评价其领土上世界遗产地的保护状况。该监测报告还应有其他具体的信息，如缔约国是如何利用《公约》确定文化和/或自然遗产的；如何保护、保存和展示遗产的；开展了哪些国际合作和筹措资金的情况；以及如何开展教育、实施信息传播和提高公众意识等活动的。上述定期监测报告还应详细说明世界遗产价值是否仍保持完好，要提供最新的关于遗产管理方面的信息，同时还应说明影响它的各种因素以及监测方法等。

作为促进缔约国、各主管当局和地区专家服务机构开展地区合作，世界遗产委员会采取的方法是，按地区对定期监测报告进行审议。遗产委员会根据事先制定的计划，每六年对一个地区的监测报告审议一次，并将审议结果向教科文组织大会报告。定期监测报告的准备由公约缔约国负责完成。

还要求缔约国向世界遗产委员会报告一切有关其领土上的世界遗产地的保护状况之信息，并要求他们向委员会尽早提供他们打算或已经批准的、有可能对遗产产生不利影响的活动的情况。缔约国及时提供信息，可以使遗产委员会与他们合作共同寻找适当的解决方法，以确保世界遗产的保护处在最好的和可能的状态。

例如，国际专家对墨西哥爱尔·威茨凯诺（EL Vizcaino）的监测发现，这里鲸鱼的活动地带受到兴建世界上最大的盐场的威胁,世界遗产委员会便向墨西哥政府表示出对遗产的关切。很快墨西哥总统宣布取消这个有争议的项目,而是建议扩展现有的盐场,这样还提供了就业机会使当地居民得到了收益。

世界遗产基金还可以向缔约国提供援助,帮助他们实施保护人员的培训,开展遗产保护活动,提供紧急援助等。

四、世界遗产地的持续旅游

联合国教科文组织世界遗产地吸引着许多旅游者,旅游者带来了许多收益:门票、场地租赁收入和一些捐赠都能用来资助修复和保护工作。然而,越来越多的旅游者对当初之所以能够将其列入《世界遗产名录》的遗产特征带来危害。这就是为什么在2001年联合国教科文组织世界遗产委员会发起了一项世界遗产旅游计划的原因。该计划旨在改善遗产地旅游的管理,其方法是通过建立可持续旅游和保护之间的联系,建立当地、地区、国家和国际的网络。该计划还鼓励开展导游训练以便确保对世界遗产实行高质量的保护。

旅游组织者和连锁饭店通过协助监测工作的进行,或者要求旅游者在旅游过程中采取负责任的行为,对遗产的保护是能够发挥作用的。通过支持当地文化活动和保护传统的手工业,旅游还可以对受到威胁的文化价值予以支持。

鉴于旅游会产生许多明显的问题,事实证明在世界遗产地实施旅游管理是耗费时日的过程,要制定政策、保持与利益人群开展对话、持续实施监测等。为了将影响减小到最低限度,旅游活动需要环境影响评价和相关程序的制定。世界遗产地的经费紧张、人员短缺,旅游就加大了资源的紧缺程度,加大了管理者的难度。

世界遗产旅游计划鼓励在世界遗产地开展持续的旅游,包括政策的实施,如利用旅游对环境保护作出贡献、控制社会经济负面影响、使当地居民获得经济和社会效益。

应世界遗产委员会的要求,世界遗产中心实施对影响遗产地价值的旅游开发项目进行审议工作。审议工作包括:在巴西拉瓜苏瀑布(lguacu Fal-lls)上空直升飞机的飞行产生的影响;旅游对厄瓜多尔家拉帕高斯岛屿(Galapagos lslands)野生动物的影响;秘鲁 Machu Picchu 游览车项目的影响;西班牙格林纳德的 Alhambra、Generalife 和 Albaicin 等地减少旅客流量和管理的问题。

在世界遗产地定期举办旅游和世界遗产地区研讨班,遗产地的管理者逐渐得到能力建设的培训。现在正在建立网站,这样就可以使管理者共享实例研究结果。为了提高管理者的水平,世界遗产中心编撰了旅游管理手册,其中有世界遗产公约的相关条目,有旅游行业、公众参与、旅游者产生的影响和管理者、能力和翻译与保护。

五、世界遗产保护合作伙伴

根据1972年《保护世界文化和自然遗产公约》,全世界许多国家已经确定了为子孙后代要进行保护的具有"突出普遍价值"的自然和文化遗产地。时至今日,全世界共有754处遗产地被列入联合国教科文组织《世界遗产名录》上,不过仅仅联合国教科文组织,或政府都不能单独来实施保护工作。世界遗产保护工作的成功开展,取决于合作伙伴,这样可以动员用以保护和管理遗产地的技术和财政资源。

2002年发起的"世界遗产保护行动合作伙伴计划"是一个以持续的、着眼于解决世界遗产保护方面问题的方法。

世界遗产保护行动合作伙伴计划旨在使一些对实施《公约》感兴趣的公司、基金会、保护和研究机构和媒体组织都参与进来,对世界遗产委员会按照优先领域确定的保护项目给予支持。

世界遗产保护行动合作伙伴计划的目标是提高对世界遗产的认识,动员可持续资源,以用于长期的保护工作。考虑到一些组织和个人可能承担的义务有所不同,世界遗产保护行动合作伙伴计划从一开始就计划了三个广泛的参与类型:

世界遗产合作伙伴对保护项目的支持,要么通过技术或财政的投入,要么通过开展提高公众意识的活动。

世界遗产俱乐部由一些国际合作组织组成,他们通过提供自己产品出售的百分比(根据公司客户情况,以附加费的形式,由公司或客户提供支持)向教科文组织遗产中心提供长期的、用于世界遗产保护的财政支持。

会员制计划在国际上发展了广泛的由个人代表的区域,通过他们,世界遗产公约的价值可以得到传播。其中第一个是在2003年9月与联合国基金会共同发起的、以网络为基础的一项叫做世界遗产朋友的计划(www.friendsofworldheritage.org)。

联合国教科文组织与私人部门合作伙伴的政策框架源于联合国2000年通过的《操作指南》和联合国全球公约。这些文件的9项原则提出了促进社会价值一体化进程的标准,这些都是与商业物品的生产和服务联系在一起的。

在保护世界遗产方面如何成为合作伙伴,请进一步咨询:

Unesco World Heritage Centre, PACT, 7 Place de Fontenoy, 75007 Paris FR
Tel. + 33(0)1 45 68 1571 Fax + 33(0)1 45685570 Email: j. Sullivan@unesco.org

六、大事记

1959年联合国教科文组织发起了一项旨在保护埃及和苏丹文化遗产地的运动(由于兴建阿斯旺大坝,水位上涨使尼罗河河谷Abu Simbel Temples受到威胁,便筹集了8千万美元用于拯救工作),还拟订了保护文化遗产的公约。

1962年联合国教科文组织制定了关于保护景观遗址特征建议案。该建议案对那些具有文化或美学意义的或者可以形成典型的自然环境的自然、乡村、城市的景观遗址进行保护和恢复,无论它们是自然生成或人工所为。

1965年在华盛顿特区召开了"白宫会议",提出设立"世界遗产信托基金",以促进国际合作的开展,以便为当代和今后全世界公民保护"世界上宏伟的自然和风景景观区域以及历史遗迹"。

1966年11月4日,威尼斯城受到洪水的威胁,是年联合国教科文组织发起了一项拯救威尼斯的国际运动。

1968年"世界保护联盟"(IUCN)向世界遗产信托基金提出了相同的一项建议,希望成为成员。

1972年在瑞典斯德哥尔摩召开了联合国人类环境大会,包括"世界保护联盟(IUCN)"、"国际古迹遗址理事会(ICOMO)"、"联合国教科文组织(UNESCO)"在内的几个工作小组提出建议,形成了保护世界文化和自然遗产公约,经联合教科文组织1972年11月16日召开的大会批准通过。

1992年,在纪念世界遗产公约建立20周年时,成立了世界遗产中心,世界遗产委员会确定了"文化景观品类"(世界遗产公约首次成为确认并保护文化景观的国际法律文件)。

1994年世界遗产委员会通过一个“平衡的和代表性充分的世界遗产名录全球战略”,以便在名录上使地区间的遗产更加趋于平衡,品类更加多样性。鼓励世界上代表性不足的地区申报,尤其是申报在遗产名录上尚未得到充分体现的品类。

1994年在100多个国家发起了青年人参与世界遗产保护活动。这个项目使用新的教育方法,告知年轻人并激励他们参与到保护遗产的行列里来。

2002年联合国教科文组织遗产中心与文化和科学社团、机构,大学、全世界的一些政府联合召开了“虚拟大会”。会议主要研究埃及,中国,塞内加尔,墨西哥和法国的数字时代的世界遗产。

2002年11月在纪念《保护世界文化和自然遗产公约》颁布30周年之际,联合国教科文组织和意大利政府于14~16日联合在意大利的威尼斯召开了世界遗产:共同的遗产,共同的责任国际会议。这次会议的目标是,对30年来公约实施情况进行评估;促进公约的实施;加强保护世界遗产的合作伙伴关系。会前,即11月11日和12日在威尼斯和郊区举办了9个技术研讨会:

——世界遗产保护的法律工具

——文化景观:保护面临的挑战

——革新性的世界遗产合作伙伴

——保护世界遗产城市的合作伙伴

——对世界遗产的监测

——世界遗产公约:保护自然和生物多样性的合作伙伴

——世界遗产大学培训

——世界遗产地的管理

——号召青年人参与遗产保护

2003年第5次国际保护联盟世界公园大会在南非的德班举行:世界遗产是一个交叉题目。

2004年教科文组织遗产中心于3月12~16日在德国柏林借“国际旅游交流”之机,举办了“世界上最大的旅游和旅游贸易展览会”。联合国教科文组织从1999年起,在“国际旅游交流”之际举办各种研讨会,不过上述展览会是该中心首次常设的一个活动,来提供有关它的旅游计划和活动的信息。

2004年从9月6~26日,联合国教科文组织将在刚果民主共和国举办首次国际活动——促进和保护刚果的遗产,以支持该国文化和自然遗产的保护。为期三周的活动旨在提高对该地区文化和生物多样性的认识,并起到一种筹措财政和技术支持的催化作用,以用来保护刚果民主共和国的遗产。作为本项活动的一部分,将于 9 月 15 日为刚果民主共和国的 5 个世界自然遗产地举办一个“国际捐赠大会”。

中国的世界遗产

罗哲文

世界上所有的一切,概括起来不外乎自然与人为两个方面。举凡山川河岳、树木花草、鸟兽虫鱼等等皆为自然之存在,所谓天公之赐予。而琼楼玉宇、雕栏玉砌等等皆为劳动之成果,所谓人工之创造也。有云:日月之精华,天地之灵气乃万物生长繁衍之根源,能工之技艺、将匠之巧思乃文物典章、规矩准绳创立之所由来。然而自然之存在与人工之创造二者虽有不同的性质,但是两者之间又有不可分离的联系。尤其是在风景名胜、古建园林方面,两者更是相互依存,密不可分。自然的风景名胜需要人工的安排,而人工的创造也要符合自然的规律,我想这正是中国文化与自然遗产的一个重要的特色。

我们中国是世界著名的文明古国,有悠久的历史文化和丰富的文物古迹遗存,同时又是一个疆域辽阔、河山锦绣的国家,因而文化遗产和自然遗产非常丰富,如万里长城、北京故宫、敦煌石窟、北京猿人遗址等早已闻名世界,万里长城在几百年前就被列入了中古世界七大奇迹之一。

自然和文化两个方面的财富是人类赖以生存和祖先世代劳动创造的成果,是人类的无价之宝,如何把它们保护好,传之子孙后代成了全人类共同的责任,对它的重要性越来越多被人们所认识。多少年来,在中国、在世界,人类为了保护文化和自然遗产的事业都曾做出了不同程度的努力。公元前3世纪在埃及境内的勒米王朝就在亚历山大城的宫殿内建立了一座专门存放文物珍品的缪斯庙 MOUSEION,英语的博物馆 MUSEUM 一词,即是源于希腊的缪斯庙而来。古埃及的金字塔和世界其他许多国家的古建筑,也都同样受到当局的保护。中国在公元前18至前11世纪的商王朝时期就有甲骨文的收藏,周王时期则“多名器重宝”,设有专门的“收藏室”,并有《薄录》予以登记。宫室、陵园、宗庙、府库等大都保存了珍贵的文物。三千多年来,除了收藏保存珍贵文物之外,历代王朝和官府对宫殿、陵寝、寺观、山川树木、古迹园池等等也都明令加以保护。除此之外,我国民间还有一个优良的传统,就是以乡规民约的形式对公共建筑、祠庙会馆、水利工程、山川林木等等加以保护,刻碑立石共同遵守。

随着社会的发展,交通的发达,交往的频繁,信息传递的方便和旅游事业的发展等等,人们对文化和自然财富的认识进一步提高,特别是在近现代工业化的进程中对文化和自然遗产所引起的破坏,以及其他人为和自然灾害等所造成的破坏,引起了人们高度的重视。如果不加以保护,将是人类的重大损失,而且这种损失是无法挽回的。为此,世界各国的一些专家学者、有识之士发起了联合起来保护人类共同财富的呼吁,先后通过了《雅典宪章》、《威尼斯宪章》、《华盛顿宪章》、《洛桑宪章》和保护考古及历史遗产的欧洲公约、美洲公约,以及教科文组织《关于保护景观和遗址风貌与特性的建议》等等。为了更进一步加强保护与管理的力度,得到国家政府的重视与支持,1972 年 11 月联合国教科文组织在巴黎总部举行的第十七届大会上通过了一项《保护世界文化和自然遗产公约》,对世界文化和自然遗产的定义(范围)和标准作了明确的规定,并随之确定了实施公约的指导方针。这一公约,是联合国教科文组织在全国范围内制定和实施的一项具有深远影响的国际准则性文件。公约的主要任务之一就是确定世界范围的被认为是具有突出意义和普遍价值的文物古迹和自然景观列入《世界遗产名录》,使之作为人类共同的遗产,得到国际社会的重视与共同的保护。《保护世界文化和自然遗产公约》的宗旨也在于促进各国各族人民之间的合作与相互支持,为了保护人类共同的遗产做出积极的贡献。

为了更好的落实遗产公约的各项规定得到各国的支持与合作,于是一个政府间国际的合作机构"世界遗产委员会"在 1976 年宣告成立,其日常办公机构为联合国教科文组织世界遗产保护中心。该委员会由《保护世界文化与自然遗产公约》缔约国中的 21 个国家组成,具体执行遗产保护的经常性工作。遗产委员会每年举行一次会议,主要进行以下三项工作:一、审议确定由缔约国申报要求列入《世界遗产名录》的项目。并提交缔约国代表会议通过公布。二、管理"世界遗产基金",审定各缔约国提出的财政和技术援助的申请项目。这笔基金的来源主要是来自缔约国固定交纳其向联合国教科文组织所交会费的 1%的款项和缔约国政府以及其他机构与个人的自愿捐赠。这笔经费虽然为数不多,但它对于促进世界各国特别是对发展中国家和不发达地区某些重要文化与自然遗产项目的保护起到了积极作用。三、对已列入《世界遗产名录》的文化与自然遗产项目的保护和管理情况进行了监测,以促进其保护与管理水平的改善与提高。

联合国教科文组织、世界遗产委员会为使其保护、评审、监测、技术援助等工作质量水平的提高,特约请国际上权威的专业机构国际古迹遗址理事会(ICOMOS),国际自然及自然资源保护联盟(IUCN)和国际文物保护与修复研究中心(ICCROM)为其专业咨询顾问。凡遗产的考察、评审、监测、技术培训、财政与技术援助等等均由这几个专家集团派出专家予以帮助。ICCROM则主要负责文化遗产方面的培训、研究、宣传和为专家服务的工作。

截止到2003年底,列入《世界遗产名录》的项目共有754项,其中文化遗产582项,自然遗产149项。文化与自然双重遗产23项(含文化景观)。在近年里所增加的文化景观作为遗产评审的内容,说明了这一人类伟大事业的进一步发展。现将遗产公约中关于遗产的主要内容和评审标准简要介绍如下:

文化遗产的定义(范围)

一、文物:从历史、艺术或科学的角度来看,具有突出的和普遍价值的建筑物,雕刻和绘画,具有考古意义的部件和结构,铭文、洞穴,住区及各类文物的组合体。

二、建筑群:从历史,艺术或科学的角度来看,因其建筑的形式,统一性和它在景观中的地位,具有突出与普遍价值的单独或相互联系的建筑群体。

三、遗址:从历史、美学、人种学或人类学的角度来看它们具有突出与普遍价值的人造工程或人与自然的共同杰作以及考古遗址的地区。

文化遗产的评审标准

一、代表一种独特的成就,一种创造性天才的杰作。

二、能在一定时期内或世界某一文化区域内,对建筑艺术、纪念物艺术、城镇规划或景观设计方面的发展中,产生过重大影响的作品。

三、能为一种已经消失的文明或文化传统提供一种独特的或至少是特殊的见证。

四、可作为一种类型建筑群或景观的杰作范例,展示出人类历史上一个(或几个)重要阶段的作品。

五、可作为传统的人类居住地或使用地的范例,代表一种(或几种)文化。尤其是处在不可挽回的变化之下,容易损毁的地址。

六、与现行传统思想、信仰或文学艺术作品有直接或实质关联,具有特殊普遍意义的实物。(委员会认为,此一款理由只能在某些特殊情况下或该项标准与其他标准共同考虑时才能作为列入《世界遗产名录》的标准)。

自然遗产的定义(范围)

一、从美学或科学的角度来看,具有突出、普遍价值的地质和生物结构或这类结构群组成的自然面貌。

二、从科学或保护的角度来看,具有突出、普遍价值的地质和自然地理结构以及明确划定的濒危动植物物种生境区。

三、从科学或自然美学的角度来看,具有突出、普遍价值的天然名胜或明确划定的自然保护地区。

自然遗产的评审标准

一、构成代表地球演化史中,重要阶段突出的例证。

二、构成代表地质、生物发展演化过程中的重要现象,以及人类自然环境相互关系的重要例证。

三、独特、稀少或绝妙的自然现象、地貌情况或罕见的自然美的地带。

四、尚存的珍稀或濒危动植物的栖息地区。

在近年对世界遗产的评审标准时,又增加了需有明确的保护范围和保护管理情况的条件。

此外世界遗产委员会,对于列入《世界遗产名录》的文化与自然遗产如果受到严重威胁的时候,经过专家们的调查和审议,可以将其列入《濒危世界遗产名录》,以待采取紧急的措施加以抢救保护。

中华人民共和国政府一贯对文化和自然遗产的保护十分重视,并积极和参与联合国教科文组织和世界遗产委员会关于保护世界文化和自然遗产的活动。在有关专家学者全国政协委员的提案建议下,1985 年 11 月,全国人大常委会批准了我国参加联合国教科文组织,《保护世界文化和自然遗产公约》,使我国成为公约的缔约国之一。1986 年我国首批将万里长城、北京故宫、周口店北京猿人遗址、敦煌莫高窟和秦始皇陵及其兵马俑、泰山等六处申报列入《世界遗产名录》,1987 年经过认真的评审,得到遗产委员会的批准列入了《世界遗产名录》之中。在 1991 年 10 月第八届《保护世界遗产公约》缔约国大会上,我国当选为世界遗产委员会成员。在 1992 年、1993 年 12 月第十六届、第十七届世界遗产委员会上,我国连续两届当选为委员会副主席,使我国对世界遗产委员会的工作做出了更多的努力。截止到 2003 年初,我国列入《世界遗产名录》的文化与自然遗产项目计有万里长城、北京故宫、周口店北京猿人遗址、敦煌莫高窟、秦始皇陵及其兵马俑、布达拉宫、承德避暑山庄及周围寺庙、曲阜孔庙、孔林、孔府、武夷山古建筑群、泰山、庐山、峨眉山—乐山大佛、黄山、九寨沟、武陵园、黄龙、丽江古城、平遥古城、苏州古典园林、天坛、颐和园等 29 处被批准公布列入《世界遗产名录》。其中文化遗产 20 项,自然遗产 4 项,文化与自然双重遗产 4 项,文化景观 1 项。

截止到 2003 年我国已被正式批准公布列入《世界遗产名录》的 29 处文

化与自然遗产,但从中已不难看出我国悠久的历史文化与独特的锦绣河山和自然风光。从历史文化来说,自50万年前的猿人遗址、春秋战国时期的万里长城到北京明清故宫、承德避暑山庄上下几十万年。还有代表中华民族传统文化的曲阜孔庙、孔林、孔府。这里要着重提出的是几千年来、几十万年来,中华民族的文化传统绵延不断,可以说在世界上任何一个文明古国是难以相比的。再有中国自古是一个多民族国家,在悠久的历史发展过程中,共同创造了光辉灿烂的多民族文化,如遗产中的布达拉宫、承德避暑山庄及周围寺庙就是多民族代表性的杰作。此外,如敦煌莫高窟的壁画彩塑、秦始皇陵兵马俑均是世界著名的文化珍宝。至于自然遗产中的黄龙、九寨沟、武陵源等独特的地质、地貌、动植物和优美的自然景观都是世界少有。如像泰山、武当山古建筑群、峨眉山——乐山大佛等文化与自然双重遗产正反映了中国悠久的历史文化与自然环境相结合的特色,在世界其他国家中也是罕见的。而作为近年1993年才开始列入名录的文化景观。我国也被批准以"自然与人类共同的作品"结合得十分巧妙的庐山列入了名录。至此,可以说我国仅这29项已列入名录中的世界遗产的全部内容,文化、自然、文化与自然双重、文化景观几个方面都已经齐全了。这也是其他国家所罕见的。总之我国作为一个世界遗产大国是当之无愧的。

如何把我国的世界遗产保护好,这是我们作为一个遗产大国十分光荣的职责而又非常艰巨的任务。我们曾经把它称之为:上对祖先,下对子孙负责的千秋伟业。因为这些文化与自然的瑰宝,一旦被破坏,将是不可能再造、不可复得,是不可挽回的损失。因此,党中央、国务院在文化遗产方面提出了"保护为主、抢救第一"的方针和"有效保护、合理利用、加强管理"的指导思想。在自然遗产方面提出了"严格保护、统一管理、合理开发、永续利用"的方针。这完全是必要的,是十分正确的。也是与《保护世界文化和自然遗产公约》,世界遗产委员会制定的规章、办法相一致的。首先在于保护,这是保护遗产的性质规定的。另一方面保护的目的又在于要发挥遗产的作用,这也是不言而喻的,但是如果利用得不好、不合理反而会影响保护,甚至造成破坏,所以又提出了"有效保护、合理利用、加强管理"的指导思想。在公约签订三十多年来和《世界遗产名录》逐年增多的情况下,总结经验,越来越感到,单是公布了名单,列入了名录,不加强保护管理,也是达不到目的的。因而在近年来"世界遗产委员会"开拓了深入化工作范畴,及时加强遗产保护的监测工作,不断派出专家分别到列入名录的各个国家的遗产地去考察进行监测。自1994年开始,得到我国政府同意,联合国教科文组织首次派专家小组来华，对我国1987年被批准列入《世界遗产名录》的万里长城、北京故宫、周口店北京猿人遗址、秦始皇陵及其兵马俑、敦煌莫高窟等5项世界遗产进行了实地监测考察，以后又不断派专家来华对我国的世界文化与自然遗产进行监测考察，专家们对我国世界遗产的保护管理工作给予了充分的肯定，同时也坦率地提出了存在的问题和改进的建议。他们的建议得到了我国管理部门的积极采纳，有力地推动了我国文化与自然遗产的保护管理工作。

世界遗产是人类世界最为宝贵的东西，可以说是“宝中之宝”，如何更好地保护它、研究它、宣传它，发挥其作用，实在是至关重要的事情。我认为北京大学世界遗产研究中心编辑出版的《世界遗产相关文件选编》一书，对于这一人类宝中之宝的保护、研究、宣传将会起到积极的作用，特写了一些有关情况，简单介绍，以供参考。

法国遗产局简介[①]

法国遗产局的任务是研究、保护、保存和利用遗产，同时确定纪念性遗产和考古遗址，历史性的遗物，教堂里的管风琴，摄影收藏品以及人种学的遗产。

为此，遗产局在中央一级设立了下列机构：

1. 公共建设总务处，负责遗产局行政和财务管理。

2. 历史文物及国家级宫殿处。

3. 考古处。

4. 文物和艺术财产总清点财产处。

另外，还设有四个负责专门事务的办公室完成上述机构未涉及到的工作。

历史文物最高委员会在遗产局的领导下，主要负责对遗产等级价值的衡量，对修复方案和方案中提出的特殊问题进行审查，以及从技术和学术的角度上提出见解。

历史文物总监督局主要的任务是监督并负责对修复方案提出意见。

全国历史文物及遗址管理局是一个公益机构，它负责接待参观国家历史文物遗产地的游客，并出版建筑遗产方面的书籍，举办建筑遗产的展览，活跃旅游以及对中、小学生进行基础教学活动。

历史文物及国家宫殿处，在遗产局长授权下，负责历史文物最高委员会的组织工作，对全国历史文物及遗址管理局进行监督，并与历史文物总检查局保持经常性的联系。

这些中央一级的部门研究和收集历史文物分类的档案，关注地区一级《补充财产清册》上遗产地的登记，管理用于原国家一级的文物及遗址修复工程的拨款，分摊地区间的用于不属于国家的历史文物的拨款，关注由地区历史文物管理处负责人负责和委托给历史文物主任建筑师的维修与修复文物的工程的实施，以及关注文物的再利用，惟独他们才能有权指挥由遗产局分类和资助的历史文物的修复工程。

---

① 本文由邱训源先生翻译供稿(2003年3月)。

建筑物的保护程序

实施的范围

根据1913年12月31日关于历史文物及其修改的文本条例，规定的保护程序有以下两种类型：

从历史和艺术的观点看，保存的建筑物能显示出公共的价值，这些文物在负责文化事务部长的关心下，已全部或部分作为历史文物进行了分类。

公共的或私人的部分的建筑物，无需立即申请分类，但可说明其足够的历史的和艺术的价值。这些建筑物经地区共和国特派员决定是否列入历史文物《补充财产清册》。

提　议

保护程序首先需要获得部长或者地区共和国特派员的提议，或者由建筑物所有者提出申请，或者有关系的第三者（特别是有关的地方行政单位，有关的协会），提出申请。

形成档案的方式

建立的档案要一式三份，由历史文物地区保护清点处确定，必要时，在申请人协助下进行。

当关系到史前遗址或历史遗址时，由地区文化事务局文物处确定。

档案包括文件记录卡，它记录了建筑物的详细情况（法律地位，环保说明，历史价值，考古价值以及保护情况……）。

这个文件记录卡，要附入对建筑物鉴定的必要的各种文件（照片，方案，草图，地籍册的摘录，有关条款的摘录）。

说　明

每份档案必须有下列人员签署的意见：

法国建筑协会的建筑师

历史文物主任建筑师

有关地区的历史文物监督员

然后，档案提交历史遗产、考古和人种学地区委员会审议。

历史遗产，考古及人种学地区委员会

委员会由30位成员组成，并由地区共和国特派员担任主席，该委员会对分类以及对列入历史文物和建筑物《补充财产清册》提出建议，并对其他一些建筑物发表意见。

该委员会由其主席每年召集至少举行三次会议。其发表的意见为大多数委员所赞成,该委员会每年进行一次活动的总结。

地区共和国特派员当时可以决定将建筑物列入,或者可以向文化部长建议分类。

关于列入《补充财产清册》

列入的决定应由地区历史遗产,考古和人种学遗产委员会开会讨论后至少一个月的期限内做出,此决定由地区历史文物管理处草拟,并由地区共和国特派员签字。

关于分类的建议

地区共和国特派员出于保护做出列入的决定连同遗产地档案复印件一并寄送文化部长,并咨询历史文物最高委员会,该委员会可能提出分类的建议,或者完全认为应该列入《补充财产清册》,遗产主人在同意分类意见的情况下,提交书面的同意意见。

由地区历史文物保护处负责人起草的分类决议和混合保护的措施,(同一建筑物的不同部分的分类和列入)都应该有部长的签发。

WHC.97/16W

1997 年 10 月

法国文化与传播部*
历史文物机构图

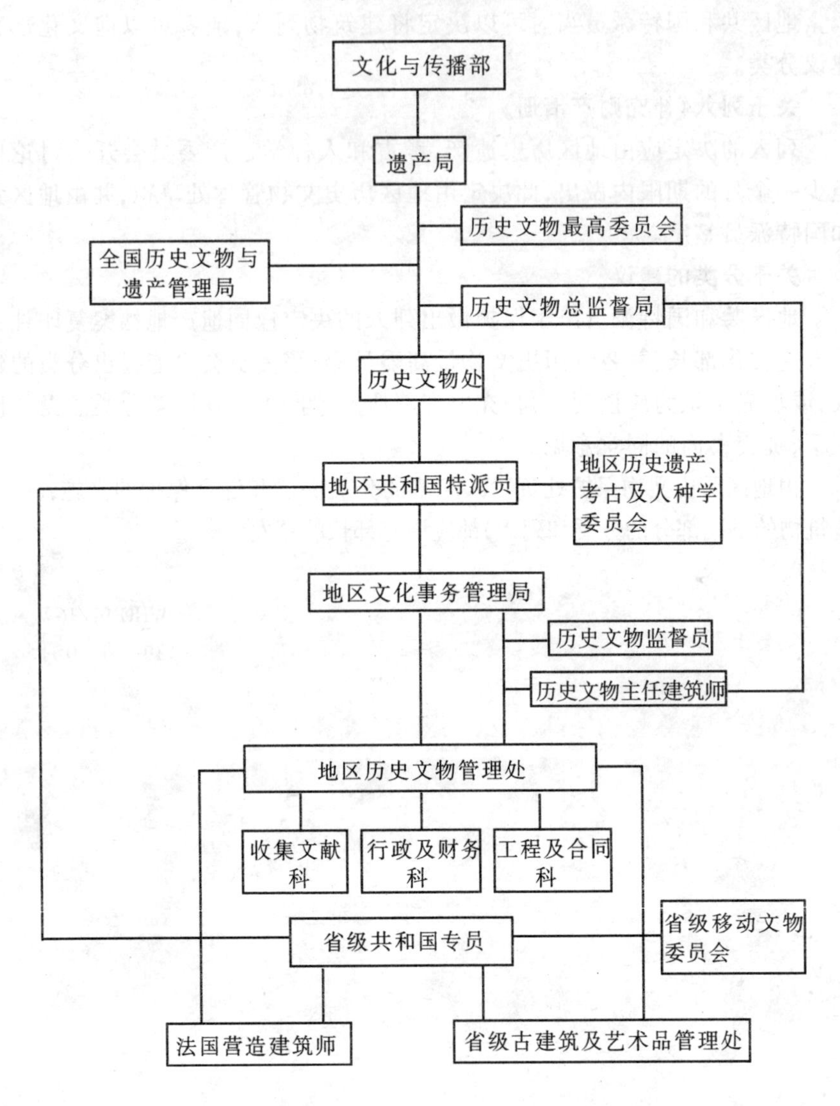

* （邱训源提供）

法国文化与传播部*
遗产局组织机构图

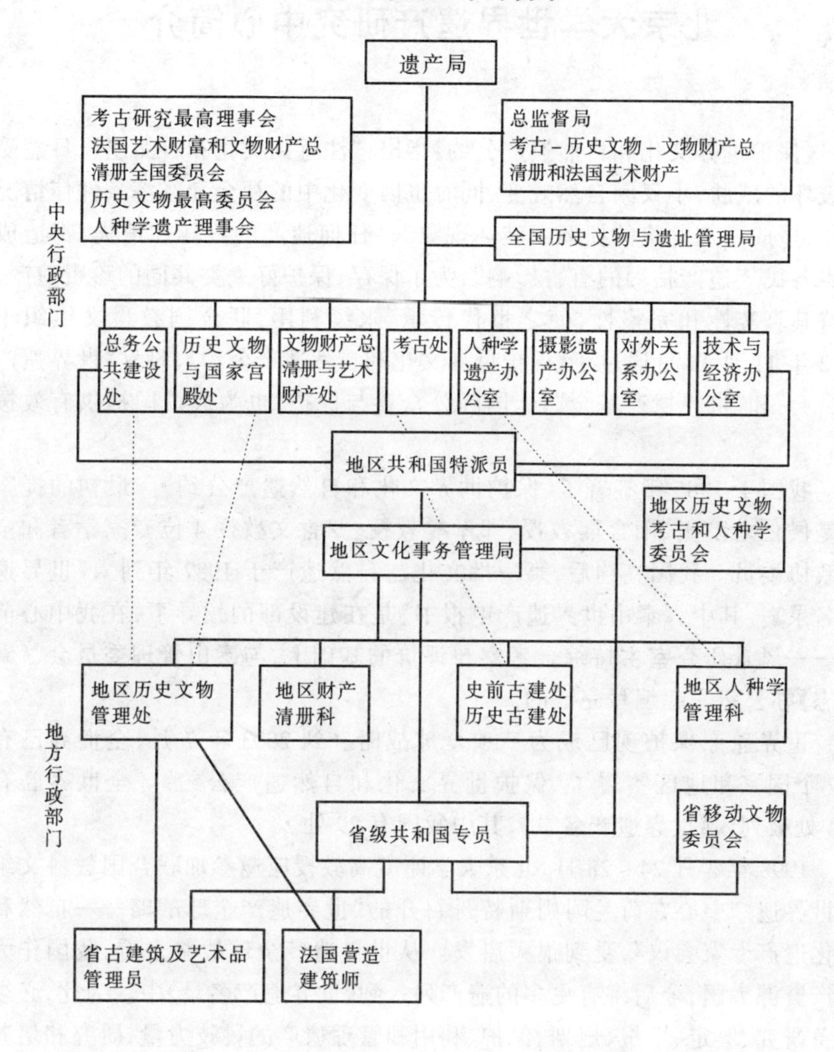

* （邱训源提供）

北京大学世界遗产研究中心简介

《保护世界文化和自然遗产公约》指出:“注意到文化和自然遗产日益受到破坏的威胁,不仅因自然蜕变,同时也因变化中的社会和经济条件使情况恶化,造成更加危险的损坏或破坏现象”;“任何遗产的毁坏和消失,都造成世界各民族遗产枯竭的有害影响”,为了保存、保护好人类共同的珍贵遗产,保持其真实性和完整性,使之世代传承、永续利用,联合国教科文组织于1972年11月16日通过了《保护世界文化和自然遗产公约》,设立“世界遗产委员会”和“世界遗产基金”,让国际公众参与保护,也为成员国提供有效援助。

我国于1985年签署了《保护世界文化和自然遗产公约》。最初的提案者是侯仁之院士、阳含熙教授、郑孝燮教授、罗哲文教授4位专家学者和全国政协委员。我国签约后,第一批文化与自然遗产于1987年列入《世界遗产名录》。其中,《泰山世界遗产申报书》是在建设部的领导下,在我中心前身——风景研究室主持综合考察与评价的基础上,与泰山管理委员会、《泰山志》办公室一起编写完成的。

世界遗产保护现已成为一项全球战略。到2003年7月,全世界已有177个国家和地区签署了《保护世界文化和自然遗产公约》。全世界已有754处被列入《世界遗产名录》,其中我国有29处。

1998年3月24~28日,北京大学谢凝高教授应邀参加联合国教科文组织世界遗产中心在荷兰阿姆斯特丹召开的“世界遗产全球战略——自然和文化遗产专家会议”,受到很大启发。从世界遗产全球战略来看,我国作为遗产资源大国,今后将有更多的遗产列入到《世界遗产名录》中。为此,必须具备研究、鉴定、申报、规划、保护、利用和管理遗产的科技力量,研究和培养人才从而成为国家面临的迫切任务。会议期间,谢教授与联合国世界遗产中心主任伯恩特·冯·德勒斯特先生交谈了他的设想,在他所主持的风景研究室基础上,扩大对世界遗产的研究,成立“北京大学世界遗产研究中心”。伯恩特·冯·德勒斯特先生听完后,非常支持这一想法。同年4月他在中国访问期间再次对此事表示赞同。中国联合国教科文组织、国家建设部、国家文物局等领导也都很支持这个计划。北京大学领导对此也给予了充分的重视。1998年7月17日,校长办公会议批准了关于成立“北京大学世界遗产研究中心”的报告,中心主任为谢凝高教授。聘请侯仁之院士、周干峙院士、郑孝燮教授、罗哲文教授为中心顾问。

1998年12月30日,在北京大学正大国际会议中心举行了“北京大学世界遗产研究中心”成立大会。北京大学吴同瑞副教务长主持会议。应邀参加成立大会的有国务院秘书局孙伟处长、国家文物局文物保护司杨志军司长、国家建设部风景处李如生处长、中国联合国教科文组织传播处遇晓萍女士。到会的顾问郑孝燮教授、罗哲文教授以及北京大学何芳川副校长、羌笛教务长等,都在讲话中积极支持成立“北京大学世界遗产研究中心”,给我们以很大鼓舞。

“北京大学世界遗产研究中心”的主要任务,是以保护世界遗产为宗旨,以中国的世界遗产和国家遗产为主要研究对象,同时对各国的世界遗产进行对比研究,培养世界遗产研究、鉴定、保护、规划、利用和管理人才。招收研究生,并根据国家遗产有关部门的需要,有针对性地参与培训干部,把科研、教学和遗产的考察、鉴定、申报、保护和规划设计等实际工作结合起来。

“北京大学世界遗产研究中心”有着良好的学术基础。世界遗产现在分为三大类,包括文化遗产,如古建筑、遗址;自然遗产,如自然保护区、自然风景区、地质遗址等;自然文化遗产,如国家风景名胜区等。世界遗产的研究涉及面很广,必须进行多学科协同研究,才能获得预期的科研成果。北京大学是一所历史悠久的综合性大学,与世界遗产相关的自然和文化学科齐全,科研、师资力量较强,具备研究世界遗产的良好条件。1984年成立的风景研究室,即自然与文化遗产研究室,就是多学科交叉协作的研究机构。十几年的研究时间和人才培养,为世界遗产研究奠定了良好的基础。“中心”自成立以来参加工作的教授及博士生导师:谢凝高、陈青慧、何绿萍、金丽芳、陈昌笃、韩光辉、崔之久、唐晓峰、赵朝洪、晁华山、杨辛、潘文石、程郁缀、于希贤、武弘麟、邵庆山等;讲师(博士):陈耀华、沈文权、张天新、阴劼、宋峰、张成渝、曹丽娟等,博士和硕士研究生若干名。所包括的学科有风景、园林、建筑、地质、地理、地貌、水文、生物、生态、历史地理、考古、美学、文学、旅游、遥感等。“中心”先后完成了10个国家级、5个省级风景名胜区的综合考察研究及其总体规划,10余个控制性详规和2处建筑设计。还与当地有关单位协作,主持5处申报世界遗产的基础研究、鉴定和评价工作。其中谢凝高教授主持的风景研究室共同完成的《泰山风景资源综合考察评价及其保护利用研究》获建设部1988年科技进步一等奖。

在实践中,我们还邀请校外相关专业的专家学者参与遗产研究中心的某些专项课题。如参加广西花山风景区综合考察研究的岩画专题的学者是浙江美术学院教授、杭州画院院长王伯敏先生;参加雁荡山风景区综合考察研究的是火山地质专家南京地矿所陶奎元教授;参加桂林风景区综合考察研究的是桂林岩溶所袁道先院士、水文地质专家刘金荣教授;多次参与风景区遗产地考察研究的中科院植物研究所周士良博士;参与国际交流研究的中国教科文组织全国委员会前驻巴黎代表邱训源先生,以及各地风景区遗产地的管理和研究人员等。

总之,我们团结校内外各学科的专家教授,为世界遗产和国家遗产的保护利用和规划设计研究共同努力,并积极开展国际交流协作。

我们愿为保护好世界遗产和国家遗产,使之世代传承、永续利用做出应有的贡献。

北京大学世界遗产研究中心

2004 年 2 月